Ontdek
Cyprus

Inhoud

Cyprus – veelgestelde vragen 7
Favorieten 12
In vogelvlucht 14

Reisinformatie, adressen, websites

Informatie	18
Weer en reisseizoen	20
Reizen naar Cyprus	21
Overnachten	26
Eten en drinken	29
Actieve vakanties, sport en wellness	33
Feesten en evenementen	37
Praktische informatie van A tot Z	39

Kennismaking – Feiten en cijfers, achtergronden

Cyprus in het kort	46
Geschiedenis	48
Cyprus voor natuurliefhebbbers	53
De Cypruskwestie	55
Eiland van Aphrodite	58
Vijf belangrijke tijdvakken in de Cypriotische geschiedenis	62
Cypriotische gastvrijheid	66
Kafeníon en koffie	68
'Cypruspoeder' – suikerriet	70
Kerstmis op Cyprus	71
Turks-Cypriotische cultuur	73
Kataklysmós – het Zondvloedfeest	75
De johannesbroodboom	76

Onderweg op Cyprus

Lárnaka, Agía Nápa en het zuidoosten	**80**
Tussen nachtleven en natuur	**82**
Lárnaka en omgeving	82
Zoutmeer	96
Kíti	98
Ten zuidoosten van Lárnaka	99
Pýla, Agía Nápa	99
Te voet naar Kaap Gréko (Kávo Gkréko)	105
Protarás en Paralímni	106
Omgeving van Paralímni	107
Ten westen van Lárnaka	108
Léfkara	108
Het Ágios Minásklooster, Choirokoitía	109
Kalavasós	110
Governor's Beach, Pyrgá en Stavrovoúni	111
Limassol en het zuidelijke Tróodosgebergte	**112**
De bekoring van het zuiden	**114**
Limassol	115
Amathoús, Akrotírischiereiland	123
Het zuidelijke Tróodosgebergte	127
Agrós	127
Peléndri, Páno Plátres	128
Tróodos National Forest Park	130
Wandelingen in het Tróodos National Forest Park	131
Foiní, Ómodos	136
Langs de kust naar Pissoúri	136
Episkopí	136
Koúrion	137
Pissoúri en Pissoúri Beach	139
Páfos, Pólis en West-Cyprus	**140**
De geboortegrond van Aphrodite	**142**
Páfos	142
Ten zuidoosten van Páfos	159
Koúklia en Aphroditeheiligdom	159
Pétra toú Romioú	163
Langs de kust naar Lára Beach	164
Ágios Geórgios bij Chlórakas, Lemba	164
Coral Bay en Kaap Máa	166
Ágios Geórgios Pégeias	166

Inhoud

Avgáskloof	167
Lára Beach	169
Ten noordoosten van Páfos	169
Ágios Neófytosklooster	169
Panagiá	171
Chrysorrogiátissaklooster	171
Akámasschiereiland	171
Pólis	172
Lakkí	174
Bad van Aphrodite	175
Néo Chorío en Androlíkou	177
Laónadorpen	178
Ten oosten van Pólis	179
Peisteróna	180
Stavrós tis Psókas en Bos van Páfos	180
Pomós en Pachyámmos	180
Káto Pýrgos	181

Noordelijke Tróodos en Zuid-Nicosia — 182

Noordelijke Tróodos	184
Politikó	184
Bos van Machairás	184
Machairásklooster, Wandelen in het bos van Machairás	185
Fikárdou	186
Van Palaichóri naar Asínou	186
Palaichóri en Askás	186
Platanistása, Lagouderá	187
Asínou	188
Kakopetriá/Galáta en omgeving	192
Van Spília naar Cedar Valley	197
Amíandos, Kýkkoklooster	197
Cedar Valley	198
Marathása Valley, Kalopanagiótis	200
Moutoullás, Pedoulás	202
Zuid-Nicosia	203
De Oude Stad van Zuid-Nicosia	204

Noord-Nicosia en het westen van Noord-Cyprus — 224

Noord-Nicosia	226
De Oude Stad van Noord-Nicosia	226
Het westen van Noord-Cyprus	232
St.-Hilarion	233
Kyrenia/Girne	234
Bellapaís	241
Pentadáktylosgebergte	244
Alevkaya Forest en Sourp Magar	244

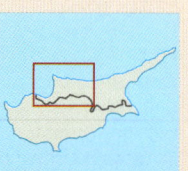

Antifonítisklooster	245
Buffavento	250
De kust ten oosten van Kyrenia	250
De kust ten westen van Kyrenia	250
Kormakítisschiereiland	250
Aan de baai van Mórfou	251
Güzelyurt/Mórfou	251
Lefke/Lefká	252
Sóli/Sóloi, Vouní, Yeşilırmak/Limnítis	253

Famagusta, Sálamis en Karpasía — 254
Cultuur en natuur op de 'pannensteel' van Cyprus — 256

Famagusta/Gazimağusa	257
Enkomi	266
Barnabasklooster, Sálamis	267
Karpaz-/Karpasíaschiereiland	270
Iskele/Tríkomo, Boğaz/Bogázi, Kantára	271
Van Boğaz naar Kaleburnu	272
Yeni Erenköy/Aigiálousa	273
Dipkarpaz/Rizokárpaso	274
Ágios Fílon, Golden Sands Beach	278
Ágios Andreás	279
Toeristische woordenlijst	280
Culinaire woordenlijst	283
Register	286
Fotoverantwoording/colofon	296

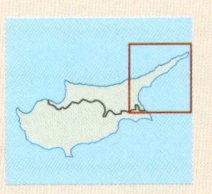

Op ontdekkingsreis

Mezé eten in Lárnaka	90
Van commandaría tot zivanía	124
Slangenstenen op de Ólympos	132
Mozaïeken in Páfos – een aards alternatief voor het christendom	150
Op het spoor van de Perzische Oorlogen	160
Byzantijnse kunst en maatschappij	194
Een wandeling door politiek Nicosia	210
Cyprusmuseum – de koningsgraven van Sálamis	218
De geschiedenis komt tot leven – in de vesting van Kyrenia	236
Wandeling naar het Armeense klooster Sourp Magar	248

Inhoud

Kaarten en plattegronden

Stadskaarten

Lárnaka	87
Limassol	117
Páfos	145
Nicosia	206
Kyrenia/Girne	235
Famagusta/Gazimağusa	259

Route- en detailkaarten

Mezérestaurants in Lárnaka	92
Zoutmeer (Alýki Lárnakas), wandeling	98
Kaap Gréko (Kávo Gkréko), wandeling	105
Wijnroute van Limassol naar Ómodos	126
Tróodos National Forest Park, wandeling	131
Tróodos Visitor Centre–Amíandos, wandeling	134
Huis van Theseus en Huis van Aion, plattegrond	152
Koúklia/Oud-Páfos	161
Avgáskloof, wandeling	167
Akámasschiereiland, wandelingen	178
Bos van Machairás, wandeling	185
Bos van Asínou, wandeling	189
Galáta–Asínou	196
Koningsgraven van Sálamis, plattegrond	220
Vesting van Kyrenia, plattegrond	238
Alevkaya Forest en Sourp Magar, wandeling	245
Kantára, wandeling	272
Oostpunt van Cyprus, rondwandeling	279

▶ Dit symbool in het boek verwijst naar de uitneembare kaart

In de haven van Kyrenia

Cyprus – veelgestelde vragen

Ondanks schuldencrisis en 'de kwestie Cyprus' naar Cyprus?

Er is geen reden om u zorgen te maken. Na de aanvankelijke onrust ten gevolge van de schuldencrisis in het voorjaar van 2013 is de situatie op het eiland gekalmeerd. Daarnaast is Cyprus altijd al een van de veiligste landen ter wereld geweest. Misdaden zoals diefstal komen zelden voor. Vrouwen alleen kunnen ongehinderd rondreizen.

In 2004 is het sinds 1974 in tweeën gedeelde eiland volledig in de EU opgenomen. Dit betekent dat zelfs Turks-Cyprioten uit Noord-Cyprus alle rechten van EU-burgers hebben. Veel inwoners hebben drie paspoorten: een Noord-Cypriotisch, een van de Republiek Cyprus en een Turks. Een hereniging van beide delen is op korte termijn niet waarschijnlijk, maar de politieke situatie is ontspannen. Bezoekers en Cyprioten mogen zo vaak als ze willen van het ene naar het andere deel van het eiland reizen. Ze moeten daarbij wel door een van de zeven checkpoints.

Naar het Griekse zuiden of het Turkse noorden?

Beide delen van het eiland zijn interessant. U kunt bijvoorbeeld twee derde van de tijd in het Griekse zuiden en een derde in het Turkse noorden doorbrengen. Dit komt ook overeen met de verdeling van de bezienswaardigheden en het natuurschoon. Het prijsniveau is in de beide delen van het eiland ongeveer gelijk. De hotels in de middencategorie zijn in het zuiden over het algemeen iets beter dan die in het noorden.

Welke bezienswaardigheden zijn een must?

In het zuiden mag u de vroegchristelijke mozaïeken in het **Archeologisch Park van Páfos** en het **Aphroditeheiligdom** in Koúklia (Oud-Páfos) niet missen. Beide plaatsen staan op de

Cyprus – veelgestelde vragen

De belangrijkste bezienswaardigheden op Cyprus

Unesco-Werelderfgoedlijst. Ook de **Romeinse-vroegchristelijke mozaïeken en de ruïnes van Koúrion** zijn een bezoek waard. Het Cyprusmuseum in Nicosia is een nuttige aanvulling op deze bezienswaardigheden. Bezoek in het **Tróodosgebergte** op zijn minst een van de twaalf schuurdakkerken, die eveneens tot het Unesco-Werelderfgoed behoren. Aanbevelenswaardig is ook de **kerk van Asínou**, de **Panagía Forviótissa** in het dal van Asínou.

In het noorden mag u in geen geval de **ruïnes en koningsgraven van Sálamis** missen. Daarnaast zijn er de gotische bouwwerken van de kruisvaarders: de schilderachtige **Oude Stad van Famagusta** met zijn 'ruïneromantiek', de levendige **Oude Stad van Nicosia** met de Sofiakathedraal, het premonstratenser klooster **Bellapaís** en de drie bergvestingen **St.-Hilarion**, **Buffavento** en **Kantára**. Bellapaís en de bergvestingen liggen te midden van een prachtige natuur. Daarnaast kunt u **Kyrenia** met zijn vesting bezichtigen.

Wandelen in het Noord-Cypriotische Pentadáktylosgebergte

Waar is Cyprus nog 'niet toeristisch'?

Wie uitgaat van het ideaalbeeld van een pittoresk vissersdorpje met enkele kleine, mooie pensions, zal op Cyprus lang moeten zoeken. Helaas zijn grote delen van de kust volgebouwd met vakantiecomplexen en grote hotels. Wilt u een vakantie onder de cipressen en met zo weinig mogelijk andere vakantiegangers om u heen, ga dan naar **Káto Pýrgos** in het **Griekse zuiden**, waar slechts een paar eenvoudige tweesterrenhotels staan, of naar **Pólis**, dat nog een echt klein vakantieoord is. In het **Turkse noorden** is **Dipkarpaz/Rizokárpaso** op het schiereiland Karpaz (Karpásia) aan te raden of het nauwelijks ontdekte westpuntje bij **Yeşilırmak/Limnítis**. Hier staan op 200 m van zee enkele nieuwe, kleine middenklassehotels.

Waar is de natuur het mooist?

In het **Tróodosgebergte** maken de prachtige dennen- en cederbossen indruk. Hier zijn overal gemarkeerde paden voor wandelaars en mountainbikers. Er staan informatieborden met kaarten langs de route, zodat een eigen kaart niet per se nodig is. Een must is een bezoek aan het **Tróodos National Forest Park**. Minder druk bezocht, maar ook erg mooi zijn de bossen van **Machairás** en **Páfos**. In totaal is zo'n 20% van het eiland met bos bedekt.

In het noorden komt de natuurliefhebber aan zijn trekken op het schiereiland **Karpaz (Karpásia)** en in het beboste **Pentadáktylosgebergte**. Ook hier vindt u weer veel goed gemarkeerde wandelpaden, zodat u ook zonder kaart de weg kunt vinden.

Een tot twee weken de tijd en zin in een strandvakantie?

Grote steden en fabrieken die het zeewater vervuilen zijn er op Cyprus niet

De mooiste natuur en stranden op Cyprus

en het eiland wordt omgeven door het schoonste water van de Middellandse Zee. Zwemmen rond het eiland is een puur genoegen. De kust bestaat meestal uit kiezelstranden en rotsen. Beschutte baaien waar boten kunnen ankeren zijn hier, anders dan in Griekenland, echter zeldzaam.

De mooiste zandstranden liggen bij **Agía Nápa**, hier vindt u ook grote nieuwe hotels met mooie tuinen. Al deze complexen zijn kunstmatig van oorsprong, want voor de Turkse invasie in 1974 waren hier slechts rotsen en landbouw.

Wilt u ook uitstapjes maken naar de belangrijkste bezienswaardigheden en het Tróodosgebergte, dan bent u beter af in de **omgeving van Páfos**. Eenzamer zijn de kiezelstranden aan de **noordkust** tussen **Pólis** en **Káto Pýrgos** of in het kleine plaatsje **Pissoúri** tussen Páfos en Limassol.

In het noorden bent u als strandliefhebber op uw plaats in het gebied rond **Sálamis** en **Famagusta**. Hier zijn de zandstranden op zich niet slecht, maar de streek is erg dicht bebouwd. Beter kunt u naar de mooie **omgeving van Kyrenia** aan de voet van het Pentadáktylosgebergte of naar het schiereiland

Cyprus – veelgestelde vragen

Een week onderweg op Cyprus

Karpasía. Circa 80% van alle accommodatie op Noord-Cyprus concentreert zich in en rond Kyrenia.

Een week onderweg met de (huur)auto – waar ga ik naartoe?

Als het meezit, kunt u het hele eiland in een week per auto verkennen. De afstanden zijn kort, de wegen – over het algemeen autowegen of snelwegen – goed. Op die manier komt u vrij snel van de ene plaats naar de andere. Zo kunt u bijvoorbeeld na aankomst in **Lárnaka** en een bezoek aan de weinige bezienswaardigheden de volgende dag

Twee weken onderweg op Cyprus

in de middag naar het 45 km verder gelegen **Famagusta** rijden en daar overnachten. De volgende dag rijdt u met onderbrekingen in **Sálamis** en **Bellapaís** naar het circa 80 km verder gelegen **Kyrenia**. Op de vierde dag gaat de tocht via **St.-Hilarion** en **Nicosia** in het **Tróodosgebergte** naar **Kakopetriá**, dat is in totaal zo'n 120 km.

Trek voor Kakopetriá bij voorkeur twee dagen uit, zodat u ruim de tijd hebt voor sightseeing, bijvoorbeeld voor een bezoek aan de **kerk van Asínou**, of om een **wandeling op de Ólympos** of naar de **Kaledóniawatervallen** te maken. Via **Koúklia** (Oud-Páfos) gaat de tocht verder naar **Páfos**.

Voordat u terugkeert naar Lárnaka (140 km over de autosnelweg) moet u hier zeker de beroemde vroeg-christelijke mozaïeken in het **Archeologisch Park** aanschouwen.

En als de tocht twee weken mag duren?

Tijdens een tweeweekse tocht houdt u in hoofdlijnen de zojuist aanbevolen weektour aan, maar breidt u de route uit met onder meer een twee dagen durend uitstapje naar het schiereiland **Karpaz (Karpasía)**.

Op de terugweg kunt u gebruikmaken van de nieuwe snelweg die langs de noordkust naar **Kyrenia** loopt, voorbij het beschutte strand van Alevkaya. Bij een tweeweekse reis is het aan te raden om Noord-Cyprus te verlaten bij checkpoint **Limnítism**, via **Sóli** en **Vouní**. U komt dan door een zelden bezocht deel van Cyprus, langs de noordkust naar **Pólis** en het natuurgebied van het schiereiland **Akámas**. Daarna voert de tocht via **Páfos** en **Limassol** terug naar Lárnaka.

Het **Tróodosgebergte** kunt u vanuit het noorden bereiken via checkpoint Aspromerítis bij Mórfou, vanuit het zuiden via Limassol.

Kom ik met het openbaar vervoer ook gemakkelijk op de plaats van bestemming?

Tussen de plaatsen in het **zuiden** bestaan zeer regelmatige verbindingen met groene intercitybussen en verzameltaxi's. De laatste halen reizigers in hun hotel af en brengen ze vervolgens naar de gewenste bestemming. Vanuit de steden kunt u met de blauwe lokale bussen meerdere malen per dag naar de grotere dorpen in het achterland reizen. De ritprijzen zijn alleszins redelijk, vooral die met de blauwe bussen: standaard € 1,50 – zelfs indien men bijvoorbeeld vanuit Nicosia naar een plaatsje in het 80 km verder gelegen Tróodosgebergte reist. Vanaf de beide luchthavens in het zuiden, Lárnaka en Páfos, rijden blauwe bussen naar het stadscentrum, waar u moet overstappen.

In het **noorden** zijn de bussen van het openbaar vervoer minder comfortabel en vaak overvol. Tussen de steden Nicosia, Famagusta en Kyrenia rijden echter lijntaxi's. Vanaf de luchthaven Ercan bij het noordelijke deel van Cyprus rijden speciale pendelbussen naar de stad.

Het is natuurlijk waar dat u met een huurauto (zie blz. 25) tijd bespaart en gemakkelijker op afgelegen plaatsen kunt komen.

Onderweg met de huurauto – wat kunt u verwachten?

Het verkeer op Cyprus rijdt links, dit geldt voor beide delen van het eiland. Omdat de meeste bezoekers dat niet gewend zijn, is het verstandig om eerst enigszins vertrouwd te raken met het verkeer voordat u in uw huurauto stapt. U kunt de auto ook naar het hotel laten brengen. Dat is zelfs goedkoper dan de overdracht op het vliegveld, waarvoor circa € 15-25 wordt gerekend. Na afloop van uw vakantie levert u het voertuig op het vliegveld af.

Grieks-Cypriotische huurauto's mogen wel in het noorden rijden, maar Turks-Cypriotische niet in het zuiden. Het ligt daarom voor de hand om de auto bij een Grieks bedrijf te huren. Voor de reis naar Noord-Cyprus moet u bij de controleposten of de Cypriotische autoverhuurbedrijven een uitgebreide casco- en aansprakelijkheidsverzekering afsluiten. Deze kunnen worden afgesloten voor drie dagen tot een maand en langer (zie blz. 21).

Hoe is het eten op Cyprus?

Alleen al het uitstekende eten en de goede wijnen maken een bezoek aan het eiland de moeite waard. Grieks-Cyprioten houden van *mezédes,* in het Turkse deel geniet men van *mezeler*: dit zijn lekkernijen, te vergelijken met de Spaanse tapas, in kleine porties op schaaltjes gepresenteerd. Bestelt u vijftien of dertig van deze gerechtjes tegelijk, dan vormt de verzameling salades, spreads, dips, groente-, vis- en vleesgerechtjes een heerlijk feestmaal, dat elke bezoeker aan Cyprus een keer geproefd moet hebben. Het is ook verkrijgbaar in een vegetarische variant.

Wie na zo'n maaltijd verzadigd achteroverleunt, weet waar de Cypriotische keuken toe in staat is. Onnodig te zeggen dat de maag dit niet elke dag kan verdragen, maar gelukkig kunt u op Cyprus ook gewone dagschotels uit de Griekse en Turkse keuken bestellen (zie blz. 29).

Nog een speciale tip van een ervaren Cyprusreiziger?

Voor wie geïnteresseerd is in het land en de bezienswaardigheden is het een idee om eens in de winter op pad te gaan. Neem dan wel een elektrisch kacheltje mee, omdat de verwarming in eenvoudige hotels minder goed werkt (zie ook blz. 20) en het beddengoed zodoende klam kan aanvoelen.

Potamós tou Liopetríou – unieke riviermonding. Zie blz. 103.

Bellapaís Garden Restaurant – slowfood in de buurt van een klooster. Zie blz. 243.

Favorieten

De reisgidsen uit de ANWB-serie Ontdek zijn geschreven door auteurs die hun boek voortdurend actualiseren en daarvoor steeds weer dezelfde plaatsen opzoeken. Dan kan het niet uitblijven dat de schrijver een voorkeur krijgt voor bepaalde plekken, die zijn/haar favorieten worden. Dorpen die buiten de gebaande toeristische paden vallen, een bijzonder strand, een uitnodigend plein waar terrasjes lonken, een stuk ongerepte natuur – gewoon plekken waar ze zich lekker voelen en waar ze steeds weer naar terugkeren.

Pier in Limassol – frisse wind en oceaanstomers. Zie blz. 120.

Een romantische plek – strand vlak bij het klooster Ágios Andréas. Zie blz. 276.

Picknickplaats Smigiés – hier beginnen twee heerlijke natuurpaden. Zie blz. 176.

Dal van Asínou – kunst, natuur en culinaire hoogstandjes. Zie blz. 191.

Café Zisan in Famagusta – rustpauze tussen de ruïnes. Zie blz. 263.

Alevkaya Restaurant – rustig eten onder de pijnbomen. Zie blz. 247.

In vogelvlucht

Páfos, Pólis en West-Cyprus
Centrum van het massatoerisme met eersteklas hotels in Páfos, maar ook het meest ongerepte deel van het zuiden op het schiereiland Akámas. Zie blz. 140.

Limassol en het zuidelijke Tróodosgebergte
Levendige stad met veel uitgaansmogelijkheden, in het achterland wijngaarden en prachtige dennenbossen in het Tróodos National Forest Park. Zie blz. 112.

Noordelijke Tróodos en Zuid-Nicosia
Uitgestrekte bossen in het noordelijke Tróodosgebergte en de belangrijkste kerken van Cyprus. De hoofdstad van het eiland biedt vele attracties. Zie blz. 182.

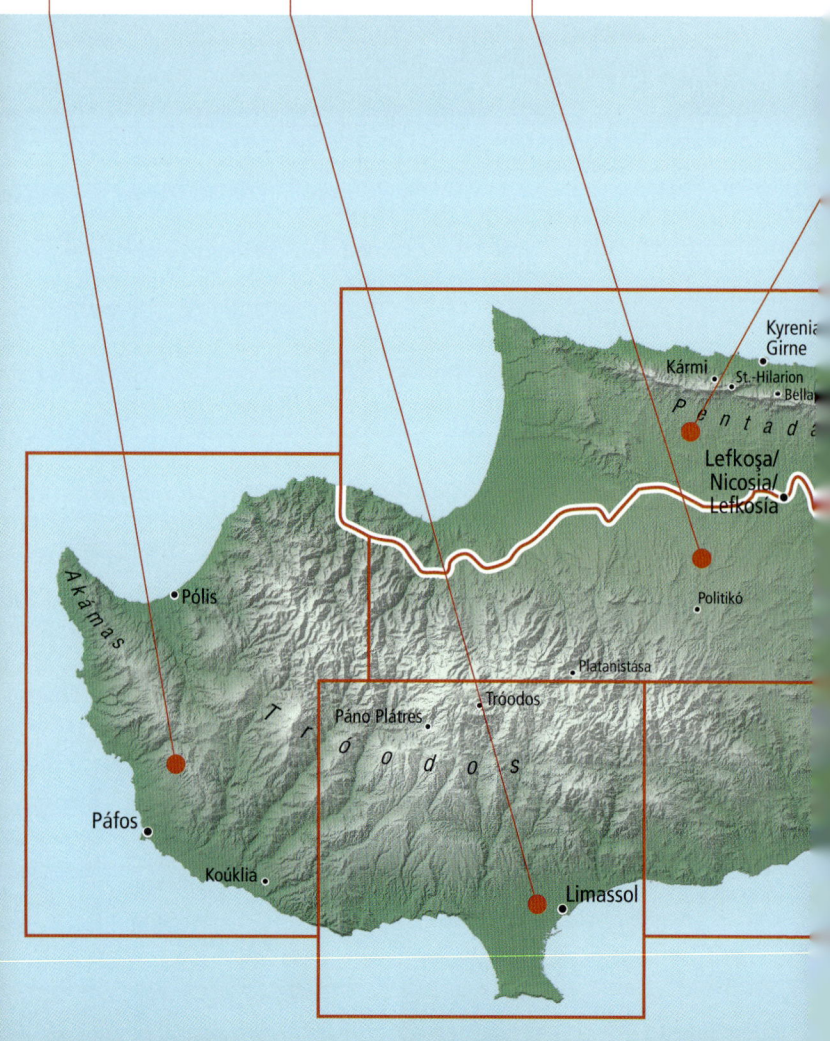

Noord-Nicosia en het westen van Noord-Cyprus

Mooie architectuur in Noord-Nicosia, Kyrenia met haven en kasteel, in het Pentadáktylosgebergte het Bellapaís-klooster en de vesting St.-Hilarion. Zie blz. 224.

Lárnaka, Agía Nápa en het zuidoosten

Uitstekende stranden en een goed geoliede vakantie-industrie in Agía Nápa en Protarás. In het westen mooie bossen en schilderachtige dorpen. Zie blz. 80.

Famagusta, Sálamis en Karpasía

Bizarre Oude Stad met vestingwal in Famagusta, opgravingen in Sálamis, en puur natuur en strandplezier op het schiereiland Karpaz/Karpasía. Zie blz. 254.

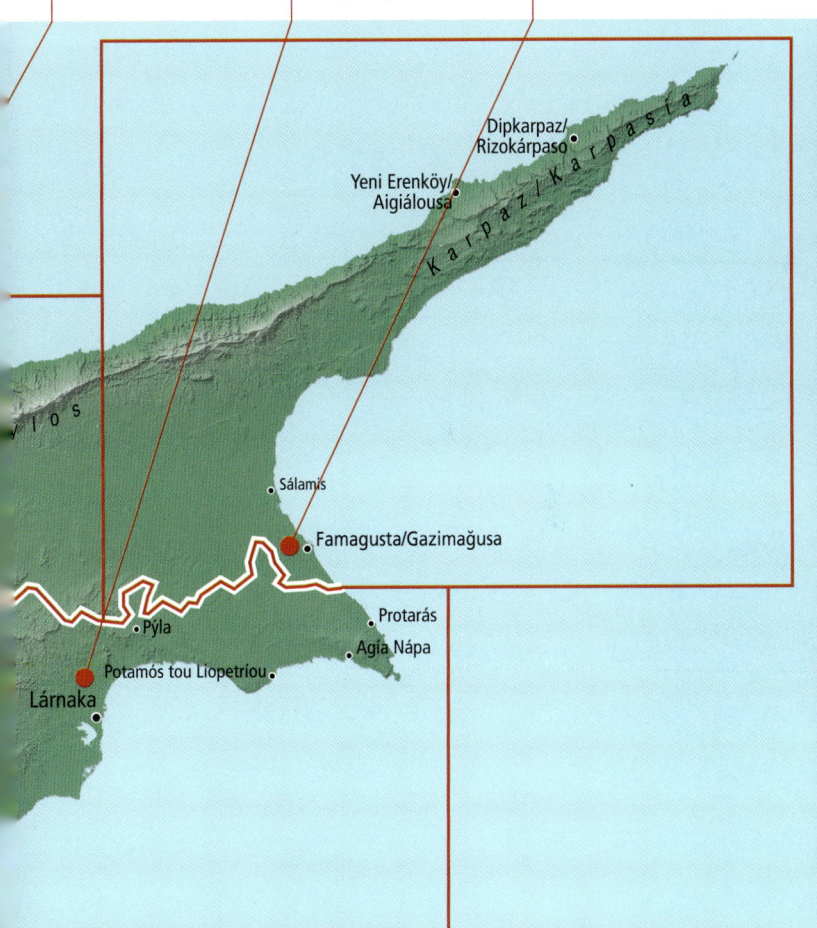

Reisinformatie, adressen, websites

Helder water, palmen en volop zon: Níssi Beach aan de zuidkust

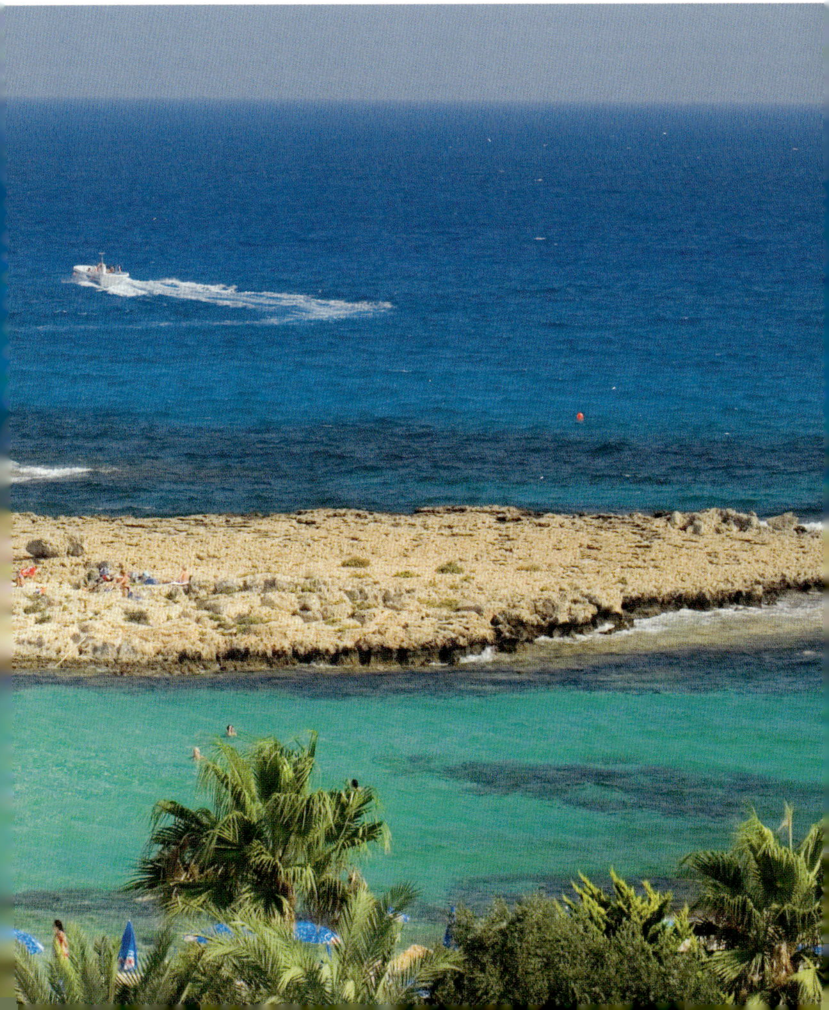

Informatie

Websites

www.visitcyprus.com
De officiële website van de CTO. Onder het kopje 'Geniet' (klik daarna door naar 'Cultuur') zijn de openingstijden en telefoonnummers van alle bezienswaardigheden en musea te vinden.

www.cyprus.nu
Een website die nauw verbonden is met het Cypriotisch verkeersbureau. Heel geschikt voor een eerste kennismaking met het eiland. Overzichtelijk en met veel actuele informatie.

www.allesovercyprus.nl
Eveneens een zeer uitgebreide website gewijd aan het eiland, met een speciale pagina over Noord-Cyprus.

www.kypros.org
Engelstalige site door Amerikaanse Grieks-Cyprioten. Met links naar toeristische informatie, de Cypruskwestie, de wisselkoers en de Cypriotische zoekmachine Eureka.

www.cips.com.cy
Uitgebreide persservice uit het Griekse deel van Nicosia, ook in het Engels, met interessante links.

www.cyprus-mail.com
Interneteditie van het populaire Engelstalige dagblad, met tal van toeristische tips. Elke dag, behalve maandag, om 12.00 uur op het net.

www.cypriotandproud.com
Nieuws, cultuur, evenementen, agrotoerisme en veel smakelijk opgediende informatie over de keuken van het eiland. Ook met restaurantbeoordelingen. Per plaats beschreven.

Verkeersbureau

Het **internationaal verkeersbureau voor Cyprus**, de Cyprus Tourism Organisation (CTO, Grieks: KOT), voorziet in uitstekende informatiebrochures, waaronder kaarten en plattegronden, die gratis worden toegestuurd (zie www.visitcyprus.com). Ook in de kantoren op Cyprus is dit informatiemateriaal beschikbaar.

... in Belgie
Dienst voor toerisme van Cyprus
Kortenberglaan 61, 1000 Brussel
tel. 02 735 06 21
e-mail: info@tourisme-chypre.fr

... in Nederland
Cyprus Verkeersbureau
Keizersgracht 424-II
1016 GC Amsterdam
tel. 020 624 43 58
e-mail: info.cyprus@kpnmail.nl

... op Cyprus
Republiek Cyprus: kantoren van de CTO vindt u in Lárnaka (en op de luchthaven), Agia Napa, Paralimni-Protaras, Nicosia, Limassol, Páfos (en op de luchthaven), Pólis en Platres.

Noord-Cyprus: kantoren van het Noord-Cypriotische verkeersbureau vindt u in Nicosia, Kyrenia, Famagusta, bij Sóli en op het schiereiland Karpasia. Zie voor de adressen van de kantoren de plaatsbeschrijvingen in het boek.

Brochures

De CTO geeft de catalogus 'Dorpshuisjes & villa's' uit, voor wie belangstelling heeft voor een verblijf in een traditioneel huisje in een van de schilderachtige kustdorpjes van het eiland. De huisjes zijn allemaal gerenoveerd. Praktische tips bevat de brochure 'Algemene informatie over Cyprus'. Er zijn ook speciale (Engelstalige) brochures over wandelen, mountainbiken, golfen en duiken. Wie meer wil weten over de rijke geschiedenis van het eiland kan het boekje 'Cyprus – 10.000 jaar geschiedenis en cultuur' aanvragen. De brochure 'Flavours of Cyprus' vertelt alles over de gastronomie op het eiland, met recepten en een eetkalender.

Kaarten

Op de CTO-kantoren zijn gratis kaarten en stadsplattegronden te krijgen, en daarnaast routekaarten van wandel- en fietspaden. Ook de bij dit boek gevoegde kaart kan een nuttig hulpmiddel zijn. Hij wordt regelmatig geactualiseerd. De beste en meest recente kaarten en stadsplattegronden worden uitgegeven door de Cypriotische kaartenuitgeverij Selas (www.selas.com.cy), en zijn overal op Cyprus te koop.

Aanbevolen is verder de Marco Polo-kaart schaal 1:200.000, waarop mooie routes en bezienswaardigheden staan aangegeven.

De toeristenbureaus in Noord-Cyprus verstrekken landkaarten en stadsplattegronden met daarop de Turkse plaatsnamen (de Griekse namen worden in de regel niet meer vermeld op Noord-Cypriotische straatnaamborden). Daarnaast kunt u hier documentatie krijgen over de wandel- en fietspaden op dit deel van het eiland.

Lees- en filmtips

Klaus Bötig: *Cyprus*, ANWB Extra. 2012. Beknopte, handzame gids, met uitvouwbare kaart.

Christos G. Georgiades: *Nature of Cyprus: Environment, Flora, Fauna.* Dit boekje over de natuur op Cyprus is geschreven door de eigenaar van de Natura Hotels bij Pólis. Het is op Cyprus voor weinig geld te koop.
Kees Klok: *Afrodite en Europa: een beknopte geschiedenis van Cyprus, van de prehistorie tot heden,* Dioskouri, 2005. Helder en systematisch beschrijft de historicus Kees Klok de geschiedenis van het eiland.

Er zijn veel boeken verschenen over de strijd tussen de Grieks- en Turks-Cyprioten en de opstand tegen de Engelsen. Hier een beknopt overzicht.
Türkan Aziz: *The death of friendship: A Cyprus memoir, Bravos 2000.* Het verhaal over de deling van Cyprus beschreven vanuit Turks oogpunt.
Lawrence Durrell: *Bitter Lemons.* Faber & Faber, 1957. Durrel, destijds werkzaam op de Britse ambassade op Cyprus, vertelt over zijn ervaringen op het eiland kort voor het begin van de Cypriotische bevrijdingsstrijd.
Charles Foley: *Island in Revolt,* Longmans, 1962. Het verhaal van de opstand uit de eerste hand: Charles Foley werkte als journalist voor *The Cyprus Times* toen de burgeroorlog tussen de Grieken en de Turken uitbrak en de Grieks-Cypriotische EOKA-beweging een gewapende strijd tegen het Britse koloniale bewind begon. Foley schreef nog twee boeken over de opstand: *Cyprus: Legacy of Strife* (Penguin Books, 1964) en *The struggle for Cyprus* (Hoover Institution Press, 1975)
Sylvia Foot: *Emergency Exit,* Chatto & Windus, 1960. Verslag van de opstand geschreven door de vrouw van de laatste gouverneur van Cyprus.

Antonis Angastiniotis maakte een documentaire over de strijd, te zien op YouTube: www.youtube.com/playlist?list=PL058ACA6564CDC24B

Weer en reisseizoen

Cyprus heeft een mediterraan klimaat met warme zomers en milde winters. In de klimaatgrafiek worden de gemiddelde temperaturen gegeven, maar in de praktijk is het vaak veel warmer en kunnen 's zomers de dagtemperaturen daar wel 10°C bovenuit komen. De zuidkust biedt de meeste zonuren en de minste regen.

Het klimaat in Limassol

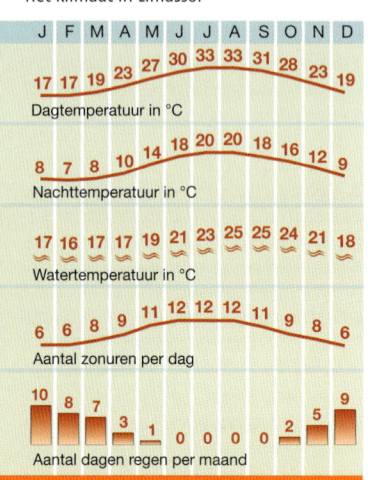

	J	F	M	A	M	J	J	A	S	O	N	D
Dagtemperatuur in °C	17	17	19	23	27	30	33	33	31	28	23	19
Nachttemperatuur in °C	8	7	8	10	14	18	20	20	18	16	12	9
Watertemperatuur in °C	17	16	17	17	19	21	23	25	25	24	21	18
Aantal zonuren per dag	6	6	8	9	11	12	12	12	11	9	8	6
Aantal dagen regen per maand	10	8	7	3	1	0	0	0	0	2	5	9

Kleding en benodigdheden

Inpakken: goede bescherming tegen de zon, zelfs in de zomer een lichte jas voor in de bergen en 's winters een regenjas en warme kleding.
De vorm van stekkers en stopcontacten is in beide delen van het land nog een Britse erfenis. Een adapter kunt u ter plaatse lenen in het hotel of is voor weinig geld te koop in een supermarkt of elektronicawinkel.
Avondjurk en stropdas hoeven niet per se in de bagage.

Het hele jaar Cyprus

Naar Cyprus kunt u het hele jaar door op vakantie, alleen moet u in elk jaargetijde uw doelen anders stellen. In augustus hebben de Cyprioten zelf vakantie. Dan zijn veel hotels volgeboekt, vooral in de bergen, en op kortingen hoeft u niet meer te rekenen. 's Zomers in het toeristisch hoogseizoen bedraagt de temperatuur aan de kust vaak meer dan 30°C, de watertemperatuur is ongeveer 26°C. In de zomer is het in Nicosia circa 6°C warmer dan aan de kust. Ook in de koudste maanden van het jaar, in januari en februari, daalt de gemiddelde temperatuur 's nachts niet onder de 8°C. Wel regent het in deze tijd af en toe.

Wie in de winter naar Cyprus gaat, moet er rekening mee houden dat het beddengoed in eenvoudige hotels, die niet constant verwarmd worden, klam kan aanvoelen. Bovendien is de warme lucht die uit de airconditioning komt niet voldoende om de kamers te verwarmen. Wie dan naar Cyprus gaat, doet er goed aan om warm ondergoed, een elektrisch kacheltje en een adapter voor de Engelse stopcontacten mee te nemen. In de bergen, aan de zonnige zuidkant in Agrós of Páno Plátres, heerst in de winter een aangenaam, droog klimaat. Hotels in de bergen beschikken meestal over centrale verwarming met radiatoren op de kamers. De kamers zijn warm en droog.

Voor natuurliefhebbers is het voorjaar de beste reistijd. Als u een studiereis wilt maken of wilt sporten op Cyprus dan zijn de warme zomermaanden minder geschikt; ga liever in het voor- of najaar. Wie vooral wil zwemmen of watersporten kan het best tussen mei en oktober naar Cyprus gaan.

Reizen naar Cyprus

Douane

Cyprus maakt deel uit van de EU. Voor een bezoek aan het eiland is een geldig paspoort voldoende. Kinderen onder de 16 moeten een identiteitskaart met foto bij zich hebben.

Binnen de EU is er vrij verkeer van goederen. Voor accijnsgoederen zijn er wel beperkingen: bijvoorbeeld 200 sigaretten (of 250 g tabak of 100 cigarillo's of 50 sigaren), 4 liter wijn, 1 liter sterkedrank en 30 cl parfum.

Volgens de wetten van de Republiek Cyprus mag men het eiland alleen via de luchthavens van Lárnaka en Páfos en via de havens van Limassol, Lárnaka en Páfos betreden. Wie via Turkije naar Noord-Cyprus reist, mag officieel niet verder reizen naar het zuiden (in de praktijk wordt het op dit moment wel toegestaan). Wie Cyprus 'officieel' binnenkomt, kan Noord-Cyprus echter legaal bezoeken.

Invoeren van dieren: dit is in principe mogelijk, maar de regels zijn strenger dan in de andere EU-landen. Tot 24-48 uur voor vertrek moeten de dieren worden onderzocht, de resultaten moeten worden gemeld bij de veterinaire autoriteit van Cyprus: animal.health@vs.moa.gov.cy. Actuele informatie: www.moa.gov.cv/vs.

Reizen naar Noord-Cyprus

Sinds een aantal jaren mogen vreemdelingen, zoals Grieks-Cyprioten, de Green Line zonder belemmeringen oversteken (zelfs meerdere malen per dag) voor een bezoek aan het noorden. Een paspoort of identiteitskaart is voldoende.

Op dit moment zijn dag en nacht zeven checkpoints (controleposten) geopend: drie in Nicosia, twee westelijk van Nicosia bij Mórfou, een ten noordoosten van Lárnaka bij Pýla en nog een verder zuidwestelijk van Famagusta.
Alleen voor voetgangers en fietsers:
– Nicosia, Lidrasstraat, Oude Stad.
– Nicosia, Ledra Palace Hotel, ten westen van de oude stadsmuur.

Voor automobilisten:
– Nicosia, in de buitenwijk Ágios Dométios (Turks: Metehan).
– bij Aspromerítis/Zódeia, in de buurt van Güzelyurt/Mórfou, vanuit het zuiden te bereiken via de weg Nicosia-Tróodos.
– Checkpoint Limnítis op de westpunt van Noord-Cyprus (sinds oktober 2010).
– bij Pérgamos (Turks: Beyarmudu); te bereiken via de Britse basis Dekéleia en Pýla.
– bij Strovília (Turks: Akyar, Engels: Blacknight); te bereiken via het Britse steunpunt Ágios Nikólaos; te bereiken over de hoofdweg E 308 via Xylotýmvou.

Een visum, als bijlage bij het paspoort, wordt door de Noord-Cypriotische autoriteiten gratis verstrekt. Voor huurwagens uit het zuiden moet u bij het checkpoint, bij de autoverhuurder of bij een verzekeringskantoor een aanvullende verzekering afsluiten – naar keuze voor drie dagen, een maand, drie maanden of een heel jaar. Voor drie dagen kost deze circa € 20, voor een maand € 35. Voor weinig geld kan een extra chauffeur worden meeverzekerd. De Grieks-Cyprioten en de Britten op hun Sovereign Base Areas (SBA) controleren slechts sporadisch.

De munteenheid in Noord-Cyprus is de **Turkse lira**, maar u kunt overal met euro's betalen. Zorg wel voor voldoende kleingeld in uw portemonnee, want wisselgeld is niet altijd beschikbaar.

Reisinformatie

Uit het noorden kunt u beperkt goederen naar het Griekse deel meenemen. Informeer ter plaatse.

Heenreis

... met het vliegtuig

Diverse luchtvaartmaatschappijen onderhouden verbindingen met Cyprus. Cyprus Airways vliegt 's zomers 4 x per week en 's winters 3 x per week van Amsterdam naar **Lárnaka**. Transavia vliegt 's zomers 3 x per week naar **Páfos**. Vanuit Brussel gaan geen rechtstreekse vluchten naar Cyprus. Ryan Air vliegt 1 x per week vanaf Düsseldorf-Weeze naar **Lárnaka**.

Nog goedkoper en vanaf bijna alle grote luchthavens vliegt u met een charter naar Cyprus.

Corendon heeft een rechtstreekse verbinding vanuit Amsterdam en Brussel naar de luchthaven **Ercan**, op Noord-Cyprus. Turkish Airlines, Cyprus Turkish Airlines en andere maatschappijen vliegen vanaf Istanbul en Antalya naar Noord-Cyprus. De aansluitingen met de internationale vluchten zijn niet altijd goed.

Vanaf de luchthaven

Lijnbussen vanaf de luchthaven Lárnaka: de busmaatschappij Zinonas, verantwoordelijk voor het hele district Lárnaka, onderhoudt ook diensten van en naar het vliegveld. Dienstregeling: www.zinonasbuses.com, tel. 00357 24 66 55 31 of tel. 80 00 77 44.

De blauwe, frequent rijdende stadsbussen stoppen bij de Lazaruskerk en op de met palmen omzoomde Finikoudespromenade. Vanaf hier hebt u aansluiting met groene intercitybussen naar Agía Nápa, Paralímni, Nicosia en Limassol. In Limassol kunt u verder naar Páfos. Dienstregeling: www.intercity-buses.com, tel. 00357 23 81 90 90.

Een stuk comfortabeler rijdt u naar **Nicosia** en **Limassol** met de speciale **luchthavenbussen:** Limassol Airport Express, circa elk uur, www.airportshuttlebus.eu, tel. 00357 97 77 90 90, of tel. 77 77 70 75, circa € 10.

Nicosia bereikt u ook met de busmaatschappij Kapnos, die in de aankomsthal van de luchthaven een kantoor heeft, www.kapnosairportshuttle.com, tel. 00357 24 00 87 18, of tel. 77 77 14 77 (op Cyprus gratis), circa € 9.

Lijnbussen vanaf de luchthaven Páfos: de vertrektijden van de stadsbussen van de lokale busmaatschappij zijn afgestemd op de aankomsttijden van de vliegtuigen. Ze rijden naar de hotels in de **benedenstad van Páfos**, maar soms ook naar de **bovenstad van Ktíma**. Dienstregeling: www.pafosbuses.com, tel. 00357 26 93 42 52, of tel. 80 00 55 88 (op Cyprus gratis), circa € 1,50.

Ook de Limassol Airport Express bedient – af en toe – Páfos; voor dienstregeling zie boven.

Lijnbussen vanaf de luchthaven Ercan, **Noord-Cyprus:** zie blz. 227.

Taxi: een rit met de normale taxi tot in het centrum van Lárnaka kost circa € 12-15, van de luchthaven Páfos naar Páfos-stad circa € 18. Wie met de verzameltaxi verder wil reizen, moet overstappen. De chauffeur stopt op een geschikt punt.

Autoverhuur: alle internationale autoverhuurbedrijven hebben kantoren in Lárnaka en Páfos. De Cypriotische bedrijven zijn meestal iets goedkoper. Reserveren is in de regel geen probleem. Hier een adres:

Petsas Cars, www.petsas.com.cy. De marktleider heeft in alle steden en zelfs in Pólis vestigingen. U kunt de auto bij elke vestiging terugbrengen en bijvoorbeeld met de taxi naar het vliegveld terugreizen. Ook een tochtje naar Noord-Cyprus is geen probleem.

Een handige site om alle grote autoverhuurbedrijven te vergelijken is www.cypruscarrental.com.

... met de boot

Er bestaat momenteel geen bootverbinding van Italië of Griekenland naar Cyprus.

Veerboten naar Noord-Cyprus varen vanaf Tasuçu/Silifke naar Kyrenia. Zie voor een vaarschema www.fergun.net. De overtocht duurt 4-5 uur, met de snelle boot 2,5 uur.

Bus

Blauwe bussen: in de afgelopen jaren werd het bussysteem van Cyprus geheel gestroomlijnd. Naast de intercitylijnen bestond er tot dan toe een groot aantal kleine en middelgrote ondernemingen voor het vervoer binnen de steden en voor de verbinding tussen de dorpen en de steden. Nu heeft elk van de vijf districten een eigen busmaatschappij. Alle bussen hebben dezelfde blauwe kleur. De dienstregelingen zijn op internet te raadplegen en worden op de busterminal gratis verspreid.

Langeafstandbussen verbinden de grote steden op het eiland

Reisinformatie

Lárnaka: www.zinonasbuses.com, tel. 00357 24 66 55 31, of tel. 80 00 77 44 (op Cyprus gratis).
Agía Nápa/Paralímni (district Famagusta): www.oseabuses.com, tel. 00357 23 81 90 90, of tel. 80 00 52 00 (op Cyprus gratis).
Limassol: www.limassolbuses.com, tel. 00357 25 34 32 01, of tel. 77 77 81 21 (op Cyprus gratis).
Páfos: www.pafosbuses.com, tel. 00357 26 93 42 52, of tel. 80 00 55 88 (op Cyprus gratis).
Nicosia: www.osel.com.cy, tel. 00357 22 46 80 88, of tel. 77 77 77 55 (op Cyprus gratis).

Om de Cyprioten uit de auto te lokken, verhoogde de overheid de subsidies op het openbaar vervoer, zodat de tarieven omlaag konden. Een rit met een blauwe bus kost standaard € 1,50 (voor studenten € 0,75). Ook als u bijvoorbeeld van Nicosia naar het 65 km verder gelegen Tróodosdorp Kakopetriá wilt reizen. Een weekkaart kost € 15 (voor studenten € 7,50). Bovendien is de frequentie van de bussen op de routes sterk toegenomen. Toeristen kunnen nu uit de steden met de bus een uitstapje maken naar alle interessante plaatsen en op dezelfde dag weer terugreizen. Zelfs zonder huurauto kunt u zich gemakkelijk en snel over het eiland verplaatsen. Maar let op: in het weekend en op feestdagen zijn de busdiensten sterk ingekrompen. Kaartjes zijn te koop bij de chauffeur.
Groene bussen: de groene intercitybussen (www.intercity-buses.eu), tel. 00357 97 77 90 90, of tel. 80 00 77 89 (op Cyprus gratis), rijden ongeveer elk uur tussen Páfos, Limassol, Lárnaka, Nicosia en Agía Nápa/Paralímni. Ook hier konden de tarieven dankzij overheidssteun met meer dan de helft worden verlaagd. Een dagretour van bijvoorbeeld Agía Nápa naar Nicosia kost slechts € 7, een enkele reis € 4. Een dagkaart voor alle lijnen kost € 15 (studenten € 7,50). In het weekend rijden de intercitybussen minder frequent.

In **Noord-Cyprus** rijden tussen Nicosia, Kyrenia, Famagusta en Mórfou, afhankelijk van het aantal passagiers, meer of minder regelmatig zowel lijnbussen als verzameltaxi's. Op zondag is het openbaar vervoer net als in het zuiden van het eiland beperkt.

Taxi's

Taxi's zijn goedkoop. Er is geen beginstand op de meter, maar voor grote stukken bagage moet u extra betalen. Een rit met de taxi van de luchthaven Lárnaka naar de stad kost circa € 12-15. Voor de rit Limassol-Nicosia moet u circa € 65 betalen. Tussen 20.30 en 6 uur zijn taxiritten circa 20% duurder.
Verzameltaxi's, ook service- of lijntaxi's genoemd, rijden van 's ochtends 6 uur tot 's avonds rond 18 uur ongeveer elk halfuur tussen Lárnaka, Nicosia, Limassol en Páfos. Paralímni en Agía Nápa worden om de twee uur aangedaan. Een plaats in de zeven zitplaatsen tellende voertuigen kost circa € 11, bijna driemaal zoveel als een buskaartje (€ 4). Een pluspunt: de chauffeur pikt zijn passagiers op elke gewenste locatie binnen de stad op en zet ze op elke gewenste locatie binnen de stadsgrenzen weer af.

Voor mensen met veel bagage, die bijvoorbeeld van Limassol naar de luchthaven willen, is de verzameltaxi een goedkoop alternatief voor een dure privétaxi. Op zaterdagmiddag en zon- en feestdagen rijden er minder verzameltaxi's. De taxicoöperatie Travel & Express is op heel Cyprus bereikbaar: tel. 77 77 74 74. Voor tarieven en routes zie www.travelexpress.com.cy.

Huurauto's

Op veel plaatsen en in de toeristische centra kunnen auto's, jeeps en motoren tegen een vast tarief met onbeperkte kilometers worden gehuurd. Omdat het verkeer links rijdt, hebben toeristen die dit niet gewend zijn een hoger risico op ongevallen. Sluit een allriskverzekering af of breid de aansprakelijkheidsverzekering uit met een aanvullende cascoverzekering (CDW, Collison Damage Weaver), zodat het eigen risico gedekt is. Bij sommige autoverhuurders is deze verzekering reeds in de prijs inbegrepen. Schade aan de onderzijde van uw voertuig en aan ruiten en banden is nooit verzekerd, dus wees voorzichtig op onverharde wegen en ruwe hellingen.

Bestuurders van een huurauto moeten ten minste 21 jaar zijn. Een nationaal rijbewijs is voldoende. Bij de meeste autoverhuurders is een creditcard verplicht, af en toe kan het nog zonder. In het hoogseizoen kost een kleine auto circa € 30-40 per dag, in het laagseizoen circa € 20. De minimale huurperiode is altijd 24 uur. Bij de overdracht van de auto brengt de verhuurder een volle tank in rekening. Als u de auto weer met een volle tank terugbrengt, wordt het gereserveerde benzinegeld terugbetaald.

Wie zich al voor de reis wil verdiepen in het aanbod van huurauto's, vindt op de laatste pagina van de hotelcatalogus van het Cypriotisch verkeersbureau of op internet (zoek op 'Car Rental Cyprus') adressen van Cypriotische autoverhuurbedrijven. Een handige link om de belangrijkste autoverhuurders te vergelijken is www.cypruscarrental.com.

Cyprus beschikt over een dicht netwerk van **benzinestations**. 's Nachts en op zon- en feestdagen kunt u bij automaten met contant geld of met creditcard tanken. Benzine is in het zuiden circa 10% goedkoper dan in het noorden. De prijs van diesel en benzine ontloopt elkaar op Cyprus nauwelijks.

Let op: op de snelwegen zijn geen benzinestations, althans niet in de buurt van de luchthavens. Om de auto vol te tanken voordat u hem naar de luchthaven van Lárnaka terugbrengt, gaat u naar het dorp Dromolaxiá. Het benzinestation bevindt zich aan de doorgaande weg.

... op Noord-Cyprus

Huurauto's uit de Republiek mogen ook in **Noord-Cyprus** rijden (zie ook blz. 11), omgekeerd mag het niet. Wie met een Grieks-Cipriotische auto in het noorden pech krijgt, moet wel bedenken dat hij soms niet zo snel geholpen wordt.

De autoverhuurbedrijven in Noord-Cyprus hebben hun kantoren vooral in Kyrenia; kijk voor de adressen in de hotelcatalogus van het Noord-Cipriotische verkeersbureau of op internet. In Noord-Nicosia en Famagusta zijn er slechts een paar bedrijven.

De huurauto's van de Republiek zijn niet duurder dan die in Noord-Cyprus, maar meestal wel nieuwer. Wie van het zuiden naar het noorden wil, kan daarom het best op de luchthaven van Lárnaka of Páfos een auto huren en op de Green Line een aanvullende verzekering afsluiten.

Verzameltaxi's

Let op: op de luchthaven van Lárnaka mogen verzameltaxi's alleen passagiers afzetten, maar niet oppikken. Wie net is gearriveerd moet daarom eerst een gewone taxi naar Lárnaka nemen en daar overstappen op een verzameltaxi. Dit regelt de chauffeur.

Reisinformatie

Verkeersregels

Op beide delen van het eiland rijdt het verkeer **links**, inhalen gebeurt dus rechts. De **maximumsnelheid** bedraagt binnen de bebouwde kom (*built-up areas*) 50 km/uur, op hoofdwegen 80 km/uur, op autosnelwegen 100 km/uur (minimumsnelheid 65 km/u). In stedelijke gebieden wordt de snelheid van het autoverkeer vaak ingetoomd door middel van verkeersdrempels (*speed humbs*). In de auto moeten twee gevarendriehoeken aanwezig zijn. Alcoholgehalte: maximum 0,5 promille.

Tijdens het autorijden is **mobiel telefoneren zonder handsfree-installatie** verboden. Verkeer van rechts heeft voorrang, ook het verkeer dat een **rotonde** nadert. Bij een **dubbele gele lijn** langs de weg mag niet worden gestopt, bij een **enkele gele lijn** mogen voertuigen in- en uitladen.

Bestuurders van motorfietsen met een cilinderinhoud van meer dan 50 cc zijn verplicht een **helm** te dragen.

Fietsen (mountainbikes)

In de meeste toeristenoorden kunt u fietsen en mountainbikes (MTB's) huren. De Cyprus Tourism Organisation legt op heel Cyprus gemarkeerde fietspaden aan en geeft daarover een speciale brochure uit (zie blz. 33).

In Limassol en Nicosia vindt u naar het voorbeeld van enkele West-Europese steden op diverse plaatsen self-servicefietsen. Nadat u zich hebt geregistreerd kunt u met behulp van uw mobiele telefoon de fietsen huren.

Overnachten

Republiek Cyprus

De keuze aan plaatsen waar men kan overnachten is overzichtelijk. In tegenstelling tot Griekenland zijn er maar weinig mogelijkheden om een kamer te huren bij particulieren en in kleine pensions. Een uitzondering is Agía Nápa. De meeste toeristen komen terecht in een van de grotere hotels bij Agía Nápa, in Limassol en in Páfos. Kleinere onderkomens aan de kust, waar u weinig merkt van het massatoerisme, vindt u in Pissoúri, Pólis en Káto Pýrgos. Van alle badplaatsen is Káto Pýrgos, dat een eind buiten de gebaande paden ligt, het minst toeristisch.

Van de bergdorpen vindt u in Páno Plátres, Kakopetriá, Agrós, Pedoulás, Kalopanagiótis, Gerakiés, Kyperoúnda en Spília accommodatie. Met uitzondering van het relatief deftige Plátres hebben al deze bergdorpen hun dorpse karakter behouden. Het Cypriotische verkeersbureau CTO maakt in zijn hotelcatalogus een onderscheid tussen hotels, guesthouses, hotelappartementen, toeristenappartementen, traditionele huizen, toeristendorpen, toeristenvilla's, campings en jeugdherbergen. In de catalogus vindt u een overzicht van de adressen, classificatie en het aantal kamers en bedden.

Niet alleen de grote hotels, maar ook de vriendelijke, kleinere hotels en appartementen boekt u meestal goedkoper thuis bij een reisbureau dan ter plaatse. De volgende reisbureaus hebben ook onderkomens buiten het massatoerisme in hun aanbod:

Ilios Reizen
Ootmarsumsestraat 44
7573 GM Oldenzaal

tel. 0541 53 10 03
www.iliosreizen.nl

Jiba
Postbus 1439
3000 BK Rotterdam
tel. 010-280 22 45
www.jiba.nl

Hotels, pensions, appartementen

Hotels en pensions zijn ingedeeld volgens een sterrensysteem (van nul tot vijf sterren), hotelappartementen krijgen als kwaliteitsaanduiding een letter (van A tot C). De goedkope toeristenappartementen hebben geen indeling.

De Cypriotische hotels zijn in het algemeen van een hoog niveau, het ontbijt is overvloedig en op Engelse leest geschoeid. Appartementen (met afzonderlijke slaapkamer) en studio's (slaapkamer, zitkamer en keuken ineen) kunt u ook per dag huren. Ze zijn goedkoper dan een hotel. U mist wel de dagelijkse schoonmaak en het omwisselen van de handdoeken.

Overnachten in dorpshuizen

Een speciaal kenmerk van Cyprus zijn de traditionele stenen huizen die men in veel dorpen in het binnenland en aan de kust als vakantiehuis kan huren. Deze huizen, die allemaal gerestaureerd zijn, hebben de classificatie van een 'hotel' of 'hotelappartement'. Sommige van deze onderkomens bieden ontbijt aan, andere niet. Vraag bij de CTO de speciale kleurencatalogus aan of surf naar www.elizawashere.nl (klik op 'Cyprus'). Hier vindt u het complete aanbod.

Prijzen van accommodatie

De prijzen voor officieel erkende accommodatie worden een jaar van tevoren rond half maart goedgekeurd. Van november tot maart gelden, behalve rond de kerst, laagseizoentarieven. Maar zelfs in het hoogseizoen kunnen veel hoteliers hun hoge prijzen niet altijd volhouden, zodat kortingen mogelijk zijn van 10-50%. Advertenties daarvoor verschijnen onder meer in Cypriotische kranten en op internet. Voor voordelige aanbiedingen kunt u ook terecht op boekingsites zoals www.bookcyprus.com, www.booking.com, www.expedia.nl en vele andere. Voor beide delen van Cyprus vindt u tal van aanbiedingen.

Als u langer dan een of twee nachten blijft, is de prijs onderhandelbaar. Basis voor de onderhandelingen zijn de duur van het verblijf, de voorzieningen, de grootte en locatie van de kamer en het seizoen. In het laagseizoen bijvoorbeeld staan veel vakantiewoningen maandenlang leeg. Door ter plaatse navraag te doen of op internet te kijken, kunt u een onderkomen vinden voor een maand of langer tegen voorwaarden die normaal voor lokale huurders gelden.

Accommodatie in de Republiek Cyprus is iets duurder dan in Griekenland, maar goedkoper dan bij ons. Accommodatie in Noord-Cyprus is over het algemeen niet goedkoper dan in het zuiden, maar haalt zelden de kwaliteit van die in het zuiden.

Wie zich tevreden stelt met hotels in de een- of tweesterrencategorie, kamers bij particulieren en guesthouses komt, afhankelijk van het seizoen, gemiddeld uit op circa € 25-35 per persoon voor een nacht in een tweepersoonskamer met ontbijt. Eenpersoonskamers kosten in deze categorie circa € 40, in het laagseizoen vanaf € 30.

Aan de palmenpromenade van Lárnaka

Jeugdherbergen

Jeugdherbergen vindt u in Nicosia, Limassol, Páfos, bij Tróodos en in Stavrós tis Psókas. Ze zijn klein en niet heel comfortabel. Alleen het Rest House in Stavrós tis Psókas vormt hierop een uitzondering en biedt zelfs tweepersoonskamers met douche en toilet. Ook niet-leden van de International Youth Hostel Federation zijn welkom en krijgen bij aankomst een inschrijvingsbewijs. Een overnachting in een meerbeddenkamer kost zonder ontbijt circa € 7. Als u geen eigen beddengoed hebt, kunt u dit voor circa € 2 huren.

In Noord-Cyprus vindt u in Kyrenia een jeugdherberg, www.cyprusdorms.com.

Camping

Campings met restaurants en sanitaire voorzieningen vindt u bij het Dekéleiastrand bij Lárnaka, aan Governor's Beach, aan het strand van Geroskípou, aan Coral Bay en aan het strand van Pólis. De mooiste is de camping bij Pólis. De meeste campings worden bijna uitsluitend gebruikt door de plaatselijke bevolking. Wildkamperen, bijvoorbeeld aan de schilderachtige kust bij Loutrá tis Afrodítis of bij de picknickplaatsen van het Tróodosgebergte, wordt ook veel gedaan.

Voor tenten en campers betaalt u € 4-8 per nacht, per persoon komt daar nog een bedrag van circa € 2 bij.

Noord-Cyprus

Het noorden heeft veel minder accommodatie dan het zuiden van het eiland. Meer dan 80% daarvan vindt u aan de noordkust rondom Kyrenia/Girne.

Verschillende touroperators bieden in Noord-Cyprus goede hotels en vakantiewoningen aan:

Corendon
Postbus 349
1170 AH Badhoevedorp
tel. 023 7510606
www.corendon.nl

Fly2beach.nl
Haveneind 2
4761 BZ Zevenbergen
tel. 088 735 45 40
www.fly2beach.nl

Onderkomens in Noord-Cyprus

De accommodaties zijn voorzien van een tot vijf sterren. In de eenvoudige guesthouses is enige tolerantie nodig ten opzichte van gevlekte tapijten en verouderde badkamers. Aanbevolen en goedkoper dan in het zuiden zijn de hotels van de twee- en driesterrencategorie en vooral de appartementencomplexen, waarvan er zeer vele zijn. Maar ook hier is het, net als bij veel oudere middenklassehotels, even wennen aan een gebrek aan netheid. In de hotels is het ontbijt net als in het zuiden bij de prijs inbegrepen. In appartementen vindt u een kleine keuken, eigen linnengoed is niet nodig.

Hier en daar zijn gerestaureerde traditionele dorpshuizen te huur als vakantiewoning, bijvoorbeeld in Bellapaís en Kármi.

Eten en drinken

Cypriotische specialiteiten

De Cypriotische keuken is volks en eenvoudig; de basis van veel gerechten is Grieks, maar er zijn ook invloeden van de Arabische en Turkse keuken. In de eeuwen van buitenlandse overheersing hebben de Cyprioten verrassend weinig overgenomen van de eetcultuur van hun bezetters. Zo hebben de Britten aan de tegenwoordige eetcultuur in de toeristenoorden alleen *fish and chips* en het Engelse ontbijt met *beans* en *ham and eggs* bijgedragen. Olijfolie en knoflook worden in de Cypriotische keuken minder overvloedig gebruikt dan in Griekenland.

Als **voorgerecht** staat op het menu in de restaurants vaak een Griekse boerensalade met fetakaas, groene olijven, *tachíni* (sesampasta) en *talatoúri*. De laatste is de Cypriotische variant van de Griekse *tsatsíki*, maar dan zonder knoflook.

In Noord-Cyprus eet men grotendeels dezelfde gerechten, alleen wordt er geen varkensvlees gebruikt. *Soufláki* heet in het Turks *şiş-kebab, köfte* is hetzelfde als *kéftedes,* de gebakken kaas *challoúmi* heet *hellim,* de sesampasta *tahin.* Meer dan in het zuiden vindt u

> ### Prijzen voor eten en drinken
> In de steden in beide delen van het eiland kunt u 's middags in kleine eetstalletjes en snackbars al voor circa € 5 lunchen. Een 'echte' maaltijd met een hoofdgerecht kost in een eenvoudige taverna met een drankje circa € 10-15.
> **Drankprijzen in het zuiden:**
> Cypriotische koffie (*kafés kypriakós*) € 1-2, Nescafé € 1,50-3, glas huiswijn € 2, bier (0,66 l) € 2,50-3,50.
> In **Noord-Cyprus** zijn de alcoholische dranken iets duurder, niet-alcoholische iets goedkoper.

Eenvoudig maar heerlijk: een Griekse salade met een glas witte wijn

in het noorden goedkope *lokanta*, een soort 'gaarkeuken', waar vaak ook *kebab* wordt gegrild, de tegenhanger van de Griekse *gyros*.

Vleesgerechten

Een nationale passie van de Cyprioten zijn gerechten van de houtskoolgrill. In het weekend ziet men overal op Cyprus buiten de restaurants enorme spiesen met *soúvla* (in de verkleinvorm *soúvláki*) boven de hete grill draaien. *Soúvla* is lams- of geitenvlees, dat voor het grillen met citroen en kruiden wordt ingewreven en licht geblakerd het best smaakt. Ingewikkelder om te maken is *kléftiko*, dat veel restaurants alleen op bepaalde dagen op de kaart hebben staan. Dit voormalige partizanengerecht (afgeleid van *kléftis*, 'dief', zoals de Turken de Griekse vrijheidsstrijders in de 19e eeuw noemden) werd oorspronkelijk in de grond gaar gemaakt, onder een vuur. Tegenwoordig wordt het lamsvlees urenlang in de hete kleioven gebakken tot het van het bot valt. *Afélia* is varkensvlees dat eerst wordt aangebraden, vervolgens geblust met wijn, dan weer gebakken en ten slotte weer geblust met wijn. Wijn zit ook in de gekruide varkensworstjes *loukánika*. Voordat de worstjes worden gemaakt, laat men de ingrediënten eerst in rode wijn marineren.

In de talrijke grilltentjes wordt behalve *souvláki* meestal ook *sieftaliá* aangeboden, gehaktrolletjes in lams- of varkensdarm. Ze worden geserveerd in de *pítta*, een opengesneden pitabroodje, met stukjes tomaat en komkommer. Bij de *raki* serveert men graag met korianderzaadjes ingelegde groene olijven en *loúntza*, in wijn en korianderzaadjes gemarineerd varkensvlees.

Vis

Versgevangen **zeevis** zult u in het hoogseizoen zelden aantreffen op Cyprus. Om in de zomer aan de vraag naar verse vis te kunnen voldoen, wordt vis ingevoerd of hij is afkomstig van de viskwekerij. Meer kans op vangstverse vis hebt u – afhankelijk van de vangst en het weer – in de restaurants bij de vissershavens, bijvoorbeeld in Latsí of Ágios Geórgios op het schiereiland Akámas, of in de dure specialiteitenrestaurants in de steden. De prijzen zijn vaak hoog. 's Winters in het laagseizoen is het aanbod van verse vis beter. Op Cyprus zijn dan, in tegenstelling tot Griekenland, versgevangen lokale vis en zeevruchten te krijgen.

Luxe vissoorten zoals *barboúni* (rode mul) en *fangrí* (zeebrasem) worden in restaurants afgewogen en kosten per kilo circa € 50. Minder duur zijn de kleinere luxe vissoorten, goedkoop de kleine *marída* (zeebliek, spiering of sardines), en de iets grotere *gópa*. Relatief goedkoop zijn zoetwatervissen die in de meren en riviertjes van Cyprus worden gekweekt. Van de zoutwatervissen zijn de *tsipoúra* (zeebaars) en de *lavráki* (goudbrasem) meestal afkomstig van viskwekerijen.

Vegetarisch

Probeer de gegrilde *challoúmi,* een milde, stevige witte kaas van geiten-, schapen- of koemelk, die in pekel wordt bewaard. *Challoúmi* is ook te krijgen in fastfoodrestaurants, met tomaat en komkommer in een pitabroodje, en wordt in de supermarkt verkocht. Heel smakelijk zijn de *giachní*-gerechten, vleesloze soepen gemaakt met peulvruchten en tomaat, die in de *lokanta* in de steden zijn te krijgen.

Zoetigheden

Als snack tussendoor kunt u bij de bakker *eliópittes,* olijvengebak, of *tirópittes,* met kaas gevulde deegpakketjes kopen. Bij straatfeesten treft men kraampjes met zoet gebak, zoals *loukoumádes* (een soort oliebollen) en *siámesii* (spreek uit: schámischi, 'siamese tweeling'). Op de markten en in kloosters worden vruchten op siroop verkocht, bijvoorbeeld *soutzoúkos*: een 'worst' van druivensiroop met een kern van amandelen of walnoten, aan een draad geregen. Ze hebben de consistentie van gesneden vruchten en zijn heel geschikt als proviand tijdens wandelingen. Het druivensiroop is ook te krijgen als gelei, *palouzés,* en wordt met een lepel gegeten.

Dranken

Turkse koffie (met koffiedik) wordt in kleine kopjes geserveerd en heet op Cyprus *kafés kypriakós*. U krijgt er in principe altijd een glas water bij, maar dat wordt bij toeristen wel eens 'vergeten'. Bij het bestellen zegt u hoe u de koffie

Openingstijden van de restaurants

In beide delen van het eiland hebben de restaurants flexibele openingstijden. Bepalend voor de openingstijden is de toestroom van klanten, en die is afhankelijk van de toestand van de economie, het seizoen, de dag van de week enz. Daarnaast kan het zijn dat de eigenaar even iets anders te doen heeft. Dan wordt de *magazí* gesloten. In de wintermaanden zijn veel restaurants aan de stranden gesloten. Een precieze opgave van de openingstijden zou wel handig zijn, maar blijkt na een paar maanden vaak alweer niet te kloppen. Daarom staan ze in dit boek in het algemeen niet vermeld. Ga ervanuit dat de aanbevolen restaurants bij voldoende klandizie overdag (in ieder geval 's middags) en 's avonds geopend zijn. Als er beperkingen zijn, is dat aangegeven. Controleer bij twijfel de situatie ter plekke.

Reisinformatie

Voor velen blijft Cyprus een zoete herinnering ...

wilt: *skétto,* zonder suiker, *métrio,* met een beetje suiker, of *glikó,* zoet.

Hoewel Cyprus uitstekende wijnen produceert, geven Cyprioten vaak de voorkeur aan een milde *koniák* bij het eten. Als brandy sour met citroen is deze cognac ook in de hotelbar te krijgen. De sherryachtige, zoete commandariawijn, waar Cyprus vroeger net zo beroemd om was als Samos om de Samoswijn, wordt tegenwoordig nog maar weinig gedronken.

Wijnen in de restaurants zijn meestal afkomstig van een van de vier grote Cypriotische wijnhuizen. Als er 'village wine' op de kaart staat, gaat het meestal niet om landwijn uit de streek, maar om eenvoudige tafelwijnen die per vijf liter worden verkocht door de grote drankenconcerns.

Bier van de brouwerij KEO en van Carlsberg wordt verkocht in flessen van 33 en 66 cl. Een grote fles bier kunt u, net als een fles wijn, in goede restaurants ook delen.

De nationale drank is *zivanía,* een helder druivendistillaat, vergelijkbaar met de Italiaanse grappa.

Eet- en drinkgewoonten

Wie gewend is om 's avonds op tijd aan tafel te gaan, belandt op Cyprus meestal in gapend lege restaurants. Pas rond 21 uur raakt de eetzaal geleidelijk gevuld. Aan de manier waarop de tafels staan opgesteld, kunt u zien dat de Cyprioten meestal in grotere groepen *(paréa)* uit eten gaan. Tafeltjes voor twee zijn er nauwelijks. De porties van salades en hapjes zijn ook altijd ruim bemeten. Na het eten rekent één persoon af voor de hele tafel. Dat zijn vaak de Cypriotische mannen, die het als een erezaak beschouwen om te betalen. Het splitsen van de rekening is op Cyprus ongebruikelijk.

Bij het proosten zegt men *jámmas* of, wat vormelijker, *is ijían.* Beide betekenen 'proost'. De glazen worden slechts voor een derde gevuld. Bij alcohol is de regel: men begint met sterkedrank en gaat daarna over op lichtere soorten. Dus volgt na *zivanía* eerst *koniák,* dan wijn, bier en ten slotte water. Men gaat niet dronken naar huis, want dat betekent gezichtsverlies.

Actieve vakanties, sport en wellness

Duiken

Op Zuid-Cyprus vindt u in Agía Nápa, Protarás, Limassol, Páfos en Pólis duikscholen, die ook uitstapjes organiseren en uitrusting verhuren. Neem voor adressen contact op met de **Cyprus Federation of Underwater Activities**, POB 21503, CY-1510 Nicosia, tel. 22 75 46 47, fax 22 75 52 46.

Een van de gerenommeerde duikscholen in het zuidelijke deel van Cyprus is **Cydive** in Páfos (tel. 26 93 42 71, www.cydive.com).

Ook in Noord-Cyprus zijn duikscholen, bijvoorbeeld **Mephisto Diving** op het schiereiland Karpasía in Yeni Erenköy, tel. 0090 542 858 29 35, www.mephisto-diving.com.

Fietsen

Alleen in het gebied rond Agía Nápa ligt een compleet netwerk van fietspaden. Ten noorden van Páfos, in Limassol en bij Pólis zijn fietsroutes in aanleg. Voor het overige kunt u heel goed fietsen op de kleine geasfalteerde zijwegen en op de vele bospaden. Sommige autoverhuurbedrijven, bijvoorbeeld Petsas, verhuren ook fietshouders voor hun huurauto's. De CTO heeft een vouwblad voor fietsers met negentien routes en bijbehorende kaarten. Afhankelijk van de kwaliteit van de fiets en het seizoen kost het huren van een fiets € 5-15 per dag. Verhuurbedrijven vindt u in alle toeristische plaatsen.

Noord-Cyprus is ook heel geschikt voor het fietsen op verharde en onverharde wegen. Het best zijn de zojuist genoemde, groen-wit gemarkeerde routes. Ze bestaan voor ongeveer 80% uit natuur- en bospaden. Onderweg komt u geregeld informatieborden met kaarten tegen, zodat u ook zonder eigen kaartmateriaal een eind komt. Fietsen zijn in Noord-Cyprus in alle toeristische plaatsen te huur. In uw hotel weten ze de adressen.

Golf

Boven Páfos en bij de Rots van Aphrodite (Pétra toú Romioú) kunt u zich uitleven op drie prachtige 18 holesbanen. De CTO heeft een aantrekkelijke brochure – een uittreksel uit de Albrecht Golf Guide voor Zuidoost-Europa – met veel informatie over golfen op Cyprus. Of kijk op www.cyprusgolf.com en www.aphroditehills.com.

In Noord-Cyprus vindt u bij Lefke een golfbaan.

Paardrijden

Maneges zijn er in Nicosia, Limassol, Amathoús en Pégeia. Kijk voor de adressen in het 'Travellers' Handbook' van de CTO, dat in alle kantoren van de

Fietsvervoer in de bus

Om uzelf een zware rit in de heuvels te besparen, kunt u overwegen om u met de lokale bus omhoog te laten brengen en zelf terug te fietsen. De fiets wordt, soms tegen een kleine vergoeding, in de bagageruimte of tussen de achterstoelen opgeslagen. Dit gaat, op deze manier geïmproviseerd, alleen bij de grotere bussen. En u moet zich erop voorbereiden dat niet iedere bestuurder het fietsvervoer als een uitdaging beschouwt.

CTO ter inzage ligt. In Noord-Cyprus vindt u een manege bij Kyrenia, zie www.catalkoyridingclub.com.

Skiën

In het Tróodosgebergte kunt u tussen januari en maart goed skiën. Op de Ólympos zijn dan maximaal vier skiliften open. Langs de weg van Tróodos naar de Ólympos kunnen ski's en schoenen worden gehuurd. Surf voor de actuele sneeuwcondities naar www.windowsoncyprus.com/skiing.htm.

Stranden en watersport

Op alle grotere stranden kunt u surfplanken, rubberboten, kano's, waterfietsen en jet-ski's huren. Voor kinderen zijn er bananen en andere opblaasbare attributen. Ook kunt u kitesurfen. Prijzen voor al dit vermaak vindt u in de 'Reisinformatie' van de CTO.

Websites voor wandelaars

www.visitcyprus.com: onder de kopjes 'Ontdek' en 'Ervaring' vindt u op de website van de CTO korte beschrijvingen van meer dan honderd natuurleerpaden en andere wandelroutes. Ook is aangegeven of het een rondwandeling of een afstandswandeling betreft. U kunt de tochten filteren op regio. De informatie over de moeilijkheidsgraad is vaak sterk overdreven.
www.kyreniamountaintrail.org: de site van de KMTA (Kyrenia Mountain Trail Association) biedt detailkaarten en veel informatie over deze route, die Noord-Cyprus over de hele lengte doorkruist, van de Mórfoubaai tot aan Kaap Ágios Andréas.

Tennis

Bijna alle grote hotels op Cyprus hebben tennisbanen, die 's avonds zijn verlicht. Ze zijn – tegen betaling – ook toegankelijk voor wie geen gast is van het hotel.

Vissen

Vissen in de bijna leeggeviste Middellandse Zee bij Cyprus is zonder visvergunning toegestaan, ook vissen vanaf een boot met een net. In veel vissershavens zijn boten te huur.

Om te mogen vissen in de circa twintig stuwmeren is echter een vergunning nodig, omdat de kans zeer groot is dat de vissen bijten. Vergunningen worden afgegeven door de Head Office of Fisheries Departments, Aiólou 13, CY-1416 Nicosia, tel. 22 80 78 30, fax 22 80 78 15, en door de visserij-inspectie in Lárnaka, Limassol en Páfos. Een folder is verkrijgbaar bij de CTO.

Wandelen

Cyprus is een uitgesproken wandeleiland. De toeristische diensten van beide eilanddelen hebben informatiemateriaal met wandelroutes in de beste gebieden. De paden zijn goed aangegeven en worden regelmatig onderhouden. Op veel plaatsen langs de routes komt u tableaus tegen met informatie over de route, flora, fauna en het gesteente.

De **Europese wandelroute E4**, die van Spanje naar Griekenland loopt, eindigt op Cyprus. Hij begint hier op het schiereiland Akámas, voert door de bossen van Tróodos en eindigt bij Kaap Gréko. Op delen van de goed bewegwijzerde route zijn mooie wandeltochten te maken. De wandelingen beginnen of eindigen soms met een

Actieve vakanties, sport en wellness

De watersportmogelijkheden in Níssi Beach zijn groot

busrit. Op de kaarten die de CTO gratis verstrekt staan ook de paden in het Turkse gedeelte. Ook zijn er folders met beschrijvingen van individuele tochten, die zeer de moeite waard zijn.

Voor Noord-Cyprus is er het boekje 'North Cyprus Trails - Walking in Nature', dat gratis is af te halen bij de toeristenbureaus (maar helaas niet altijd in druk is). Het bevat goede detailkaarten van een wandelnetwerk dat in totaal circa 600 km lang is. Ongeveer 80% daarvan bestaat uit natuur- en bospaden, die ook geschikt zijn voor fietsers. Google Earthkaarten en een korte beschrijving van de mooiste routes met foto's vindt u gratis op: www.agamaoutdoor.com/agamatrails.pdf. Kaarten waarop ook de gps-coördinaten staan vermeld zijn tegen een kleine vergoeding te downloaden via www.kyreniamountaintrail.org. Het hele netwerk is groen-wit gemarkeerd. Bij kruispunten en bij de start- en eindpunten van de routes staan kleine piramides met daarop afstanden aangegeven.

Bos- en natuurgebieden op Cyprus

Zuid-Cyprus bezit ongeveer tien **National Forest Parks**, waarbij de definitie van bos heel ruim genomen is door de Cypriotische autoriteiten. Als 'forest park' worden namelijk ook rotsige kustgebieden zoals Kaap Gréko (Kávo Gkréko) of het gebied rond de Rots van Aphrodite (Pétra tou Roumioú) gerekend, waar men vergeefs op zoek zal gaan naar echt bos. Ook zijn er tien meestal kleinere **Protected Areas**, gekenmerkt door speciale flora en fauna, waarvan er zich vier in het Tróodos National Forest Park bevinden (www.moa.gov.cy/forest). Deze gebieden zijn ook opgenomen in het Europese natuurbeschermingsprogramma Natura 2000, gericht op het in stand houden van de biodiversiteit.

De mooiste natuurgebieden in de Republiek Cyprus

1. Tróodos National Forest Park ▶ E 7
2. Páfosbos met Cedar Valley ▶ C 6/7

Reisinformatie

Ook met de fiets kunt u Cyprus verkennen

3. Machairás National Forest Park ▶ G 7
4. Schiereiland Akámas ▶ A 6
5. De Madarí, Adelfoíbos ▶ E 6/7

Noord-Cyprus onderhoudt momenteel zeven **natuurgebieden**. Hiertoe behoren ook de wetlands rond Famagusta, het uitgestrekte landschap oogt echter niet erg aantrekkelijk.

De mooiste natuurgebieden in Noord-Cyprus:
1. Bossen van het Pentadáktylosgebergte, vooral bij Alevkaya ▶ J 4
2. Schiereiland Karpasía (Karpaz), ten oosten van Dipkarpaz ▶ P 1
3. Zuidkust van het schiereiland Karpasía tussen Dipkarpaz en Kaleburnu ▶ O 2
4. Zandstranden bij Alagadi ▶ H 4

Wellness en fitness

In beide delen van het eiland bieden de duurdere hotels hun gasten uitstekende beauty-, fitness- en spafaciliteiten.

Als het beste adres in het zuiden geldt het **Columbia Beach Resort** in Pissoúri.

In Noord-Cyprus is het **Savoy** in Kyrenia aan te bevelen, dat met moderne faciliteiten en diensten de Osmaanse badtraditie in ere houdt.

Zeilen

Jachthavens vindt u in Lárnaka, Pólis en Limassol, redelijk beschutte havens verder alleen in Agía Nápa, Páfos en Latsí (Lakkí), in het noorden in Kyrenia, op het schiereiland Karpasía en in Famagusta. Beschutte baaien zijn er bijna helemaal niet, dus is het gebied voor de meeste zeilers waarschijnlijk niet zo aantrekkelijk.

Jachtverhuur: adressen van verhuurbedrijven kunt u vinden in het 'Travellers' Handbook' van de CTO of direct opvragen bij de CTO.

Feesten en evenementen

Familiefeesten

De belangrijkste familiefeesten zijn doop en huwelijk. Op een Cypriotische bruiloft worden vaak meer dan duizend gasten uitgenodigd. De enorme financiële aderlating die deze investering in het geluk van de kinderen betekent, wordt verlicht doordat alle gasten een bijdrage leveren: tijdens het dansen worden geld en cheques aan de trouwjurk van de bruid vastgehecht. Omdat niemand in het openbaar als vrek bekend wil staan, kan dit wel duizenden euro's opbrengen. Een traditionele bruiloftsmaaltijd bestaat uit *rési,* zacht gegaard lamsvlees met gewelde tarwe, bereid in grote pannen.

De feestkalender

Feesten en festivals brengen kleurige accenten aan in de loop van het kalenderjaar. De **parochiefeesten, panigýria,** worden afhankelijk van de ligging van de kerk op de platía of in de vrije natuur gevierd. Bij de belangrijkste feesten wordt na de kerkdienst de beeltenis (icoon) van de beschermheilige in een processie meegevoerd. Er wordt overvloedig gegeten en gedronken, muziek gemaakt en gedanst.

Na de lange kerstperiode, die op 6 januari eindigt met de **Theophanía** (Driekoningen), is carnaval het volgende christelijke feest, dat vijftig dagen voor Pasen plaatsvindt, gevolgd door de vastentijd. Het carnaval in Limassol is een kleurrijk spektakel, met veel confetti, een parade en een vleugje Rio de Janeiro. Carnavalsmaandag is de eerste dag van de vasten, men maakt dan graag een uitstapje naar het platteland en eet vegetarisch.

De zaterdag een week voor **Pasen** is de dag van de H. Lazarus. Zijn opstanding wordt gezien als vooraankondiging van die van Jezus. In Lárnaka vindt een grote processie plaats. Om de intocht in Jeruzalem te herdenken, dragen de vrouwen op Palmzondag olijftakken de kerk binnen. Op Witte Donderdag worden de iconen met een zwart kleed bedekt en wordt de *epitáphios* gemaakt, een houten frame met een doek waarop het lichaam van Jezus is afgebeeld. Feestelijk versierd met bloemen wordt de *epitáphios* dan op Goede Vrijdag tegen 9 uur 's avonds rond de kerk gedragen. Op deze strengste vastendag eet de familie een zure linzensoep als herinnering aan de marteling van Jezus met een in azijn gedrenkte spons.

Het hoogtepunt van de paasdagen is de kerkdienst die in de nacht van zaterdag op zondag precies om middernacht plaatsvindt. Bijna alle Cyprioten verzamelen zich in en voor de kerken en iedereen heeft een kaars bij zich. Overal luiden de kerkklokken, het zwarte kleed wordt van de iconen gehaald en de priester treedt met een brandende kaars vanachter de iconostase naar voren en roept: *Christós anésti,* 'Christus is opgestaan'. De omstanders steken met de brandende kaars van de priester hun kaars aan en geven het licht aan de anderen door. Tot slot probeert ieder met een brandende kaars zijn huis te bereiken. Hier worden zij die hebben gevast beloond met een soep gemaakt van lamsingewanden. De volgende dag draaien op heel Cyprus de lams- of geitenspiesjes boven de grill.

Precies 51 dagen na Pasen wordt met name in Lárnaka een merkwaardig feest gevierd, de **Kataklysmós,** letterlijk de 'Zondvloed'. Volwassenen en kinderen overgieten elkaar met em-

Reisinformatie

mers water en schieten met waterpistolen (zie blz. 75).

Half augustus wordt na een vijftien dagen durende vastentijd in veel kerken op Cyprus Maria Hemelvaart *(Kímisis tis Theotókou)* gevierd. Het is na Pasen het belangrijkste feest in de Grieks-orthodoxe Kerk. Niet zelden laat men het werk drie of vier dagen rusten, er wordt gedanst en gezongen en men eet en drinkt tot laat in de avond.

In september vindt het wijnfestival van Limassol plaats. Hier doen alle grote Cypriotische wijnhuizen aan mee. Bij deze gelegenheid kan men voor weinig geld de beste wijnen proeven. Ook zijn er optredens van zang- en dansgroepen.

Feestagenda

Officiële en orthodoxe feestdagen

1 januari: Nieuwjaar
6 januari: Epiphania. Het feest van de openbaring van Christus wordt gevierd, de bisschop zegent het water en dompelt een kruis in zee.
17 januari: Ágios Antonios
19 januari: Naamdag van Makários
24 januari: Ágios Neóphytos. Pelgrims en toeristen stromen massaal naar de kluizenaarshut bij Páfos.
2 februari: Tempelgang van Maria. Pelgrims komen naar het Chrysorrogiatíssaklooster.
25 maart: Dag van de Griekse onafhankelijkheid
1 april: Dag van de EOKA-A (in 1999 ingevoerd)
23 april: Dag van de H. Joris. Op veel plaatsen gevierd.
1 mei: Dag van de Arbeid
3 augustus: Sterfdag van Makários
15 augustus: Hemelvaart van Maria, vooral gevierd in de kloosters Troodítissa, Kýkko, Chrysorrogiatíssa en Machairás
14 september: Tímios Stavrós, feesten in Stavrovoúni, Léfkara, Ómodos.
1 oktober: Dag van de Cypriotische onafhankelijkheid
4 oktober: Dag van de H. Ioannis Lampadistís in het klooster in Kalopanagiótis
18 oktober: Griekse nationale feestdag
25/26 december: Kerstmis

Veranderlijke kerkelijke feestdagen

8 dagen voor Pasen: Processie van de Lazarusiconen door Lárnaka
Goede Vrijdag: Processie van de Epitáphios, symbolisch voor het lichaam van Jezus
Pasen: de opstanding wordt op Paaszaterdag overal om middernacht aangekondigd. Op Paaszondag is het in het hele land feest en overal draaien de spiesjes.
Orthodoxe Paaszondag: 12-4-2015, 1-5-2016, 16-4-2017
Kataklysmósfeest (in Lárnaka, Limassol en Páfos): Pinkstermaandag (51 dagen na Paaszondag)

Feestdagen in Noord-Cyprus

1 januari: Nieuwjaar
23 april: Dag van het kind
1 mei: Dag van de arbeider
19 mei: Dag van de jeugd en de sport
20 juli: Dag van de Turkse invasie 1974
1 augustus: Dag van het verzet
30 august: Dag van de overwinning (1922)
29 oktober: Dag van de (Turkse) Republiek
15 november: Proclamatie van de Turkse Republiek Noord-Cyprus

Praktische informatie van A tot Z

Alarmnummers

Zuid-Cyprus
Politie, ambulance, brandweer: 112

Noord-Cyprus
Politie 115
Ambulance 112
Brandweer 177
Verloren of gestolen creditcards dienen in de Republiek Cyprus onmiddellijk te worden gemeld bij JCC Payment Systems. Stel daarna uw eigen bank op de hoogte:
JCC: tel. 22 86 80 00 (24 uursservice), fax 22 86 81 11
Centraal blokkeringsnummer voor bijna alle kaarten: tel. 0049 116 116
Visa: tel. 00 49 69 66 57 13 33
MasterCard: tel. 00 49 69 79 33 19 10

Ambassades

... in België
Ambassade van de Republiek Cyprus
Kortenberglaan 61
1000 Brussel
tel. 02 650 06 10
cyprusembassybe@mfa.gov.cy

Ambassade van de Republiek Turkije
Kunstlaan 36-38
1040 Brussel
tel. 02 513 40 95

... in Nederland
Ambassade van de Republiek Cyprus
Surinamestraat 15
2585 GG Den Haag
tel. 070 346 64 99
hagueembassy@mfa.gov.cy

Ambassade van de Republiek Turkije
Jan Evertstraat 15
2514 BS De Haag
tel. 070 302 31 01
embassy.thehague@mfa.gov.tr

... op Cyprus
Ambassade van België
The Riverside Forum 2A
Chilonos Street, Office 102
1101 Nicosia
tel. 22 44 90 20
nicosia@diplobel.fed.be

Ambassade van Nederland
Dimosthenis Severis 34
1080 Nicosia
tel. 22 87 36 66
nic-ca@minbuza.nl

Apotheken

Een apotheek heet *farmakeío,* kenmerk is een rood of een groen kruis. Alle gebruikelijke internationale geneesmiddelen zijn verkrijgbaar, vaak zonder recept. In de steden zijn er altijd enkele apotheken die nachtdienst hebben. Informeer voor de adressen bij de receptie van uw hotel.

Elektriciteit

De netspanning bedraagt 220-240 volt wisselstroom. Voor de Britse driepolige stopcontacten hebt u een adapter nodig. Die kunt u lenen in het hotel, maar ze zijn voor een paar euro ook te koop in de supermarkten op Cyprus.

Fooien

Kelners, taxichauffeurs en de sleutelhouders in de kerken verwachten een kleine fooi, in restaurants is de bediening reeds in de prijs inbegrepen. U kunt de nota eventueel naar boven afronden. Maar geef niet te weinig, bedragen van minder dan € 1 zijn eerder beledigend.

dig om te controleren of u voldoende bent ingeënt tegen tetanus, polio en difterie. Het kraanwater is veilig om te drinken. De standaard van hygiëne is hoog, de openbare toiletten zijn schoner dan in Griekenland.

Fotograferen en filmen

Bij de archeologische vindplaatsen is fotograferen en filmen toegestaan, in de archeologische musea en in de kerken niet. Om foto's te mogen nemen moet u toestemming vragen bij het ministerie van Oudheden (Department of Antiquities) in het Cyprusmuseum in Nicosia. In kerken geven de sleutelbeheerders soms toestemming om te fotograferen.

Soldaten, militaire installaties en de Green Line mogen niet gefotografeerd worden. Een **uitzondering** is de Green Line in Nicosia, waar bij de overgangen foto's mogen worden gemaakt.

Geld en munteenheid

De munteenheid op Zuid-Cyprus is sinds 2008 de euro. Geldautomaten zijn wijdverbreid. Op de munten van 1 en 2 euro staat een Cypriotisch kruisvormig afgodsbeeld uit het Cyprusmuseum, op de munten van 10-50 cent is het schip van Kyrenia uit de 4e eeuw afgebeeld. Op de kleine muntjes van 1 en 2 cent staat een moeflon.

In Noord-Cyprus zijn er in de steden tal van wisselkantoren die tegen een gunstige koers de euro in Turkse lira (TL) omwisselen. Uit de geldautomaten komt alleen Turks geld.

Gezondheid

Vaccinatiecertificaten zijn niet vereist voor Cyprus, maar het is altijd verstan-

Kranten en tijdschriften

Op Cyprus verschijnt de Engelstalige krant *Cyprus Mail*. Nederlandstalige kranten en tijdschriften liggen met een dag vertraging in de grote hotels en in de winkels in de toeristische centra. Voor een overzicht van de uitgaansmogelijkheden op Zuid-Cyprus kunt u het tijdschrift *Time out* kopen. Van dezelfde uitgever is de *Eating Guide*. Die is, indien beschikbaar, gratis af te halen bij de kantoren van de CTO.

Maateenheden

Sinds 1987 geldt het metrieke stelsel, dwz. kilogrammen, liters en kilometers. Maar op het platteland rekent men vaak nog met de oude Engels maten:

1 inch	=	2,54 cm
1 foot	=	30,48 cm
1 yard	=	91,44 cm
1 mile	=	1,6 km
1 donum	=	1337 m²
1 pint	=	0,568 l
1 gallon	=	4,54 l
1 oke	=	1,27 kg

Medische zorg

De medische zorg is goed, met voldoende openbare ziekenhuizen, huisartsen en circa honderd privéklinieken. De in Europa opgeleide artsen spreken over het algemeen Engels. Ze maken ook hotelbezoeken. Voor spoedgevallen kunt u terecht bij de eerstehulpaf-

Praktische informatie van A tot Z

delingen van de ziekenhuizen. Houd er rekening mee dat u contant moet afrekenen. Neem in geval van ziekenhuisopname contact op met uw verzekering.

Vraag om een nota, want die hebt u nodig voor het declareren van de kosten. De Europese zorgpas (EHIC) is niet geldig in Noord-Cyprus. Daarom is het verstandig een extra ziektekostenverzekering voor het buitenland af te sluiten, die ook eventuele repatriëring vergoedt.

In de steden zijn er algemene ziekenhuizen *(genikó nosokomeío/general hospital),* op het platteland gezondheidscentra *(kéntro ygeías).* Spoedeisende eerste hulp kost niets, u hoeft alleen de gebruikte materialen te betalen.

Omgangsvormen

Dagritme: stoor een Cypriot nooit tijdens zijn siësta (van circa 15 tot 17.30 uur). Het is daarentegen geen probleem om iemand om 11 uur 's avonds nog te bellen.

Bij een bezoek aan **kerk of klooster** dienen knieën en schouders bedekt te zijn. Sommige kloosters hebben rokken die vrouwen over hun broek kunnen aantrekken. Het zoeken naar de sleutel van sommige kerken is vaak een heel avontuur. Geef de sleutelbewaarder, als u hem gevonden hebt, een fooi. Als de *papás* (priester) opendoet, kunt u het best wat geld bij de ingang achterlaten, bij de collectebussen voor de kaarsenservice.

Uitnodigingen voor koffie of raki kunt u met een rustig geweten (op een vriendelijk manier) afwijzen, u stijgt daardoor zelfs in achting. Een 'heer' nodigt uit, hij kan niet worden uitgenodigd. Neemt u de uitnodiging om koffie te drinken aan, ga dan niet te snel weer weg – het koffiedik moet al zijn afgekoeld. Als u bij mensen op bezoek gaat, is het aardig om een geschenk mee te nemen, whisky voor de man, bloemen of een mooi ingepakt doosje bonbons voor de vrouw des huizes.

Bij **klachten** in het hotel moet u het gesprek zo sturen dat de oplossing van het probleem een erezaak wordt voor de eigenaar of manager van het hotel.

Politiek: het is onbeleefd Grieks-Cyprioten te vertellen over een bezoek aan Noord-Cyprus – ze staan nogal vijandig ten opzichte van de Turken.

In **toiletten** staan vaak emmers. Hierin kunt u het toiletpapier, maandverband, tampons e.d. gooien, om verstopping van de toiletten te voorkomen.

Afdingen en onderhandelen: vrijgevigheid is een deugd die op Cyprus zeer gewaardeerd wordt. 'Vrek' is een naar scheldwoord. Over goederen van geringe waarde wordt sowieso niet onderhandeld. Bij sieraden, souvenirs of in hotels, als de prijs als buitensporig hoog wordt ervaren, is afdingen gebruikelijk. Als een verkoper op zich al een goede prijs heeft gemaakt, is het niet gebruikelijk om de prijs nog verder te drukken.

Voor Noord-Cyprus gelden dezelfde omgangsvormen.

Openingstijden

Restaurants: zie blz. 31
Kleinere **winkels**, waarvan de eigenaar zelf in de zaak staat, zijn in beide delen van het land de hele dag en tot laat in de avond open, zonder rekening te houden met officiële openingstijden.

... in de Republiek Cyprus

Winkels: ma.-za. 8-13, ma., di. en do. ook 14.30-18 uur (mei-sept. 16-19 uur)
Banken: ma.-vr. 8.30-12.30, ma. ook 15.15-16.45 uur
Postkantoren: ma.-vr. 7.30-13.30, do. 15-18 uur

Musea en archeologische vindplaatsen: alle belangrijke opgravingen en bezienswaardigheden zijn dagelijks van 8 uur 's ochtends tot zonsondergang geopend. Musea zijn op ma. vaak gesloten. Kleinere bezienswaardigheden zijn in de regel open van 9-14 uur.

... in Noord-Cyprus

Winkels: ma.-za. 9-19 uur, 's winters 9-18 uur. Slechts weinig winkels sluiten nog tussen de middag.
Banken: ma.-vr. 8-13 uur, 's winters ook 14-16 uur.
Musea en archeologische vindplaatsen: het hele jaar dag. 8-15.30, de belangrijkere april-okt. tot 17/18/19 uur.

Tot 19 uur zijn open: de burcht van Kyrenia, Sálamis, Bellapaís en de Othellotoren in Famagusta. In de steden zijn de kleinere musea op zondag vaak gesloten. De musea in Noord-Nicosia zijn op zon- en feestdagen gesloten.

Post

Op elke zending wordt 1 cent extra geplakt als steun voor het vluchtelingenwerk. Postzegels zijn ongeveer net zo duur als in Nederland en België.

Post naar Noord-Cyprus moet in Turkije voorzien zijn van het adres Mersin 10, anders komt het in de Republiek terecht.

Radio en televisie

De Cyprus Broadcasting Cooperation (CBC) heeft elke avond om 20 uur op FM 91,1 MHz een nieuwsuitzending in het Engels. De British Forces Broadcasting Service BFBS zendt bijna de hele dag lang popmuziek uit.

De meeste hotels zijn aangesloten op satelliet-tv, waarmee ook buitenlandse zenders ontvangen kunnen worden.

Reiskosten

Accommodatie (zie blz. 27), eten en drinken (zie blz. 29), huurauto's (zie blz. 25), taxi's (zie blz. 24) en openbaar vervoer zijn doorgaans goedkoper dan in Nederland en België, zie ook Geldbesparende tips blz. 42.

Reizen met een handicap

In vergelijking met andere Middellandse Zeebestemmingen doet Cyprus veel voor lichamelijk gehandicapten.

Geldbesparende tips

Touroperators bieden zeer goedkope pakketreizen, met name in het laagseizoen. Voor wie er de voorkeur aan geeft om individueel rond te reizen en zijn onderkomens zelf te boeken, vindt speciale hotelaanbiedingen op sites als www.bookings.com.
Het ministerie van Oudheden geeft goedkope dag- en weekkaarten uit. Ook voor het openbaar vervoer zijn er goedkope dag-, week- en maandkaarten. Losse kaartjes voor de blauwe streekbussen zijn op zich al heel goedkoop: € 1,50 voor een enkele reis.
Prijsbewuste reizigers mijden de augustusmaand. In het Cypriotische hoogseizoen zijn alle toeristische diensten dan het duurst.
Eten en drinken is op heel Cyprus in de dorpen aanzienlijk goedkoper dan in de steden. Groenten en fruit koopt u het best in de markthallen van de steden of op de weekmarkten.
In de steden in beide delen van het eiland vindt u goedkope eetstalletjes en snackbars waar u voor slechts een paar euro heel goed kunt eten.

De meeste musea en zelfs twee natuurpaden – Kámbos tou Livadioú bij Tróodos en Mándra tou Kampioú in het Machairásbos – zijn rolstoelvriendelijk aangelegd. Hotels met voorzieningen voor gehandicapten hebben op www.visitcyprus.com de aanduiding 'Faciliteiten voor mindervaliden'. Aan zee zijn de C & A Apartments en Natura Beach Hotel and Villas (zie blz. 173) in Pólis en in de bergen het Hotel Rodon in Agrós (zie blz. 127) bijzonder geschikt voor gehandicapten.

De organisator MundoRado is gespecialiseerd in reizen voor mindervaliden. Zie www.mundoradoreizen.nl.

Souvenirs

Populaire souvenirs op Cyprus zijn lederwaren, keramiek, Léfkaraborduurwerk, kalebassen, manden en gouden en zilveren sieraden. De officiële kunstnijverheidscentra van de Cypriotische overheid in Nicosia, Lárnaka, Limassol en Pafos bieden goede en gegarandeerd authentieke producten: de adressen vindt u in het reisgedeelte van dit boek. In de steden kunt u voor weinig geld kleding laten maken.

Ook lenen etenswaren (*challoúmi, soutzioúko*) en dranken als *zivanía, commandaría* en kruidenlikeur uit het Kýkkoklooster zich goed om als souvenir mee naar huis te nemen.

Telefoneren en internet

Op beide delen van het eiland kunt u bij kiosken telefoonkaarten kopen. Die zijn cr in twee soorten: met een magneetstrip of met een pincode.

Wie op Cyprus goedkoop wil bellen met zijn mobiele telefoon kan het best een prepaidsimkaart met Cypriotisch nummer kopen.

Bezitters van een smartphone kunnen voor hun vakantie hun abonnement laten aanpassen voor heel Europa. Ze hebben dan mobiel toegang tot internet, maar alleen op Zuid-Cyprus. In Noord-Cyprus bieden echter bijna alle hotels, restaurants en cafés gratis wifi aan.

... in de Republiek Cyprus

In het land kiest u het achtcijferige nummer, dat altijd met een 2 begint. Als u uit het buitenland belt, wordt dit achtcijferige nummer voorafgegaan door de internationale landcode (00357).

... in Noord-Cyprus

In Noord-Cyprus zijn de nummers zevencijferig. Vanuit Zuid-Cyprus en het buitenland kiest u eerst 0090 voor Turkije, dan 392 voor Noord-Cyprus en vervolgens de zeven cijfers van het telefoonnummer. Voor het bellen van een Noord-Cypriotisch mobiel nummer vanuit het buitenland kiest u eerst 0090 voor Turkije en dan het nummer zonder de nul. In Noord-Cyprus kiest u wel de eerste nul.

Veiligheid

Cyprus is een zeer veilig land om in te reizen. De criminaliteit is een van de laagste in Europa. De gebruikelijke voorzorgsmaatregelen zijn over het algemeen voldoende.

Vrouwen onderweg

Cyprus is in het algemeen een veilige reisbestemming voor vrouwen die alleen reizen. De mannen zijn net als in andere mediterrane landen wel 'flirteriger' dan bij ons, maar wie er niet op ingaat (bijv. door te glimlachen) wordt niet lastig gevallen.

Kennismaking – Feiten en cijfers, achtergronden

'Kopiáste!' – Welkom in het kafeníon van Platanistása

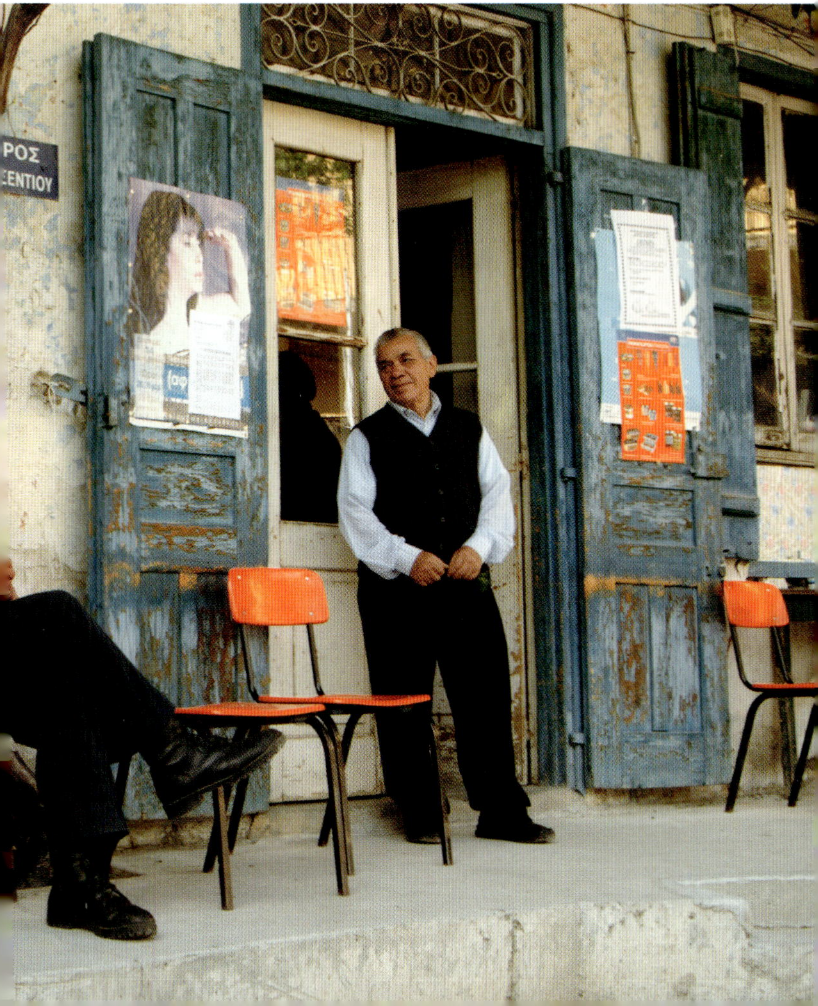
ΡΟΣ
ΕΝΤΙΟΥ

Cyprus in het kort

Feiten en cijfers

Steden: Zuid-Nicosia (238.000 inwoners), Limassol (180.000 inwoners), Lárnaka (58.000 inwoners) en Páfos (42.000 inwoners). In Noord-Cyprus: Noord-Nicosia (54.000 inwoners), Famagusta (37.000 inwoners) en Kyrenia (31.000 inwoners).

Oppervlakte: 9251 km². Slechts circa 57% van het eiland staat onder controle van de regering. Circa 36% valt onder Turks bestuur. Circa 3% wordt in beslag genomen door de Britse militaire bases Dekéleia en Akrotíri en 4% door de neutrale zone.

Bevolking: in de Republiek Cyprus circa 804.000 Grieks-Cyprioten. In Noord-Cyprus circa 90.000 Turks-Cyprioten, 100.000-162.000 immigranten uit Turkije en circa 36.000 Turkse soldaten.

Officiële talen: Grieks in Zuid-Cyprus, Turks in Noord-Cyprus.

Tijdzone: MET plus 1 uur het hele jaar door.

Landnummers: Republiek: 00357, Noord-Cyprus: 0090 392 (landnummer Turkije, doorschakeling naar Noord-Cyprus).

Ligging en natuur

Cyprus hoort cultureel bij Europa, maar geografisch al bij Azië. Het eiland telt drie landschappelijke regio's: het Pentadáktylosgebergte in het noorden, het Tróodosgebergte in het zuidwesten, daartussen een uitgestrekte alluviale vlakte. Anders dan andere Middellandse Zeelanden bezit Cyprus in het Tróodosgebergte uitgestrekte bossen.

Geschiedenis en cultuur

Een afwisselende, multiculturele geschiedenis van meer dan 8000 jaar met veel unieke bezienswaardigheden heeft haar sporen nagelaten. Na eeuwen van koloniale overheersing verwierf Cyprus pas in 1960 onafhankelijkheid. Sinds 1974 is het eiland gedeeld.

Staat en politiek

Cyprus is een republiek met een sterke positie van de president. Hij wordt voor telkens vijf jaar direct door het volk (in de praktijk alleen in Zuid-Cyprus) gekozen, wijst de ministers aan en bezit een vetorecht over besluiten van het parlement betreffende de buitenlandse politiek, veiligheid en defensie. De minsters mogen niet deel uitmaken van het parlement.

In het parlement is de sterke positie van de communistische Progressieve Partij van de Arbeiders, de AKEL, nogal opvallend. Bij de verkiezingen van 2011 behaalde zij 32,7% van de stemmen en ze is daarmee na de conservatieve DISY, die 34,3% behaalde, de grootste partij van Cyprus. De president is sinds 2013 de conservatief Nikos Anastasiades. Hij is voor toetreding van Cyprus tot de NAVO en toonde zich in de kwestie-Cyprus tot nu toe meer bereid tot compromissen dan zijn voorganger Christofias van de AKEL.

Noord-Cyprus wordt door politicologen als een defactoregime beschouwd, omdat het internationaal niet als staat erkend wordt. Het noorden hanteert eveneens een presidentieel regeringssysteem. President is sinds 2010 Derviş Eroğlu van de conservatief-nationalistische UBP. Deze partij staat in de kwestie van de hereniging een zo onafhankelijk mogelijke Noord-Cypriotische 'staat in de staat' voor.

Economie en toerisme

Cyprus had in 2004 volledig aan de voorwaarden van het Verdrag van Maastricht voor toetreding tot de EU voldaan. De overheidsschuld bedroeg toen minder dan 3% per jaar, de totale schuld lag rond 60% van het bruto binnenlands product (bbp). En dat bij een gematigde werkloosheid van circa 5%. In 2012 echter raakte het land als uitvloeisel van de Griekse schuldencrisis in financiële problemen. Grote Cypriotische banken begonnen door zware verliezen op gedevalueerde Griekse staatsleningen te wankelen en vroegen om hulp van de staat. Cypriotische staatsleningen werden door de grote Amerikaanse kredietbeoordelaars in een zeer lage schaal geplaatst. Rusland hielp met kredieten, bovendien verlangde Cyprus van de EU een krediet van € 17,5 miljard. Het werkloosheidscijfer bedroeg in maart 2014 maar liefst 17,4%.

De economie van Noord-Cyprus ligt weliswaar boven het niveau van Turkije, maar duidelijk onder dat van de Republiek. Het land heeft vooral te lijden onder de hoge defensie-uitgaven en heeft om zijn staatshuishouding op peil te brengen permanent financiële hulp van Turkije nodig.

In de Republiek is meer dan 80% van het bruto binnenlands product afkomstig uit de dienstverlenenende sector. Het toerisme is daarbij van buitengewoon belang met circa 2,3 miljoen gasten per jaar, onder wie circa 900.000 Engelsen. Op de tweede plaats volgen 350.000 Russische toeristen, die zich op Cyprus door de verwante religie en de veiligheid die het land hun biedt, op hun gemak voelen. Elk jaar komen enkele tienduizenden Nederlandse toeristen Cyprus binnen.

In Noord-Cyprus levert de tertiaire sector procentueel bijna evenveel op als in het zuiden. Per jaar komen er circa 400.000 buitenlandse toeristen, daarbij komen circa 900.000 Turkse toeristen van het vasteland en circa 1 miljoen Grieks-Cyprioten, die het noorden van hun eiland op een dagtocht bezoeken.

Etnische minderheden

In het zuiden van het eiland leven enkele duizenden Armeniërs, maronieten en katholieken, die tot de 804.000 Grieks-Cyprioten behoren. Het aandeel buitenlanders in Cyprus bedraagt ruim 16%, dat wil zeggen circa 130.000 burgers die geen Cypriotisch paspoort bezitten, onder wie vele mensen uit het Verre Oosten en de voormalige Sovjet-Unie die een laag loon ontvangen.

In Noord-Cyprus vormen de circa 90.000 Turks-Cyprioten vergeleken met de Turken een minderheid. Het precieze aantal Britse soldaten en hun gezinnen wordt geheimgehouden, maar naar schatting zijn het ongeveer 10.000-20.000 personen. Het aantal VN-blauwhelmen op Cyprus word niet geheimgehouden: afhankelijk van de politieke situatie 800-1200.

Taal en religie

Bijna 100% van de Grieks-Cyprioten is orthodox, de Turks-Cyprioten zijn aanhangers van de soennitische islam. Minderheden zijn de maronieten, die geünieerd zijn met de Rooms-katholieke Kerk en de paus als hoofd van de Kerk erkennen, alsmede de Armeniërs met hun eigen nationale Kerk. Naast Grieks en Turks is ook Engels een nationale taal.

Geschiedenis

Van de steentijd tot de bronstijd (circa 10.000-1050 v.Chr.)

10.000 v.Chr.	Mesolithicum: de oudste sporen van mensen zijn afkomstig van jager-verzamelaars op Kaap Gáta.
8000-6000	Neolithicum I: circa. 25 nederzettingen zijn het bewijs van een al ontwikkelde maatschappij in de steentijd, die nog geen keramiek kende. Het best bewaard zijn Choirokoitía en Kalavasós.
4500-3800	Neolithicum II: na het verdwijnen van de Choirokoitíacultuur (neolithicum I) volgt na circa 1500 jaar de Sotíracultuur (genoemd naar een plaats bij Koúrion) met een beginstadium van keramiek.
3500-2300	Chalcolithicum: de eerste werktuigen en sieraden van (gehamerd) koper duiken op.
2300-1900	Vroege bronstijd: handwerk en handel ontwikkelen zich verder.
1900-1600	Midden-bronstijd.
1400-1200	Cyprus bereikt zijn eerste bloeitijd.

Tijd van de stadskoninkrijken (1050-325 v.Chr.)

709-663	Assyrische heerschappij.
750-475	Cypro-archaïsche kunst: tweede bloeitijd van de Cypriotische oudheid.
560-540	Egyptische heerschappij.
525-333	Perzische overheersing met onderbrekingen tot de overwinning van Alexander de Grote in de Slag bij Issos.
499/498	De Cypriotische stadskoninkrijken sluiten zich met uitzondering van Amathoús aan bij de opstand van de Ionische Grieken tegen het Perzische Rijk. De opstand mislukt.
480	In de Perzische Oorlogen strijden 150 Cypriotische schepen aan de kant van de Perzen – de opstandelingen van 499/498 zijn achttien jaar later bondgenoten geworden.
450/449	Vlootexpeditie van Cimon van Athene om Cyprus te bevrijden van de Perzische heerschappij.
411-374	Het vooraanstaande stadskoninkrijk is Sálamis. Cyprus is onder Euagoras verenigd en ondanks officiële Perzische soevereiniteit de facto onafhankelijk.

Hellenisme (325-58 v.Chr.)

323-294 Na de dood van Alexander de Grote is Cyprus twistpunt in de strijd tussen de opvolgers van Alexander, de Diadochen.

294 Cyprus wordt provincie van de Egyptische Diadochenstaat, Ptolemaeus I de eerste koning, Páfos (Oud-Páfos/Koúklia) de nieuwe hoofdstad.

58 Romeinse verovering van Cyprus.

Romeinse heerschappij (58 v. Chr.-647 n. Chr.)

47 Tijdens de Romeinse burgeroorlog geeft Caesar Cyprus terug aan Cleopatra, erfgename van het Ptolemaeïsche Rijk en Caesars bondgenote.

31 v.Chr. In de zeeslag bij Actium wint Octavianus (vanaf 27 v.Chr. keizer Augustus) van Antonius en Cleopatra. Cyprus hoort nu definitief bij Rome.

330 n.Chr. Constantinopel wordt de politieke hoofdstad van het Romeinse Rijk.

391 Verbod op niet-christelijke religies, het christendom is de staatsgodsdienst.

395 Deling van het Romeinse Rijk: Cyprus valt onder het Oost-Romeinse (Byzantijnse) Rijk.

4e-7e eeuw In Sálamis, Páfos, Koúrion, Famagusta en Sóloi verrijzen basilieken, deels met prachtige vloermozaïeken.

Cyprus tussen Arabieren en Byzantium (647-965)

647 Eerste Arabische veldtocht tegen Cyprus.

8e-9e eeuw Verscheidene Arabische rooftochten.

965 Cyprus wordt de Arabieren afhandig gemaakt door Nikeforos Fokas (Byzantijnse veldheer en keizer). Economische en culturele opbloei (Midden-Byzantijnse tijd tot 1191).

1185-1191 Heerschappij van Isaäk Komnenos, die zich tot keizer van Cyprus laat uitroepen. Schrikbewind.

1189-1192 Derde Kruistocht.

1191 Richard Leeuwenhart van Engeland komt aan op Cyprus en verslaat Isaäk Komnenos.

Geschiedenis

'Frankisch' Cyprus van de Lusignans (1192-1489)

1192	Cyprus wordt een kruisridderstaat en koninkrijk van de Lusignans.
1220	De orthodoxe bisschoppen worden vervangen door katholieke. Door de pauselijke 'Bulla Cypria' wordt de Orthodoxe Kerk in 1260 onder de Rooms-Katholieke geplaatst.
1228	Keizer Frederik II van het Heilige Roomse Rijk op Cyprus. Burgeroorlog tussen de keizergetrouwen en de particularistische delen van de adel rond Johannes van Ibelin.
1233	Overwinning op de keizerlijke troepen.
1326	In een en hetzelfde jaar worden de Sofiakathedraal in Nicosia en de Nicolaaskathedraal in Famagusta gewijd.
1373-1374	Oorlog van Genua met Cyprus. Famagusta wordt de negentig jaar erna, tot 1464, door Genua bezet.
1472	De Venetiaanse Catharina Cornaro trouwt met Jacobus II. Na zijn dood en die van hun zoon is ze erfgename van de Lusignanstaat.
1489	Catharina Cornaro geeft Cyprus in handen van Venetië.

Venetiaanse heerschappij (1489-1571)

1492	Ontdekking van Amerika; de verplaatsing van de handelsroutes naar het westen verzwakt de handel op de Levant. Dit leidt tot de ondergang van Venetië.
1494-1520	Tweede bloeitijd van de Byzantijnse kunst op Cyprus.
1570	Turkse invasietroepen vallen Cyprus binnen en nemen Nicosia in. Begin van de belegering van Famagusta. De Griekse bevolking van het eiland sympathiseert voor het grootste deel met de Turken.
1571	Capitulatie van Famagusta.

Turkse heerschappij (1571-1878)

vanaf 1571	Vestiging van de Turken op Cyprus om het eiland Turks te maken. Katholieke kerken veranderen in moskeeën. Tijdelijk verbod van het katholieke geloof. De orthodoxe Kerk wordt in ere hersteld.
1821	Begin van de Griekse Onafhankelijkheidsoorlog. Om te verhinderen dat de oorlog overslaat op Cyprus, worden in Nicosia ter afschrikking aartsbisschop Kyprianos opgehangen en geestelijken onthoofd.

Britse heerschappij (1878-1960)

1878 Het Osmaanse Rijk staat Cyprus af aan Groot-Brittannië. Formeel blijft het deel van het Osmaanse Rijk; het wordt pas in 1914, met het uitbreken van de Eerste Wereldoorlog, officieel geannexeerd door de Britten.

1955 Begin van de gewapende bevrijdingsstrijd van de EOKA onder commando van generaal Geórgios Grívas.

1959 Cyprus onafhankelijk.

Republiek Cyprus (vanaf 1960)

1960 Makários wordt president. Parlementsverkiezingen, toetreding van Cyprus tot de Verenigde Naties.

1963-1964 Burgeroorlog tussen Grieks- en Turks-Cyprioten. Vredestroepen van de VN komen naar Cyprus. Politieke, economische en militaire scheiding van de twee bevolkingsgroepen.

1967 Militaire staatsgreep in Griekenland. Versterking van de pogingen tot vereniging. In de daaropvolgende jaren strijdt de militaire junta zowel tegen de Turks-Cyprioten als tegen Makários, die een unie met Griekenland in de weg staat en met de niet-gebonden landen sympathiseert.

1974 Staatsgreep van de Griekse junta tegen Makários. Vervolgens verovert het Turkse leger 38,5% van het eiland.

1975 Vorming van een Noord-Cypriotische deelstaat, die zich sinds 1983 Turkse Republiek Noord-Cyprus noemt.

Nieuwe grensovergangen naar Noord-Cyprus

2004 Cyprus treedt toe tot de EU. De Grieks- en Turks-Cyprioten mogen de demarcatielijn vrij oversteken. Tot 2013 worden zeven checkpoints ingesteld.

2008 Invoering van de euro op Zuid-Cyprus.

2010 In Noord-Cyprus wordt Derviş Eroğlu van de UBP president. Conservatieve ommezwaai van de linksgerichte politiek van de republikeinse sociaaldemocratische partij CTP onder Ali Talat.

2013 Ook in het zuiden van het eiland een conservatieve ommezwaai. De nieuwe president van de Republiek Cyprus is Níkos Anastasiádes van de rechtse partij DISY, die in de eurocrisis een bezuinigingsbeleid volgens de richtlijnen van de Europese Unie voert.

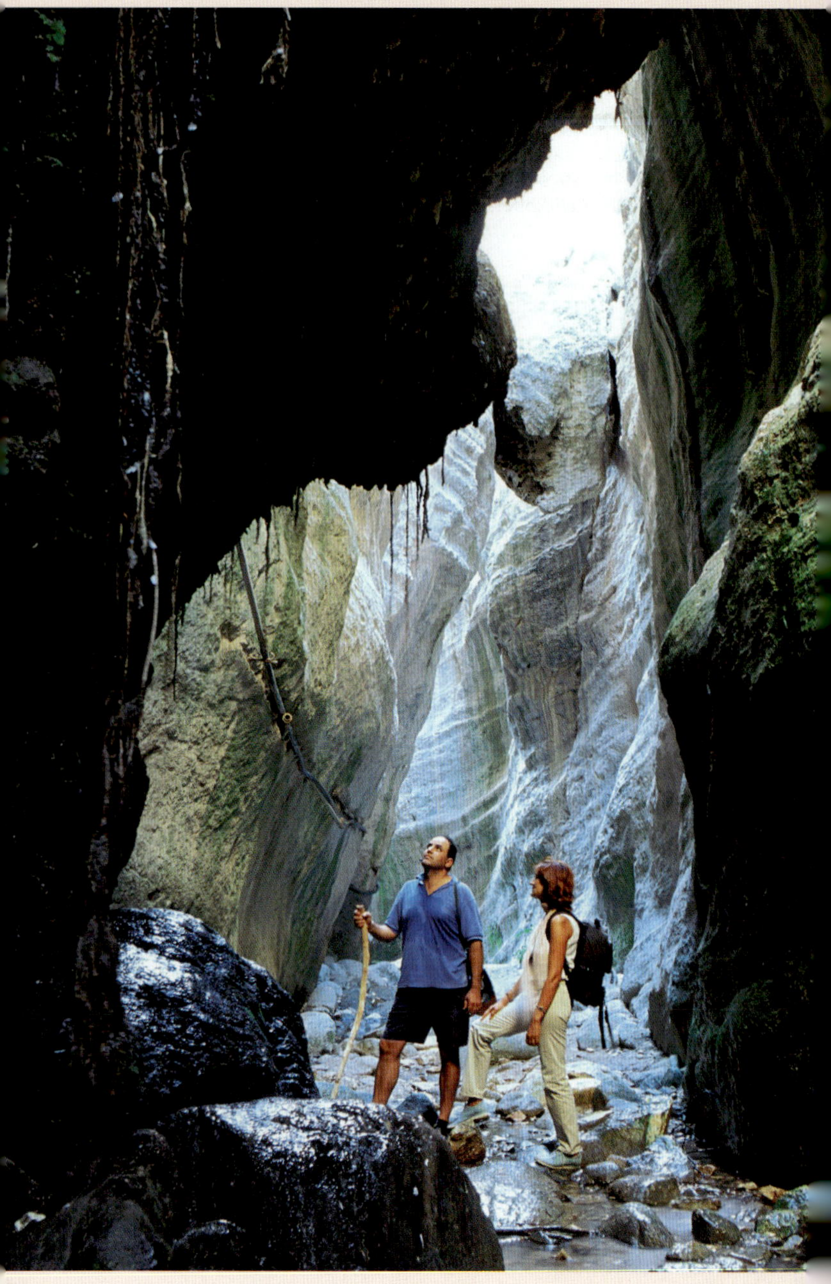

Op de landkaart ziet Cyprus eruit als een enorm stuk dierenhuid, dat ogenschijnlijk bij de vier grote kapen is vast te pakken. Daartussen groeit en kruipt van alles in een hoeveelheid die natuurliefhebbers enthousiast maakt.

aardbeiboom, brem, mirte, mastiek. Endemisch is de veel voorkomende, groenblijvende gouden eik (*Quercus alnifolia*) met zijn donkergroen glanzende bladeren, waarvan de onderkant in de herfst een goudkleurige tint aanneemt.

Cyprus voor natuurliefhebbers

Een bijzonderheid die Cyprus van bijna alle Griekse eilanden onderscheidt, zijn de bossen. Zo'n 18% van het eiland is door dichte bossen bedekt, die zich kilometers ver langs de noord- en westkant van het Tróodosgebergte uitstrekken. De bossen bestaan voor 90% uit Turkse dennen, Latijnse naam *Pinus brutia*. De boom is nauw verwant aan de aleppoden. Hij is te herkennen aan een niet geheel kaarsrechte stam; de jonge boom heeft een piramideachtige vorm. Zeldzamer is de kortnaaldige cyprusceder (*Cedrus libani ssp brevifolia*), een ondersoort van de libanonceder, die langs de wegen in het Tróodosgebergte is aangeplant, maar waarvan alleen in het Cederdal (Cedar Valley, zie blz. 198) een natuurlijk gegroeid bosje te vinden is. Ook de *Pinus nigra ssp. pallasiana*, die de Turkse den hoog in het Tróodosgebergte aflost, is endemisch. Deze zwarte den bezit een rechte stam en harde naalden, telkens twee op een gemeenschappelijke loot.

In de maquis groeien de typisch mediterrane struiken en bomen zoals die ook elders in het Middellandse Zeegebied te vinden zijn: terpentijnboom,

Cyprus – een bloesemzee

Elke tijd van het jaar kunnen plantenvrienden van de rijkdom van de Cypriotische plantengroei genieten. Vooral in het voorjaar loont een bezoek. Dan veranderen zelfs droge hellingen in een bloesemzee. De soortenrijkdom is immens. Op Cyprus groeien circa 1800 wilde planten, waarvan circa 125 soorten uitsluitend op dit eiland.

Van de kleine planten is de Franse lavendel endemisch. De plant bedekt de basaltlava op de hellingen van het Tróodosgebergte rond Pasen met een lila bloesemtapijt. Met zijn bloesem wordt de *epitaphios* versierd die tijdens de Goede Vrijdagprocessie wordt gedragen. Eveneens karakteristiek voor Cyprus is een geel bloeiend schildzaad met de naam alyssum, waarvan een Akámas- en een Tróodosvariant bestaan.

Twee gebergten, één alluviale vlakte

Anders dan veel Griekse eilanden bezit Cyprus geen schilderachtige natuurlijke havens en geen diepe inhammen, maar langgerekte zand- en kiezelstranden en rotskusten.

Wandelaars in de Avgáskloof

De landschappelijke indeling van het eiland is overzichtelijk: het door Grieken bewoonde zuidelijke deel wordt gedomineerd door het Tróodosgebergte, dat in de richting van de kust eindigt als een door droge beken doorsneden heuvelland. Daar wordt vooral wijn verbouwd. Meer dan tachtig stuwdammen sparen in de regentijd het kostbare water op.

Het Pentadáktylosgebergte ('Vijfvingergebergte') drukt zijn stempel op het door Turken bewoonde noorden. Het ligt als een barrière voor de noordkust. Tussen de gebergten loopt de vruchtbare alluviale Mesaóriavlakte van de west- naar de oostkust door het eiland.

Kopereiland Cyprus

In het gebied van de basalt- en kussenlava op de onderste hellingen van het Tróodosgebergte liggen de koperlagen van Cyprus. Het eiland voorzag in de bronstijd en de klassieke oudheid de omliggende grote staten van het kostbare metaal, dat voor de vervaardiging van bronzen werktuigen, wapens en beelden gebruikt werd. Koper komt in uitzonderingsgevallen als natuurkoper, verder in sulfide-erts voor, dat tot metaal verwerkt moet worden.

Cyprus' belangrijkste exportproduct werd uitgevoerd in de vorm van 25 kg zware baren. Het belang van het Cypriotische koper is te zien aan het feit dat het woord koper net als het Engelse *copper* en het Franse *cuivre* afgeleid zijn van het Latijnse *aes cuprium*, 'Cypriotisch erts'.

---

www.moa.gov.cy/forest
Informatie over de National Forest Parks en beschermde natuurgebieden van de Republiek Cyprus.
Zie ook blz. 34

Moeflon en hardoen

Aan groot wild kent Cyprus alleen nog het wilde schaap de moeflon en enkele herten. Ze worden in omheinde gebieden van de bosbeheervestiging Stavrós tis Psókas in het bos van Páfos gehouden en voorbereid om losgelaten te worden in de vrije natuur.

Klein wild komt daarentegen wel veel voor op het eiland: hazen, eekhoorns, wezels en in de kustgebieden de langooregel. De endemische Cypriotische stekelmuis – met stekels op zijn rug – en de hardoen, een Cypriotische hagedissensoort, zijn zeldzaam geworden.

In de wateren rond Páfos komen weinig vissen voor. Mediterrane vissen treft u eerder aan in een restaurant – vaak geïmporteerd – dan bij het snorkelen. Zeldzaam zijn ook de soep- en de onechte karetschildpad (zeeschildpadden), die om eieren te leggen de stranden van het Akámasschiereiland op kruipen.

Van de acht Cypriotische slangensoorten is er een endemisch, de Cypriotische zweepslang (*Coluber cypriensis*), en een andere zeer giftig, de Levantijnse adder (*Vipera lebetina lebetina*). Beide zal de toerist waarschijnlijk niet op zijn pad treffen.

Vogelliefhebbers komen met 375 soorten volledig aan hun trekken. Het spectaculairst zijn de keizerarenden in het Tróodosgebergte, vale gieren boven het Akámasschiereiland en flamingo's bij de zoutmeren van Lárnaka en Akrotíri, die in november aankomen en in het voorjaar naar hun broedgebieden aan de Kaspische Zee terugkeren.

De Cypruskwestie

Soldaat in de bufferzone van Nicosia

Politieke waarnemers brengen de naam Cyprus meestal niet in verband met het 'eiland van de liefde', zoals de toeristische reclame zo graag beweert, maar met een 'probleem'. Want hoe kunnen twee bevolkingsgroepen met een verschillende cultuur en religie vreedzaam en rechtmatig in één staat samenleven en een conflict bijleggen dat al eeuwenlang broeit?

Hoe alles begon

Om de Cypruskwestie te begrijpen, is een blik in de geschiedenis nodig. Na de verovering van Cyprus door de Osmanen in 1571 werden circa 30.000 Turken op het eiland gevestigd. Tot de Britse bezetting van Cyprus in 1878 waren zij de overheersende minderheid. De Britten beschermden de Turks-Cyprioten tegen Griekse pogingen om hun eiland te laten aansluiten bij het moederland (*énosis*) en voerden deze bescherming aan als argument voor het voortbestaan van hun koloniale heerschappij. Na de bevrijdingsstrijd van de Grieks-Cypriotische EOKA (*Ethnikí Orgánosis Kypriakou Agona* = Nationale Organisatie van de Cypriotische Strijd) tegen de Britten kregen de Turks-Cyprioten, destijds 20% van de bevolking, in de grondwet van het in 1960 onafhankelijk geworden Cyprus omvangrijke politieke rechten toegekend. De president moest weliswaar altijd een Griek zijn, de eerste president was de aartsbisschop van Cyprus, Makários, maar de functie van vicepresident met een vetorecht werd door een Turk bekleed. In het Cypriotische leger, de nationale garde, bedroeg het grondwettelijke aandeel van de Turks-Cyprioten 40%, in het parlement en bij de politie 30%. Bezwaar: dit politieke systeem behandelt Cyprioten niet als Cyprioten, maar als orthodoxe Grieken en islamitische Turken. Dit zou zwaarwegende consequenties hebben.

Burgeroorlog

In december 1963 kwam het vanwege 'onbestuurbaarheid van het land' tot gevechten tussen nationalistisch gezinde terreurgroepen van beide partijen. Moskeeën aan de ene, kerken aan de andere kant werden opgeblazen. Dorpen werden overvallen, families verdreven of vermoord. Om deze burgeroorlog te beëindigen, rukten in het voorjaar van 1964 de eerste VN-vredestroepen in Cyprus aan en stelden bufferzones tussen de door Grieken respectievelijk Turken bewoonde gebieden in.

In 1967 namen in Griekenland de 'zwarte kolonels' rond Papadopoulos na een staatsgreep de regering over.

Sleuteljaren in de Cypruskwestie

1571 – Osmaanse verovering van Cyprus

1821 – Na het begin van de Griekse Bevrijdingsoorlog tegen de Turkse overheersers volgen massaslachtingen van de Grieken op Cyprus. Dit zijn de wortels van de nog steeds toenemende nationale haat.

1963-1964 – Burgeroorlog tussen de bevolkingsgroepen. VN-vredestroepen worden op het eiland gestationeerd.

1974 – Deling van het eiland met geweld; vanaf dit jaar bestaan er in feite twee deelstaten op Cyprus.

De door de VS gesteunde junta wilde het niet-gebonden Cyprus, dat zij als het Cuba van de Middellandse Zee beschouwden, op de knieën dwingen. President Makários en de grote meerderheid van de Grieks-Cyprioten wilden echter uiterlijk vanaf 1967 niet meer verbonden zijn met de Griekse militaire dictatuur, temeer omdat het met de werknemers en de kleine zelfstandigen beter ging dan in Griekenland door de sterke positie van de Cypriotische vakbonden en van de communistische AKEL (*Anorthotikó Kómma Ergazómenou Laoú*), de Progressieve Partij van de Arbeiders. Desondanks droomden de Griekse junta en Griekse nationalisten van de aansluiting van Cyprus bij het Griekse moederland – ten koste van de Turks-Cyprioten.

Tegen president Makários, die door de propaganda van de Verenigde Staten de 'Castro van het Middellandse Zeegebied' werd genoemd, werd in 1974 een staatsgreep voorbereid (omdat hij bijvoorbeeld de vloot van de USSR havenfaciliteiten op Cyprus toekende als tegenwicht tegen de VS, die het Griekse Piraeus als thuishaven voor de zesde Amerikaanse Middellandse Zeevloot gebruikten).

Nadat de aanslag was mislukt, riep de junta Nikos Sampson uit tot tegenpresident; hij was een beruchte nationalist en 'Turkenslachter', die zich moest beijveren voor de aansluiting van Cyprus bij Griekenland. Dit was voor de Turken de aanleiding om eveneens militair in te grijpen. Een grote strijdmacht van Europese NAVO-landen bezette geheel Noord-Cyprus. 180.000 Grieks-Cyprioten moesten vluchten en hun bezittingen achterlaten. Turks-Cyprioten uit het zuiden werden vervolgens door de nieuwe leiding van Noord-Cyprus gesommeerd om land en huizen van de ontheemde Grieken over te nemen.

De Cypruskwestie beleefde door deze agressieve 'etnische zuivering' een voorlopige 'oplossing'. Buiten Turkije heeft echter geen enkele staat ter wereld de duurzame bezetting van Noord-Cyprus en feitelijke aansluiting bij Turkije erkend. De Verenigde Naties hebben herhaaldelijk resoluties over de oplossing van de Cypruskwestie voorgelegd. Er wordt door de VN een model voorgesteld waarmee beide groepen net als de Kroaten, Serviërs en moslims in Bosnië gescheiden moeten samenleven in kantons en met verstrekkende autonomie in een eenheidsstaat met gemeenschappelijke veiligheids- en buitenlandse politiek.

Het Plan-Annan en het eigendomsvraagstuk

Het laatste omvangrijke verenigingsplan van de Verenigde Naties, dat bekend geworden is als Plan-Annan (het was een initiatief van de toenmalige secretaris-generaal Kofi Annan), werd in 2004 bij een referendum door de Turks-Cyprioten positief bevonden, maar, ook bij referendum, door de Grieks-Cyprioten 'als oplossing van hogerhand' afgewezen.

Zwaarwegend zijn vooral de eigendomsproblemen. Maar liefst 78% van het particuliere grondbezit in Noord-Cyprus behoorde voor 1974 toe aan Grieks-Cyprioten. Deze grond kwam na 1974 allereerst in het bezit van de staat. Een groot deel daarvan is daarna echter overgegaan in het bezit van Turks-Cyprioten, Turken en buitenlandse villa-eigenaars. De nieuwe bezitters hebben een Noord-Cypriotische eigendomstitel of een langlopende pachtovereenkomst. Zullen deze groepen bereid zijn plaats te maken? Zullen zij indien nodig bereid zijn hun bezit aan de vroegere eigenaren te verkopen?

Nieuwste ontwikkelingen

De Republiek heeft de laatste jaren de Turks-Cyprioten sterk vooruitgeholpen. Ze worden als EU-burgers geacht gelijke rechten te hebben. Als werknemer of als zelfstandige mogen ze zelfs vanuit het noorden in het zuiden werken en worden ze in harde euro's uitbetaald. Ze krijgen een pas van de Republiek uitgereikt – zo mogen ze naast het Turkse en Noord-Cypriotische ook in bezit zijn van het EU-staatsburgerschap. De toenadering van vele Noord-Cyprioten tot de Grieken 'van daarginds' heeft deze privileges nog versterkt.

Beide regeringen staan in 2013 een verenigingsproces voor, dat wil zeggen een proces dat leidt tot een federatie die uit twee zones of deelrepublieken moet bestaan. De voorstellingen daarvan liggen echter ver uit elkaar. Het noorden wil een zo onafhankelijk mogelijke deelstaat met een zwakke centrale regering, het zuiden wil het tegenovergestelde, een zwakke deelrepubliek en een sterke eenheidsstaat.

Met betrekking tot de nagestreefde toetreding van Turkije tot de Europese Unie hebben we met een paradoxale situatie te maken. Turkije wil de Republiek Cyprus, een van de 27 EU-lidstaten, niet erkennen, maar heeft wel de stem van deze niet-erkende staat nodig om te kunnen toetreden tot de EU.

Dit roept herinneringen op aan de problemen bij de Duitse hereniging in 1990 na de val van de Berlijnse Muur in 1989. Maar op Cyprus is het niet: 'Wij zijn één volk!', maar gaat het om twee naties en in feite om twee staten, die vreedzaam naast elkaar willen bestaan.

Ooit rees zij bij de rots Pétra toú Romioú op uit de zee en kwam op Cyprus aan land: Aphrodite, de Griekse godin van de liefde en de schoonheid. Haar heiligdom in Páfos was voor de oude Grieken net als het Apolloheiligdom in Delphi de 'navel van de wereld'. Behalve in Páfos werd de godin Aphrodite op veel andere plaatsen op Cyprus en in Griekenland, maar vooral op het eiland Kythera (Kythira) vereerd.

Uit schuim geboren

We laten de Griekse dichter Hesiodus uit de 8e eeuw v.Chr. zelf aan het woord. De volgende wreed-erotische passage is afkomstig uit het epos *Theogonia* ('Het ontstaan van de goden'). De dichter beschrijft daarin Uranus' angst van de macht beroofd te worden door zijn kinderen, de Titanen. Daarom zette hij ze onverwijld terug in de buik van Moeder Aarde, Gaia.

Eiland van Aphrodite

Voor Homerus, die rond 750 v.Chr. de *Ilias* en de *Odyssee* schreef en daarmee aan het begin van de Griekse literatuurgeschiedenis staat, was Aphrodite een dochter van Zeus en Dione. Dione is een weinig bekende en vereerde aardgodin, die door Hera, echtgenote van Zeus, volledig in de schaduw is gesteld.

Ongeveer honderd jaar later schrijft de dichter Hesiodus een andere versie. Volgens hem is Aphrodite een moederloze dochter van Uranus, de verpersoonlijking van de hemel. Inderdaad werd Aphrodite onder de naam Ishtar bij de Semitische volken van het Midden-Oosten vereerd als hemelgodin, belast met vruchtbaarheid en geluk in de oorlog. Pausanias, de Griekse reisschrijver uit de vroege Romeinse keizertijd, vermeldt in zijn beschrijving van Griekenland verscheidene gewapende beelden van Aphrodite. In de vroeg-Griekse dichtkunst is Aphrodite niet alleen oorlogs- en vruchtbaarheidsgodin, maar ook de godin die de erotiek beschermt.

'Maar het kreunde en steunde binnen in de reusachtige aarde
door smart bedrukt en zij zon op pijnlijke, listige verdediging;
en zij modelleerde onmiddellijk een grauw ijzeren product,
een enorme sikkel ...'

Zoon Kronos verklaart zich bereid zijn vader te castreren:

'... de machtige Gaia was zeer verheugd,
verstopte hem veilig en gaf hem een puntige sikkel in zijn hand
en leerde hem louter sluwe streken.
In de nacht kwam de kolossale Uranus, vurig verlangend
verstrengelde hij zich vol liefde om Gaia en maakt zich eindeloos
breed. Daar strekte zijn zoon zijn linkerhand uit zijn schuilplaats en greep met de rechter de gruwelijk grote scherpgetande sikkel en maaide bij

Mythische plaats: Pétra toú Romioú

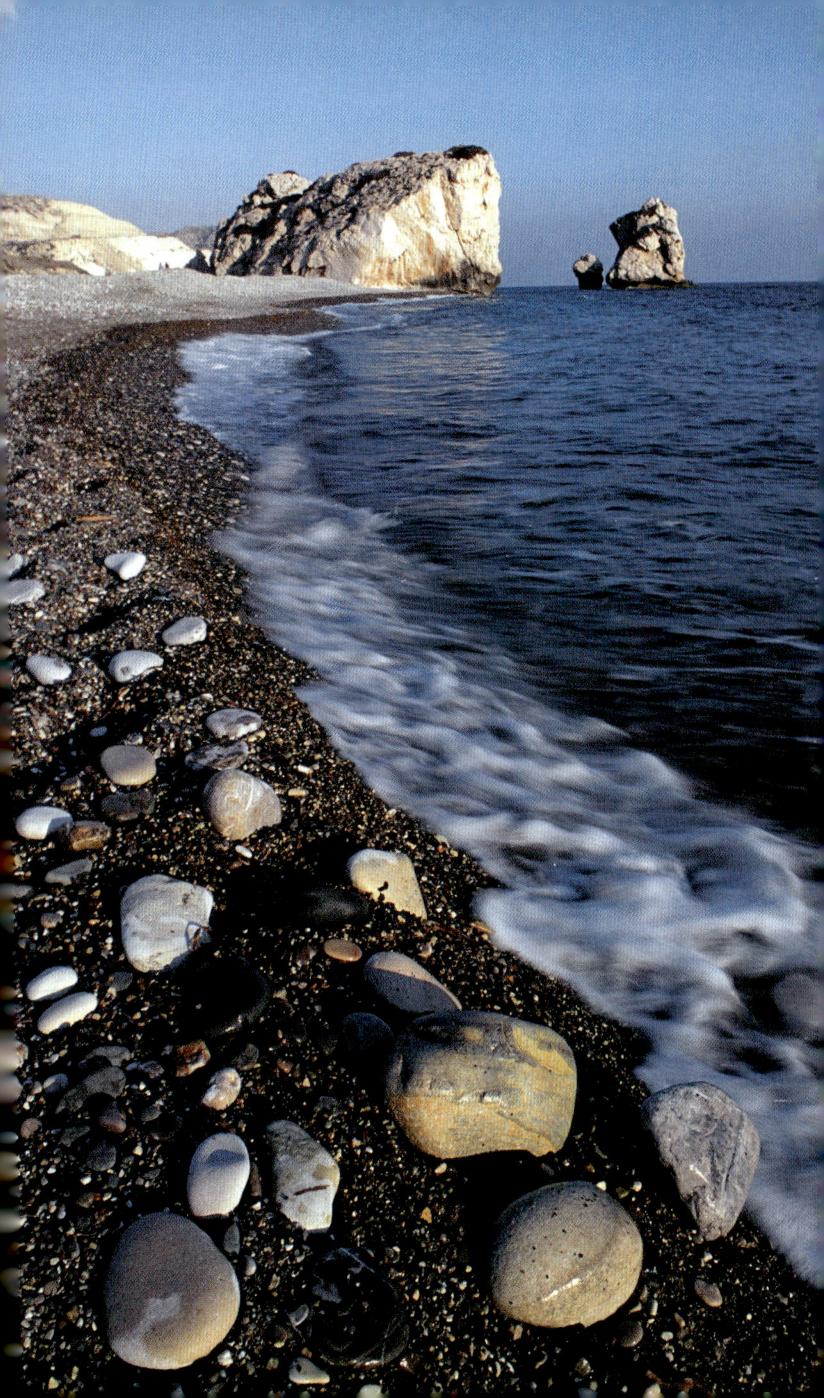

zijn eigen vader
snel de schaamdelen af en wierp die achter zich; ze vlogen niet vergeefs en nodeloos uit zijn handen ...
Doch zodra hij de schaamdelen met de stalen sikkel had afgesneden
en ze vanaf het land in de razende wereldzee geworpen,
dreven ze lang door de golvende baren; toen steeg witachtig schuim op uit onsterfelijk vlees, er groeide een maagd uit op, zij naderde eerst het heilige eiland Kythere,
maar bereikte toen het rondom omspoelde Kypros.
Daar rees de godin uit op, de majestueuze, schitterende; bloesems ontsproten onder de schreden van haar voeten ...'

Wie is de mooiste in het land?

In de schoonheidswedstrijd tussen Hera, Athena en Aphrodite om het bezit van een gouden appel waarop 'Voor de mooiste' was geschreven, wint de godin van de liefde na het oordeel van de Trojaan Paris de prijs en ze helpt hem als tegenprestatie om de liefde van de mooie Spartaanse Helena te verwerven. Menelaos, haar echtgenoot, was hierover niet zo enthousiast, wilde zijn trouweloze vrouw terughebben en ontketende de Trojaanse Oorlog, zoals beschreven in de *Ilias* van Homerus.

Ook het liefdesleven van Aphrodite was zeer roerig. Haar echtgenoot, de lelijke, kreupele god van de metaalbewerking Hephaistos, werd steeds weer door haar bedrogen. Uit haar relatie met de oorlogsgod Ares kwam de liefdesgod Eros voort. Ze had ook een liefdesaffaire met Akámas: de zoon van Theseus en stichter van de Cypriotische stad Sóloi verraste de godin toen zij een bad nam.

Aphrodite van Sóli/Sóloi, Cyprusmuseum

Een Cypriotische sage vertelt het verhaal van Pygmalion, de oerkoning van Cyprus. Hij was volgens Ovidius in zijn *Metamorphoses* ook een goed beeldhouwer en maakte een beeld van Aphrodite. Hij was zo verrukt over haar schoonheid dat hij verliefd werd op zijn beeld. Hij smeekte Aphrodite dat ze hem een vrouw schonk die gelijk was aan het beeld. Welwillend vervulde de godin zijn wens en liet het beeld tot leven komen. Zij schonk hem de zoon Paphos, naar wie de Cypriotische stad Páfos genoemd is. Naar dit verhaal schreef George Bernhard Shaw de komedie *Pygmalion* (1913), het voorbeeld voor de succesvolle musical *My fair lady* (première 1956), die later verfilmd is. Jean-Philippe Rameau schreef de opera *Pygmalion*, die in 1748 voor het eerst werd uitgevoerd.

Een andere Cypriotische sage waarin Aphrodite ook als helpster in de nood optreedt, wordt verteld door de Griek Plutarchus. Aphrodite beval een koopman niets anders dan water aan boord van zijn schip te nemen en weg te varen. De koopman twijfelde aanvankelijk, maar gaf ten slotte gehoor aan haar bevel. Spoedig stuitte zijn schip op een grote handelsvloot die door een windstilte niet meer verder kon. Hij kon zijn lading tegen een hoge prijs verkopen en keerde als een rijk man terug op Cyprus.

In het Aphroditeheiligdom van Páfos werd ook Adonis vereerd. Aphrodite kwam hem tegen bij de jacht en werd verliefd op hem. Artemis, de godin van de jacht, was jaloers en stuurde een wild zwijn op hem af, dat hem doodde. Uit zijn bloed kwam het adonisroosje voort. Volgens een andere versie vertrouwde Aphrodite Adonis toe aan de zorgen van Persephone, de vrouw van Hades en dochter van Demeter. Zij weigerde echter om de mooie jongeman aan Aphrodite terug te geven. Zeus besliste ten slotte dat hij een derde deel van het jaar in de onderwereld en een derde deel bij Aphrodite moest doorbrengen. Het laatste derde deel moest voor hemzelf gereserveerd zijn.

Beide mythen vertellen van het opkomen en vergaan van de natuur in de drie jaargetijden van de mediterrane vegetatiecyclus. In Páfos werd de mythe van de grote moedergodin (Aphrodite) en haar jonge minnaar (Adonis), die bij de geslachtsgemeenschap net als de vegetatie sterft en weer tot leven komt, ritueel nagespeeld.

Van goden en helden

De volgende boeken worden aanbevolen voor wie meer over de Griekse mythologie wil weten:

Griekse mythologie encyclopedie, Guus Houtzager, Lisse, 2011. Overzicht van de belangrijkste Griekse goden en godinnen, halfgoden, helden en mythen, in de vorm van een encyclopedie. Met meer dan 500 illustraties.

Griekse mythen en sagen, Gustav Schwab, Utrecht ,2008. Klassieke bundeling van Gustav Schwab met de mooiste Griekse mythen en sagen.
Bevat 131 verhalen over goden, halfgoden en eenvoudige mensen. Met illustraties.

Grieks mythen, Imme Dros, Amsterdam, 2007. Bekende Griekse mythen, op ontspannen, aangename wijze verteld door Imme Dros. Leesboek en naslagwerk in één, met namenlijst en landkaarten. Illustraties van Harrie Geelen

Ilios & Odysseus, Imme Dros, Amsterdam, 2011. De *Ilias* en *Odyssee* helder en spannend naverteld voor kinderen. Met illustraties.

Vijf belangrijke tijdvakken in de Cypriotische geschiedenis

Ruïnes getuigen van de vergane pracht van de antieke metropool Sálamis

Het eiland 'op het kruispunt van de geschiedenis' was altijd voorwerp van begeerte van de omliggende grootmachten: van de Assyriërs in het 2e millennium tot aan de Britten in de 19e eeuw was dit het geval. Vijf tijdvakken en kunstgenres zijn van bijzonder belang en leggen getuigenis af van de kunstbeoefening op Cyprus door de eeuwen heen.

Morgenrood van de Cypriotische beschaving

Cyprus behoort tot de 'vruchtbare halvemaan', het grote gebied dat zich halfcirkelvormig van Cyprus via Oost-Anatolië tot in Mesopotamië uitstrekt. Hier had zich in de 9e en 8e eeuw v.Chr. een ontwikkeling voltrokken die wel de 'agrarische' of 'neolithische' revolutie wordt genoemd, de overgang van een maatschappij van jagers, verzamelaars en nomaden naar een maatschappij van mensen met een vaste woonplaats en landbouw. De mensen woonden niet meer in grotten en eenvoudige hutten, maar gingen huizen bouwen. De gebruikte materialen bij het bouwen van huizen waren steen en aan de lucht gedroogd leem.

Op Cyprus is in een twintigtal nederzettingen de aanwezigheid van de neolithische mens aan te tonen, meestal in de nabijheid van de zee. De meeste zijn helaas nog maar uiterst rudimentair. U kunt alleen ter plaatse iets zien in Choirokoitía (9e eeuw-3500 v.Chr. met een onderbreking van 1500 jaar, UNESCO-Werelderfgoed), in het naburige Kalavasós (8e eeuw-5500 v.Chr.) en in de Chalcolithische nederzetting Lémba (3800-2300 v.Chr.).

In Choirokoitía en Lémba zijn onmiddellijk naast de opgravingsplaats enkele woonhuizen gereconstrueerd om de leefwereld van de toenmalige mensen beter aanschouwelijk te maken. Deze ronde gebouwen bezitten een vlakke dakconstructie van balken, vlechtwerk en gedroogd leem. Een kookplaats in het midden van het huis diende tevens als warmtebron, het gat voor de rookafvoer zat ofwel in het dak of in de tot 10 m dikke muur. De belangrijkste vondsten uit deze twee neolithische dorpen zijn te vinden in Zaal 1 van het Cyprusmuseum in Zuid-Nicosia (zie blz. 216).

Multiculti: eerste beschavingen

Echt Cypriotisch zijn ook de kunstproducten uit de late bronstijd (1400-1200 v.Chr.). De natuurlijke schatten van Cyprus waren koper en hout. In de 17e eeuw v.Chr. was de gemeenschappelijke rijkdom zo groot dat een staat kon ontstaan die de koperwinning en de export organiseerde. Koper werd in eerste instantie naar het Minoïsche Kreta verscheept. Op de kustvlakte bij het latere Famagusta in het oosten van Cyprus ontstond Enkomi, een grote stad met elkaar in een rechte hoek kruisende

Een goudmijn

Historic Cyprus, Ruppert Gunnis, London, 1936, 2e druk 1947. Dit in Nicosia steeds weer a bijgedrukte werk is in Noord-Cypriotische boekhandels te koop. Het is een reisgids, die in alfabetische volgorde zelfs de kleinste plaatsjes beschrijft.

straten. Een gespecialiseerd ambacht bracht onder andere de zilveren schaal uit Enkomi in Zaal 12 van het Cyprusmuseum voort.

De tweede oud-Cypriotische bloeitijd is de Cypro-archaïsche tijd. De maatschappelijke basis was niet zoals in Griekenland de polis, maar het stadskoninkrijk. De bewoners leefden niet in een republiek, maar onder monarchale omstandigheden. Hoofdzakelijk waren de monarchen de opdrachtgevers van de kunstwerken. De bevolking bestond in essentie uit drie groepen: Achaeërs (Myceners), die aan het eind van de 2e eeuw waren geïmmigreerd en in de meeste stadskoninkrijken de heersende klasse vormden; de vanouds gevestigde bevolking, die wellicht met Amathoús een eigen stad bezat; Feniciërs, die in eerste instantie als handelaars, daarna als kolonisten uit het gebied van het huidige Libanon kwamen; hun centrum was Kítion bij Lárnaka. Bovendien was Cyprus in de Cypro-archaïsche tijd verplicht belasting te betalen aan de Assyriërs (709-663 v.Chr), aan de Egyptenaren (560-540) en na de verovering van Egypte door de Perzen ook aan de Perzische grootmacht. Allen wilden zij een stuk van de taart en stuurden gouverneurs en administratief personeel naar Cyprus.

Deze multinationale maatschappij leidde tot creaties als de oriëntaliserende en egyptiserende Cypriotische grote beelden die te vinden zijn in Zaal 5 van het Cyprusmuseum in Nicosia en leidde in de keramiek tot de tweekleurige zogenaamde Free Fieldstijl van de 6e eeuw. Op de vrije vlakken van de buik van een vaas houdt bijvoorbeeld een gestileerde vogel een vis in zijn snavel of ruikt een os aan een lotusbloem.

Mooier wonen - mozaïeken in Páfos

Het vloermozaïek is ontstaan als versiering van particuliere villa's in het hellenistische Alexandrië. Het bestaat uit verscheidene lagen. Allereerst werd het onderste draagvlak gladgeschaafd en vastgestampt. Daarover werd een mengeling van grove, onbewerkte kiezels en metselspecie uitgespreid. Dan volgde een laag fijne steenmortel en tot slot werd fijn steenachtig materiaal bevestigd, met vochtige oppervlakken waarin men nu de mozaïekstenen (*tesserae*) drukte, nadat men de nodige hulplijnen had getrokken. *Tesserae* zijn normaliter natuurstenen. Waar de natuur de benodigde kleuren niet beschikbaar stelde, nam men ook glazen *tesserae,* bijvoorbeeld voor lichtoranje, geel, groen of blauw.

De kunstenaar en zijn helpers maakten de afbeeldingen in de regel niet spontaan. Net als de binnenhuisarchitecten van tegenwoordig kreeg de principaal van de mozaïekwerkplaats patronen en thema's voorgelegd, waaruit hij kon kiezen.

In het Huis van Dionysos (zie blz. 146) tonen prachtige mozaïektapijten scènes uit de *Metamorphoses* van Ovidius, waarin bijna de hele klassieke mythologie tot leven komt. De afbeeldingen drukken de smaak en leefwijze van de Romeinse bovenlaag in de provincies uit, die als ideaal had de dag door te brengen in genot-

Museumpas

De toegangsprijzen van de vindplaatsen en musea zijn op Cyprus relatief laag. Het Department of Antiquities geeft een pas voor alle musea en archeologische vindplaatsen uit: circa € 7 voor een dag-, circa € 18 voor een weekkaart. De kaart is verkrijgbaar in de archeologische musea in Nicosia, Lárnaka, Limassol en Páfos.

zuchtig gemak. De genoegens en vaak dodelijke gevaren van de liefde en van de alcohol uit de mythen vormen het hoofdthema van deze mozaïektapijten.

Schuurdakkerken

Een architectonische bijzonderheid op Cyprus zijn de kerken met een schuurdak. Vanwege de sneeuw en regen zijn de kerken in het Tróodosgebergte voorzien van een zadeldak van houten of lemen pannen, dat soms ook op een steunmuur rust. Zodoende bevindt de kerk zich in een beschermende mantel en kan hij ook aan de buitenkant beschilderd zijn.

Karakteristiek voor de Cypriotische kerk- en icoonschilderkunst zijn zogeheten stichterfiguren, portretten van de opdrachtgever, die – nu eens piepklein, dan weer groot – aan de rand van de heiligenafbeeldingen opduiken. De kleding en uitrusting van deze figuren verschaffen een unieke indruk van deze maatschappelijke klasse en van de mode van haar tijd.

De kerken van Cyprus zijn naar locatie en functie in te delen. Aan de ene kant zijn er dorps- of stadskerken, die voor de dagelijkse liturgie bedoeld zijn. Aan de andere kant zijn overal op het land dotatiekerken te vinden, die teruggaan op schenkingen van eenvoudige boeren, grootgrondbezitters of op de Byzantijnse keizer. Ze worden alleen op de naamdag van hun heilige voor een liturgie gebruikt. Vroeger stonden ze open voor voorbijgangers om te bidden en om een kaars aan te steken. Deze tijden behoren tot het verleden: als gevolg van veelvuldige offerblok- en iconendiefstal worden de meeste nu afgesloten. Soms is een verlaten kerk op het land ook een voormalige kloosterkerk, waarbij de woongebouwen en de stallen en schuren van het klooster in de loop der tijd in verval zijn geraakt – zoals de beroemde kerk van Asínou.

Gotiek à la Cyprus

De belangrijkste gotische gebouwen liggen alle in Noord-Cyprus. Geen andere landstreek in het oostelijke Middellandse Zeegebied kent zoveel gotische bouwwerken. De opdrachtgevers tot de bouw waren de katholieke Kerk en enkele ordes die aan de kruistochten hadden deelgenomen. Als geldverschaffers traden de toenmalige Lusignankoning, de bisschop en vermogende burgers op; het eenvoudige volk moest hand- en spandiensten verrichten.

Tegelijk met de beroemde Franse kathedralen uit de bloeitijd van de gotiek in Reims, Chartres en Amiens rijzen de Cypriotische 13e-eeuwse kerken hoog de lucht in. De St.-Sofiakathedraal in Nicosia, de St.-Nicolaas in Famagusta, het premonstratenzer klooster Bellapaís en de andere kerken zijn zonder barokke verbouwingen bewaard gebleven. De beeldendecoratie werd echter vanwege het islamitische verbod op het afbeelden van mensen door de Turken weggehaald toen zij de kerken in moskeeën veranderden.

Vergeleken met de Franse kathedralen hebben de Cypriotische gotische bouwwerken een gedrongen vorm met een plat dak boven de zijschepen. Binnen zijn de kerken sober; ze bezitten geen dwarsschip, weinig kapellen, geen kranskapellen in het koor en geen crypte.

Wanneer u een Cypriotische kafenío wilt verlaten en om de rekening vraagt, kunt u soms tot uw verrassing constateren dat de koffie al door een van de gasten betaald is. En wie in een dorp in het Engels of beter nog in het Grieks de weg vraagt, raakt al snel in een gesprek verwikkeld, dat kan uitlopen op een Kopiáste, 'Wees welkom en ga zitten' in het huis van degene die u hebt aangesproken, bij een glaasje zivanía of een *kafedáki* ('koffietje').

de etiquette zeker ook niet eerder weggaan dan wanneer de koffieprut is afgekoeld.

Het wordt op het eiland als een grote schande beschouwd om een slechte gastheer te zijn. De gastvrijheid op Cyprus kent een lange traditie. Armoede en bestaansonzekerheid maakten het onder de vreemde overheersingen noodzakelijk dat iedereen afzonderlijk door genereus en gastvrij te zijn vrienden maakte, op wie hij dan in geval van nood een beroep kon doen.

Cypriotische gastvrijheid

Zelfs de armste families hebben de brandewijn *zivanía* huis, die behalve als lekker drankje wordt beschouwd als medicijn tegen alles (vooral tegen vermeende schadelijke, in de maag op de loer liggende microben) en bij elke gelegenheid wordt aangeboden. Misschien mag u zelfs van de huiswijn proeven.

Algauw staan dan schaaltjes met olijven, *challoúmi* en *loúntza*, met koriander gekruide ham, op tafel. Bij de koffie wordt *glikó*, in siroop ingelegde vruchten, of ook een stuk gebak geserveerd. Bij alles krijgt u een glas ijskoud water geserveerd. Ten slotte, wanneer u hebt kennisgemaakt met de Cypriotische gastvrijheid, laat men u de omgeving zien of loopt men bijvoorbeeld met u mee om u te helpen bij het kopen van een souvenir.

Zomaar even bij iemand langskomen geldt op Cyprus niet als onbeleefd, alleen de siëstatijd van 15 tot 18 uur dient u te vermijden. Wanneer u onaangekondigd komt, hoort u niet langer dan een uur te blijven, maar u mag volgens

Zoals jij mij behandelt, behandel ik jou

Wie de Cypriotische gastvrijheid aanvaardt, moet er rekening mee houden dat zijn gastheer een keer bij hem thuis komt om bijvoorbeeld hulp te vragen bij het kopen van een auto. Hoe kunt u meteen ter plaatse iets terugdoen? Niet zo eenvoudig – een tegenuitnodiging uitspreken is meestal nutteloos. 'Als we eenmaal in Nederland zijn, betaalt u', is dan de reactie. Wie later niet met een tegengeschenk langskomt (zoetigheid voor de kinderen, whisky voor de gastheer), kan het best het adres van zijn nieuwe vriend noteren en thuis op zijn minst foto's opsturen. Vaak is het beter een uitnodiging af te slaan. Dan gaat u geen verplichting aan en stijgt u in aanzien als een *kyrios*, een heer, die liever zelf uitnodigt dan uitgenodigd wordt.

67

Het *kafeníon* is een instituut. In het afgelegenste en kleinste dorp op het eiland en ook in de modernste nieuwbouwwijk van een stad is een *kafeníon* te vinden of verscheidene *kafenía*. Voor veel gasten is koffiedrinken daar een bijzaak. Men gaat naar het *kafeníon* om te kaarten of *tavli* (backgammon) te spelen, de krant te lezen of om met de andere gasten van gedachten te wisselen. Op de achtergrond staat meestal de televisie aan, waaraan de meeste gasten echter geen enkele aandacht schenken, met uitzondering misschien van de nieuwsuitzendingen. Een consumptie is in het *kafeníon* niet verplicht. Gepensioneerden die afzien van hun middagdutje zitten vaak urenlang te peinzen op hun rieten stoel, wachtend op de avond en het moment dat er weer mensen binnenkomen in het *kafeníon*.

Louter een mannenaangelegenheid

Voor veel Cyprioten is het *kafeníon* een soort clubhuis. Opmerkzame bezoekers herkennen gemakkelijk welke mensen elkaar in welk *kafeníon* ontmoeten. De maronieten van Nicosia hebben bijvoorbeeld hun *kafeníon* bij de Páfospoort. Buiten is op een bord hun embleem te zien, de libanonceder, binnen hangt een foto van de paus. Op het dorpsplein van Kalavasós vindt u met de wijzers van de klok mee de *kafenía* van de communistisch gezinde vak-

Kafeníon en koffie

vereniging PEO, van de atletiekvereniging, van de veteranen van de Bevrijdingsoorlog en van de oppositiepartij DIKO.

Vrouwen mengen zich vrijwel nooit onder de gasten. Niet dat het hun verboden is een *kafeníon* te bezoeken, de traditionele rolverdeling kent hun alleen andere ontmoetingsplaatsen toe. Vroeger was dat de wasplaats of de put om water te halen, nu treffen vrouwen elkaar op banken voor het huis, op de kinderspeelplaats of bij de dorpswinkel, waar altijd enkele stoelen in het rond staan. Jonge meisjes en vrouwen gaan met hun aanbidder naar het *zacharoplastíon*, waar naast koffie ook gebak en kleine snacks worden geserveerd – in een klassiek *kafeníon* gebeurt dat niet.

De kunst van de koffiebereiding

Veel toeristen, maar ook Cypriotische huisvrouwen kennen maar drie manieren om koffie te bereiden: zoet (*glikó*), middel (*métrio*), zonder suiker (*skétto*). In het *kafeníon* weet men hier meer over. De kwaliteit van de koffie bestaat uit drie variabelen: de hoeveelheid koffiepoeder en toegevoegde suiker en de duur van het koken.

Om het beperkt te houden tot de geliefde middelzoete koffie: deze is in acht varianten te bestellen: *métrio varýs* (sterk), *vrastó* (langer gekookt), *elaphró* (licht, halflang gekookt met weinig koffie), *mállo elaphró* (tamelijk licht), *misó vrastó* (halfgekookt), *varýs misó* (half sterk), *elaphró misó* (half licht) en *mállon elaphró misó* (tamelijk half licht). Melk wordt niet gebruikt, hoewel vroeger sommige oude mensen koffie met veel melk dronken.

Te slappe koffie noemen kritische gasten *nerozoúmi*, slootwater, te sterke *mavrozoúmi*, zwart vocht, of simpelweg *farmáki*, gif. Kenners drinken hun koffie uit een porseleinen kopje met een dikke wand, zodat hij heet blijft en je niet je lippen verbrandt. Zij blazen een paar keer over het schuim en slaan voor het koffiegenot een glas water achterover, om de keelholte van slijm te ontdoen en klaar te maken voor de smaak van de koffie.

Enkele *kafenía* beschikken nog over een *jedéki*, een boiler van messing, waarin het koffiewater heet gehouden wordt, maar niet mag koken. De koffie wordt gekookt op een gasstel in de *bríki*, het Turkse koffiepannetje met lange steel. De *bríki* bestaat in verschillende groottes. Over de vorm, die veel schuim laat ontstaan, is goed nagedacht. Wordt in een grote *bríki* gekookt, dan wordt de koffie met het schuim vernuftig over verscheidene kopjes verdeeld. Ook de hoogte waarvan de koffie van de *bríki* in de kopjes wordt geschonken, is van doorslaggevend belang.

Om kenners tevreden te stellen, moet de caféhouder de koffie gedurende bijna twintig minuten zetten op een kleine vlam. Hij neemt hem zo nu en dan van het vuur en zet hem in het hete zand voor de messing boiler neer. Met een houten garde wordt de koffie af en toe geroerd, soms alleen bovenaan, soms ook in het koffiedik. Als er veel ongeduldige gasten aan het wachten zijn, dippen onbetrouwbare caféhouders de houten garde licht in een kopje soda, om het proces te versnellen. Het resultaat is dat de koffie meteen schuimt en hoog opborrelt, maar aroma verliest. Soda is gemakkelijk met suiker te verwisselen – maar alleen onervaren koffiedrinkers trappen in deze truc.

Italiaanse varianten en opgegoten koffie met papieren onderzettertjes op het schoteltje en een koekje bij de koffie zijn allesbehalve authentiek, maar worden inmiddels in vele gelegenheden geserveerd.

Als poedersuiker veraangenaamde suikerriet het leven aan de hoven van de feodale heersers in West Europa. Al sinds de 8e eeuw onder de Arabieren werd het in het Middellandse Zeegebied geteeld. Na de Frankische verovering ontwikkelde Cyprus zich tot belangrijkste teeltgebied en gaf het kostbare luxegoed zijn naam: Polvere de Chypro, kortweg Chypre – Cypruspoeder.

Met de overzeese veroveringen van Spanje en Portugal in de 16e en 17e eeuw werd suikerriet ook op de Canarische Eilanden, Madeira en later in het Caribisch gebied verbouwd. Door een overschot werd rietsuiker ook voor de lagere kringen betaalbaar. Toen rond 1800 in Midden-Europa suiker ook van bieten werd geproduceerd, sloeg het laatste uur voor het Cypruspoeder: onder de Turken kwam de productie tot stilstand, men schakelde liever over op katoen.

In de suikermolen

Reusachtige maalstenen vermorzelden het gesneden en schoongemaakte riet. Ze werden in Kolóssi en ook bij Kouklia aangedreven met waterkracht door middel van een drukkanaal.

Dan moest het sap gezuiverd worden. Daarbij werd het door wollen doeken gefilterd, ingekookt en in een trechtervormige aarden pot gegoten. Na enige tijd was de suiker uitgekristalliseerd en de melasse in een lemen vat eronder gestroomd. Uit het omgekeerde vat kwam ten slotte een wit suikerbrood tevoorschijn.

'Cypruspoeder' – suikerriet

In de burcht van Limassol is nu nog een suikerpers te zien

Kerstmis op Cyprus

Verlichte kerstbomen en bonte straatversiering maken ook op Cyprus in de tijd voor Kerstmis overduidelijk welke gebeurtenis ophanden is. De kramen op de weekmarkten gaan gebukt onder bergen groente, fruit en peulvruchten en de mensen sjouwen grote hoeveelheden voedingsmiddelen naar huis. De steden stellen kerststallen met voor een deel levensgrote figuren op. Daaromheen vormt zich, nogal willekeurig, een soort kerstmarkt. Het, na Pasen, grootste christelijke feest vieren de Grieks-Cyprioten in een periode die zich uitstrekt van 15 november tot 6 januari.

De geïmporteerde kerstboom

Op 15 november begint een niet zo zware, veertigdaagse vastentijd, die eindigt op eerste kerstdag. Het eten van vis is alleen tot 12 december en alleen op woensdag en vrijdag toegestaan, bloedeloze zeevruchten als calamaris of octopus zijn de hele vastentijd toegestaan.

En de altijdgroene boom? Wie het zich kan veroorloven, koopt een echte kerstboom. Zo niet, dan kapt men een kleine cipres of stoft de plastic boom van het jaar daarvoor af. De kerstboom werd door mensen uit Beieren (samen met koning Otto) in 1833 in Griekenland en door de Britten in Cyprus ingevoerd. Een oudere traditie kende een met lichten versierd schip – bij een natie van zeevaarders als de Grieken voor de hand liggend, maar de traditie is tegenwoordig bijna vergeten.

Eerste kerstdag, 25 december, begint met een bezoek aan de kerk, dat duurt van circa 6 tot 9 uur. Daarna gaat men naar huis om te eten. In tegenstelling tot veel Europese volken schenken de Cyprioten elkaar normaliter op 24 of 25 december niets. De uitwisseling van geschenken vindt pas op 1 januari plaats, maar sinds halverwege de jaren 70 gaan steeds meer families ertoe over om de pakjesavond onder de kerstboom op eerste kerstdag te laten plaatsvinden. De beide kerstdagen zijn bezoekdagen. De mensen bezoeken vrienden en familieleden, eten overvloedig en genieten van zoet gebak, in de regel maar twee soorten: de met suiker bestrooide *kourabiédes* en de bruine *melomakárona*.

Gedurende de feestdagen gaan kinderen van huis tot huis. Deze gewoonte doet denken aan het Nederlandse Sint-Maarten of het Angelsaksische Halloween. Ze zingen daarbij traditionele liederen, de *kalända* (eigenlijk maandliederen, van het Latijnse *Kalendae* of *Calendae*, waarvan ons 'kalender' afkomstig is – het begin van elke maand werd met liederen afgekondigd) en verwachten daarvoor meestal contant geld. Deze deels nog in Bijbelgrieks geschreven *kalända* maken samen met de internationale, van een Nieuwgriekse tekst voorziene kerstliederen *Stille nacht*, *O dennenboom*, *The little drummer boy* en *Jingle bells* circa 99% van het kerstlawaai uit. 'Lawaai', omdat ze via buiten opgehangen luidsprekers luidruchtig tot oorverdovend de kerstinkopen begeleiden.

Van 25 december tot 5 januari gaan de *kalikántzari* hun gang. Dit zijn kleine kobolden, die beschouwd worden als de geesten van de ongedoopt gestorven mensen. De mensen brengen ze tot bedaren door enkele van de stukjes deeg die ze zelf eten op hun dak te werpen.

Veel vermogende lieden veroorloven zich met Kerstmis een reis naar het buitenland, vooral mensen die familieleden in het buitenland hebben of degenen die zakelijk met klanten in het buitenland te maken hebben. De grote hotels op Cyprus, maar ook restaurants en bouzoukigelegenheden, bieden een kerstfeest aan in een feestelijke ambiance.

Nieuwjaarsgebak en 'basilicumzegen'

Belangrijker dan Kerstmis is voor de Grieken de jaarwisseling (*paramoní protochroniás*), die wordt ingeleid met een overvloedige maaltijd. Bij de jaarwisseling om 24 uur is er dan *vassilópitta*, het nieuwjaarsgebak, genoemd naar de Griekse kerstman Ágios Vassilios. In het gebak zit een munt. Het hoofd van de familie verdeelt de stukken gebak over de familieleden. Wie op de munt bijt, zou in het volksgeloof een gelukkig jaar tegemoetzien. Het voelt natuurlijk niet eerlijk dat maar één persoon uit de kring geluk in het vooruitzicht heeft. Na het eten, drinken, dansen en omhelzen om middernacht geeft de doorsnee-Griek – vrouwen inbegrepen – zich daarom over aan het kansspel. Kaarten is populair. De mensen spelen tot het ochtendgloren en vaak wisselen daarbij niet onbeduidende sommen geld van eigenaar. De volgende middag komt men weer samen voor het middageten en om cadeaus uit te wisselen, en wie wellicht nog wat geld op zak heeft, kan zijn geluk beproeven en zich weer wagen aan het een of andere spel.

De eindejaarsfestiviteiten vieren veel stadsbewoners in het kader van de *revejons* (van het Franse *réveillon*) – een tientallen jaren oud gebruik onder Franse invloed. Deze kerst- en oudjaarsmaaltijden worden door grote hotels georganiseerd. Het aansnijden van de *pítta* (*to kópsimo tis píttas*) gaat in bedrijven, verenigingen en instanties nog door tot in februari.

Niet 31 december, de naamdag van Sint-Silvester, maar 2 januari is overigens in de wereld van de orthodoxen gewijd aan de daar nauwelijks bekende heilige Sylvestros (zoals zijn Griekse naam luidt), paus van Rome van 314 tot 335 en vroeger een van de patriarchen van de Byzantijnse staatskerk. Vermoedelijk denken de meeste Cyprioten bij de naam Silvester tegenwoordig eerder aan de bekende Hollywoodacteur Sylvester Stallone dan aan de jaarwisseling.

Op 5 januari gaat de *papás* (priester) van huisdeur naar huisdeur en dient met een basilicumtak als wijwaterkast de zegen van God toe over het huis en de bewoners. Als tegenprestatie verwacht hij een kleine bijdrage voor de kerk.

Op 6 januari, de dag van de doop van Christus en daarmee van de verschijning des Heren (*theofanía*), zijn de kerken versierd met palmtakken. De priesters wijden cisternes en de zee door een kruis aan een lange lijn in het koude water te werpen, waarnaar gedoken wordt door jongeren en mensen die jong gebleven zijn. Bij deze watertemperaturen is dat een duik voor harde jongens. Bij het Kataklysmósfeest in Lárnaka gebeurt met Pinksteren iets vergelijkbaars (zie blz. 75) al is de watertemperatuur dan beduidend aangenamer.

Turks-Cypriotische cultuur

Twee werelden: Noord-Cypriotische vrouwen in Kyrenia ...

De Turks-Cyprioten behoren bijna allen tot de soennitische geloofsrichting. Ze beroepen zich in woord en daad naast de Koran op het voorbeeld (soenna) van de profeet Mohammed. Gevormd als ze zijn door het samenleven met de Griekse meerderheid en door de Britse koloniale heerschappij spelen voor hen de regels van de islam een kleinere rol dan in andere islamitische landen.

Maar weinigen houden zich aan de vastentijd van de ramadan en ze brengen tamelijk zelden een bezoek aan de moskee. Op het leven van de Turken van het vasteland, die tegenwoordig ruim de helft van de bevolking van Noord-Cyprus uitmaken – de meer dan 30.000 Turkse soldaten niet meegeteld – is daarentegen een veel sterker religieus stempel gedrukt. In veel voormalige Griekse dorpen zijn nieuwe moskeeën gebouwd. Sommige daarvan, bijvoorbeeld die van Rizokárpaso (Dipkarpaz), zijn met Saudi-Arabisch geld gefinancierd, de imams ontvangen hun inkomen uit Turkije. Bij deze bevolkingsgroep ziet u vaak, vooral in de dorpen, vrouwen met een hoofddoek, die de geëmancipeerde Noord-Cypriotische vrouwen doorgaans niet willen dragen.

Suikerfeest en Offerfeest

De twee grootste islamitische feesten, het Suikerfeest aan het eind van de vastentijd (şeker bayram) en het Offerfeest (kurban bayram) twee maanden later worden door alle inwoners van Noord-Cyprus gevierd. Het Suikerfeest duurt drie dagen. Volgens de islamitische

... en bij de melkdistributie in het Noord-Cypriotische Davlós

maankalender schuift het elk jaar tien tot elf dagen terug. Buren, familieleden en vrienden bezoeken elkaar wederzijds en trakteren elkaar op zoetigheid. Kinderen krijgen kleine geldbedragen. De mannen gaan op de eerste dag in alle vroegte naar de moskee, terwijl de vrouwen thuis de ontbijttafel voor de verwachte gasten in orde brengen.

Het Offerfeest gedenkt het offer van Abraham, die ten teken van zijn onderwerping aan Gods wil bereid was zijn zoon Isaak te doden. Abraham is ook voor de joden en de christenen geen onbekende, hier ontmoeten drie wereldgodsdiensten elkaar. Het feest duurt vier dagen. Na het bezoek aan de moskee slachten families die het zich kunnen veroorloven, een schaap en delen het gegrilde vlees uit aan voorbijgangers. De gewoonte om brood en banket en vlees uit te delen, is gebaseerd op het gebod om aalmoezen te geven, een van de vijf basisplichten van de islam.

Besnijdenisfeest

Van de familiefeesten is vooral het Besnijdenisfeest het vermelden waard. De vijf tot negen jaar oude jongen die besneden gaat worden, krijgt een witte hoed op zijn hoofd gezet, waarop 'Maşallah' (door God gezegend) staat, sommige jongens dragen zelfs een prinsenuniform. Uitgedost met hoed en eventueel uniform gaan ze voor de besnijdenis onder begeleiding van hun ouders naar vrienden en familieleden en krijgen cadeaus en bemoedigende woorden. Zo wordt de angst voor de besnijder geleidelijk opgeheven. Veel ouders huren een feestzaal en er komt een besnijder langs; andere laten de ingreep in een kliniek uitvoeren en vieren dan twee dagen later feest, nadat de jongen van de operatie hersteld is. Ter bescherming tegen het boze oog (in het Turks *nazar*) krijgen de jongens een zogeheten oogagaat van blauw glas (*nazarlık*) aangehecht, een gebruik dat ook bekend is van de doop in het Griekse zuiden van Cyprus.

Met Pinksteren, de vijftigste dag na Pasen, vieren de christenen de uitstorting van de Heilige Geest en velen ook de Heilige Drie-eenheid. Dat gebeurt eveneens op Cyprus, maar deze eerbiedwaardige orthodoxe traditie kent hier ook nog een vrolijk feest, dat voorchristelijke wortels heeft.

gen steden … beginnen heel enthousiast aan dit heidense feest. Met honderden storten ze zich op de boten, en vele uren brengen zij, die de rest van het jaar op het land wonen, op deze boten door met springen en lawaai maken op zee.'

Daarbij wordt flink gegeten en nog meer gedronken. Met Pinksteren slenteren de mensen over de promenade en

Kataklysmós – het Zondvloedfeest

Echo van de klassieke oudheid

Kataklysmós gaat terug op klassieke water- en bloemenfeesten, de hydrophoriën en anthesteriën. Ze werden vroeger in het voorjaar gevierd, altijd wanneer de natuur opbloeide en vers gereinigd tevoorschijn kwam. De hydrophoriën (van *hydoor,* water, en *pherein,* dragen) staan misschien in samenhang met de zondvloed van Deucalion (*kataklysmos* betekent 'zondvloed'). Deucalion, een zoon van Prometheus, en zijn echtgenote waren de enige overlevenden van een zondvloed uit de oudheid. Tot 1974 namen ook de Turks-Cyprioten deel aan het Kataklysmósfeest. In essentie vindt het nu nog steeds net zo plaats als de Cypriotische letterkundige Geórgios Lukas in 1874 beschreef:

'Iedereen die behoefte heeft aan afkoeling, komt hiernaartoe om water te gieten over zichzelf en anderen … De inwoners van de steden overgieten zich met de daarvoor gemaakte en door hen zo genoemde *physíklai* (een soort waterpistolen). De meeste mensen liggen de hele dag te woelen in rivieren en beken … Ook de inwoners van aan zee gelegen

door de straatjes. Aan marktkramen worden noten, *loukoumádes* en *soutzioúko* verkocht. Worstelaars, volksdansgroepen en koren treden op, op zee worden kano- en zwemwedstrijden gehouden. Lárnaka viert het Kataklysmósfeest op tweede pinksterdag en de rest van de week. Agía Nápa, Limassol en Páfos beginnen al op eerste pinksterdag. De Kerk heeft de 'nodige ernst' in deze uitbundigheid gebracht. Op de zaterdag voor Pinksteren worden dode verwanten herdacht en op zondag moeten de mensen driemaal op de knieën vallen: om de zegen van de Heilige Geest te ontvangen, om de zonden uit te wissen en om Gods zegen voor de doden af te smeken.

In Lárnaka trekt op maandag een optocht naar de strandpromenade. *Ai gialó,* de Heilige Zee, wordt gezegend. Daarna werpt de priester net als bij het Driekoningenfeest op 6 januari een kruis in de zee, waarnaar de jonge mannen duiken. In tegenstelling tot het winterse bad in zee is de sprong in het koele water met Pinksteren voor hen een groot genoegen.

De knoestige, karakteristieke boom van het Cypriotische kust- en heuvelland houdt van een stenige en droge bodem. De johannesbroodboom is een ideale schaduwgever, maar in geen geval in de bloeitijd – dan verbreidt hij een dierlijke geur. Pakhuizen en een fabriek op het eiland getuigen ervan dat johannesbrood – het 'zwarte goud' – tot in de 20e eeuw een exportsucces was.

De Nederlandse naam van de boom is afgeleid van Johannes de Doper. Hij voedde zich in de woestijn niet alleen met sprinkhanen en honing, maar ook met de voedzamen peulen van het oudste peulgewas van het Middellandse Zeegebied. De wetenschappelijke, Latijnse naam van de boom gaat terug op de hoornachtige vrucht: *Ceratonia siliqua,* van het Griekse *kerátion,* hoorntje, en het Latijnse *siliqua,* peul. De peul van de johannesbroodboom heet ook carobe, de Engelse naam van de boom is *carob.* Deze aanduidingen gaan weer terug op het Arabische woord voor peul, *chirnub.*

De platte, vezelige, in rijpe toestand chocoladekleurige en zoet smakende peulen dienen als waardevol voer voor ezels, paarden en varkens,

De johannesbroodboom

Schaduwrijk plekje: onder johannesbroodbomen is het goed toeven

maar werden ook door mensen als zoet snoepgoed niet versmaad. In de verdere verwerking worden van de vrucht johannesbroodmeel, carobekoffie, bindmiddelen voor sauzen, medicijnen en kleefstoffen geproduceerd. Ook achter het voedingsadditief E 410, een verdikkingsmiddel, stabilisator en emulgator, gaat niets anders schuil dan de vrucht van de johannesbroodboom. Met de vooruitgang van de levensmiddelenchemie is de vraag naar carobe echter sterk afgenomen. Tegenwoordig wordt van de johannesbroodboom van Cyprus nog maar zelden de oogst binnengehaald.

Op de weegschaal

De piepkleine zaadjes in de peul wegen gedroogd tussen 189 en 205 milligram en dienden daarom voor het afwegen van zeer kleine hoeveelheden kostbaarheden als kruiden, goud en diamanten. Van de naam van de boom is ook het begrip karaat afgeleid, dat nog steeds de gangbare gewichtseenheid is voor edelstenen, namelijk precies 0,205 g. Bovendien is karaat de eenheid van een schaalverdeling met 24 graden om het gehalte van goud te meten. Een legering die voor 1/24 uit goud bestaat, heeft een gehalte van 1 karaat, zuiver goud is 24 karaat.

Onderweg op Cyprus

De natuur van Cyprus van dichtbij beleven: wandelen op het schiereiland Akámas

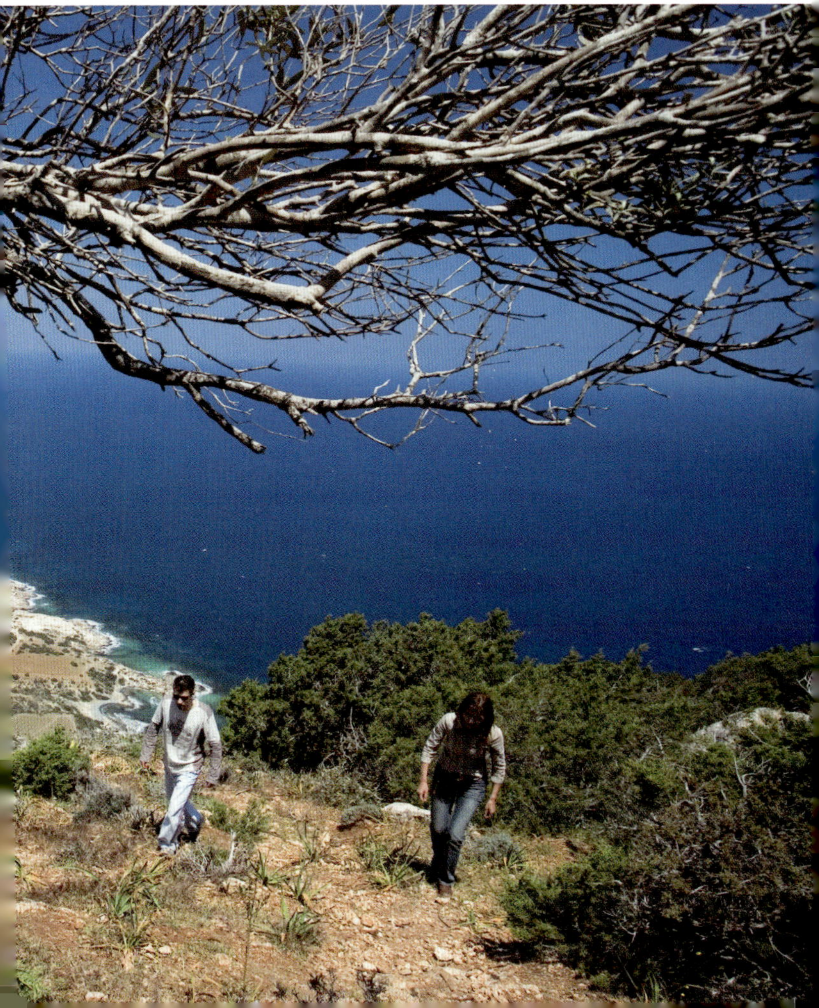

IN EEN OOGOPSLAG

Lárnaka, Agía Nápa en het zuidoosten

Op ontdekkingsreis

Mezé eten in Lárnaka: de echte Cypriotische keuken leert u in de hotels meestal niet kennen. Ga daarom naar twee restaurants in Lárnaka die ook zeer populair zijn bij de lokale bevolking. Om een goed inzicht in de diversiteit van de Cypriotische keuken te krijgen, bestelt u een *mezé*, een selectie van kleine gerechten die u thuis niet zo gauw zult maken. Zie blz. 90.

Bezienswaardigheden

Hala Sultan Tekke-moskee: het islamitische heiligdom is sprookjesachtig gelegen in een palmentuin aan het zoutmeer. Zie blz. 96.

Unesco-Werelderfgoed Choirokoitía: de fundamenten van de prehistorische rondhuizen zijn goed bewaard gebleven. Zie blz. 109.

Zeevaartmuseum in Agía Nápa: het bekroonde Thalassamuseum maakt indruk met nagebouwde oude schepen. Zie blz. 101.

Actief

Wandelen in het bos van Machairás: hier vindt u mooie, rustige wandelpaden. Zie blz. 185.

Wandeling rond het zoutmeer bij Lárnaka: deze tocht is ook in de winter de moeite waard. Dan kunt u de flamingo's bekijken die hier naar voedsel zoeken. Zie blz. 97.

Te voet naar Kaap Gréko: de fiets- en wandelpaden bij Agía Nápa reiken tot aan Kávo Gréko. Zie blz. 105.

Sfeervol genieten

Pýla: in deze plaats aan de Green Line kunt u op de platía bij een kop koffie zelf observeren hoe de Grieks- en Turks-Cyprioten samenleven en wat hen scheidt. Zie blz. 99.

Potamós tou Liopetríou: twee vistaverna's aan een afgelegen riviermonding. Hier ziet u hoe de vissers hun netten herstellen. Zie blz. 103.

Uitgaan

Bouzoúkimuziek: wie een echte Cypriotische muziekavond wil ervaren, vindt in Lárnaka goede bouzoúkiclubs. Begin circa 22 uur. Zie blz. 95.

Clubs in Agía Nápa: wat Ibiza is in het westelijk deel van de Middellandse Zee, is Agía Nápa in het oostelijk deel: het centrum van het nachtleven, vooral populair bij Britten en Scandinaviërs. 's Middags naar het strand, 's avonds en 's nachts wordt er feestgevierd. Zie blz. 104.

Tussen nachtleven en natuur

De internationale luchthaven Lárnaka is de toegangspoort van Cyprus. Lárnaka fungeert als spil in het handelsverkeer in het Midden-Oosten, de vele zakenlieden uit Arabische landen, Rusland en Israël geven de stad een internationale flair.

De eerste indruk van Cyprus is meestal negatief. Het landschap is volgebouwd en kaal, het slechts enkele centimeters diepe zoutmeer in de buurt van de luchthaven maakt op weinigen indruk. Lárnaka is op het eerste gezicht een gezichtsloze, moderne stad met veel te smalle straten en te veel verkeer. Na de Turkse invasie is de stad in omvang verzesvoudigd. Aan de kust, in het westen vlak bij de luchthaven en in het oosten tussen de enige olieraffinaderij van Cyprus en de elektriciteitscentrale van de Britse basis, zijn enkele hotels voor massatoerisme gebouwd, maar die doen vanwege hun ongelukkige locatie het hart ook niet sneller kloppen.

Niet veel touroperators zullen hun gasten daarom naar Lárnaka sturen. U moet verder naar het oosten om de goed ontwikkelde zandstranden met hun watersportmogelijkheden en de prachtige baaien met hun ongewone rotsformaties te vinden. De badplaatsen Agía Nápa en Protarás ontstonden pas na de deling van Cyprus in 1974 en bestaan bijna geheel uit hotels. Onteigende Griekse hoteleigenaars kregen land en gunstige kredietvoorwaarden als compensatie voor de hotels die ze in het noorden waren kwijtgeraakt. Vakantiegangers die zon en kristalhelder water, sportfaciliteiten en een bruisend uitgaansleven weten te waarderen – en die zich niet storen aan de zeer commerciële sfeer van de lokale vakantie-industrie – zijn hier in goede handen.

Terwijl het oosten van het district Lárnaka wordt gebruikt voor landbouw en industrie, is het westelijk achterland nog grotendeels ongerept. Het loopt tot aan de beboste hellingen van het Tróodosgebergtes. Hier vindt u mooie dorpjes als Léfkara, Kalavasós en Tóchni, die zich sterk maken voor een landelijk toerisme.

INFO

Kaart: G 8/9, H 7/8-M 6/7

Op het internet
www.larnakaregion.com: website van de Larnaka Tourism Board met informatie over alle toeristische aspecten, topattracties, busdiensten en het culturele aanbod.
www.agianapa.org.cy: officiële website van de stad Agía Nápa.

Ter plaatse
BTO-kantoor in Lárnaka: zie blz. 95
CTO-kantoor in Agía Nápa: zie blz. 105

Planning
Trek voor alle belangrijke bezienswaardigheden in het centrum van Lárnaka een halve dag uit. Wie in het noorden van de stad ook nog het Archeologisch Museum en de ruïnes van Kíti wil bezoeken, heeft langer nodig.

Lárnaka en omgeving ▶ J 7

Lárnaka is voor de meeste toeristen, en voor bijna alle zaken- en transitreizigers, hun eerste kennismaking met Cyprus. Niet ver van de luchthaven doemt de betonnen skyline van Lárnaka op – geen middelgrote stad zoals Nicosia of Limassol, maar beslist ook geen rustig provincieplaatsje.

De oude Turkse binnenstad, ingeklemd tussen een krans van moderne gebouwen en de luchthaven aan de ene en een olieraffinaderij aan de andere kant, is met zijn nauwe straatjes, erkerhuizen en kleine winkeltjes en werkplaatsen de moeite waard om verkend te worden. Verdere pluspunten van Lárnaka zijn de palmenboulevard met zijn talloze cafés, restaurants en kebabtentjes, het brede zandstrand in het centrum en belangrijke bezienswaardigheden als de Lazaruskerk en het Pierídesmuseum.

Lárnaka is met 70.000 inwoners de op twee na grootste stad van Cyprus, het heeft de grootste luchthaven en na Limassol de grootste haven van het eiland. Reizigers die een verzorgde vakantie hebben geboekt zijn vanuit Lárnaka via de autosnelweg snel in de populaire toeristencentra Agía Nápa of Protarás, met de beste stranden van Cyprus; individuele reizigers zullen na twee nachten de stad verlaten en de opwindender gebieden in het westen van het eiland opzoeken.

Geschiedenis

Lárnaka is een van de oudste steden van Cyprus, het Kittim uit het Oude Testament, gesticht door een kleinzoon van Noach (Genesis 10:4). In de oudheid heette de stad Kítion (Citium). De oudste sporen, vooral graven en grafgiften, dateren uit de vroege bronstijd rond 2000 v.Chr.

Tijdens de **Myceense periode** (1200 v. Chr.) ontwikkelde Kítion zich tot een machtige vestingstad, die net als de toenmalige hoofdstad van Cyprus, Enkomi bij Famagusta, leefde van de productie en export van koper. Rond 850 v.Chr. veroverden Feniciërs uit het huidige Libanon de stad. In 335 v.Chr. werd hier Zeno van Kítion geboren, die zich na een schipbreuk aan de filosofie wijdde. Hij vertrok als 22-jarige naar Athene en werd de grondlegger van de stoïcijnse school. Aan het eind van de Fenicische overheersing in 312 v.Chr. verloor Kítion aan betekenis.

De **Franken** noemden de stad Salines of Salina. Deze naam verwijst naar de economische betekenis van de zoutwinning in het meer aan de rand van de stad. Pas na de Turkse verovering van Cyprus in 1600 kwam de naam Lárnaka in gebruik. Deze is afgeleid van het Griekse *lárnax*, urn of sarcofaag, waarschijnlijk vanwege de vele graven die men hier vond. De havenwijk werd Scala genoemd, van het Franse *place d'escale* (landingsplaats). Het **Turkse** bewind valt samen met de vroegmoderne bloeitijd van Cyprus. Lárnaka ontwikkelde zich dankzij een gunstige ligging aan de zeeroute tussen Oost en West als een stad van consulaten en handelskantoren. In die tijd woonden er in Lárnaka meer West-Europeanen dan in Limassol, Famagusta en Nicosia samen.

Na de Tweede Wereldoorlog volgde een periode van neergang. Lárnaka werd overschaduwd door de havens van Limassol en Famagusta. Een keerpunt was de invasie van het Turkse leger in 1974 en de daaropvolgende opdeling van het eiland; grote stromen vluchtelingen kwamen uit het bezette noorden naar Lárnaka, waar 40.000 vluchtelingen moesten worden ondergebracht. De haven werd uitgebreid en rond een verlaten landingsbaan verrees de nieuwe internationale luchthaven. Tot dan bevond de belangrijkste luchthaven van Cyprus zich bij Nicosia, die verweesd in de bufferzone bij de Green Line achterbleef en nu alleen wordt gebruikt door de VN-vredesmacht.

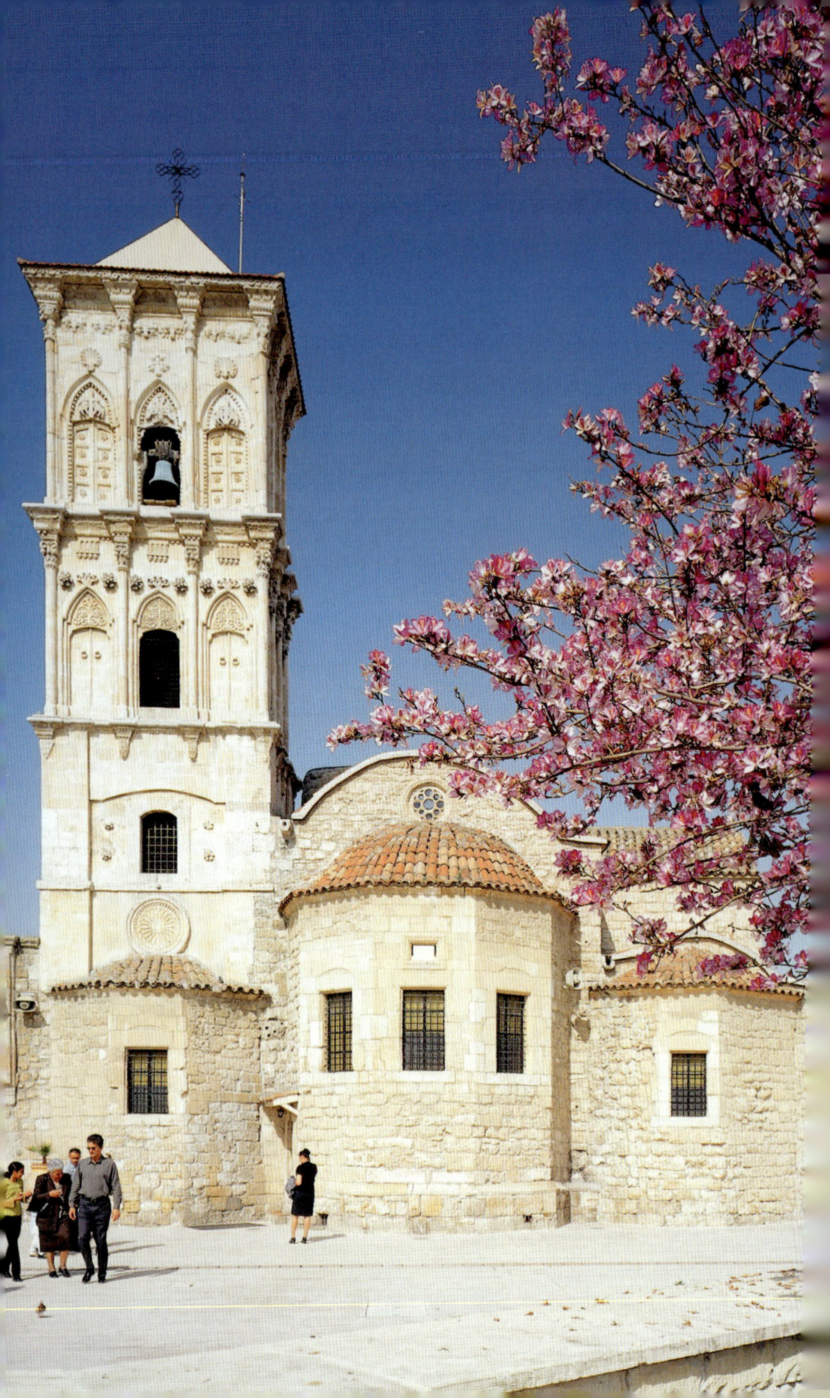

Strandboulevard

Foinikoúdes, de strandboulevard met zijn hoge palmen, werd aan het eind van de vorige eeuw volgens de plannen van een Amerikaanse sterarchitect heringericht en vooral verkeersluwer gemaakt. Hier en in de oude Turkse wijk tussen het fort en de Lazaruskerk klopt het hart van de stad. Van een van de gezellige terrasjes kunt u 's avonds tussen 19 en 21 uur naar het de dagelijks terugkerende spektakel van de *volta* (draai) kijken, als de lokale bevolking, op zijn netst gekleed, de boulevard op en neer paradeert. Men geniet een uurtje van het zien en gezien worden en zakt vervolgens af naar een restaurant of begeeft zich voor het eten naar huis.

Aan de noordkant van de palmenpromenade, naast de pier van de excursieboten, herinnert een modern **monument** 1 aan de verdrijving van de Armeniërs uit hun nederzettingen in Oost-Turkije in 1915. Veel vluchtelingen vonden toen asiel in Cyprus, dat onder Brits bestuur stond.

Voor Hotel Les Palmiers verheft zich op een hoge sokkel de marmeren **buste van de veldheer Kimon** 2. Het monument uit 1923 herinnert aan de nauwe banden tussen Cyprus en Griekenland. De Athener Kimon, zoon van de marathonwinnaar Miltiades, was een van de tien legeraanvoerders die door de Atheense volksvergadering werden uitgestuurd op een vlootexpeditie tegen het Perzische Rijk, om de heerschappij van Athene in de Delisch-Attische Zeebond zeker te stellen. In 450/449 v. Chr. ankerde hij met zijn vloot voor Lárnaka, maar tijdens het beleg overleed Kimon aan een ziekte, nadat hij nog zijn laatste orders had gegeven.

De kerk Ágios Lázaros met zijn mooi versierde klokkentoren

Turks fort 3

Athinon, ma.-vr. 9-17, juni-aug. tot 19.30 uur, € 1,70

Het kleine complex met kantelen en een binnenplaats aan de zuidkant van de boulevard werd in 1605-1625 gebouwd op de muren van een Venetiaans fort. Het diende de Turken als uitkijkpost tijdens het laden en lossen van schepen. Voor hoogwaardigheidsbekleders werden vanaf de muren saluutschoten afgevuurd. De Britten gebruikten het fort als gevangenis. Tegenover de kassa is een met beton afgesloten put te zien, waarop men een deksel en een galg moet denken: de Britse **executieplaats**. Hier werden tijdens de anti-Britse opstand in de jaren 50 EOKA-strijders opgehangen.

Op de binnenplaats staan enkele kanonnen die door de Duitse staalfabrikant Krupp in 1911, kort voor de Balkanoorlogen, aan de Turkse wapenbroeders waren geleverd. Op dat moment speelde de territoriale expansie van de jonge nationale staten Griekenland, Servië en Bulgarije ten koste van de 'zieke man aan de Bosporus'. In de vleugel tegenover de ingang zijn enkele Frankische en Osmaanse grafstenen te zien.

Op de verdieping boven de kassa is een kleine **tentoonstelling** over het Frankische en Osmaanse Cyprus ingericht; voornamelijk foto's en teksten, er zijn weinig originele voorwerpen.

Djami Kebir 4

Athinon, dag. geopend, geen vaste openingstijden

Tegenover het fort rijst de Djami Kebir op met zijn minaret, die in overleg met de Arabische beheerder beklommen kan worden. Oorspronkelijk was de moskee een katholieke kerk. Veel zakenlieden en toeristen uit Arabische landen bezoeken de moskee en geven geld voor renovaties.

Lárnaka

Bezienswaardigheden
1. Armeniëmonument
2. Buste van Kimon
3. Turks fort
4. Djami Kebir
5. Ágios Lázaros
6. Pierídesmuseum
7. Gemeentelijk cultureel centrum
8. Archeologisch Museum
9. Natuurhistorisch Museum
10. Kítion
11. Turks aquaduct

Overnachten
1. Sun Hall
2. Les Palmiers
3. Amorgós
4. Achilleos City Hotel
5. Cityalkisti
6. Onisillos
7. Cactus
8. San Remo

Eten en drinken
1. Zephyros
2. Militzis
3. To Paradosiakó
4. Rotsos
5. Kebab House Valia

Winkelen
1. Centrale Markt

Actief
1. Stadsrondleidingen/bustochten vanaf CTO
2. Camel Park in Mazotós
3. Boottochtjes
4. Stadsstrand
5. Makenzie Beach
6. CTO-strand
7. Stranden bij Kaap Kíti
8. Stranden bij Petoúnta
9. Fietsverhuur Anemayia

Uitgaan
1. 1900 Art Café
2. Loukoulos
3. Odos Seferi Rembetiko
4. Akousmata live

Oude Stad

Op de weg van het fort naar de Lazaruskerk komt u langs kleine winkeltjes en werkplaatsen, niet heel stijlvol, maar wel schilderachtig. De straatnaamborden dragen nog steeds de oude Turkse namen.

Ágios Lázaros 5

Plateia Agiou Lazarou, ma.-vr. 8-12.30, 14.30-17.30, za./zo. 8-17.30 uur, toegang gratis

De Lazaruskerk draagt net als de Paraskevíkerk in Geroskípou en de kerk van de H.H. Ilarion en Barnabas in Peristeróna meervoudige koepels. Het gebouw uit de 10e eeuw heeft boven het middenschip drie koepels. Dit type komt alleen op Cyprus voor. Het is een combinatie van lengte- en centraalbouw, die is afgeleid van de beroemde Johannesbasiliek in Efeze uit de 6e eeuw. De prachtige **klokkentoren** met filigraanversiering werd pas in 1857 toegevoegd. Tot dan hadden de Turken het bouwen van klokkentorens verboden omdat ze visueel en akoestisch botsten met de minaretten en muezzins.

De Lazaruskerk was oorspronkelijk Grieks-orthodox. Na de verovering door de Franken kwam hij in handen van de benedictijnen. De Turken gaven de kerk weer terug aan de Grieken, maar de katholieken op Cyprus behielden het recht om twee dagen per jaar een eigen altaar in het noordelijke schip te gebruiken: op de feestdag van Lazarus en die van Maria Magdalena.

De kerk is van binnen nauwelijks versierd. De koepels zijn niet beschilderd, maar hebben een vlak houten plafond. Des te meer indruk maakt de enorme, volledig vergulde **iconostase** uit de late 18e eeuw. Daarvoor staat een eveneens vergulde schrijn met het hoofd van Lazarus, die door veel orthodoxe gelovigen wordt gekust.

Onder het altaar bevindt zich een **crypte**, waarin men kan afdalen. Bij restauratiewerkzaamheden in 1970 zijn hier enkele graven ontdekt; een

Map: Larnaca

Labels and streets visible on the map:

- Terrasandas
- Panagia Chryssopolítissa
- Leof. Archiepiskópou Kyprianoú
- Agía Nápa ↑
- Chryssopolítissis
- Kímonos
- Andrea Stelíou
- Einar Gjerstad (Einar Gjerstadt)
- Dimitrás
- Kilkis
- Leof. Archiepiskópou Markaríou III
- Fálirou
- Márkou Drákou
- Agíou Neofítou
- Kyriákou Mátsi
- Kostí Palamá
- Sofroníou Christodoúlou
- Kouríou
- Loukí Akríta
- Kímonos
- Kalogreón
- Filíou
- Cyprus Airways
- Tsigarídi
- Leof. Grigóri Afxentíou
- Ag. Varnáva
- Platía Vasiléos Pávlou
- Leof. Dimitráki Dianéllou
- Agía Eléna
- Stasínou
- Stads-park
- Stads-bibliotheek
- Stylianou Lena
- Lordou Výronos (Lord Byron)
- Ermoú
- Stadíou
- Stylianoú Apostolídou
- Konstantínou Kalogerá
- Telefooncentrale
- Zenostadion
- Thermopylón
- K. Pantelídi
- Marina
- Ermoú
- Zínonos Kitiéos
- Leof. Athinón
- Agíou Lazárou
- Adonidos
- Kt. Kalogerá
- Cyprus Handicraft Service
- Leof. Faneroménis
- Pávlou Valsamáki
- Ankara
- Agía Faneroméni
- Apolloníou Kríeas
- LAIKÍ GEITONIÁ
- Anniva Fransis
- Okkoullár
- Mehmet Ali
- Istanpoúl (Istanbul)
- Lala Moustafa Paşa
- Ipeírou
- Mpamparóz
- Nikoláou Dimitríou
- Middellandse Zee
- Nikoláou Dimitríou
- Okkoullár
- Piale Paşa
- Leof. Artémidos
- Kotzá (Koca) Tepé
- Touzhané/Touzzané
- Oum Charam
- Ak. Nteniz (Ak Deniz)
- Oraí Ali
- Mpozdağ (Bozdağ)
- Sakkaría
- Kíti, luchthaven, Kaap Kíti, Petoúnta

daarvan wordt nu beschouwd als het graf van Lazarus. Volgens een legende werd op de plaats van de kerk in 890 een sarcofaag met het opschrift 'Lazarus' ontdekt.

Lazarus was na zijn opwekking door Jezus in zijn tweede leven naar Cyprus gekomen en hier bisschop geworden. Omdat Cyprus toentertijd onder Arabische heerschappij stond, werden zijn relieken in 890 overgebracht naar de hoofdstad Constantinopel. Nadat de kruisvaarders Constantinopel hadden veroverd in 1204, namen ze de beenderen van de heilige mee en verscheepten ze naar Marseille. Hier zou Lazarus ook bisschop zijn geweest. Tegenwoordig worden de relieken vereerd in de kathedraal van Saint-Lazaire in het Franse Autun.

Het kleine **kerkmuseum** (ma./di., do./vr. 8.30-12.30, 15-17.30, wo., za. 8.30-12.30 uur, toegang gratis) naast de kerk toont liturgische voorwerpen en enkele iconen, met sterke Italiaanse invloeden.

Tussen de openbare toiletten en een auditorium uit 1857 ligt een kleine protestantse begraafplaats, met onder een houten afdak onder meer grafstenen van consuls en kooplieden van de Levant Company, een Engelse handelsonderneming.

Perídesmuseum 6

Zinonos Kitieos, ma.-do. 9-16, vr./za. 9-13 uur, € 3

Het particuliere Perídesmuseum, dat sinds 2000 de Cyprus Popular Bank als hoofdsponsor heeft, omvat na het Cyprusmuseum in Nicosia de belangrijkste archeologische collectie van het eiland. Het museum is ondergebracht in een statige villa in koloniale stijl uit 1840, het vroegere woonhuis van de koopmans- en diplomatenfamilie Perídes.

Gelijk bij de ingang in de gang getuigen de Duitse keizerlijke adelaar en de benoemingsakten van Wilhelm II en Hindenburg dat de Perídesfamilie van 1911 tot 1939, dus tot aan de Tweede Wereldoorlog, Duitsland diplomatiek vertegenwoordigde. Daarnaast waren ze consul van Oostenrijk, de Verenigde Staten en Engeland. Tegenwoordig vertegenwoordigen ze Zweden.

De archeologische voorwerpen zijn per kamer overzichtelijk tentoongesteld. Speciale aandacht verdient in kamer 1 de vrijstaande vitrine met de Chalcolithische schenkbeker uit Souskiou. De hurkende figuur met een grimas dateert uit de periode 3800-2300 v.Chr. De schenkopening zit op de plaats van de penis; hier moest duidelijk iets bevrucht worden.

Andere hoogtepunten zijn een aantal vazen in de Cypro-geometrische *free field*-stijl (700-475 v. Chr.). De amforen zijn beschilderd in een vrije stijl met simpele motieven, zoals een vis of een vogel. Opmerkelijk zijn ook de in de kaartkamer opgestelde rode gepolijste terracotta figuren uit de 4e en 3e eeuw v.Chr., die dienden als grafgiften en in heiligdommen als votiefgaven.

Gemeentelijk cultureel centrum 7

Athinon, Plateia Evropis, Galerie en tentoonstellingszaal: ma.-vr. 9-13, 16-19, za. 9-13 uur, toegang gratis. Museum: di.-vr. 9-14, za. 9-12, sept.-mei ook zo. 9-12 uur, € 2

De vijf pakhuizen tegenover de jachthaven waren in de vroege Britse koloniale periode depots van de havendouane. Toen in 1973 de nieuwe haven ten noorden van de jachthaven in gebruik werd genomen, waren de douanepakhuizen overbodig geworden. Sinds het eind van de vorige eeuw herbergen ze de Galerie voor moderne Cypriotische kunst, een zaal voor wisselende tentoonstellingen en het Museum voor Paleontologie en Zeekunde. Getoond

Lárnaka en omgeving

In de Oude Stad van Lárnaka is weinig veranderd de afgelopen veertig jaar

worden opgezette dieren in hun habitat en fossielen.

Archeologisch Museum 8

Kilkis, Plateia Kalograion, di., do./vr. 8-15, wo. 8-17, za. 9-15 uur, € 1,70

Het museum toont in twee zalen vondsten uit de omgeving van Lárnaka en probeert het verleden tot leven te wekken door de voorwerpen in hun historische context te plaatsen, met veel aandacht voor het dagelijks leven.

In Zaal 1 wordt het leven van de bewoners in de steentijdnederzetting Choirokoitía getoond. In Zaal 2 ziet u linksachter een gereconstrueerde ankersteen. Deze worden in veel musea tentoongesteld als votiefgiften, maar nu ziet u eens hoe ze functioneerden. In twee gaten staken houten ankerarmen, in het derde gat werd het ankertouw bevestigd. De steen is afkomstig van het Astarteheiligdom en was het votiefoffer van een zeeman. In de achtertuin van het museum staat een volledig gerestaureerde olijfpers.

Natuurhistorisch Museum 9

Grigori Afxentiou, Dimotikos Kipos, ma.-vr. 9-16, za. 10-13 uur, circa € 0,50

Deze kleine tentoonstelling is gevestigd in het stadspark. Te zien zijn opgezette dieren die op Cyprus leven, zoals de moeflon. Daarnaast zijn in het park ook levende dieren te bewonderen: flamingo's, pelikanen en andere vogels die permanent op Cyprus voorkomen of hier overwinteren.

Buiten het centrum

Kítion 10

Archiepiskopou Kupriavou, ma./di., do./vr. 8-14.30, wo. 8-17 uur, € 1,70

De opgravingen van Kítion liggen circa 2 km van het centrum. De tocht erheen is alleen interessant voor wie veel in archeologie is geïnteresseerd, want echt spectaculair zijn de overblijfselen niet. Wie geen zin heeft om te lopen, kan achter de douanepakhuizen (voor het Sun Hall Hotel) een taxi nemen.

Op ontdekkingsreis

Mezé eten in Lárnaka

Wilt u gemakkelijk en goedkoop de diversiteit van de Cypriotische keuken leren kennen, bestel dan een mezé in een taverna. Mezé is oorspronkelijk een Turks woord en verwijst naar een kleine hoeveelheid voedsel op een bord. Ongeveer vijftien mezédes – of mezeler in het Turks – vormen een hele maaltijd.

Kaart: zie blz. 86 en 92

Planning: Vistaverna Zephyros 1, aan de vissershaven, Piale Pasha 37, tel. 24 62 43 17, do.-di. 12-16, 18-23.30 uur, vis-*mezé* € 20; taverna Militzis 2, Piale Pasha 42, tel. 24 65 58 67, dag. 12-24 uur, vlees-*mezé* € 14.

Opmerking: voor het eten van *mezé* moet u eigenlijk minstens met zijn tweeën zijn, maar bent u alleen, dan kunt u in overleg met de eigenaar ook een beperkte *mezé* bestellen.

De tafel is overladen met bordjes en schaaltjes waarop de meest uiteenlopende gerechten verleidelijk gepresenteerd liggen. Maar de kelner laat zich daardoor niet weerhouden om nog meer heerlijkheden op tafel te zetten. Iedereen aan tafel pakt waar hij zin in heeft. Wanneer een schaaltje leeg is, wordt het vervangen door een ander. Als u zich als getuige van een dergelijk schouwspel afvraagt wat de gasten aan die tafel hebben besteld, dan is het antwoord: *mezé*.

Mezé: een kwestie van levensstijl

Oorspronkelijk waren *mezédes* kleine hapjes die geserveerd werden als begeleiding van een alcoholische consumptie – net als de Spaanse tapas. Het is voor Grieken en Turken ondenkbaar om alcohol te drinken zonder er iets bij te eten. In het bijzonder bij oúzo of zivanía (een soort grappa) wordt steeds een bordje met iets eetbaars gegeven.

Met vijftien tot dertig *mezédes* hebt u nagenoeg een hele maaltijd, waarbij u de creaties van de Cypriotische keuken grondig leert kennen. Elk restaurant heeft zijn eigen volgorde van gerechten, er zijn vegetarische varianten en de vis-*mezé*. Men eet de gerechten niet, zoals bij een normaal gangenmenu, na elkaar, maar door elkaar. Cyprioten laten zich door de overdaad van het aanbod niet verleiden tot snel eten. Ze laten het eten gewoon voor later staan, zelfs als het koud wordt.

Het echte Cyprus – neonlicht en grote gezinnen

Lárnaka behoort tot de minst toeristische steden van Cyprus. Hier hebt u de mogelijkheid om de originele Cypriotische keuken te leren kennen in een authentieke stedelijke setting. De keuken hier is iets verfijnder dan in de dorpen, waar vaak nogal stevige gerechten op tafel komen.

Loopt het water u inmiddels in de mond? En houdt u van vis? Begeef u dan spoorslags naar **vistaverna Zephyros** [1]. Dit is een van die typische Cypriotische taverna's die 's avonds helder zijn verlicht en waar lange aaneengesloten tafels staan. Tafeltjes voor twee of vier personen zijn er ook, maar veel minder, omdat Cyprioten het liefst met het hele gezin of met een grote groep uit eten gaan. De tafels zijn bedekt met plastic zeiltjes, de servetten zijn van papier.

's Winters raken de Cypriotische taverna's al vanaf 19 uur vol. Men gaat vroeger eten dan in de zomer, omdat het eerder donker wordt – in december al rond 17 uur. 's Zomers gaan verstandige mensen vanwege de hitte pas om 22 uur aan tafel.

Een van de vele energieke en servicegerichte kelners zal u in Zephyros de menukaart geven, die zowel in het Grieks als in het Engels is gesteld. Dan bestelt u de vis-*mezé*. Als eerste komen er schijfjes citroen, brood en boter op tafel, al snel gevolgd door de *orektiká*, dit zijn de voorgerechtjes, letterlijk vertaald de eetlustopwekkers. Daarbij worden huisgemaakte frietjes, en salade en een schaaltje met rauwkost geserveerd. De groente is soms overgoten met een citroensaus. Hij wordt rauw gegeten en men laat bij dit bijgerecht de olie weg.

De *orektiká* omvatten bijvoorbeeld *taramosaláta*, een rozerode crème van viskuit, *tachíni*, een moes van kikkererwten, op smaak gebracht met sesampasta en olijfolie, *talatoúri*, de knoflookloze Cypriotsche variant van de *tsatsíki*, en groene, met korianderzaadjes gemarineerde olijven. Elke olijf is ingesneden en de pit is met een hamer kapotgeslagen. Deze wijze van bereiding zorgt voor hun specifieke smaak.

Lekkernijen uit zee

Nu worden de eerste schotels met vis en zeevruchten aangevoerd: de calamari zijn gefrituurd, de inktvis is op houtskool gegrild en de octopus wordt ingelegd in olijfolie geserveerd. Deze koppotigen, die men in Griekenland meestal moet importeren, worden hier op Cyprus nog vers gevangen.

Op dit punt kunt u de ober aangeven dat hij iets langzamer moet serveren. U zegt gewoon op zijn Grieks: 'Sigá, sigá!' (langzaam, langzaam). Aan de andere kant: u hoeft niet alle schaaltjes leeg te

ontbreek is *challoúmi* (of halloumi), een van de nationale gerechten. Het is een milde, stevige kaas, waarvan de oorsprong bij de Arabische bedoeïenen moet worden gezocht en die oorspronkelijk van geitenmelk werd gemaakt, maar tegenwoordig ook van schapen- of koemelk. Hij wordt zoals zoveel Cypriotische gerechten boven het houtskoolvuur gegrild. Als vleesgerecht komen *loukánika*, in wijn ingelegde en met oosterse kruiden verfijnde varkensworstjes op tafel. Vervolgens krijgt u *pastourmás*, gerookte runderham, oorspronkelijk gemaakt van kamelenvlees. De maaltijd gaat verder met *afélia*, varkensvlees dat enkele malen is aangebraden en gedeglaceerd met wijn. Het vlees is gekruid met korianderzaadjes, net als *loúntza*, een soort gepekeld varkensvlees. Ook is er *tavás*, een stoofpot van rundvlees en uien, bereid in een kleipot. In Griekenland staat dit gerecht bekend als *stifado*. Tot slot wordt er gegrild vlees geserveerd: *sieftaliá*, kleine gehaktballetjes die in lams- of varkensdarm zijn gerold, en daarnaast geroosterde kip en *souvláki*. Ter begeleiding van de vleesgerechten zijn er *gigantes*, grote witte bonen in tomatensaus, en *pourkouri,* een soort griesmeel.

Nog meer mezé

in andere restaurants kunt u terecht voor nog uitgebreidere en duurdere *mezédes*-menu's. In sommige gastronomische gelegenheden krijgt u wel vijftig schaaltjes met proeverijen van bijna alle Cypriotische gerechten. In dat geval zit er vaak ook lamsvlees bij, dat in de twee voornoemde taverna's niet geserveerd wordt bij de *mezé*. U kunt het daar echter als *kléftiko* bestellen, letterlijk 'dievenvlees'. Deze specialiteit moet urenlang gegaard worden – in sommige restaurants gebeurt dat in de klei-oven in de tuin of in een oven in de keuken.

eten. Het geldt als goed opgevoed als u van elk schaaltje een afgepaste hoeveelheid eet.

De mateloze eetorgie gaat verder met een portie kleine verse visjes, zoals *barboúni* of *koutsomoúra*, beide zeebarbelen (mul). Daarnaast krijgt u op uw bord enkele harde en droge en desalniettemin verse filets van een haaiensoort, *galéos*. De maaltijd wordt besloten met een betaalbare vis uit een van de vele Cypriotische viskwekerijen, meestal *tsipoúra,* een zeebaars, die wordt gedeeld door twee personen.

Te gast in de taverna van Pantelis Militzis

Een van de volgende avonden gaat u naar de **taverna Militzis** 2, in de buurt van het Turkse fort. Hier kiest u de vlees-*mezé*, die met circa € 14 zeer schappelijk is geprijsd. De taverna staat bekend om zijn goede prijs-kwaliteitverhouding.

De voorgerechten zijn in wezen dezelfde als bij de vis-*mezé*, ook hier krijgt u een salade, een rauwkostschotel en huisgemaakte frietjes. Wat ook niet

De resten van het oude Kítion bekijkt u deels vanaf een houten loopbrug. In het midden van het opgravingsgebied stond de Astartetempel, ooit het belangrijkste Fenicische heiligdom op Cyprus. Ernaast zijn de restanten van een koperfabriek uit het begin van de 12e eeuw v.Chr. te zien, met onder andere smeltovens. Ook zijn er diverse open heiligdommen te herkennen. Duidelijker zichtbaar is de loop van de Myceense vestingmuur.

Turks aquaduct 11

Iets verder weg ligt het goed bewaarde aquaduct uit 1746-1750, een geschenk van een Turkse gouverneur. Het was tot 1963 in gebruik. U ziet het aan uw linkerhand als u Lárnaka via de weg naar Limassol verlaat.

Overnachten

De hotels in Lárnaka en omgeving zijn in het hoogseizoen buitensporig duur, maar in het laagseizoen zijn aanzienlijke kortingen mogelijk. Het is verstandig om vooraf het hotelaanbod in Lárnaka te checken via booking.com of een andere boekingssite.

Uitzicht op zee – **Sun Hall** 1: Athinon 6, tel. 24 65 33 41, www.aquasolhotels.com, 2 pk vanaf € 80. Heel centraal gelegen tegenover de jachthaven aan de strandboulevard. Veel zakenreizigers; 115 kamers.

Middenklassehotel met zeezicht – **Les Palmiers** 2: Athinon 12, tel. 24 62 72 00, www.lespalmierscityhotel.com, 2 pk vanaf € 65. Modern toeristenhotel, in 2007 gerenoveerd; 36 kamers.

Heel centraal en nieuw – **Amorgós** 3: Demosthenes Mitsi 6, tel. 24 81 51 01, www.amorgoshotel.com. 2 pk € 70-150. Stijlvol ingericht boetiekhotel in een smalle straat achter de boulevard, met uitgebreid ontbijtbuffet.

Centraal en middenklasse – **Achilleos City Hotel** 4: Demosthenes Mitsi, tel. 24 62 41 50, www.achilleoshotel.com, 2 pk € 70-120. In hetzelfde zijstraatje als hotel Amorgós, achter McDonald's. Via de achteringang van het fastfoodrestaurant kunt u snel op de strandpromenade komen. Goed ingerichte, moderne kamers.

Traditioneel hotel – **Cityalkisti** 5: Agiou Lazarou 1, tel. 24 81 51 41, www.cityalkisti.com, 2 pk € 40-60. Klein hotel op de bovenste verdieping van een herenhuis uit de koloniale tijd. Centraal gelegen bij de Lazaruskerk.

Eenvoudig en klein – **Onisillos** 6: Onisilou 17, tel. 24 65 11 00, www.onísilos.com.cy, 2 pk € 40-60. Nieuwer hotel met restaurant en zwembad in een rustige straat in de voorstad, tien minuten lopen van het centrum; 32 kamers.

In de voorstad 1 – **Cactus** 7: Tyrimou 6-8, tel. 24 62 74 00, www.cactus.com.cy, 2 pk vanaf € 35-60. Goedkoop klein middenklassehotel, rustig, dicht bij de vissershaven.

In de voorstad 2 – **San Remo** 8: Saixpir (Shakespeare) 1, tel. 24 65 70 90, www.sanremo.com.cy, 2 pk vanaf € 35-60. Eveneens in de buurt van de vissershaven, iets beter dan het Cactus. De twee hotels zijn van dezelfde familie.

Eten & drinken

Buiten de toeristische zone aan het Sea Front biedt Lárnaka een aantal goede tot zeer goede restaurants. Op het plein voor de Djami Kebirmoskee vindt u enkele goedkope fastfoodrestaurants met oosterse gerechten. Ook Makenzie Beach telt verschillende goede restaurants. Zie ook de aanbevelingen van de culinaire ontdekkingstocht op blz. 90: **Zephyros** 1 en **Militzis** 2.

Vis en verfijnde kost – **To Paradosiakó** 3: Sakkaria 2, tel. 24 65 83 18. De naam

Tip

Kebab House Valia 5

Dit Cypriotische fastfoodrestaurant ligt op een paar honderd meter van de vissershaven in de nieuwe stad van Lárnaka. In de bescheiden ingerichte, snackbarachtige ruimte, waar de Cyprioten 'alleen voor het eten' komen, kunt u vooral gegrilde *sieftalia* en *souvlaki* krijgen, die heerlijk naar houtskool smaken. Het vlees wordt opgediend in een pitabroodje op een bord met veel salade en uien, vergezeld van ingemaakte groenten en rauwkost. Het wordt gegeten met een mes en vork. Restaurants zoals deze bieden ook verschillende vers bereide dagschotels. Er is ook altijd een vegetarisch gerecht.
Kebab House Valia: Oum Charam/Um Haram 87, tel. 24 62 19 51, dag. circa 11-15, 17-22 uur, gerechten € 5-7.

van dit restaurant met uitzicht op zee betekent 'het traditionele'. Eigenaar is een Syriër die vooral vis op de kaart heeft staan, maar ook verfijnde traditionele Cypriotische gerechten, bijv. een vissoufflé als onderdeel van de *mezédes*; circa € 19, een gebruikelijk bedrag hier. *Mezé* met vlees circa € 14.
Voor de hele familie – **Rotsos** 4: aan Makenzie Beach, net voor het hek van het vliegveld, tel. 24 65 38 22, *mezé* vanaf € 12. Populaire taverna, waar men met een groep of met de hele familie naartoe gaat. Bereikbaar met de bus naar de luchthaven.

Winkelen

Standaard – De stad biedt niets wat u in andere steden niet kunt krijgen. De **winkelwijk** bevindt zich achter de strandboulevard tussen de Lazaruskerk en de hoofdstraat Grigori Afxentiou. Of ga naar de **Centrale Markt** 1, waar alles te koop is wat het eiland aan levensmiddelen produceert.

Actief

Stadswandelingen en meer – In de wintermaanden worden **gratis stadsrondleidingen** in het Engels aangeboden, ook worden er bustochtjes in de omgeving georganiseerd. **Vertrek** 1 bij het **CTO-kantoor** (zie blz. 95), waar u ook meer informatie kunt krijgen.
Kameelrijden – The Camel Park in Mazotós 2: tel. 24 99 12 43, www.camel-park.com, toegang € 3, een kameelritje kost € 6. Funpark met restaurants en een zwembad. Leuk voor de kinderen.
Boottochtjes – **Boten** naar de Sea Caves en de klippen bij Kaap Gréko, voor hengeltochten en octopusvissen **vertrekken vanaf de jachthaven** 3.
Zwemmen – Lárnaka heeft als enige stad op Cyprus een breed, bewaakt **zandstrand** 4 met een groot watersportaanbod, meteen aan het verkeersluwe **Sea Front**. Relatief dicht bij de stad ligt ook **Makenzie Beach** 5, dat grenst aan het hek rond de luchthaven. Dit is vooral populair bij de inwoners van de stad. In oostelijke richting naar Agía Nápa strekt zich van de industriezone tot aan Dekéleia nog een smalle strook zandstrand uit, dat bij de hotelwijk van Lárnaka behoort. Hier vindt u het **CTO-strand** 6 met een mooi terrasrestaurant, waar ook veel Cyprioten komen. Wie liever niet in de buurt van de stad gaat zwemmen, vindt ten zuidwesten van Lárnaka **stranden bij Kaap Kíti** 7. Het fijne, donkere zandstrand loopt tot aan de vuurtoren en is ook te bereiken met de bus vanaf de kerk **Ágios Lázaros** 4. Tot nu toe geheel

onbebouwd en verlaten zijn de **stranden bij Petoúnta** 8 nog verder naar het westen. Om daar te komen hebt u wel een auto nodig.

Fietsen — Met een mountainbike kunt u van het zoutmeer naar het achterland rijden, over de E4. Bijzonder mooi is de tocht echter niet. In de stad en bij de uitvalswegen zijn geen fietspaden. **Fietsverhuur Anemayia** 9: Arch. Makariou 19, tel. 24 65 83 33, ook scooters en auto's.

Uitgaan

Alleen Limassol en Nicosia hebben een vergelijkbaar aanbod aan muziekcafés en taverna's op Cyprus. U betaalt geen entree, maar er wordt wel verwacht dat u iets eet en drinkt. In de vastentijd gelden beperkte openingstijden. Alle restaurants in Lárnaka bieden op vr. en za. livemuziek, soms ook op wo. en do.

Goede sfeer — **1900 Art Café** 1: Stasinou 6, gevarieerde dagschotels circa € 10. Kunstenaarscafé met schilderijen en veel antiek aan de muren. Gedempte muziek en huisgemaakte gerechten, perfect voor een gezellige avond. Ook overdag geopend.

Muziek en mezé 1 — **Loukoulos** 2: Kostaki Pantelidi 40, tel. 24 40 01 60. Klassieke *mezedopoleío* met livemuziek (alleen wo. en za.). Heel schappelijk is het menu van tien *mezé* voor € 13, ook om me te nemen. Geopend di.-za. 17-23.30 uur.

Bouzoúki live — **Odos Seferi Rembetiko** 3: op de hoek van de Alithersi/Seferi in de omgeving van de industriehaven (het best per taxi te bereiken, Seferi loopt parallel aan de Makariou III, de uitvalsweg naar Agía Nápa), tel. 24 65 55 52. Karakteristiek bouzoúkicafé.

Muziek en mezé 2 — **Akousmata live** 4: Apostolou Varnava 6, tel. 24 66 51 00. Leuke, gemakkelijk te vinden muziektaverna in het centrum.

Info

Informatie

Cyprus Tourist Organisation (CTO): Plateia Vas. Pávlou, vlak bij het Sun Hall Hotel, tel. 24 65 43 22, infoofficelarna ca@visitcyprus.com, ma.-za. 8.30-14.30, ma./di., do./vr. ook 15-18.15 uur. In het filiaal op de luchthaven (tel. 24 64 35 76, dag. 8.15-23 uur) zijn niet altijd alle folders, brochures en kaarten voorradig. Op het hoofdkantoor in het centrum kunnen ze u beter helpen.

Vervoer

Vanaf de luchthaven Lárnaka en in het algemeen over het bussysteem op Cyprus: zie blz. 22.

Blauwe stadsbussen: routes, dienstregeling en prijzen op www.zinonasbuses.com, tel. 00357 24 66 55 31, tel. 80 00 77 44 (op Cyprus gratis). Ook bij de bushalte aan de strandboulevard vindt u een dienstregeling. De bussen rijden zeer frequent naar de luchthaven, de moskee aan het zoutmeer en naar Kíti. Dagtochtjes naar bijvoorbeeld Lefkara, Pyrgá en Pýla zijn mogelijk.

Groene intercitybussen: routes, dienstregeling en prijzen op www.intercitybuses.com, tel. 00357 23 819090, tel. 80 00 77 89 (op Cyprus gratis). Elk uur naar Nicosia en Limassol, circa 6 x per dag naar Agía Nápa en Paralímni.

Lijntaxi: Travel & Express, tel. 77 77 74 74.

Agenda

Ágios Lázaros: Lazarusfeest, za. een week voor Pasen, feestelijke mis gevolgd door processie door de oude binnenstad.

Anthestiría: bloemenfeest in mei met parades aan de strandboulevard en een jaarmarkt.

Kataklysmós: de Zondvloed wordt zeer uitgelaten gevierd op Pinkstermaandag (zie blz. 75).

Parkeren

Parkeren is een probleem in het centrum van Lárnaka. In de Oude Stad zijn er maar een paar plaatsen waar u voor weinig geld kunt parkeren, zoals bij de markt of in de Stasinoustraat achter het Pierídesmuseum.

Zoutmeer ▶ J 7

Tussen de luchthaven en de stad ligt een groot zoutmeer (*alýki*), de Alýki Lárnakas. Hier overwinteren flamingo's afkomstig van de Kaspische Zee en andere trekvogels.

In de winter valt neerslag in het bekken – het diepste punt ligt slechts ongeveer 2 m onder de zeespiegel. Bovendien vult het bassin zich met zeewater dat door de duinen sijpelt. In de zomer droogt het meer volledig op en blijft een zoutkorst achter.

Tot in de jaren 90 werd dit zout gewonnen. De staat had het monopolie op zout en sloot contracten af met individuele ondernemers, die op hun beurt werknemers in dienst namen. Vanaf de middeleeuwen tot het begin van de Tweede Wereldoorlog voerde Cyprus zout uit naar de omringende landen. De Franken hadden zelfs leidingen gelegd om het regenwater, dat anders in het meer zou zijn gestroomd en de verdamping had gestopt, naar zee te leiden.

Hala Sultan Tekke-moskee

Dromos Tekke, dag. 8-17, april-mei en sept.-okt. tot 18, juni-aug. tot 19.30 uur

Blikvanger aan de zuidwestrand van het meer is deze schilderachtig in een parkje met cipressen en palmen gelegen moskee, een oase in het verder boomloze landschap met landerijen en de luchthaven in de buurt. Het voormalige kloostercomplex (*tekke* is Arabisch voor klooster) bestaat uit een graftombe uit 1760 met een daaraan verbonden moskee uit 1814. Het is het belangrijkste islamitische heiligdom van het eiland. Sinds de opening van de demarcatielijn komen er ook veel Turks-Cyprioten, dus er is altijd volop leven op het voorplein van het klooster.

In het jaar 647 nam 'de geachte tante' (want dat betekent Hala Sultan/Chála Soultán namelijk), de pleegmoeder van Mohammed, deel aan de veldtocht van de Arabieren tegen Cyprus. Aan de rand van het zoutmeer viel ze van haar ezel en brak haar nek. De plaats van het ongeluk werd een van de belangrijkste bedevaartsoorden in de islamitische wereld. Aan de takken van enkele bomen rond het klooster zijn stukken stof geknoopt.

Deze symboliseren het gebed tot God. Dit gebruik kennen ook de orthodoxe christenen. Wie erop let ziet op veel plaatsen op Cyprus deze wensbomen.

De moskee zelf is een klassieke koepelmoskee met een vierkant grondplan en twee koepels. In de moskee tegenover de ingang ligt het mausoleum. Boven de met doeken bedekte kist rust een kruissteen op twee zware ongeveer 5 meter hoge zuilen. Volgens de legende zweefde de steen eeuwenlang zonder enige steun boven het graf, waarschijnlijk naar analogie van het zwevende christelijke kruis in het Stavrovoúniklooster (zie blz. 111).

Het tweede grote graf in de moskeeruimte is van de Turkse vrouw van de koning van Saudi-Arabië, die in 1929 in ballingschap op Cyprus stierf.

Wandeling rond het zoutmeer

Circa 8,5 km, ruim twee uur lopen. De moskee bereikt u met de blauwe stadsbus vanaf de strandboulevard. De wandeling eindigt bij een bushalte aan de weg van de luchthaven naar Lárnaka.

Vanaf de **Hala Sultan Tekke-moskee** volgt u de bordjes van de Europese wandelroute 4 (E4) tot aan het **Turkse aquaduct.** Hier steekt u via een voetgangersbrug de droge rivierbedding over en loopt over een goed aangelegd pad aan de andere kant van het meer weer terug. De wandeling eindigt bij een aantal **panelen** met informatie over de zoutwinning en de flamingo's. De vogels voeden zich met een garnalensoort die in deze zoute biotoop kan overleven.

De Hala Sultan Tekke-moskee, een plaatje als uit Duizend-en-één-nacht

Lárnaka, Agía Nápa en het zuidoosten

Kíti ▶ J 8

Kíti, niet te verwarren met de opgraving Kítion in Lárnaka, is een tamelijk kleurloos dorp circa 10 km ten zuidwesten van de luchthaven.

Panagía Angelóktistos
Centrum, dag. 8-12, 14-16, juni-aug. tot 18 uur, toegang gratis

Kíti is een bezoek waard vanwege een uniek vroegchristelijke mozaïek uit de 6e eeuw in de apsis van de kruiskoepelkerk Panagía Angelóktistos die, zoals de naam suggereert, door de Engelen gebouwd zou zijn. De kerk verrees in de 11e eeuw op de fundamenten van een vroegchristelijke basiliek. Op het mozaïek is Maria afgebeeld met het Kind Jezus in haar armen tussen de twee aartsengelen Michaël en Gabriël in, die beiden een staf en een wereldbol in hun handen hebben. Voor de kerk staan enorm pistachebomen (*Pistacia atlantica*). Er is ook een klein cafe en een grote speeltuin voor kinderen.

Ten zuidoosten van Lárnaka

De landstreek tussen Lárnaka, Kávo Gkréko (Kaap Gréko) en de Green Line behoort tot de rijkste gebieden van Cyprus. Landbouw en toerisme zijn de belangrijkste inkomstenbronnen. Veel bewoners van de zuidoostpunt van Cyprus werken ook voor de Britse **militaire basis Dekéleia**. Op de karakteristiek rode ijzerhoudende aarde worden in plastic kassen sla, groenten en aardappelen verbouwd, die in het voorjaar hun weg naar supermarkten in heel West-Europa vinden. Karakteristiek

Wandeling rond het zoutmeer bij Lárnaka

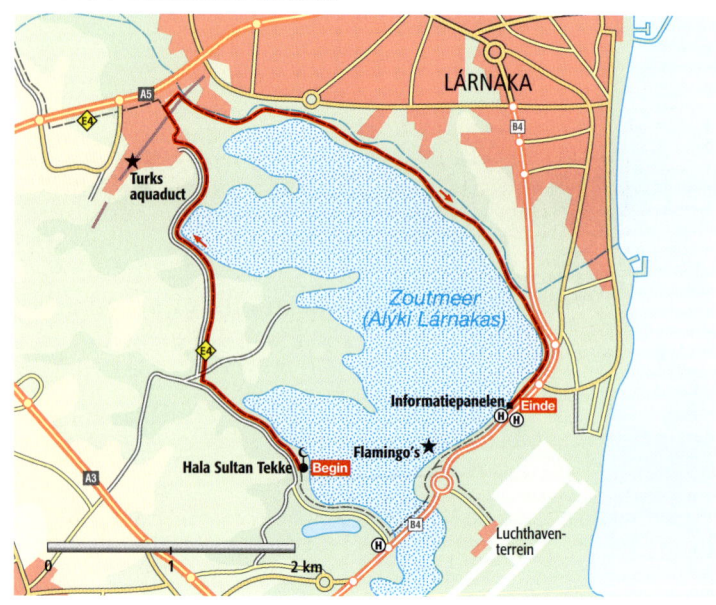

Ten zuidoosten van Lárnaka

voor de **rode dorpen** zijn bovendien de talloze windturbines, bedoeld om het grondwater omhoog te pompen voor de irrigatie van de velden. Tegenwoordig zijn de meeste echter buiten dienst, men gebruikt motorpompen. Voor een verkenning van het zuidoosten kunt u het best een hele dag inplannen. Het gebied rond de Britse basis is vrij toegankelijk.

Pýla ▶ K 6

Het enige dorp op Cyprus waar nog Grieks- en Turks-Cyprioten samenleven, onder het wakend oog van de VN, ligt aan de voet van een steile helling midden in de bufferzone.

Een blik op de kaart helpt om te begrijpen hoe dat zo gekomen is. Pýla ligt direct aan de grens met de Britse basis Dekéleia, die de jure niet bij Cyprus maar bij Groot-Brittannië hoort. De Turkse troepen wilden bij hun intocht in 1974 een confrontatie met de Britten vermijden en drongen daarom niet de smalle corridor ten noorden van Pýla binnen. Hun tanks stopten op de top van de helling, waar later een portret van Kemal Atatürk werd geplaatst. Aan de overkant hebben de soldaten van de Cypriotische nationale garde hun stellingen opgebouwd. Zo bleef Pýla gespaard en de Turkse bevolking verschoont van de bloedbaden en etnische zuiveringen die in de rest van het zuiden plaatsvonden.

Nu zorgen VN-soldaten op een uitkijkpost boven de *platía* voor vrede in het dorp. De etnische groepen leven grotendeels gescheiden. Gemengde huwelijken komen niet voor. De Turks-Cyprioten gaan naar hun koffiehuis, de Grieks-Cyprioten bezoek het *kafeníon* ertegenover. Ook gescheiden zijn de kinderen van het dorp, die naar twee naast elkaar gelegen lagere scholen gaan. Hoewel Pýla tot het gebied van de Republiek Cyprus behoort, gaan Turks-Cyprioten naar de middelbare school in Famagusta en vervullen ze hun militaire dienst in Noord-Cyprus.

Veel producten die goedkoper zijn in Noord-Cyprus, zijn ook te krijgen in Pýla, waaronder verse vis uit Famagusta. Daarom komen veel Cyprioten speciaal naar Pýla om vis te eten.

Agía Nápa ▶ L/M 7

Agía Nápa was voor 1974 nog een klein plaatsje, genesteld tegen een lage heuvel aan de voet van het Panagíaklooster, waaraan het zijn naam ontleent. Er was op dat moment in dit gebied met de beste stranden van Cyprus slechts een enkel hotel, het Níssi Beach. Middelpunt van het Cypriotische strandtoerisme was tot dan de hotelstad Varósia ten zuiden van Famagusta. Na de oorlog kochten de bezitloos geworden Griekse hoteleigenaars van Varósia met steun van de Wereldbank goedkope grond langs de prachtige zandstranden ten noorden en westen van Kaap Gréko en bouwden er nieuwe hotels.

Zo ontstond rond het klooster een keurig onderhouden hotelstad met trottoirs, fietspaden, bloemperken en prullenbakken. De ongeveer 2000 inwoners moeten in de zomer, als de meer dan 20.000 bedden bezet zijn, hun woonplaats delen met een tienvoudige buitenlandse meerderheid.

Nog bekender dan om zijn goede watersportmogelijkheden is Agía Nápa om zijn uitgaansleven. De felgekleurde flikkerende neonlichten geven het plaatsje iets van een Amerikaanse gokstad. Wie naar Agía Nápa gaat om vakantie te vieren wil, volgens de Cyprioten, niets anders dan zon en seks. Vrouwen in minirok met glittertopjes en sleehaksandalen gelden als een gemakkelijk prooi.

Lárnaka, Agía Nápa en het zuidoosten

Op sommige plaatsen is het altijd feest: een foam party aan het strand van Agía Nápa

Muziekliefhebbers hebben de keus uit talloze discotheken, bars, karaokecafés en danceparty's. Dj's worden ingevlogen uit Engeland, Nederland en Scandinavië, en sommige feestjes worden zelfs live uitgezonden in het buitenland. Centrum van het nachtelijke gebeuren is de *platía* voor het klooster. Disco's gaan vaak pas om 1 uur 's nacht open, de laatste plaatjes worden tegen 7 uur 's ochtends gedraaid.

Agía Nápaklooster

Grigoris Afxentiou, de binnenhof is de hele dag toegankelijk

Nápa betekent 'van het woud'. Daarvan is tegenwoordig weinig meer te zien. Het Mariaklooster werd in 1570 door de Venetianen gebouwd. Het vormt met zijn spitsbogen een zeldzaam voorbeeld van gotische architectuur in het zuiden van Cyprus.

In het midden van de binnenplaats bevindt zich onder een stenen overkapping een marmeren bron met guirlandeversieringen en drie portretten die het verhaal van de kloosterlegende vertellen. De dochter van een Venetiaanse edelman had in een grot, die nu deel uitmaakt van de kloosterkerk, een icoon gevonden die door de apostel Lucas zou zijn geschilderd. Na de verovering van Cyprus door de Turken in 1571 werd het klooster overgedragen aan de orthodoxe gemeenschap. Voor de katholieken was er in de kerk nog een apart altaar gereserveerd. Tegenwoordig is het klooster een oecumenische conferentiecentrum, waar voor toeristen en de vele gastarbeiders uit de Fi-

Ten zuidoosten van Lárnaka

lipijnen en andere katholieke derde-wereldlanden ook katholieke diensten worden gehouden.

Naast de bron vloeit water uit de marmeren kop van een everzwijn, die ooit deel uitmaakte van een Romeins gebouw. Voor het klooster maakt een enorme, zeshonderd jaar oude esdoorn indruk. Het hout is bijzonder goed bestand tegen vocht en werd door de oude Egyptenaren gebruikt bij het vervaardigen van schepen en sarcofagen.

Ten zuiden van het kloosters staat de moderne, orthodoxe **Panagíakerk**. Ten oosten van de kerk is een oud woonhuis gereconstrueerd, het **Agrotóspito**.

Thalassamuseum

Kryou Nerou 14, tel. 23 81 63 66, april-sept. ma. 9-13, 18-22, di.-za. 9-17, zo. 9-13, okt.-mei ma. 9-13, di.-za. 9-17 uur, € 3

Het **Zeevaartmuseum** van Agía Nápa is zeer de moeite waard. Het natte element is in bouwkundig opzicht vertegenwoordigd door het gebruik van kunstmatig geoxideerd metaal en het water dat over de glazen pui naar beneden stroomt. In het elegant ontworpen gebouw zijn ook archeologische voorwerpen verwerkt die met de zee te maken hebben: beslag van gezonken schepen, stenen ankers, het model van een schip uit Amathóus uit 600-480 v. Chr., met kapitein en bemanning.

Heel mooi zijn de replica's van twee schepen: waarvan een van papyrus, zoals die in de neolithische periode (12e-10e eeuw v.Chr) over de Egeïsche Zee voeren om bijvoorbeeld obsidiaan van het Cycladische eiland Milos te transporteren. Boten gemaakt van dit materiaal zouden aan het begin van de 20e eeuw nog in gebruik zijn geweest op Corfú. Het andere is een replica van het schip van Kyrenia uit de 4e eeuw v. Chr. Het origineel wordt tentoongesteld in het scheepswrakmuseum van Kyrenia in Noord-Cyprus.

Overnachten

Grote strandhotels kunt u het best boeken via een reisbureau, inclusief vlucht. Dat is goedkoper dan de prijzen die ter plekke worden gevraagd.

Traditioneel hotel – Níssi Beach Resort: Leof. Nisi (Nissi), tel. 23 72 10 21, www.nissi-beach.com, 2 pk circa € 150. Omgeven door een groot park met veel bloemen aan een prachtige baai met zandstrand, 270 kamers.

Met aandacht geleid – Alion Beach: Kryou Nerou 38, tel. 23 72 29 00, www.alion.com, circa € 200. Al jaren zeer gewaardeerd hotel met behulpzaam, vriendelijk personeel, ▷ blz. 104

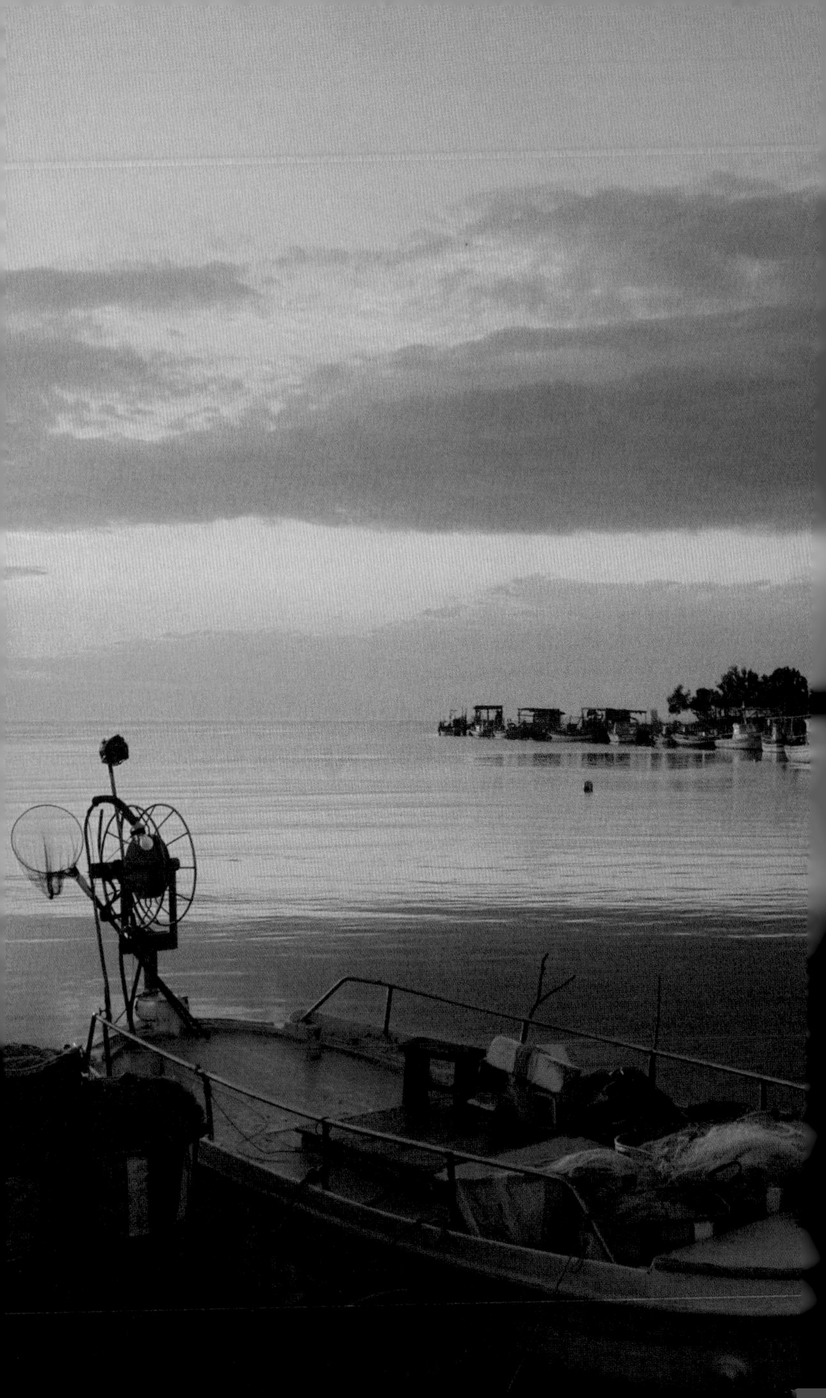

Favoriet

Potamós tou Liopetríou ▶ L 7
unieke riviermonding

De monding van de uit Liopétri komende rivier – de enige op Cyprus met het hele jaar water – is een van de rustigste plekken in het dichtbevolkte zuidoosten en staat als een van de tien Forest Parks van Cyprus onder natuurbescherming. Het kleine fjord wordt door professionele en amateurvissers als haven gebruikt. In felle kleuren beschilderde boten liggen op schijnbaar geïmproviseerde vlonders. Men vist met kieuwnetten, die met een grote rol worden binnengehaald. Deze schilderachtige plek wordt niet ontsierd door betonkolossen, en er zijn ook maar twee vistaverna's (om de natuur hier te beschermen worden het er ook niet meer): Demetríou ligt bij een kleine vuurtoren direct aan het goudgele strand, Psarotavérna Potamós ligt meer landinwaarts aan de haven. Op de menukaart staat bij elk gerecht of de vis vers is of afkomstig uit de diepvries. Vangstvers zijn meestal de schelp- en schaaldieren en kleine vissen als *gopa* (gerechten vanaf €8, luxe vis €50-55 per kg). Bus 502 van/naar Agía Nápa.

in een prachtige tuin aan een wit zandstrand; 100 kamers.

Eten en drinken

De restaurants zijn vooral ingesteld op de eetgewoonten van de Britse bezoekers en zijn ook iets duurder dan in de rest van Cyprus.

Onder de wijnranken – **Nápa**: Dimokratias 15, circa 400 m ten noorden van het klooster, aan de weg naar Paralímni, tel. 23 72 12 80. Hoofdgerechten circa € 10. Goede Cypriotische keuken met alle populaire gerechten. In de winter brandt de open haard, 's zomers kunt u buiten zitten.

Actief

Rondleidingen – De stad Agía Nápa biedt gratis georganiseerde rondleidingen (nov.-maart ma./di., vr.) aan. De **Historische Tour I** begint bij het CTO-kantoor, de **Wandeltour II** bij Kaap Gréko. Vervoer: een traditionele bus met houten chassis.

Fietsen – In de stad en langs de hoofdweg naar Protarás zijn fietspaden aangelegd. U kunt van Ágia Nápa naar Protarás fietsen en vandaar in een boog over onverharde wegen terug. Veel fietsverhuurbedrijven, bijv. **Angelos Moto Sport**, Nissi 15 A1, tel. 23 72 16 95, www.angelos-moto-sport.com.cy. Voordelige weektarieven.

Wandelen – Zie ook blz. 105. Op de gratis **CTO-kaart Agía Nápa Area** staan ook de wandel- en fietspaden aangegeven. Een wandelgids is niet nodig.

Boottochtjes – Maak een tocht langs de kust met mooie rotsformaties, de antieke Makroníssosgraven en heel veel grotten: de boot vaart rond Kaap Gréko tot aan de hoogte van de Green Line; boekingsfaciliteiten in de haven.

Yellow Submarine – Een variatie op de glasbodemboot. Duikers lokken de vissen met voer.

Bungeejumping – De van verre zichtbare kraan bij Nissi Beach Resort was een tijdje buiten bedrijf, maar is nu weer in gebruik; een sprong is zenuwslopend, tel. 99 40 42 08, circa € 50.

Watersport – Wat u maar wilt, de mogelijkheden zijn eindeloos.

Waterpark – **Waterworld**: ▶ L 6/7, ten westen van Agía Nápa, april-nov. 10-18, juni-aug. tot 19 uur, volwassene € 30, kind (3-12 jaar) € 16 (korting als u de kaartjes op internet koopt). Een van de grootste waterparken van Europa en het enige aquarium op Cyprus, behalve Middellandse Zeevissen ook pinguïns en krokodillen. Aangelegd in de stijl van het oude Griekenland.

Uitgaan

Rock around the clock – Agía Nápa geldt net als Ibiza als een plaats waar jongeren naartoe gaan om feest te vieren. De partyscene rondom de **Loukástraat** in de buurt van het klooster wordt vooral bevolkt door jonge Britten en Scandinaviërs. Het begint vaak in de bars aan de **Square** en vandaar gaat het na 1 uur verder in de **clubs** (clubguide: www.loveayianapa.com), zoals **Guru, Black and White, Castle, Carwash** en het filiaal van de Londense club **Starsky and Hutch**. Buiten staat meestal aangegeven welke muziek binnen wordt gedraaid. **Kastro** heeft zelfs vijf afdelingen met verschillende muziekgenres. De **Guru Club** zet in op etnische muziek uit alle delen van de wereld en heeft met mukta zelfs een eigen muziekrichting gecreëerd. Guru heeft ook zijn eigen platenlabel en is organisator van feesten (www.muktamusic.com). Voor wie dan nog steeds het gevoel heeft niet te kunnen slapen opent

Ten zuidoosten van Lárnaka

Club Insomnia ('slapeloosheid') vroeg in de ochtend zijn deuren.
Volkdans live – Elke zondag zijn er op het grote plein bij het klooster **folkloristische voorstellingen**.

Info

Informatie
CTO Tourist Information: Kryou Nerou 12, tel. 23 83 28 65, ma.-vr. 8.30-14.30, za. 8.30-13.30, ma./di., do./vr. ook 15-18.15 uur.
www.agianapa.org.cy: officiële website van de stad.

Vervoer
Bus: busstation voor de **blauwe lokale bussen** (www.osea.com, tel. 800 52 00) aan de Makarioustraat meteen onder het klooster en elders in de stad. Frequente verbindingen met Protarás en Paralímni. De haltes van de **groene intercitybussen** (www.intercity-buses.com, tel. 700 77 89) naar Lárnaka en Nicosia waren bij het ter perse gaan van dit boek nog niet bekend. Informeer bij het CTO-kantoor.

Te voet naar Kaap Gréko ▶ M 7

Afstandswandeling, circa 8 km, 2-3 uur, circa 600 m na de afslag van de hoofdweg Ágia Nápa-Protarás (E 306) wijst een bord naar de Sea Caves (zeegrotten); automobilisten kunnen hun voertuig hier het best laten staan; terug naar het beginpunt met een blauwe bus van Osea

Een wandeling naar het natuurgebied Kávo Gréko is zonder meer de moeite waard. De kaap bestaat uit twee lage plateaus en een vlakke landtong waarop een vuurtoren en antennesystemen staan. Deze maken deel uit van een

Te voet naar Kaap Gréko (Kávo Gkréko)

verboden militaire zone. Hoewel Kaap Gréko tot de tien National Forest Parks van Cyprus behoort, is van een echt bos geen sprake. In plaats daarvan loopt u door een dor, rotsachtig gebied, ziet u prachtige kliffen en grotten en geniet u van het geweld van de golven die tegen de rotsen slaan. In het voorjaar en de herfst kunt u de trekvogels observeren. Af en toe komt u langs door de wind kromgetrokken Fenicische jeneverbesbomen, die hier eerder op struiken lijken.

Na circa 600 m over een stenig **spoor** bereikt u de rand van een lage rotskust. De rotsen aan de kleine baai zijn doorspekt met **Sea Caves** (zeegrotten/Thalassiniés Spiliés). Bij sterke wind spat de branding omhoog. Als u vanaf hier verder langs de kust richting Ágia Nápa loopt, vindt u plaatsen waar u over de rotsen naar het water kunt afdalen. Zwemmen is echter alleen bij windstil weer aan te raden, anders is het gevaarlijk.

De wandelroute leidt in oostelijke richting naar het uitzichtpunt op de 93 m hoge kaap Cavos (Kávos). Er is een parkeerplaats voor automobilisten en behalve een paar bankjes staat er een beeld uit 2000, een vredesboodschap aan de wereld.

Het volgende doel van de wandeling is een kleine **grot** aan de voet van de moderne **kapel van Ágii Anárgyri**. Daar kunt u gelijk de weg naar Cavos nemen of – als u nog verder wilt – blijf het iets lager gelegen kustpad volgen. Kort voor de kapel stuit u op de **Kamára tou Koráka** (Boog van de Raaf), een natuurlijke rotspoort. De kapel is gewijd aan de heiligen Cosmas en Damianus, tweelingbroers die in 303 n.Chr. werden onthoofd door christenvervolgers. Ze waren vooral populair bij de armen, omdat ze zonder geld aan te nemen zieken genazen. Vandaar de naam van de kapel (*an árgyros* = zonder zilver). Een trap van 41 treden leidt van de onopvallende betonnen kapel naar de zee. Bij rustig weer kunt u zich van de rotsen in het water laten glijden. Betere zwemfaciliteiten biedt echter het prachtige zandstrand van **Kónnos Beach**, waarvoor u nog eens 1,4 km het kustpad moet blijven volgen. Hier vandaan kunt u 2,2 km verder lopen naar de **Cyclops Cave** (Cyclopengrot). Daar voert een wandelpad naar de hoofdweg, waar u de blauwe bus naar Ágia Nápa en Protarás kunt nemen.

De wandeling verlengen: wie het schiereiland nog wat meer wil verkennen, kan vanaf Kónnos Beach via de E4 naar **Profítis Ilías** lopen, circa 8,5 km. Onderweg zijn er mogelijkheden om af te steken naar de kustweg, waar de blauwe lokale bussen rijden.

Protarás en Paralímni ▶ L/M 6

Protarás is de hotelstad van Paralímni. Links en rechts van de lange, parallel aan het strand lopende doorgangsweg ligt het ene grote hotelcomplex na het andere. Het na 1974 compleet nieuw uit de grond gestampte oord ontbeert echter een *platía*. Cyprioten ziet u hier alleen als hotelpersoneel. Pluspunten van Protarás zijn net als Ágia Nápa de goudgele stranden en het brede scala aan uitstekende watersportfaciliteiten.

Pas in het kleine plaatsje **Paralímni** merkt u weer iets van een normaal Cypriotisch leven. *Limni* betekent 'meer', maar daar is alleen in de regentijd iets van te merken, de rest van het jaar staat het meer droog. In het centrum van Paralímni is de *platía* de moeite van een kort bezoek waard. Er staan drie kerken en een kleine stalen uitkijktoren. Twee kerken zijn gewijd aan de H. Georgius (Joris): een grote, moderne kerk met binnen een complete muurschildering, en een tweede uit 1856. De derde is een Mariakerk uit de 13e eeuw. Hier zijn nog enkele fragmenten van muurschildering te zien en een prachtige iconostase uit de 17e eeuw.

Agíi Anárgyri ▶ M 7

Een bezoek aan deze kustkapel, gelegen tussen Protarás en Kaap Gréko, is vooral vanwege de omgeving de moeite waard. U vindt hier een picknickplaats, een waterbron en een pad voorzien van leuningen dat naar een grot op zeeniveau leidt. Het is een mooie plek om naar de ondergaande zon te kijken.

Overnachten

Voor de strandhotels van Protarás kunt u het best de brochures van de grote touroperators raadplegen. De plaats is minder geschikt voor individueel reizende toeristen.

Actief

Mooie wandeling – Een voetpad voert langs de kust van Potámi naar Fig Tree Bay.
Watersport – Aan het strand vindt u alles wat uw hart maar begeert: duiken, surfen, waterskiën enz.
Voor liefhebbers van het zeeleven – **Protarás Ocean Aquarium:** Leof. Protaras (Hotels Road), in de buurt van de afslag naar de kerk, dag. 9.30-17 uur, circa € 14, kind (4-12 jaar) € 7. Het enige aquarium van Cyprus, behalve Middellandse Zeevissen ook pinguïns en krokodillen.
Licht- & geluidshow – **Magic Dancing Waters:** Leof. Protaras (Hotels Road), magicdancingwaters.com, dag. 21 uur, circa € 16, kind € 8. Duizenden sproeiers en honderden lampjes zorgen voor een kleurrijk waterspektakel, dat wordt begeleid door muziek.

Info

Informatie

CTO Tourist Information: Leof. Protaras-Kavo Gkreko, tel. 23 83 28 65, ma.-vr. 8.30-14.30, za. 8.30-13.30, ma./di., do./vr. ook 15-18.15 uur.

Vervoer

Bussen: tussen Agía Nápa en Paralímni en Protarás rijden bussen van **Osea** (www.oseabuses.com). Frequente verbindingen via de kust en de snelweg Agía Nápa-Paralímni.
De groene **intercitybussen** (www.intercity-buses.com) vertrekken uit Paralímni en rijden via Agía Nápa naar de grote steden van Cyprus.

Omgeving van Paralímni

De omgeving van Paralímni wordt gebruikt voor landbouw en ziet er eentonig en volgebouwd uit.

Cultural Center of Occupied Ammóchostos ▶ L 6

Evagorou 35, aan de noordrand van Derýnia, tel. 23 74 08 60, ma.-vr. 7.30-16.30, za. 9.30-16.30 uur, toegang gratis
Een door de overheid gesubsidieerd toeristenpaviljoen biedt informatie over de Turkse bezetting van het noordelijk deel van het eiland en de regio Ammóchostos. Hier hebt u een goed uitzicht op de afgegrendelde hotelstad Varósia. In een cafetaria kunt u drankjes en snacks krijgen. Het personeel belicht de kwestie graag vanuit hun perspectief. Ammóchostos ('in het zand verzonken') is de Griekse naam van het district Famagusta, waar het gebied rond Agía Nápa voor 1974 toe behoorde.

Etnografisch Museum ▶ K 6

Avgórou, ma.-vr. 8.30-13.30 (nov.-maart ook wo./do. 15-17, juni-okt. ook wo./do. 16-18), za 9-13 uur, € 1,70
Op de terugweg naar Lárnaka loont een bezoek aan het volkenkundig museum van de Pierídesstichting in het dorpje Avgórou. Het is ondergebracht in een traditioneel huis van twee verdiepingen met een grote binnentuin.

Ten westen van Lárnaka

Interessante bestemmingen in het landschappelijke aantrekkelijke westen van het district Lárnaka zijn het schilderachtige borduurwerkdorpje Léfkara, de steentijdnederzettingen Choirokoitía en Kalavasós Tenta en de steil oprijzende kloosterberg Stavrovoúni. Natuurliefhebbers vinden boven Vavatsiniá dichte dennenbossen met gemarkeerde wandelpaden.

Léfkara ▶ G 7/8

Het grote dorp **Páno Léfkara** is ondanks zijn toeristische karakter een van de mooiste dorpen van Cyprus gebleven. De huizen met hun pannendaken nestelen zich op 600 m hoogte op de helling van een van de uitlopers van het Tróodosgebergte.

In de zomer lijkt Léfkara op een oosterse bazaar. De vrouwen van het dorp zitten voor hun huis en borduren de echte *lefkarítika*. De mannen zijn actief en soms heel opdringerig als verkoper. Het kantwerk uit Léfkara bestaat uit een ondergrond van wit katoen waarin in een repeterend zigzagmotief patronen worden geborduurd. Hierbij blijft een grote ruimte vrij. In de ajourrand van de doeken worden rozetten gestikt. De vervaardiging van de *lefkarítika* neemt afhankelijk van het formaat weken of maanden in beslag. Dienovereenkomstig zijn ze niet goedkoop. Wie denkt een koopje in handen te hebben, heeft waarschijnlijk te maken met een imitatie uit het Verre Oosten. De tweede pijler van het dorp zijn sieraden van filigraanzilver.

Het borduurambacht heeft een lange traditie in dit dorp. Vroeger trokken de mannen met koffers vol borduurwerk door de wereld. Dit leverde de nodige welstand op, wat nog te zien is aan de classicistische architectuur van sommige huizen in het dorp. Reeds Leonardo da Vinci zou in 1481 het altaarkleed van de Milanese dom in Léfkara hebben besteld.

Pátsalis Residence
April-okt. ma.-za. 9.30-17, nov.-maart ma.-za. 8.30-16 uur, € 1,70
Het dorpsmuseum toont meubels, huisraad en echte *lefkarítika*. Aan de hand van onvoltooide stukken worden de afzonderlijke stappen van het borduurwerk inzichtelijk gemaakt.

Overnachten

In de voormalige markthal – **Agora**: aan de (rustige) hoofdstraat in het centrum, tel. 24 34 29 01, 2 pk € 60-80, ho telagora@hotmail.com.cy. Aantrekkelijk middenklassehotel met een mooie binnenplaats, negentien kamers.

Klein, maar fijn – **Lefkárama Village Hotel**: Timiou Stavrou 42, aan de hoofdstraat in de buurt van de kerk, tel. 24 34 21 54, 2 pk € circa 50. Geopend in 2005, tien kamers tellend hotel in een gebouw uit de 19e eeuw, sommige met smeedijzeren bedden.

Actief

Wandelen – Aan de hoofdstraat aan de rand van het dorp beginnen twee mooie routes. De ene voert in circa 1 uur over een heuvel naar **Káto Drys**, de andere wandeling gaat 3 km omhoog naar de **kerk Metamórfosis tou Sotíros** op een 722 m hoge berg; de CTO heeft wandelkaarten van deze routes.

Het bos roept – De uitstekend onderhouden hoofdweg van Lárnaka voert als een smalle asfaltweg naar het berg-

Ten westen van Lárnaka

Léfkara is beroemd om zijn witte borduurwerk

dorp Vavatsiniá. Een lokale weg voert van daaruit naar de picknickplaats Kiónia en het **Bos van Machairás** (zie blz. 184) in. Door dit ongerepte en dichtbeboste gebied lopen prachtige wandelpaden, die worden beschreven in de brochures van de CTO.

Ágios Minás-klooster ▶ G 8

Dag. mei-sept. 8-12, 15-18, okt.-april 8-12, 14-17 uur

Het prachtige klooster verwelkomt zijn bezoekers met een aangelegde tuin vol bloemen. In de kerk valt een mooi icoon op van Ágios Giorgios. Let op een iconografisch detail: de kleine schenker, die achter op het paard zit, heeft de drakendoder uit zijn gevangenschap bevrijd.

De nonnen zijn op heel Cyprus beroemd om de iconen die ze schilderen. De productie duurt maanden, soms zelfs jaren en wordt gezien als een religieuze meditatieve activiteit. Het is mogelijk om een icoon te bestellen. Na voltooiing wordt het kostbare item per post opgestuurd.

Choirokoitía ▶ G 8

Dag. 8-17, april/mei, sept./okt. tot 18, juni-aug. tot 19.30 uur, € 1,70

De ligging van de steentijdnederzetting Choirokoitía (spreek uit: Chirokitía) was door de bewoners zorgvuldig uitgezocht: twee door kastanjes beschaduwde beekjes zorgden voor drinkwater en de irrigatie van de velden. De goed aanschouwelijke ligging op de helling van een rotsplateau was gekozen om verdedigingsredenen.

Neem voor u de opgraving bezoekt eerst een kijkje in de gereconstrueerde huizen in het rivierdal. Ze zijn rond en hebben een plat houten dak van balken, stro en gedroogde modder. Stenen zuilen ondersteunen het dak of een tussenverdieping. In het midden van de ronde huizen brandde een vuur; het gat van het rookkanaal bevond zich in of onder het dak.

Lárnaka, Agía Nápa en het zuidoosten

> ### Tip
>
> **Korte wandeling bij Pyrgá**
> Een paar honderd meter buiten Pyrgá, aan de weg naar Agía Ánna, komt u aan uw linkerhand langs een parkeerplaats. Hier staat op een paneel een rondwandeling beschreven van circa 5 km, die u ook kunt afkorten. Hij leidt over onverharde wegen rond een heuvel in het Pípisbos – dat eerder een verzameling ver uit elkaar staande bomen dan een echt bos is.

De neolithische stad werd bewoond van 8000 tot 6000 en na een onderbreking weer van 4500 tot 3500 v.Chr. Door het midden loopt een imposante vestingmuur de berg op. Deze dateert uit de vroegste fase van de nederzetting. Ten westen van de muur stonden in die tijd geen huizen.

De vondsten, die bewaard worden in het Cyprusmuseum van Nicosia (zie blz. 216), laten zien hoe de bewoners ooit leefden. Zowel de mannen als de vrouwen jaagden en visten, ze hielden geiten, varkens en schapen. Vondsten van vijzels en sikkels duiden op landbouw. Ze waren gemaakt van obsidiaan, een vulkanische steensoort die niet op Cyprus voorkomt en met de eenvoudige boten van toen geïmporteerd werd, onder andere van het Griekse eiland Milos.

De doden werden direct onder de vloer van de huizen begraven. De levenden wilden waarschijnlijk dicht bij hun vooroudres zijn. In de graven hebben archeologen kostbare sieraden gevonden. Uit skeletonderzoek is gebleken dat vrouwen gemiddelde 33,5 jaar werden, de mannen werden iets ouder, ze stierven gemiddeld op 35-jarige leeftijd. De mannen hadden dus een hogere levensverwachting.

Kalavasós ▶ G 8

Het huidige Kalavasós ligt te midden van lage heuvels in een dal met witte kalksteengroeven. Bij de ingang van het dorp staat in een parkje een locomotief met lorries opgesteld – een herinnering aan de ertsmijnbouw die vroeger belangrijk was voor de plaats. Het mooie dorpsplein met *kafenía* en restaurants leent zich goed voor een tussenstop. Veel dorpshuizen zijn nog in traditionele staat. Sommige zijn met steun van de overheid gerestaureerd en worden tegenwoordig verhuurd. Vergelijkbare agrotoerisme-faciliteiten zijn ook beschikbaar in de omliggende dorpen **Tóchni**, **Skarínou** en **Vávla**.

Kalavasós Tenta

Ma.-vr. nov.-maart 8.30-16, april-okt. 9.30-17 uur, € 1,70
Zelfs van een afstand is het futuristische, kegelvormige tentdak te zien dat door de archeologen is opgetrokken om de opgravingen in deze steentijdnederzetting te beschermen. De bewoners van Tenta (Latijn voor tent) hadden ongeveer dezelfde levensstijl als hun tijdgenoten in het naburige dal van Choirokoitía. In 5500 v. Chr. werd het dorp om onbekenden redenen verlaten.

Overnachten

Oorspronkelijk – **Cyprus Villages Traditional Houses:** Tóchni ▶ G 8, tel. 24 33 29 98, www.cyprusvillages.com.cy. In Tóchni zit het hoofdkantoor van een bedrijf dat in Kalavasós en andere dorpen in de omgeving gerestaureerde dorpshuizen als vakantieappartement verhuurd. Ze vormen een goed alternatief voor de toeristische kust, vooral omdat deze met de auto slechts circa vijf minuten verwijderd is. Fietsverhuur.

Governor's Beach ▶ G 9

Op slechts een paar kilometer van de traditionele dorpsonderkomens van Kalavasós ligt een van de mooiste stranden van de zuidkust, door een Britse gouverneur ooit uitverkoren voor zijn strandvertier. Het bestaat uit een lang zandstrand met kleine baaien en witte, door wind en zee glad gepolijste rotsen voor een lage klif. Helaas bezoedelt een onaantrekkelijk verzameling restaurants en vakantiewoningen deze kustidylle.

Pyrgá en Stavrovoúni

Koninklijke kapel van Pyrgá ▶ H 7

Dag. geopend (anders hangt er een papiertje met het telefoonnummer van de bewaarder aan de deur), € 1,70

In het onopvallende dorp Pyrgá wacht de bezoeker een gotisch juweeltje, de kleine kapel van de H. Catherina, in 1421 geschonken door koning Janus van Lusignan.

De Byzantijnse muurschilderingen vertonen sterke Franse invloeden. De voorstellingen zijn voorzien van Latijnse opschriften in kapitalen, bijvoorbeeld LA SENE voor *la cène,* het Avondmaal. Op de gotische gewelven is het wapen van het koninkrijk Cyprus geschilderd. Aan de voeten van de Gekruisigde knielen als nederige stichters van de kapel Janus van Lusignan, koning van Cyprus (1398-1423), en zijn vrouw Charlotte de Bourbon neer.

Kloosterberg Stavrovoúni ▶ H 7

Dag. sept.-maart 8-12, 14-17, april-aug. 8-12, 15-18 uur, vrouwen hebben geen toegang tot het mannenklooster, camera's, mobiele telefoons en laptops zijn in het klooster niet toegestaan (geen kluisjes beschikbaar)

De 688 m hoge Stavrovoúni (Kruisberg) is van verre zichtbaar. Hij is van vulkanische oorsprong en diende zeelieden van oudsher als oriëntatiepunt. Op de top troont ongenaakbaar het oudste klooster van Cyprus. De weg erheen gaat over een smalle, bochtige weg. Eenmaal boven in de bijna onwerkelijke sereniteit van het klooster dwaalt de blik vanaf de kale, in een waas gehulde tafelberg over de vlaktes van Lárnaka en de blauwachtige silhouetten van het Tróodos- en Pentadáktylosgebergte in de verte.

Kunsthistorisch heeft het klooster weinig bijzonders te bieden. In 1888 werd het complex bij een grote brand verwoest, het huidige aanzien gaat terug tot eind 19e eeuw. De kerk is volgens de regels van de Byzantijnse iconografie modern en kleurig beschilderd door een monnik die aan de voet van de berg bij Agía Varvára een iconenatelier heeft. Voor de middeleeuwse pelgrims die Cyprus op weg naar het Heilige Land passeerden, gold Stavrovoúni als de belangrijkste bezienswaardigheid van het eiland.

Volgens een legende strandde in 327 n.Chr. Helena, de moeder van de eerste christelijke keizer Constantijn, op Cyprus. In haar bagage had zij een paar splinters van het Heilig Kruis en een van de nagels waarmee Jezus aan het kruis was geslagen. Uit dankbaarheid voor haar redding liet zij op de berg, waar op dat moment waarschijnlijk een antieke tempel stond, een kruis gemaakt van cipressenhout oprichten. Ook liet ze een splinter en de nagel achter. Volgens berichten van talloze pelgrims zweefde het kruis 'zonder ondersteuning in de lucht, maar dit is niet gemakkelijk te zien' (Willibrand van Oldenburg in 1212). De splinter zou nog steeds in het klooster worden bewaard.

IN EEN OOGOPSLAG

Limassol en het zuidelijke Tróodosgebergte

Hoogtepunt ✳

Tróodos National Forest Park: het Tróodos National Forest Park behoort tot de in totaal dertien Plant Diversity Hotspots van het Middellandse Zeegebied en is in het bezit van achthonderd plantensoorten, waarvan ten minste twaalf endemische. In het nationaal park kunt u heerlijke wandelingen en trektochten maken. Zie blz. 130.

Op ontdekkingsreis

Van commandaría tot zivanía: tijdens de ontdekkingsreis door het Cypriotische wijnbouwgebied bezichtigen we onder andere de johannieterburcht van Kolóssi, een wijnmuseum en twee wijngaarden. Zie blz. 124.

Slangenstenen op de Ólympos: op maar heel weinig plaatsen in de wereld liggen stenen uit de aardmantel aan het aardoppervlak. Dit is op Cyprus het geval bij de hoogste berg, de Ólympos. Deze geologische tocht voert naar de zogeheten slangenstenen in het hogere gedeelte van het Tróodosgebergte. Zie blz. 132.

Bezienswaardigheden

Oude Stad van Limassol: in de middeleeuwse burcht is een historisch museum ondergebracht. Ook het Archeologisch Museum is een bezoek waard. Zie blz. 116.

Romeinse ruïnes van Koúrion: op een kwetsbare locatie op een rotsuitloper boven de kust liggen de opgravingsplaats, het stadion en het Apollo Hylatesheiligdom. Zie blz. 137.

Actief

Skiën of fietsen op de Ólympos: dat in het Tróodosgebergte geskied kan worden als er sneeuw ligt, is bekend. In het nationaal park kunt u echter ook over fietspad nr. 1 door de bossen fietsen. Zie blz. 135.

Wandelingen in het Tróodos National Forest Park: een wandeling over het Caledónia Nature Trail en drie rondwandelingen bij het plaatsje Tróodos – Atalante, Artemis en Kampós tou Livadioú – zijn aan te bevelen. Zie blz. 131.

Sfeervol genieten

Rustpauze voor de markthal: op een behaaglijk plein kunt u zien wat de lokale bevolking van Limassol allemaal inkoopt. Zie blz. 119.

Wandelen met restaurantbezoek: na een tocht over het Caledónia Nature Trail en langs de Caledonian Falls bij Páno Plátres kunt u bij een beek uitblazen en wachten tot de forel in restaurant Psilo Dendro gegrild is. Zie blz. 131.

Uitgaan

Nightlife in Limassol: de stad heeft het beste uitgaansleven van het eiland te bieden. Anders dan in Agía Nápa maakt de lokale bevolking hier de scene uit. Een uitzondering op deze regel vormt de hotelvoorstad Germasógeia. Zie blz. 122.

De bekoringen van het zuiden

Limassol is een moderne, levendige grote stad met een aantrekkelijke Oude Stad en de grootste overslaghaven van Cyprus. Ten oosten van de stad strekt de hotelwijk Germasógeia zich uit tot aan een krachtcentrale. Tussen de snelweg en de kust staan hier hier dicht op elkaar enkele van de beste hotels van Cyprus; naast Páfos en de omgeving van Agía Nápa is Limassol de hoofdbestemming van het Zuid-Cypriotische all-in-toerisme.

Ten westen van de stad Limassol ligt het vlakke schiereiland Akrotíri met een zoutmeer waar flamingo's overwinteren. Voor het overige wordt deze landstreek gebruikt voor de landbouw en – door de Britten – voor militaire doeleinden. De kustlandschappen zijn elders overigens mooier, bijvoorbeeld verder naar het westen bij Pissoúri. Daar vindt u kleine baaien en prachtige stranden met daarlangs sneeuwwitte rotsformaties van kalksteen. Voor mensen die van een strandvakantie houden, is het gebied rond Pissoúri absoluut aan te raden.

Hoog in het Tróodosgebergte ligt een nationaal park met schitterende dennenbossen en wandelpaden rond de hoogste berg van Cyprus, de Ólympos. In koude winters ligt hier op een hoogte van 1952 m sneeuw; dan worden rondom de Ólympos skiliften in werking gezet. Páno Plátres en Agrós zijn geschikte plaatsen om te overnachten. Plátres is een traditioneel vakantieoord van de koloniale heersers. Het dorp komt met zijn gebouwen in koloniale stijl voornamer over dan het landelijke Agrós.

Tussen het Tróodosgebergte en de kust ligt de commandaríaregio, het grootste wijnbouwgebied van Cyprus. Om die reden zijn alle belangrijke wijnkelders van Cyprus in Limassol gevestigd. Mooie dorpen met authentieke streekmusea en enkele wijnkelders zijn een bezoek waard. Van de wijndorpen wordt Ómodos als het mooiste van Cyprus beschouwd.

De archeologische topattractie van de omgeving van Limassol is de Romeinse stad Koúrion, waarvan de ruï-

INFO

Informatie op het internet
www.limassolmunicipal.com.cy: Grieks- en Engelstalige portal van de stad, onder andere met informatie over het wijnfeest en over carnaval.

Vervoer
Als uitgangspunt om Cyprus te verkennen is Limassol heel geschikt, vooral vanwege de centrale ligging. Nicosia en Páfos zijn over de snelweg in circa 1 uur te bereiken. Het duurt niet langer voor u bij het Tróodosgebergte bent. Ook alle andere belangrijke plaatsen van het land liggen maximaal 2 uur rijden ver. Voor het openbaar vervoer van het hele district is Limassol het knooppunt. U bereikt Tróodos met de Mountain Bus. Wie vanuit de omgeving van Pissoúri tochten wil maken, heeft echter een huurauto nodig.

Wijnroutes
Het Cypriotische toeristenbureau heeft diverse wijnroutes uitgezet en stelt daarover een gratis boekje beschikbaar.

In de Oude Stad van Limassol is het aangenaam winkelen

nes zeer schilderachtig op een rotsuitloper boven zee liggen, net als het naburige Apollo Hylatesheiligdom.

Limassol ▶ E 9

Deze handels- en dienstverleningsmetropool, die in het Grieks **Lemesós** heet, beschikt net als Lárnaka over een brede promenade aan zee, maar zonder bijbehorend stadsstrand en niet verkeersluw. Achter de naar de zee gekeerde hoogbouwskyline van kantoren en hotels gaat een sympathieker Limassol schuil: in de voormalige Turkse wijk rond de burcht kunt u ontspannen slenteren en vanaf een van de talrijke terrassen het volle leven aanschouwen. Vroeg in de middag komen de boeren uit de Tróodosdorpen. Nadat ze hun zaken en inkopen gedaan hebben, rijden ze tegen 14 uur met de dorpsbussen terug.

Het is opvallend dat de menukaarten en borden bijna altijd ook in het Arabisch en Russisch zijn vertaald. Deze kosmopolitische stad is nu wat Beiroet vóór de Libanese burgeroorlog was, het 'Zwitserland van het Midden-Oosten'. Grote Arabische banken hebben hier een filiaal. Russische toeristen waarderen Limassol om het goede amusementsaanbod en de luxehotels. Ook karakteristiek zijn de talrijke feesten.

Limassol (Lemesós)

Bezienswaardigheden
1. Burcht/Museum van de Middeleeuwen
2. Voormalige johannesbroodfabriek
3. Kebirmoskee
4. Pier
5. Folkloremuseum
6. Archeologisch Museum
7. Stadspark/dierentuin

Overnachten
1. Curium Palace
2. Metropole
3. Luxor Guest House

Eten en drinken
1. Angyrovoli
2. Ladas Fish Restaurant Old Harbour
3. Fanari tou Diogeni
4. Sinialo Old Port Restaurant

Winkelen
1. Old Port Sea Sponges Exhibition Center
2. Markthal

Actief
1. Gernasógeia
2. Lady's Mile Beach
3. Governor's Beach
4. Turks bad

Uitgaan
1. Magirio-Tavernaki
2. Lyra Live
3. Archontoloi
4. Melodies

Door het carnaval en het wijnfeest in september wordt Limassol als een bijzonder levenslustige stad beschouwd.

Mensen die op eigen gelegenheid reizen en een voorliefde voor Cypriotische authenticiteit hebben, kunnen het best onderdak in de **Oude Stad** zoeken. Wie vanaf zijn hotel ook naar het strand wil of watersport beoefenen, is beter uit in **Germasógeia** (spreek uit Jermasójia). Deze oostelijke voorstad van Limassol bestaat echter vrijwel uitsluitend uit hotels en grenst aan zijn oostzijde aan een grote krachtcentrale.

Geschiedenis

In de **oudheid** was Lemesós – de naam is later door de Franken in Limassol veranderd – een onbeduidend stadskoninkrijk tussen Amathoús in het oosten en Koúrion in het westen.

In de **middeleeuwen** ontwikkelde zich een kleine stad rond de oorspronkelijk Byzantijnse burcht. Hier landde in 1191 tijdens de Derde Kruistocht de Engelse koning Richard Leeuwenhart, nadat zijn Spaanse bruid Berengaria van Navarra, die op een ander schip meevoer, door de Byzantijnse heerser van Cyprus, Isaäk Komnenos, gevangengenomen was. Haar schip was namelijk op weg naar het Heilige Land bij Amathoús gestrand en Isaäk had de schipbreukelingen, die illegaal Byzantijnse grond betraden, terstond in hechtenis genomen. Dat was een vergissing, want Richard Leeuwenhart kon zijn bruid bevrijden, nam Isaäk Komnenos gevangen en maakte van de gelegenheid gebruik door zich meteen uit te roepen tot koning van Cyprus. Daarmee begon de **Frankische heerschappij**, die tot 1571 standhield. De spectaculaire bruiloft van Richard met Berengaria vond om dit te vieren meteen daarop in de burcht plaats.

In de Frankische en Turkse periode bleef Limassol een onbelangrijke stad. Pas met de **Britten** trad de opleving in, die na 1974 nog toenam. In de afgelopen eeuw is Limassol gegroeid van circa 6000 naar de huidige 179.000 inwoners.

Oude Stad

De historisch kern van Limassol bestaat uit de nauwe straatjes in de buurt van de burcht. Hier werden vanaf 1572 onder bescherming van de vesting Turken gehuisvest. Veel niet gerenoveerde huizen in de Oude Stad zijn eigendom van hun afstammelingen, die nu in het noorden wonen. Grieks-Cyprioten hebben zich provisorisch gevestigd in de kleine straten van de Turkse wijk met werkplaatsen, winkels en eenvoudige *kafenía*, zodat de Oude Stad een pittoreske mengeling van verval en het moderne leven vertoont.

Burcht met Museum van de Middeleeuwen 1

Ma.-za. 9-17, zo. 10-13 uur, € 3,40
De van buiten zichtbare delen van het burchtcomplex stammen uit de Turkse tijd (eind 16e eeuw). De burcht bezit een mooie gotische hal uit de Frankische tijd (14e eeuw). Een Museum van de Middeleeuwen toont op drie verdiepingen wapenrustingen van ridders en veel alledaagse voorwerpen. De kunst-

historische attractie bestaat uit enkele schalen van de beroemde zilverschat van Lambousa uit de 7e eeuw.

Vanaf het dak van de burcht hebt u een mooi uitzicht over de daken van Limassol en op de rede. In de tuin staat een imposante, gerestaureerde olijfpers met gewichten en olieopvangschalen. De persdruk wordt door het draaien van de spiraal opgewekt.

Voormalige johannesbroodfabriek 2

Vasilissis, geopend op de winkelopeningstijden

In de onmiddellijke nabijheid van de burcht staan de gerenoveerde hallen van een johannesbroodfabriek uit de 19e eeuw, waarin zich nu een winkelpassage met chic restaurant bevindt. In het ook van buiten te bekijken **Carob Mill Museum** zijn oude machines opnieuw opgebouwd en voorzien van informatieve teksten. De tentoongestelde johannesbroodmolen werd uit Engeland geïmporteerd.

Kebirmoskee 3

Genethliou Mitella, dag. geopend, geen vaste tijden

Deze in 1906 op de fundamenten van een Latijnse kerk uit de 16e eeuw gebouwde moskee wordt nu veel door Arabische moslims bezocht. Onder de moskee zijn enige tijd geleden de resten van een vroegchristelijke kerk ontdekt, waarvan de apsis goed te herkennen is.

Pier 4

Zie Favoriet blz. 120.

Centrum

Folkloremuseum 5

Agiou Andreou 253, ma.-vr. 8.30-15 uur, € 2

De etnografische tentoonstelling is ondergebracht in een classicistisch huis aan de weg naar het stadspark en toont in drie zalen kleding, sieraden en kunstnijverheid uit de 19e en 20e eeuw.

Archeologisch Museum 6

Vyronos (Byron)/Anastasi Siokri, di.-vr. 8-15, do. tot 17, za. 9-15 uur, € 1,70

Het Archeologisch Museum biedt enkele belangrijke vondsten voor mensen met archeologische interesse. In Zaal 1 vallen Hathorkapitelen op, die aantonen dat men in Amathoús nog tot in de 5e eeuw gebonden bleef aan oriëntaalse vormen. In dezelfde zaal ziet u fascinerende kleine votiefmodellen met taferelen uit het dagelijks leven. Een mens wordt gewassen in een badkuip, twee personen kneden brood. In Zaal 3 getuigt de buste van Zeus Labrianos uit de 5e of 6e eeuw van het voortleven van de antieke cultussen in een reeds christelijke wereld.

Stadspark en dierentuin 7

Tel. 25 58 83 45, dag. 9-16, 's zomers tot 19 uur, € 5, kind € 2

In het stadspark kunt u na een bezoek aan het Archeologich Museum uitrusten en op een terras zitten. In de buurt ligt een kleine dierentuin met moeflons en andere dieren.

Overnachten

Bij het stadspark – **Curium Palace** 1: Vyronos 2, tel. 25 36 31 21, www.curiumpalace.com, 2 pk € 90-120. Modern hotel met 63 kamers, rustig gelegen, met zwembad.

Traditioneel – **Metropole** 2: Ifigeneias 4-6, tel. 25 36 23 30, 2 pk circa € 50. Gerenoveerd gebouw uit 1895, 20 kamers, rustige ligging in de Oude Stad.

Eenvoudig en niet duur – **Luxor Guest House** 3: Agiou Andreou 101, tel. 25 36 22 65, www.luxorlimassol.com, 1 pk

€ 14, 2 pk € 28. Zeer eenvoudig, maar centraal gelegen, vriendelijk en ongedwongen. Koelkast op de gang, kookgelegenheid, gratis internettoegang.

Eten en drinken

Limassol heeft de grootste vissershaven van het eiland en bezit relatief veel vistaverna's, vaak met muziek.

Oude koloniale villa – Angyrovoli [1]: Simou Menardou 18, tel. 25 35 28 95, voortreffelijke vis-*mezé* circa € 20. Niet ver van de toeristendrukte. Verzorgde ambiance, witte tafelkleden van stof.

De klassieker – Ladas Fish Restaurant Old Harbour [2]: Agias Theklis, voor de havenpoort, tel. 25 36 57 60, www.ladas fish.com, 1 kg voortreffelijke vis circa € 60. Oudste vistaverna van Limassol, degelijke ambiance in de voormalige johannesbroodfabriek, porties vis worden afgewogen.

Echt Cypriotisch – Fanari tou Diogeni [3]: Plateia Saripolou, voor de ingang van de markthal, tel. 25 37 98 00, hoofdgerecht € 8-10. De 'Lantaarn van Diogenes' is een eenvoudig, echt Cypriotisch restaurant met de gebruikelijke gerechten.

Authentiek – Sinialo Old Port Restaurant [4]: Ermou & Syntagmatos 34, bij de oude haven, tel. 99 43 78 57, prijzen op snackbarniveau. Eenvoudig en authentiek restaurant op een hoek met de charme van een snackbar. Hoofdzakelijk vlees-, maar ook verse vegetarische peulvruchtengerechten.

Winkelen

De belangrijkste winkelwijk ligt achter de promenade. Rondom de burcht vindt u kleine winkels die gespecialiseerd zijn in grillartikelen. Een grill op batterijen met lange spiezen is een origineel souvenir.

> ### *Tip*
> **Rustpauze voor de markthal**
> Voor de ingang van de **markthal** [2] ligt een mooi, overdekt plein, waaraan veel cafés, restaurants en snackbars gevestigd zijn. Hier kunt u, wanneer de markthal geopend is, een aangenaam uurtje zitten om het koopgedrag van de inwoners van Limassol te bestuderen.

Natuursponzen – Old Port Sea Sponges Exhibition Center [1]: Agias Theklis 3, bij de rotonde Old Port/havenpoort, hele dag geopend, tel. 25 87 16 56, www.apacy.com. Sponsproducten in alle soorten en maten, ook vegetarische sponzen van de vruchten van de klimplant sponskomkommer. De winkel stelt ook schelpdieren en koralen tentoon.

Grote verscheidenheid – Markthal [2]: Plateia Saripolou, ma./di., do./vr. 5.30-14.30, wo. tot 13.15, za. tot 13.45 uur. Deze onlangs gerestaureerde markthal is circa 3000 m² groot en werd gebouwd in 1917. De markt is een bezoek waard om te zien wat het eiland aan fruit, groente, vis, vlees en zoetigheid produceert. U vindt er kramen met allerlei soorten gerookte ham. Ook zijn er veel carobeproducten, zoals johannesbroodsiroop, -crème en -dragees. Verder ook talloze variëteiten van de *soutsoukos*, amandel- of walnotenworsten van ingedroogde wijndruivensiroop.

Actief

Strand – Wie zich stoort aan het massatoerisme van de hotelzone van **Germasógeia** [1], kan beter naar **Lady's Mile Beach** [2] ten zuiden van de nieuwe haven rijden.   ▷ blz. 122

Favoriet

Pier 4 in Limassol – een frisse bries en oceaanreuzen

Aan het westelijke einde van de strandpromenade van Limassol steekt een pier met houten planken circa 150 m de zee in. 's Avonds kunt u op het eind van de pier op een bank zitten en luisteren naar het beuken van de golven tegen de staanders van de aanlegsteiger. Voor de pier liggen altijd enkele schepen op de rede te wachten op hun inklaring in de haven, want het liggeld is hoog. Kleine barkassen zetten de matrozen aan land. Cyprus beschikt over de op vier na grootste koopvaardijvloot van de wereld. Toch varen veel schepen met thuishaven Limassol alleen om belasting te besparen onder Cypriotische vlag.

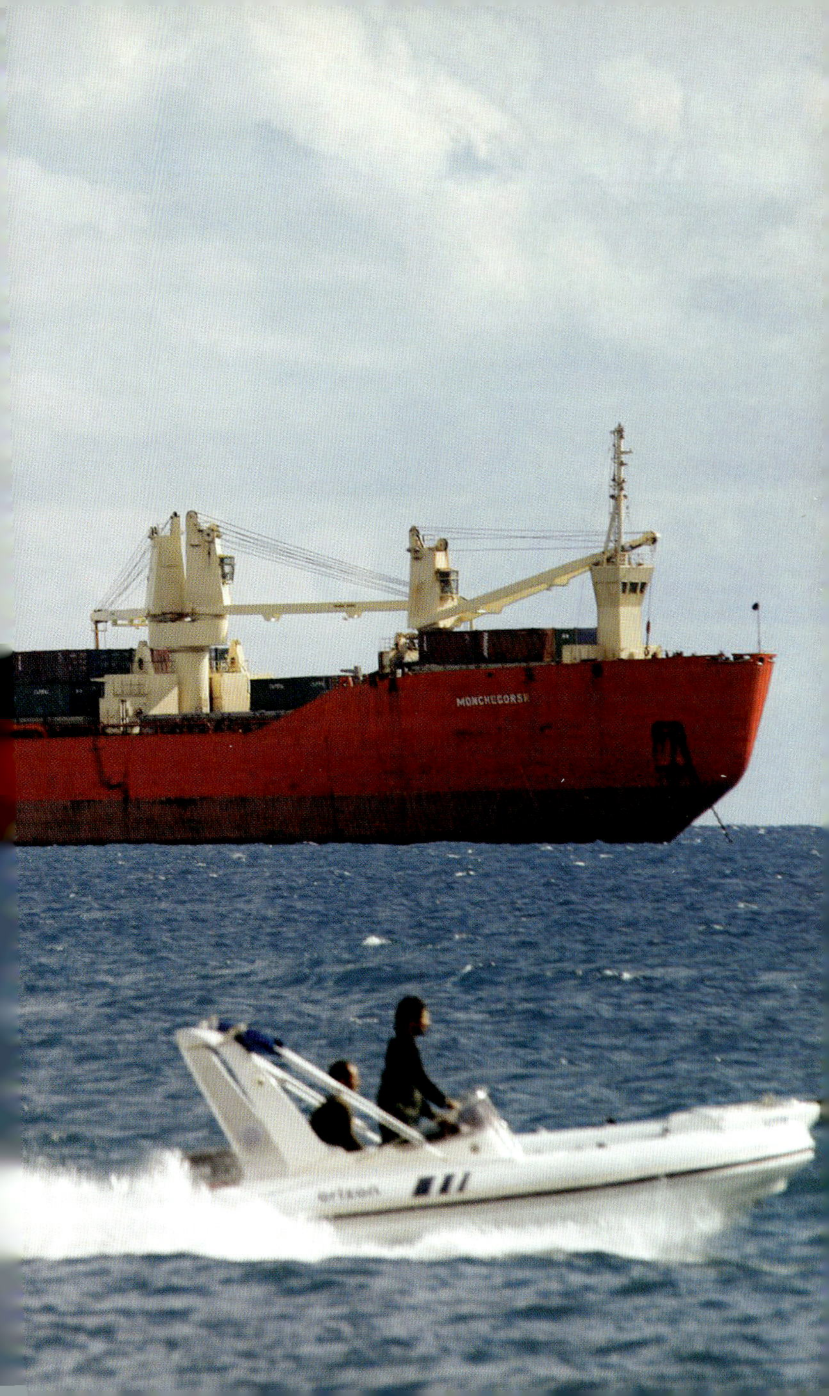
MONCHEGORSK

Tip

Ontspanning bij het stuwmeer ▶ F 8

Bij het stuwmeer van Germasógeia ligt een bosrijk recreatiegebied. Zwemmen in stuwmeren is verboden op Cyprus, maar hier bij wijze van uitzondering toegestaan. Een kilometer ten noorden van Foinikária voert een goed bewegwijzerd wandelpad (3,7 km) over een klein schiereiland. Een ander pad voert boven de rivier de Germasógeia naar de berg Kyparíssia (heen en terug 8 km). Beide routes staan op de wandelkaart van de CTO aangegeven. Het stadsbestuur biedt voorts elke tweede wo. een gratis begeleide tocht van 2,5 km aan. Vertrek 10 uur bij CTO-kantoor in Germasógeia.

Een Britse officier maakte hier vroeger met het paard Lady regelmatig een ritje van precies een mijl. Op dit brede, verlaten strand liggen wijdverspreid enkele goede vis- en strandtaverna's. Ten oosten van Limassol ligt **Governor's Beach** 3. Dit strand is wel aantrekkelijk, maar niet bepaald stil.

Traditionele massage – **Turks Bad** 4: Genethlíou Mitélla, ma.-vr. 14-22 uur (alleen voor mannen, niet altijd geopend). In de steeg tussen moskee en burcht stuit u op het gerenoveerde Turkse bad. U kunt zich hier ook à la de Turkse hamam laten masseren.

Uitgaan

In Limassol zijn de nachten lang. Anders dan in Agía Nápa is hier vooral de lokale bevolking actief. Dat geldt niet voor de toeristenwijk Germasógeia. Als de Cyprioten in tijden van economische crisis uitgaan, dan alleen nog vr. en za. In overeenstemming hiermee spelen veel muziekgroepen ook alleen nog op deze dagen.

Livemuziek – **Magirio-Tavernaki** 1: Eleftherias 121, tel. 25 36 82 41. Bij de muziek eet men hier huisgemaakte *mezédes*, relatief voordelig. Ook tussen de middag, alleen om te eten, geopend. Aan deze straat liggen ook nog andere nachtclubs als **Lyra Live** 2 (Eleftherias 132, tel. 25 74 03 00, vr./za. vanaf 23.30 uur) en de muziektaverna **Archontoloi** 3 (Eleftherias 84, tel. 25 37 79 99). Een soortgelijke muziektaverna ligt in de buurt van de markthal, **Melodies** 4 (Kanari 16, tel. 25 37 03 70).

Info en agenda

Informatie

CTO Tourist Information: centrum, Agiou Andreou 142, tel. 25 36 27 56, limassolinformation@visitcyprus.com; **Germasógeia**, bij de oostelijke ingang van hotel Dasoudi Beach, tel. 25 32 32 11, beide kantoren ma.-vr. 8.30-14.30, za. 8.30-13.30, ma./di., do./vr. ook 15-18.15 uur; **haven**, tel. 25 57 18 68, alleen geopend wanneer er boten aankomen.

Vervoer

Lokale bussen: opgelet – de blauwe stads- en dorpsbussen vertrekken vanaf twee busstations. Dienstregelingen voor beide terminals: www.limassolbuses.com, tel. 00357 25 34 32 01, op Cyprus gratis tel. 77 77 81 21. Vanaf **busstation Leontiou 194** rijden bussen naar de westelijke plaatsen en het Tróodosgebergte, bijvoorbeeld meermalen per dag naar Ómodos, Pissoúri, Agrós; vanaf **busstation Georgiou Griva Digeni 3** naar de oostelijk gelegen plaatsen, bijvoorbeeld naar Govenor's Beach. **Langeafstandsbussen:** de groene **intercitybussen** (www.intercity-buses.com, tel. 00357 23 81 90 90, op Cyprus

gratis tel. 80 00 77 89) stoppen bij de oude haven en bij station Agios Georgios Chavouzas in de buurt van de snelweg.
Limassol Airport Express: www.limassolairportexpress.eu, tel. 00357 97 77 90 90, op Cyprus gratis tel. 77 77 70 75, circa elk heel uur vertrek, circa € 10. Bij station Agios Georgios Chavouzas vertrekken ook de bussen naar de luchthaven van Lárnaka.
Lijntaxi: Travel & Express, tel. 77 77 74 74.
Parkeren: in de straten ten noordwesten van de burcht (bijvoorbeeld Eleftherias) is bijna altijd een plaats te vinden. Voor enkele parkeerplaatsen in het centrum, die op de plattegrond van de CTO staan aangegeven, moet u betalen, bijvoorbeeld in drie bochten van de strandpromenade. In de Oude Stad zijn de parkeerplaatsen voorzien van een parkeermeter.
Strandboot: tussen haven en Lady's Mile Beach.

Agenda

Carnaval: 50-57 dagen voor Pasen. Bonte carnavalsoptochten met veel zangers, muzikanten en een overmoedig publiek, dat zichzelf en ook de toeristen met scheerschuim besproeit.
Anthestería: mei. Bloemenfestival met parade.
Limassol Festival: aug. Theater, dans, muziek, vlooienmarkt rond de burcht.
Wijnfestival: begin sept. Negen dagen lang worden in het stadspark wijnen geschonken om te proeven; u moet alleen een geringe toegangsprijs betalen.

Amathoús ▶ F 9

Opgravingen

Nov.-mrt. 8-17, apr./mei, sept./okt. 8-18, juni-aug. 9-19.30 uur, € 1,70
De ruïnes van een van de belangrijkste stadskoninkrijken van Cyprus liggen ten oosten van Limassol bij de zee op de helling van een lage heuvel.

Op de heuvel worden de resten van een Aphroditetempel opgegraven. Behalve in Páfos werd de liefdes- en vruchtbaarheidsgodin vooral hier vereerd. De best bewaarde ruïnes zijn te vinden op de agora aan de voet van de heuvel. Van een nymfaeum, de centrale waterplaats van een antieke stad, leiden waterleidingen van aan elkaar bevestigde stenen buizen met schoonmaakgaten naar de afzonderlijke stadsdelen. Borden en kaarten helpen u bij het identificeren van de gebouwen.

Akrotírischiereiland ▶ E 9/10

Midden op dit vlakke en landschappelijk nogal saaie schiereiland met zijn antennes van de Britse basis ligt een zoutmeer.

Ágios Nikólaos ton Gatón
Beste bezoektijd: 's ochtends
Aan de zuidelijke rand van het schiereiland ligt het Kattenklooster met hoofdzakelijk moderne gebouwen en enkele opnieuw gebruikte antieke balken. De heilige Helena had in de 4e eeuw de Cyprioten tegen een slangenplaag honderd katten geschonken. Ook nu zorgen de nonnen nog liefdevol voor de vele halfwilde katten op het terrein.

Johannietervesting Kolóssi
Nov.-mrt. 8-17, apr./mei, sept./okt. 8-18, juni-aug. 9-19.30 uur, € 1,70
De middeleeuwse woontoren verrijst opvallend tussen cipressen-, wijnen olijvenvelden op het schiereiland Akrotíri. De 23 m hoge vierkante kolos werd in 1454 op de resten van een voorganger gebouwd. U betreedt de johannietervesting over een ▷ blz. 127

Op ontdekkingsreis

Van commandaría tot zivanía

Een tocht in het spoor van de Cypriotische druiven voert via het historische wijnhandelscentrum Kolóssi en het particuliere wijnmuseum in Erími door wijnbouwgebieden tot in het idyllische wijnboerendorp Ómodos in het Tróodosgebergte.

Kaart: ▶ E 9/D 8

Lengte: circa 55 km

Planning: Cyprus Wine Museum, in Erími (vanaf Kolóssi bewegwijzerd), di.-zo. 9-17 uur, € 2; Vardalis Winery in Koiláni, tel. 25 47 02 61, dag. circa 10-16 uur; Olympus Winery in Ómodos (ma.-vr. 10-16 uur).

Overnachting in Ómodos: Stou kir Yianni, Linou 15, tel. 25 42 21 00, www.omodosvillagecottage.com, 2 pk met ontbijt € 80-90.

Informatiemateriaal: over wijnkelders en wijnproeverijen bij de toersteninformatie en op www.cyprusfoodndrinks.com. Wie Cyprus wil leren kennen als wijnvakantieland, kan het best in het CTO-kantoor Limassol de brochure *Cyprus Wine Routes* kopen. Daarin vindt u zes routes met wijnmakerijen die gasten ontvangen en wijnproeverijen aanbieden.

Limassols historische wijnroute

Tussen de kustweg en de zee liggen de historische productieplaatsen van de

vier grote wijnkelders, die tot in de jaren 80 de totale wijnproductie van Cyprus beheersten: naast de door de particuliere sector georganiseerde bedrijven KEO en ETKO gaat het daarbij om de coöperaties SODAP en LOEL. SODAP is tegenwoordig de grootste wijnexporteur van het land. De al in 1844 gestichte onderneming is – net als de destilleerderij aan het begin van de route – eigendom van de familie Haggipavlou.

Van commanderij tot commandaría

De ontdekkingstocht voert verder naar het westen, naar de **johannieterburcht van Kolóssi** (zie blz. 123). In de omgeving van de burcht wordt de ongetwijfeld beroemdste wijn van Cyprus verbouwd: de zoete commandaría. De naam is afgeleid van de commanderij van de johannieters in de burcht. Een paar tot de Europese adel behorende leden van de orde leidden vroeger de productie en verkoop van de in heel Europa begeerde wijn. De orde der johannieters (oorspronkelijk kruisridders) was de feodale heerser over zestig dorpen en hun inwoners in de regio rond Kolóssi en in het bergachtige achterland, waar de druiven van de soort *xynisteri* veel bijdroegen aan de welstand van de christelijke ridders.

Dit gebied vormt nu nog de kern van het als *appellation d'origine contrôlée* beschermde wijnbouwgebied. De bodem is hier van vulkanische oorsprong en arm aan voedingsstoffen en levert een relatief lage, maar kwalitatief hoge opbrengst. De druiven worden overrijp geplukt en dan in de zon gedroogd om hun suikergehalte te verhogen. De gisting voltrekt zich langzaam bij lage temperaturen, de wijn rijpt in oude eiken vaten.

De beroemdste commandaría, die in alle supermarkten op het eiland te koop is, is de St. John van KEO. Bij de kiosk tegenover de loketten voor de burcht heeft de eigenaar van de kiosk meestal flessen commandaría klaarstaan om tegen betaling van te proeven. Dat hebben inmiddels al zoveel vakantiegangers gedaan dat de man als dank direct naast zijn piepkleine terras een altijd geopende kapel voor zijn beschermheilige heeft gebouwd, die net zo rechthoekig is als elders op het eiland de toilethuisjes.

(Niet) alleen voor eigen gebruik

De volgende stopplaats, het **Cyprus Wine Museum** van de Cypriotische componiste Anastasia Guy in **Erími,** opgericht in 2004, verschaft informatie over de lange geschiedenis van de wijnbouw op het eiland. Al bij de ingang staat een *gazani* opgesteld, een destilleerapparaat om de druivenpulpbrandewijn zivanía te maken, zoals er vroeger een in de huizen van veel Cypriotische wijnbouwers stond. De op de Italiaanse grappa lijkende, maar niet meer dan één keer gedestilleerde drank was tot ongeveer twintig jaar geleden nog niet gebotteld verkrijgbaar. In eenvoudige koffiehuizen kon men de drank illegaal van de samenzweerderige waard krijgen – tegen betaling. Vaak ook was hij gratis. Nu is de drank als souvenir in een fles met een mooi etiket verkrijgbaar. De plattelandsbevolking gebruikt hem net als vroeger ook voor winterse massages of voor de grondige reiniging van de keuken en de tafel. Zivanía heet op Kreta overigens *tsikoudiá*, in Noord-Griekenland *tsípouro*. De algemene Griekse naam voor deze droesembrandewijn luidt ook rakí – wat teruggaat op de Aziatische rijstbrandewijn arak.

Bij het wijnmuseum hoort een groot proeflokaal. Het heeft meer dan 220 verschillende Cypriotische wijnen in voorraad, waarvan de meeste ook per fles te koop zijn.

Wijnproeven inclusief overnachting

Het 3childrachtige Ómodos is een van de belangrijkste wijndorpen van Cyprus. Het ligt op een hoogte van ongeveer 800 m. Aan de rand van het dorp in de richting van Plátres ontvangt de **Olympus Winery** van harte bezoekers. In de historische dorpskern in de buurt van het klooster staat een imposante, middeleeuwse wijnpers, *linós* genaamd. Borden met uitvoerige informatie leggen uit hoe de pers werkt. De beste mogelijkheden om wijn en zivanía te proeven, worden geboden door de taverna **Katoi Wine Cellar** en het wijnlokaal **Stou kir Yianni**, beide gelegen in het centrum van het dorp. Opdat ook de chauffeur van de auto zich op deze dag kan overgeven aan het wijngenot, is het aan te raden om te overnachten in het bij het wijnlokaal behorende romantische pension.

Wie in dit pension de nacht doorbrengt en zich niet gestoord voelt door de vele andere toeristen, kan de volgende dag nog door de smalle straatjes van het wel als 'mooiste dorp van Cyprus' aangeduide Ómodos slenteren. Vroeg of laat stuit de wandelaar dan op het **Linóshuis** van de staat, dat een wijnpers tentoonstelt, en op het particuliere **Socrateshuis**, een authentiek Cypriotisch huis dat als volkskundig museum fungeert en ook wijn en zivanía verkoopt. Het **Moni Timíou Stavroú** (Klooster van het Heilige Kruis, oorspronkelijk uit het jaar 327, maar de gebouwen dateren van de 19e eeuw) aan de *platía*, het dorpsplein, is verlaten, maar is meestal geopend voor bezichtiging en toont in twee kleine zalen memorabilia van de strijd van de EOKA tegen de Britse heerschappij.

Klaus Bötig

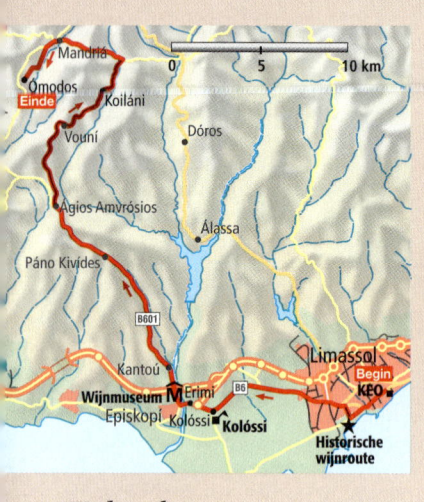

Wedergeboorte van Cypriotische druiven

Koiláni ligt midden in de regio van de *krasochória tis Lemesoú*, de wijndorpen van Limassol. Het dorp kende, waarvan de dorpsmoskee met minaret getuigenis aflegt, tot 1974 een gemengde bevolking, zeker ook de islamitische Turks-Cyprioten waren werkzaam als wijnbouwer. Van de twee wijnkelders van het dorp is de **Vardalis Winery** het best op toeristen ingesteld. De trots van de wijnbouwer is zijn rode wijn Vardalis Maratheftiko, gemaakt van een oeroude, echt Cypriotische druif, die op nog maar 2% van het teeltoppervlak wordt geplant. Vardalis behoort tot de kleine wijnkelders, waarvan de betrokken eigenaars veel waarde hechten aan kwaliteit en zodoende de grote wijnkelders in Limassol concurrentie aandoen. Kenmerkend voor de uitbreiding van het wijnaanbod is behalve de wedergeboorte van oude, bijna verdwenen druivenrassen de teelt van gerenommeerde variëteiten uit alle delen van de wereld als syrah/shiraz, chardonnay, riesling, grenache en merlot.

vrijstaande trap, die eindigt bij een ophaalbrug.
De woontoren telt drie verdiepingen, die door een smalle, stenen wenteltrap met elkaar verbonden zijn.

De begane grond bood plaats aan drie voorraadkamers, waarvan twee met een cisterne. Op de eerste verdieping bevonden zich de keuken met een soort open haard en de burchtkapel. Van de beschildering van de kapel is nog een kruisigingsscène in italianiserende stijl bewaard gebleven.

Op de tweede verdieping waren de woonvertrekken van de burcht ondergebracht. Vanaf het dak hebt u een prachtig uitzicht op Akrotíri en beneden ziet u de resten van een middeleeuwse suikerrietfabriek. Tussen deze resten en de vesting staat een reusachtige exotische boom, afkomstig uit Amerika.

Naast de woontoren vervoerde een aquaduct water, dat een **suikerrietmolen** aandreef, waarvan aanzienlijke resten bewaard zijn gebleven. Het riet werd verder verwerkt in de goed bewaarde gotische fabriekshal. Behalve de rietsuikerproductie behoorde ook de wijnbouw tot de economische basis van de orde (zie ook blz. 125).

Cyprus Wine Museum
Zie Op ontdekkingsreis blz. 124

Het zuidelijke Tróodosgebergte

Op de door de zon verwende hellingen van het zuidelijke Tróodosgebergte wordt vooral wijn verbouwd. In de hogergelegen gebieden rond Páno Plátres en de Ólympos wordt het landschap daarentegen bepaald door prachtige dennenbossen. Een bezoek aan het **Tróodos National Forest Park**, ook **Nationaal Park Tróodos** genoemd, is zeer de moeite waard.

Het zuidelijke Tróodosgebergte

Agrós ▶ E 7

De omgeving van Agrós wordt vooral gebruikt voor de akkerbouw. Op kleine terrassen oogsten de boeren fruit, rozenblaadjes en wijn. Ten oosten van Agrós begint het traditionele teeltgebied van de commandaríawijn. In dit 1200 m hoog gelegen dorp produceren vele handwerkbedrijven onder andere rozenwater en keramiek. Agrós bezit geen belangrijke bezienswaardigheden, maar is heel geschikt als uitgangspunt voor wandelingen en voor een bezoek aan de **schuurdakkerk van Pelendrí** (zie blz. 128).

Ook de al in het district Nicosia gelegen **schuurdakkerken van Platanistása** en **Lagouderá** (zie blz. 187) zijn vanaf Agrós te bereiken. Meer over schuurdakkerken op blz. 65, vanaf blz. 186, 188, 192, 197 en in Op ontdekkingsreis op blz. 194.

Overnachten

Reusachtig – **Rodon**: tel. 25 52 12 01, www.rodonhotel.com, 2 pk € 70-90, speciale aanbiedingen in voor- en naseizoen en speciale all-inprijzen. Dit hotel met 155 kamers wordt door inwoners van de gemeente coöperatief geëxploiteerd. Het maakt indruk door zijn hoge ligging met een schitterend uitzicht op de bergen. Soms heel druk.

Overzichtelijk – **Vlachos**: aan de hoofdweg onder Agrós, tel. 25 52 13 30, 2 pk

Wegverbindingen

Vanaf Limassol voeren drie hoofdwegen naar het Tróodosgebergte: de mooiste is de E 601 via Ómodos naar Páno Plátres, de kortste naar Agrós is de E 110, sneller gaat het over de B 8 en via Peléndri.

€ 40-50. Eenvoudig, klein hotel met uitzicht op het dal, achttien kamers.

Eten en drinken

Agrós bezit goede taverna's, die alle de traditionele keuken serveren:
In het groen – **Koilada**: op de laagste plaats van de doorgangsweg, tel. 25 52 13 03, hoofdgerecht € 8-10. Restaurant met tuin; Cypriotische gerechten.

Winkelen

De **rozenwaterdestilleerderij** zelf is alleen in mei geopend. Het familiebedrijf (met winkel) is daarentegen het hele jaar te bezichtigen:
Geurige producten – **Christos Tsolakis**: beneden het ziekenhuis, tel. 25 52 18 93, www.rose-tsolakis.com. Rozenwater, -olie, -zeep, rode wijn met rozenaroma, rozenbrandewijn en -likeur. Ook keramiek.
Gekonfijte vruchten – **Niki Agathokleus Ltd.**: beneden het ziekenhuis, tel. 25 52 14 00. Hier worden vruchten met suiker lang houdbaar gemaakt: *glikó*.
Stevige kost – **Kafkalia Ltd.**: hoofdweg, tel. 25 42 14 26. Cypriotische worsten en hammen.

Actief

Te voet en met de fiets – Tegenover de oprijlaan van hotel Rodon begint een 2-3-urige **rondwandeling** (bewegwijzerd of gebruik CTO-wandelkaart). Spectaculair is de 3-4 uur durende wandeling rond de **berg Madári**. Tocht erheen met de auto naar de pas Doxa soi o theos, die u via Kyperoúnda bereikt. **Hotel Rodon** verhuurt **fietsen**, ook voor 2 uur, en stelt een routekaart ter beschikking.

Info

www.agros.org.cy: nuttige privéwebsite.
Bus: meermalen per dag busverbinding met Limassol, 1 x per dag met Nicosia.

Peléndri ▶ E 7

Kerk Tímios Stavrós

Vraag naar de sleutel in een van de kafenía aan de hoofdstraat, tel. 25 55 23 69, Anastasia Papachristodoulou
Liefhebbers van Byzantijnse kunst kunnen in dit nauwelijks door toeristen bezochte grote dorp de kerk Tímios Stavrós (11e-14e eeuw) bezoeken (UNESCO-Werelderfgoed). Binnen toont het godshuis twee bijzondere motieven uit de 14e eeuw: een buigende Johannes en Jezus in de buik van hun moeders, daarnaast Jozef, die een reeds opgeheven stok laat zakken. Hij is net van een reis van meer dan zes maanden teruggekeerd en treft thuis zijn vrouw zwanger aan. Een engel geeft hem uitleg.

Tsiákkas Winery

Boven de hoofdweg van Peléndri naar Limassol, tel. 25 99 10 80, www.tsiakkaswinery.com, wijnproeverij 9-17 uur
In deze door dennen omgeven wijnkelder worden naast inheems-Cypriotische wijndruiven ook riesling, cabernet sauvignon en chardonnay geperst.

Páno Plátres ▶ D 7

Een zekere chic kenmerkt dit door mooie dennenbossen omgeven luchtkuuroord op een hoogte van 1100 m. In het plaatsje staan veel oude villa's uit de koloniale tijd, sommige worden nu als toeristenaccommodatie gebruikt. Zelfs een Saudi-Arabische koning bezat hier

Het zuidelijke Tróodosgebergte

een zomerverblijf. 's Zomers en in het skiseizoen heerst hier een grote bedrijvigheid en een internationale flair. Met zijn vele kleine hotels is Plátres prettig, maar bezienswaardigheden zijn er niet.

Overnachten

Modern – **Pendeli:** Leof. Makários 12, tel. 25 42 17 36, www.pendelihotel.com.cy, 2 pk € 60-80. Nieuw gebouw, 81 kamers, in het centrum. Sauna en zwembad.

Baksteenarchitectuur – **Helvetia:** tel. 25 42 13 48, helvetia@spidernet.com.cy, 2 pk € 60-80. Dit gerenoveerde traditionele bakstenen hotel ligt uitnodigend onder dennen aan de rand van Páno Plátres, 81 kamers.

Als in de Alpen – **Petit Palais:** tel. 25 42 27 23, www.petitpalaishotel.com, pk € 40-60. Eenvoudig hotel met vier verdiepingen in het centrum, met houten balkons, 32 kamers.

Wandelgebied – **Edelweiss Hotel:** Kalidonia St. 53, tel. 25 42 13 35, www.edelweisshotel.com.cy, 2 pk € 35-60. Gezellig, met hout betimmerd hotel met 22 kamers.

Eten en drinken

Voordelig en goed – **Village Restaurant:** Leof. Makarios 26, dicht bij het centrum, 200 m van hotel Pendeli, tel. 99 66 37 72, *mezédes* € 12, hoofdgerecht € 6-10. Hier wordt de Cypriotische

Páno Plátres: luchtkuuroord in het groen met panoramisch uitzicht

> **Tip**
>
> **Hotel Semiramis in de natuur**
> Deze gezellige, eenvoudige herberg met tien kamers in een honderd jaar oude koloniale villa in Páno Plátres ligt lommerrijk buiten het centrum (Spyrou Kyprianou 55, naast het Edelweiss Hotel, tel. 99 66 37 72, www.semiramishotelcyprus.com, 2 pk € 50-70).

dorpskeuken geserveerd, bijvoorbeeld huisgemaakte ravioli met *chaloumi*.

Winkelen

Ambachtelijke chocolade – Sokolatopoieion: Leof. Makarios 29, tel. 99 76 64 46, www.cypruschocolate.com. Een Brits-Cypriotisch echtpaar heeft tegenover de Village Tavern in Plátres een winkel geopend. Hier worden heerlijke, met Cypriotische aroma's verfijnde chocolade en pralines gemaakt en verkocht. Ook chocoworkshops.

Info

Informatie

www.platres.org: informatie over hotels, restaurants en activiteiten.
CTO Tourist Information: in het centrum aan de *platía*, tel. 25 42 13 16, ma.-vr. 8.30-14.30, ma./di., do./vr. ook 15-18.15, za. 8.30-13.30 uur, in voor- en naseizoen soms gesloten. Wandelkaarten en folders over fietstochten.

Vervoer

De **dorpsbus** rijdt ma.-za. circa 3 x per dag naar Limassol en terug. De **Tróodos Mountain Bus**, tel. 25 34 02 51, komt uit Limassol en rijdt om 9.30 naar Tróodos, om 17.30 uur vandaar terug via Psiló Dendró en Páno Plátres (15.45 uur) naar Limassol.

Tróodos National Forest Park ✳ ▶ D/E 7

Sinds 1991 is Cyprus met het **Tróodos National Forest Park** in het bezit van een nationaal park dat ook internationaal gezien mag worden. Veel picknickplaatsen en wandelpaden veraangenamen een bezoek.

Het 9,3 km² grote bospark strekt zich uit rond de met 1952 m hoogste berg van Cyprus, de Ólympos (ook Chionístra genoemd) en beslaat 1% van de oppervlakte van het eiland. Hier groeien meer dan 770 plantensoorten; 65 daarvan zijn alleen op Cyprus te vinden, 25 daarvan uitsluitend in het Tróodos National Forest Park. De bossen van Tróodos beslaan in totaal een derde van het eiland

Op de top van het Tróodosgebergte groeien imposante zwarte dennen van de ondersoort *Pinus Nigra subsp. pallasiana*. Zwarte dennen kunnen tot duizend jaar oud worden. In de ondergroei zijn groepen van de Tróodosstinkjeneverbes (*Juniperus foetidissima*) geplant. Langs de wegen plant bosbeheer graag ceders (*Cedrus brevifolia*). Een oorspronkelijk cypruscederbos is te vinden in het Cederdal (Cedar Valley) ten zuidwesten van Kýkko.

Van de endemische planten van Cyprus bloeit in maart en april de *Arabis purpurea* tussen besneeuwde plekken. Let van mei tot juni op het gele Cypriotisch schildzaad (*Alyssum troodi*), dat een voorkeur heeft voor een droge serpentinietbodem, en van juni tot oktober op de lipbloemige *Nepeta troodi*, die naar munt ruikt en in groten getale op de Ólympos groeit. Lager in het Tróodosgebergte groeit een groenblijvende struik met glanzende bladeren, waar-

Het zuidelijke Tróodosgebergte

van hele bossen voorkomen. Dit is de Cypriotische gouden eik (*Quercus alnifolia*). De Botanische Tuin boven de mijnen van Amíandos documenteert de vegetatie van het Tróodosgebergte (zie blz. 197, zie ook Op ontdekkingsreis blz. 132). Tijdens de maanden met veel sneeuw beoefenen de Cyprioten de wintersport op de Ólympos. Dan zijn verscheidene skiliften in bedrijf.

De antennes op de Ólympos zijn van een televisiezender en van een Brits spionagestation, dat het radioverkeer in het Midden-Oosten en tot de Amerikaanse basis Diego Garcia in de Indische Oceaan afluistert.

Het plaatsje **Tróodos** (▶ D 7) bestaat alleen uit restaurants, snackbars en een speeltuin.

Tróodos Visitor Centre

Aan de oostrand van Tróodos, bewegwijzerd, tel. 25 42 01 45, dag. nov.-mrt. 10-15, apr./mei, sept./okt. 10-15, juni 10-15, za./zo. 10-16 uur. Op feestdagen gesloten, uitgezonderd 15 aug. (Maria-Hemelvaart), circa € 1, leerpad gratis toegankelijk, ook buiten openingstijden

Het bezoekerscentrum informeert in een kleine **expositieruimte** met demonstratieborden, modellen en computeranimatie over de geologie, flora, fauna en milieuproblemen van het nationaal park. Naast het centrum ligt een 250 m lang **leerpad**, dat de wandelaar vertrouwd maakt met de belangrijkste planten en gesteenten.

Wandelingen in het Tróodos National Forest Park

Caledonian Falls en forellenrestaurant

Drie kilometer, 1,5 uur, bergaf ook verharde weg; reis erheen: per auto tot aan het parkeerterrein bij het forellenrestaurant, dan 's ochtends met de Tróodos Mountain Bus (vanaf Limassol circa 9.30, van het restaurant circa 10.15, in Tróodos circa 10.30 uur) naar Tróodos; loop vanaf de bushalte circa 1 km over een geasfalteerde rijweg in de richting van de Presidential Cottages naar een informatiebord bij het uitgangspunt van de wandeling. Alternatief: verlaat 1 km voor Tróodos de bus, loop dan vanaf het onderste einde ▷ blz. 135

Wandelingen in het Tróodos National Forest Park

Op ontdekkingsreis

Slangenstenen op de Ólympos

Hoog in de bergen, midden in het Tróodos National Forest Park, biedt een bezoekerscentrum informatie over de bijzonderheden van de Cypriotische geologie. Aansluitend op een bezoek aan de tentoonstelling en het leerpad kunt u in de buurt nog een tamelijk nieuwe Botanische Tuin bezoeken. Hij ligt boven de verlaten asbestmijn van Amíandos, die deels herbebost wordt.

Kaart: ▶ D 7

Planning: Tróodos Visitor Centre, zie blz. 131; **asbestmijn van Amíandos,** niet toegankelijk; **Tróodos Botanical Garden,** aan de weg Amíandos-Tróodos boven de groeve, zie blz. 197, mooi panoramisch uitzicht vanaf de hoofdweg Tróodos-Kakopetriá.

Een uitstapje hoog in het Tróodosgebergte kan gecombineerd worden met het verkennen van de diepere lagen van de aardkorst en de daaronder gelegen aardmantel. Aan de voet van de **Ólympos,** de met 1952 m hoogste berg van Cyprus, vindt u het **bezoekerscentrum** van het nationaal park direct onder het plaatsje Tróodos. Het is aan te raden eerst de tentoonstelling te bekijken om daarna het natuurleerpad te kunnen volgen. In de tentoonstellingsruimte zijn in een nis meteen rechts achter de toegangsdeur de intrusiegesteenten van de Tróodos tentoongesteld. Verder staat daar een model dat hun indeling verduidelijkt.

Reis door de geschiedenis van de aarde

Voor geologen is Cyprus een aantrekkelijk onderzoeksobject. Op maar heel weinig andere plaatsen op aarde zijn aardkorst- en aardmantelgesteente aan de oppervlakte gekomen, en al helemaal niet op dergelijke hoogten als in het Tróodosgebergte. Wetenschappers noemen zulke geplooide stollingsgesteenten ofiolieten, van het Griekse *óphis*, slang, en *líthos*, steen. Het beeld van de slang zit ook in de officiële benaming van slangensteen: serpentiniet, afgeleid van het Latijnse *serpens* (slang). Dit gesteente heeft ook de grijs-groenige kleur van een slang en is het hoofdbestanddeel van de ofiolieten.

Het Tróodosmassief weerspiegelt nauwkeurig de samenstelling van de aardkorst en de aardmantel, en wel in omgekeerde lagenvolgorde. Geheel bovenaan liggen de aardmantelgesteenten harzburgiet en serpentiniet. Dan volgen de korstgesteenten duniet, wehrliet en gabbro. In de middelste lagen van het Tróodosgebergte komt daar het (eveneens groen-grijze) diabas bij, dat in grote hoeveelheden voorkomt en graag bij de wegenbouw wordt gebruikt. Dan volgt lava, die meestal tot basaltlava is gestold, maar ook als kussenlava voorkomt.

Één eiland, twee gebergten

Oorspronkelijk bestond Cyprus uit twee eilanden. Eerst kwam ongeveer 25 miljoen jaar geleden het Tróodosgebergte tevoorschijn uit het water van de oerzee Tethys, die ooit de continenten Afrika en Eurazië volledig van elkaar scheidde en waarvan de Middellandse Zee het restant is. Zo'n 10 miljoen jaar later volgde het Pentadáktylosgebergte. Pas 2 miljoen jaar geleden kwam het tot een landverbinding tussen de twee eilanden.

Beide plooiingen zijn het gevolg van de verschuiving van de continenten, die tot de dag van vandaag aanhoudt. De Afrikaanse Plaat schuift elk jaar 1-2 cm onder de Euraziatische en duwt deze omhoog. In honderd jaar stijgt Cyprus 1 cm op uit zee, dat betekent sinds het begin van de jaartelling 20 cm. Voor Cyprus uit zee was opgedoken, borrelden op de breuklijn van de continenten vloeibare magmamassa's uit het binnenste van de aarde op en stolden 2-5 km onder de zeebodem tot harzburgiet, serpentiniet en andere intrusiegesteenten.

Lavazuilen en pyrietbrokken

Het 250 m lange **natuurleerpad**, dat links vanaf de uitgang van het bezoekerscentrum begint, laat de Tróodosofiolieten met goede bewegwijzering in een didactisch zinvolle volgorde zien – eerst de lagen van de lagere, dan die van de hogere Tróodos. Na circa 50 m herkent u een brok **basaltlava**. Door de snelle afkoeling ontwikkelde het vulkanische materiaal zich tot cilindervormige zuilen. Basaltlava is veel te vinden rond het Tróodosgebergte.

Naast de basaltlava ligt een groenachtig glinsterende **pyrietbrok**. Pyriet is een verbinding van ijzer en zwavel, vermengd met kleinere hoeveelheden koper, nikkel, kobalt en zelfs goud en zilver. Uit het felgeel tot messingkleurige materiaal wint men sinds de oudheid ijzererts en zwavel. Zwavel werd voor medische doeleinden gebruikt, vooral voor verlichting van huidziekten, en als bleekmiddel voor textiel. Sinds de uitvinding van de vuurwapens maakt men van zwavel (en salpeter) ook buskruit. Geslepen pyriet was in de oudheid ook geliefd als sieraad. Op Cyprus werd pyriet tot de deling van het eiland in 1974 vooral bij Sóli in Noord-Cyprus ontgonnen. Hier werd uit het pyriet ijzersulfaat gewonnen, dat werd gebruikt in de leerlooierij, als ontsmettingsmiddel en bij het conserveren van hout.

Zo'n 40 m verder stuit u op grijs **gabbro**, na de haarspeldbocht in het leerpad op grijs-zwart **wehrliet** en bruin **duniet**. Het betreft hier steeds korstgesteenten die ooit boven de volgende aardmantelgesteenten lagen: **serpentiniet** en **harzburgiet**. Let op de groengrijze structuur van het materiaal, dat inderdaad doet denken aan de huid van een slang.

Asbest – vuurvast en levensbedreigend

Naast de slangenstenen hebben de geologiedidactici een **asbestbrok** gelegd. Dit vezelige gesteente komt in tot 15 mm dikke aders in het serpentiniet van de hogere delen van het Tróodosgebergte voor.

Tot een paar decennia geleden werd dit extreem hittebestendige mineraal hier vlakbij gewonnen. Wie Tróodos in de richting van Kakopetriá verlaat, komt langs het enorme, verwoeste terrein van de stopgezette mijnbouw van Amíandos. *Amíant* (de onbevlekte) is de Griekse naam voor asbest (*asvéstis* betekent daarentegen kalk, letterlijk: onuitwisbaar). De mijnen waren van 1904 tot 1988 in bedrijf en vormen de opvallendste herinnering aan de Cypriotische mijnbouw. In de jaren 30 van de 20ste eeuw waren tot tienduizend mensen werkzaam in de asbestmijnen, die alle bij een buitenlands concern hoorden. Met het gevaar van kanker bij het winnen van asbest was men toen op Cyprus nog geheel onbekend. De vakbonden vermoeden dat honderden mensen door asbeststof om het leven zijn gekomen als gevolg van kanker.

Van de microscopisch kleine vezels van het asbest werden al in de oudheid vuurbestendige stoffen geweven. Ook in de koningsgraven van Páfos zijn doden gevonden die omwikkeld waren met van lagen asbest voorziene linnen doeken.

Afgeronde bergtoppen en spitse bergtoppen

Doordat de stollingsgesteenten van de Tróodos bijzonder hard en resistent tegen verwering zijn, rijzen rondom de wandelaar in dit gebergte geen klippen op en zijn er geen canyons en grotten te vinden. Puntige klippen en diepe insnijdingen kenmerken wel het later ontstane Pentadáktylosgebergte in Noord-Cyprus (ook wel Kyreniagebergte), dat uit kalksteen en marmer bestaat. Terwijl vijf moeilijk te beklimmen toppen de hoogste bergen van het Pentadáktylosgebergte (*pénta* betekent vijf, *dáktylos* vinger) vormen, kan op de afgeronde toppen van het Tróodosgebergte met de auto worden gereden.

Op de terugweg naar de kust ziet u langs de berm witachtige gesteentelagen. Het betreft hier uit schelpen en andere levende wezens, zoals planktondiertjes, ontstane **kalklagen**, die zich ooit op de bodem van de Tethyszee hadden afgezet.

Het zuidelijke Tróodosgebergte

van de geasfalteerde rijweg slechts ca. 250 m naar het uitgangspunt

Zeer aan te bevelen voor wandelaars is de **Caledónia Nature Trail,** die door het mooie, schaduwrijke dal van de Kríos Potamós deels steil bergaf naar de **Caledonian Falls** en verder naar forellenrestaurant Psilo Dendro aan de hoofdweg iets boven Páno Plátres voert. Het pad is zeer goed verhard en deels van traptreden voorzien. Op sterk hellende plaatsen zijn balustrades aangebracht, zodat ook wandelaars met hoogtevrees het pad aankunnen. Het grote tuinrestaurant heeft als specialiteit forel (ook meerval) van eigen kweek, op houtskool gegrild (visgerecht circa € 12, elke dag overdag en 's avonds geopend).

Andere wandelingen

In het Tróodos National Forest Park en nabije omgeving lopen meer dan tien bewegwijzerde, goed begaanbare wandelpaden. Folders met beschrijvingen van de paden en uitleg over de planten zijn verkrijgbaar in het Tróodos Visitor Centre en bij de CTO. U kunt zich ook oriënteren aan de hand van borden bij de begin- en eindpunten van de tochten. Langs het wandelpad geven borden een verklaring van de bezienswaardigheden van de natuur.

Voor bestuurders van een huurauto zijn vooral de volgende rondlopende wegen aan te raden. Twee wegen voeren rond de Ólympos: **Atalante** (12 km, 3,5 uur) begint bij het postkantoor van Tróodos (bij de afslag naar Pródromos); **Artemis** (7 km, 2,5 uur, iets hoger, begint bij de weg naar de Ólympos, circa 600 m van de hoofdweg.

De rondwandeling van **Kámpos tou Livadioú** (3 km, 1 uur) begint bij een uitspanning met parkeerplaats iets buiten Tróodos aan de weg naar Amíantos. Een kortere, eveneens zeer goed bewegwijzerde tocht is vanaf deze parkeerplaats ook voor rolstoelgebruikers geschikt om af te leggen.

Overnachten

De berg roept – **Jubilée:** aan de oostelijke rand van Tróodos bij de weg naar Pródromi, tel. 25 42 01 07, fax 25 42 01 19, 2 pk € 50-90. Gezellig, goed geleid hotel uit 1935 met veel hout, prachtig geïsoleerd gelegen te midden van zwarte dennen, 37 kamers. Hier komen vooral wandelaars, skiërs en fietsers.

Actief

Paardrijden onder zwarte dennen – Bij de afslag van Tróodos naar Páno Plátres worden bij goed weer paarden verhuurd voor uitstapjes met een gids aan de teugels. Tien minuten € 6, twintig minuten € 10.

Skiën – **Tróodos Ski School:** Tróodos, tel. 99 44 34 50. Wanneer er in de winter genoeg sneeuw ligt, kunt u bij de skileraar Akis Gregoriou les krijgen en ook materiaal lenen.

Fietsen bij de Ólympos – Bij restaurant Psilo Dendro en elders zijn kaarten te vinden die de weg naar fietspad nr. 1 wijzen, dat op 900-1200 m hoogte rond het Tróodosgebergte voert. Blauwe strepen scheiden de paden, die over asfaltwegen gaan, van het autoverkeer. Informatiemateriaal is ook verkrijgbaar bij de CTO.

Info

Vervoer

Dorpsbus: circa 2 x per dag naar Nicosia en Limassol.
Tróodos Mountain Bus: tel. 25 55 22 20, ma.-vr. 15.30 uur via Páno Plátres naar Limassol.

Foiní ▶ D 7

Het pottenbakkersdorp Foiní (spreek uit Fíní) heeft een interessant particulier museum te bieden, dat aspecten van de productie en het gebruik van aarden potten toont.

Pilavákismuseum

Tel. 99 52 92 93, tijden variëren, € 3
Eigenaar en gids Fanos Pilavákis stamt uit een oude pottenbakkersfamilie, waarvan de naam het beroep al aangeeft: *pilos* betekent klei en *vakis* komt van *ballein*, gooien. Bijzonder origineel is een aarden sauna in de vorm van een kruik, die vrouwen na de geboorte gebruiken om daarin hun buik strakker te maken. Ongeveer vijf weken lang gingen ze er twee- tot driemaal per week in.

Ómodos ▶ D 8

Zie Op ontdekkingsreis blz. 124

Overnachten

Romantisch – **Stou kir Yianni:** Linou 15, tel. 25 42 21 00, www.omodosvillage cottage.com, 2 pk met ontbijt € 80-90. Modern pension met eigen wijnlokaal, traditionele sfeer.

Langs de kust naar Pissoúri

Nu sinds de jaren 90 de nieuwe snelweg naar Páfos het verkeer heeft aangetrokken, heeft de oude kustweg enorm aan bekoring gewonnen. De weg voert eerst naar Koúrion, waarvan de antieke ruïnes hoog boven de blauwe zee op een rots liggen. De weg gaat verder door het gebied van de Britse basis Akrotíri naar het mooie bergdorp Pissoúri. Het strand van Pissoúri tussen sneeuwwitte kalksteenrotsen heeft zich tot een aantrekkelijke plaats voor zonnebaden en zwemmen ontwikkeld.

Episkopí ▶ E 9

Koúrionmuseum

Ma.-wo., vr. 9-15, do. 9-17 uur, € 1,70
Ter voorbereiding op een bezoek aan Koúrion is een korte stop in het dorp Episkopí lonend. Het **Archeologisch Museum** stelt enkele aardewerken beelden van Aphrodite, alledaagse voorwerpen als een zaagblad, spelden, pincetten en ook wijgeschenken uit het Apollo Hylatesheiligdom tentoon, waaronder Apollo die een steen werpt. In een grote vitrine is bovendien een scène gereconstrueerd die zich op 23 juli van het jaar 365 heeft afgespeeld: Een ongeveer 25 jaar oude man met een ring met het Christusmonogram om zijn vinger omarmt een circa negentienjarige vrouw van achteren. De vrouw houdt een ongeveer anderhalf jaar oude baby beschermend tegen haar borst. Ongetwijfeld is dit gezin bij een

---

EOKA-gedenkplaatsen in het Tróodosgebergte

Op vroeger onbegaanbare plaatsen, maar ook naast moderne monumenten in sommige dorpen in het Tróodosgebergte zijn Griekse vlaggen te zien – zonder de Cypriotische vlag erbij. Daar wordt de verzetsstrijd van de nationalistische EOKA tegen de Britten herdacht. Het doel van de strijd was de aansluiting van Cyprus bij Griekenland. De onafhankelijkheid, en daarmee de vorming van een Turks-Grieks Cyprus, beschouwden de EOKA-strijders als verraad.

aardbeving om het leven gekomen. De skeletten werden gevonden op de akropolis van Koúrion tussen basiliek en theater. In de archeologische literatuur wordt deze schokkende uitbeelding 'Romeo-en-Juliascène' genoemd.

Koúrion ▶ D 9

Naast Páfos en Sálamis behoort Koúrion, onder de Romeinen Curium, tot de belangrijkste archeologische bezienswaardigheden op Cyprus. De ruines zijn verdeeld over drie plaatsen. Het stadskoninkrijk Koúrion was vanwege zijn Apollo Hylatesheiligdom van bovenregionale betekenis. De stad beleefde zijn bloei pas in de Romeinse tijd, waaruit bijna alle bewaard gebleven resten stammen.

Centrale opgravingsplaats

Nov.-mrt. 8-17, apr./mei, sept./okt. 8-18, juni-aug. 9-19.30 uur, € 1,70

Het **theater** uit de 2e eeuw bood plaats aan circa 3500 personen en was dus kleiner dan dat in Sálamis met plaats voor 25.000 personen. In de late oudheid werd het steeds weer verbouwd door een verandering van smaak of door besluiten van de overheid: geen hoogwaardig toneel meer, maar massavermaak met klopjachten op dieren en gevechten tussen gladiatoren onder het motto: brood en spelen. De onderste rijen werden verwijderd en er werd een traliehek opgesteld om de toeschouwers te beschermen.

Boven het theater liggen op een plateau onder een moderne dakconstructie de ruïnes van het huis van een rijke Romein, van wie we dankzij een inscriptie de naam weten. Dit **Huis van Eustolios** bezat een atrium en zijn eigen thermen. Op een rond vloermaziëk in de centrale ruimte van de thermen houdt Ktisis, de verpersoonlijking van het bouwen, haar embleem, een meetstok, in de hand. Dat Eustolios een christen was, wordt bewezen door een inscriptie en vijf diermozaïeken naast het atrium, waarvan twee met een vis. Het Griekse woord voor vis, *ichthus,* bestaat uit de beginletters van de christelijke formulering: (J)esus (Ch)ristus, Gods (*theou*) zoon (*uios*), verlosser (*soter*).

Nog hoger dan het Huis van Eustolios troonde de **basiliek** van Koúrion. Deze was met een lengte van 55 m een van de grootste kerken van Cyprus. Koúrion was in de tijd van de bouw, kort na 400, een van de vier Cypriotische bisschopszetels. In die tijd wilde de jonge staatskerk zoveel mogelijk mensen die nog de oude religie aanhingen, tot het christendom bekeren. In grote doopkapellen, die aangesloten waren bij de basiliek, werden grote aantallen mensen tegelijk gedoopt.

Met deze drie gebouwen hebt u het essentiële gezien. Mensen met archeologische interesse kunnen nog het in het noorden aangrenzende, maar uiterst onoverzichtelijke opgravingsterrein bezoeken. In het verlengde van de **zuilengalerij van het Forum** stuit u op een **therme** en, rechts daarvan, op een **nymfaeum**, waarin het water voor de stad verdeeld werd. De blikvanger is een fontein met opvallend gebogen zijmuren. Ten noorden daarvan ontdekt u op een lager niveau de resten van een **piramide** uit de 4e eeuw v.Chr. Na de verwoestingen door aardbevingen in de late oudheid hebben de christenen op het terrein nog een basiliek gebouwd.

Wanneer u steeds verder langs de omheining loopt, stuit u op enkele in artistiek opzicht onbeduidende, maar thematisch interessante **mozaïeken** uit voormalige woonhuizen. Op een van de zeer zeldzame gladiatorenmozaïeken stormen twee krijgers met korte zwaarden en schilden op elkaar af, op een ander probeert een in het wit ge-

Limassol en het zuidelijke Tróodosgebergte

De ruïnes van de basiliek van Koúrion, schitterend gelegen boven de steile kust

klede scheidsrechter een al te onstuimig vechtende gladiator tot bedaren te brengen.

Direct bij de omheining voor de geasfalteerde weg is nog een mozaïek te zien, dat Achilles, de strijder uit de Trojaanse Oorlog, in vrouwenkleding toont. Zijn moeder Thetis had hem als jongen bij de dochters van koning Lykomedes verstopt, omdat ze wist dat hij te eniger tijd zou omkomen, wat ook geschiedde door zijn wond aan de achilleshiel. De listige Odysseus blaast op een krijgstrompet, waarop Achilles, zijn instinct volgend, de wapens grijpt en zich zo verraadt.

Stadion

Toegang gratis

Op weg naar het heiligdom komt u langs het 229 m lange stadion uit de 2e eeuw. Circa zeshonderd personen konden op zeven rijen naar de naakte hardlopers kijken bij de 186 m-loop. 'Stadion' is eigenlijk een lengtemaat van die afstand, waarnaar de renbaan is genoemd.

Apollo Hylatesheiligdom

Nov.-mrt. 8-17, apr./mei, sept./okt. 8-18, juni-aug. 9-19.30 uur, € 1,70

Hylates komt van het Griekse *hýlè*, dat bos betekent. De god van de schoonheid en de harmonie werd ook als beschermer van de bossen beschouwd. Het Apollo Hylatesheiligdom ligt niet meer in het bos, maar wel 2 km van de weg af midden in halfhoge, groenblijvende maquis. Alleen de boven alles uitstekend antennes van de Britse basis verstoren de idylle.

In de ruïnes uit de 1e en 2e eeuw stuit u eerst op de **palaestra**, een worstelschool, met in een hoek een enorme aarden kruik – voor de olijfolie waarmee de worstelaars hun lichaam inwreven. Door de **Páfospoort** betreedt u het heilige gebied. Let een paar meter verder rechts voor de priesterwoningen op een **kuil**. Daarin hebben de archeologen honderden aardewerken votiefgeschenken gevonden, die uit het **schathuis** en het **zuidelijke gebouw** met de banken eromheen waren gesorteerd en begraven om plaats te maken voor nieuwe.

Aan het eind van een smalle gang staat de **Tempel van Apollo**, de enige op zijn minst voor de helft bewaard gebleven tempel van Cyprus in Grieks-Romeinse zuilengalerijstijl. Twee van de vier zuilen van de voorkant dragen Nabateïsche kapitelen.

Op de terugweg van de tempel ziet u rechts van de gang een rond monument. In de gaten in de bodem stonden twee boompjes. Priesteressen voerden om dit **bomenheiligdom** cultusdansen uit.

Aan de rand van het heiligdom lag ter verkwikking van de pelgrims een kleine **therme** met ruimten met koud, lauw en heet water. De *hypocausta*, een vloerverwarming met kleine baksteenpijlers, is nog goed te herkennen.

Pissoúri en Pissoúri Beach ▶ C 9

Het 5 km van de zee gelegen bergdorp **Pissoúri** wil het mooiste dorp van Cyprus worden. De dorpskern met de kleine *platía* is nu een voetgangerszone met sierplaveisel en bloembakken. Pissoúri is ideaal voor rustzoekers.

Aan zee heeft **Pissoúri Beach** zich ontwikkeld, dat uit enkele vistaverna's, hotels en appartementencomplexen bestaat. Het zandstrand met kiezels is een van de mooiste in dit deel van het eiland. Wie kan afzien van amusement, maar goede taverna's en een paar watersportmogelijkheden op prijs stelt, is in Pissoúri op zijn plaats. Aan het westelijke einde van het strand ziet u bizarre, sneeuwwitte rotsformaties van kalksteen.

Overnachten

Luxehotel – **Columbia Beach**: Pissoúri Beach, tel. 25 22 12 01, www.columbia-hotels.com, 2 pk circa € 200. Luxehotel direct aan het strand, met wellnessafdeling. Het is het voordeligst een van de 129 kamers via een reisbureau te boeken. Het luxueuze Resort Hotel ernaast is van dezelfde eigenaar

Eenvoudig – **Kotzias Apartments**: Pissoúri Beach, tel. 25 22 10 14, www.kotzias.net, studio € 60-70. Dertig deels vrij goede, deels nogal eenvoudige appartementen in twee huizen onder één kap op een grasveld dicht bij het strand, ook per dag te huur.

Last orders, please – **Bunch of Grapes Inn**: Pissoúri-dorp, tel. 25 22 12 75, www.thebunchofgrapesinn.com, 2 pk € 50. Elf kamers in een boerderij van een eeuw oud met traditionele architectuur. Er horen een Britse pub en een taverna bij, die de goede internationale keuken serveert, zoals gebraden eend met een abrikozenbrandysaus.

Klein – **Viktoria**: Pissoúri-dorp, tel. 25 22 11 82, 2 pk € 40 zonder ontbijt. Modern hotel met zes eenvoudige kamers.

Eten en drinken

Verse vis – Pissoúri staat bekend om zijn **vistaverna's**. Er komen veel Cypriotische gasten uit Limassol. Verse vis voor een redelijke prijs.

Info

www.about-pissouri.com: particuliere website met veel tips.

Vervoer

Bus: van Pissoúri-dorp gaat circa 4 x per dag een bus naar Limassol. Van Pissoúri Beach rijdt meermalen per dag een kleine bus, de Akis-Express, naar Páfos en Limassol. Informatie bij Pissouri Village Office, tel. 25 22 22 29.

IN EEN OOGOPSLAG

Páfos, Pólis en West-Cyprus

Hoogtepunt ☀

Páfos: het hoogtepunt in Páfos is het Archeologisch Park. De Romeinse en vroegchristelijke mozaïeken in het paleis van de Romeinse stadhouders en de villa's van aanzienlijke burgers zijn uniek en staan op de Werelderfgoedlijst van de UNESCO. Zie blz. 142.

Op ontdekkingsreis

Alternatief voor het christendom: uit enkele mozaïeken in Páfos blijkt dat de laatantieke Dionysoscultus een aards alternatief voor het christendom vormde. Zie blz. 150.

Op het spoor van de Perzische Oorlogen: niet ver van het Aphroditeheiligdom in Oud-Páfos, bij het huidige dorp Koúklia, ligt een unieke opgraving, die ons naar de tijd van de Perzische Oorlogen terugvoert. Zie blz. 160.

Map labels

Middellandse Zee
Akámas
Bad van Aphrodite
Pólis
Stavrós tis Psókas
Androlíkou
Lakkí
Bos van Páfos
Avgáskloof
Klooster Chrysorrogiátissa
Ágios Neófytos
Páfos
Mozaïeken in Páfos – een aards alternatief voor het christendom
Op het spoor van de Perzenoorlogen
Koúklia

Bezienswaardigheden

Cultuurgoederen: afgezien van het **Archeologisch Park** (zie blz. 146) vindt u in Páfos een **Turks fort** (zie blz. 141) en **Koningsgraven** (zie blz. 153), en bij Koúklia ligt een **Aphroditeheiligdom** (zie blz. 159).

Wandelen

Wandeling door de Avgáskloof: dit ravijn in het kalksteen van het Akámasschiereiland vormt een van de mooiste natuurgebieden van Cyprus. Zie blz. 168.

Wandeling bij het klooster Chrysorrogiátissa: rondwandeling door wijngaarden rond een tafelberg. Zie blz. 171.

Wandelingen over het Akámasschiereiland: twee populaire wandelingen beginnen bij het Bad van Aphrodite; daarnaast zijn er nog twee vanaf de picknickplaats Smigiés. Zie blz. 177.

Wandelingen bij Stavrós tis Psókas: dicht bij een moeflongebied voeren twee rondwandelingen door een dennenbos. Zie blz. 180.

Sfeervol genieten

Eenzaam Bos van Páfos: over bochtige onverharde wegen rijdt u per auto of mountainbike urenlang door een uitgestrekt bos zonder een mens te ontmoeten. Zie blz. 180.

Uitgaan

Páfos: het all-intoerisme drukt een sterk stempel op het overvloedige aanbod aan uitgaansmogelijkheden. In de bovenstad Ktíma nemen ook plaatselijke bewoners deel aan het nachtleven. Zie blz. 158.

Pólis: met slechts één disco en enkele bars gaat het hier rustig toe. 's Avonds ontmoeten de op eigen houtje reizende toeristen elkaar in het voetgangersgebied, waar ze van de gemoedelijke sfeer genieten. Zie blz. 172.

De geboortegrond van Aphrodite

Het westen van Cyprus is zowel voor all-intoeristen als voor individuele vakantiegangers een echte aanrader. De stad Páfos heeft op archeologisch gebied veel te bieden, maar heeft door de vele hotels op de kustvlakte aan charme ingeboet. Van de stranden in de omgeving is dat bij de Rots van Aphrodite, ook wel Pétra toú Romioú genoemd, het aantrekkelijkst. Sinds de snelweg in gebruik is genomen, is dit mooie stuk kust met zijn witte rotsformaties aanzienlijk rustiger geworden.

Ten noorden van Páfos rijgen de hotels en huizen zich aaneen. Eenzamer zijn de onbebouwde kusten van Akámas ten noorden van Ágios Geórgios. De beste plek voor zon- en zeeaanbidders is daar Lára Beach. Tijdens het legseizoen van de zeeschildpadden moet dit strand echter gemeden worden (zie blz. 169).

In het oosten wacht het uitgestrekte Bos van Páfos op de westhelling van de Tróodos op bezoekers die zich op de bochtige, niet-verharde boswegen wagen. Slechts enkele weinig bereden asfaltwegen verbinden de kustplaatsen in het westen direct met de dorpen van de Tróodos en Nicosia.

Voor individuele reizigers is met name de streek rond Pólis interessant. De kusten en uitgestrekte bossen en wijngaarden hier in het noordwesten behoren tot de mooiste landschappen van Cyprus. Belangrijke bezienswaardigheden zijn er niet. Maar het als natuurgebied beschermde Akámasschiereiland lokt met het Bad van Aphrodite en vele aantrekkelijke wandelroutes.

Wie op zoek is naar het minst door het toerisme aangetaste kustgebied van Zuid-Cyprus rijdt van Pólis verder langs de kust naar het oosten, in de richting van de Green Line. Onderweg naar het zeer afgelegen dorp Káto Pýrgos rijdt u via een bochtige weg om de Turkse enclave Erenköy, waarna u het kleine kustplaatsje bereikt, dat al tot het district Nicosia behoort. Hiervandaan kunt u over een nieuwe asfaltweg parallel aan de demarcatielijn in de richting van Nicosia rijden.

De omgeving van Páfos wordt intensief benut voor de landbouw. De hellingen zijn bedekt met wijnstokken, in de nabijheid van de kust groeien bananen en bij Pólis glanzen de citroenen en sinaasappels aan de bomen. Alomtegenwoordig is ook de altijdgroene johannesbroodboom met zijn knoestige stam.

Páfos ✱ ▶ B 8

Páfos, in de 3e eeuw v.Chr. de hoofdstad en grootste stad van Cyprus, is tegenwoordig met 42.000 inwoners de kleinste van de vier districtshoofdsteden van het eiland. Het huidige centrum ligt 3 km van zee op een 150 m hoog kalksteenplateau aan de rand van een breukhelling. Dit stadsdeel heet Páno Páfos (ook wel: Áno Páfos), Boven-Páfos, of Ktíma (landgoed).

Het centrum van Páno Páfos is de voormalige Turkenwijk tussen de Ke-

INFO

Internet
www.visitpafos.org.cy: officiële website van de stad.

Openbaar vervoer
Vervoersknooppunten zijn Páfos-Ktíma, Káto Páfos en in mindere mate Pólis.

Avondsfeer in de haven van Páfos – uitzicht op het havenfort

birmoskee en het Turkse badhuis. Vóór 1974 woonden hier ongeveer 3500 Turken, een derde van de indertijd 11.000 inwoners. Hier kunt u heel aangenaam rondslenteren; er zijn doorgaans meer bewoners dan toeristen op straat te zien. Veel van de smalle straatjes zijn tegenwoordig overhuifde, schaduwrijke winkelpassages. Boeren uit de omgeving komen hier naar de markt, waarna ze in het *kafenío* een rustpauze nemen.

Káto Páfos, Beneden-Páfos, ligt op de kustvlakte tussen de breukhelling en de zee. Dit stadsdeel is veel groter dan Ktíma en bestaat in feite vooral uit hotels, appartementencomplexen en winkels. Beneden-Páfos is sinds het begin van de jaren 80 van de 20e eeuw in snel tempo tot ontwikkeling gekomen. Vóór 1974 verbouwden boeren hier sinaasappels en citroenen, herstelden vissers in de haven hun netten en groeven Griekse en Poolse archeologen de Romeinse mozaïeken op, die tegenwoordig op de UNESCO-Werelderfgoedlijst staan.

Geschiedenis

Verwar ze alstublieft niet: er zijn twee plaatsen die Páfos heten. Zo'n 15 km ten oosten van het huidige Páfos liggen op het grondgebied van het dorp Koúklia de ruïnes van Oud-Páfos (soms Oud-Páphos geschreven) en het **Aphroditeheiligdom**. Talrijke pelgrims van overzee arriveerden vroeger in de haven, waarna ze in een plechtige processie de 15 km via Geroskípou (Heilig Bos) naar het heiligdom van de liefdes- en vruchtbaarheidsgodin aflegden.

De hoofdstad van de stadstaat Páfos werd rond 320 v.Chr., dus drie jaar na de dood van Alexander de Grote, onder koning Nikokles verplaatst. De Pafioten trokken van het Aphroditeheilig-

Páfos

Bezienswaardigheden
1. Archeologisch Park
2. Turks fort
3. Grot van de heilige Solomoni
4. Ruïneterrein met Pauluszuil en Agía Kyriakí
5. Koningsgraven
6. Byzantijns Museum
7. Etnografische Collectie Eliádes
8. Archeologisch Museum
9. Osmaanse hamam

Overnachten
1. Almyra
2. Porto Páfos
3. Roman
4. Axiothéa
5. Agapinor

Eten en drinken
1. Kiniras
2. Rizokarpaso
3. Fettás Corner
4. Andreas Charalambous

Winkelen
1. Markt in Ktíma
2. Handicraft Center

Actief
1. Strand Coral Bay
2. Badstrand Geroskípou
3. Aanlegsteiger (haven)
4. Páfos Aphrodite Waterpark
5. Zephyrus Adventure Sports

Uitgaan
1. Ta Chnaria
2. Muse

dom, dat bleef bestaan, naar de vruchtbare kustvlakte, waar ze een nieuwe stad met een rechthoekig stratenplan stichtten. Dit **Nea Páfos** bood waarschijnlijk betere economische mogelijkheden in het nieuwe systeem van grote, door Grieken beheerste staten dat na de oorlogen tussen de opvolgers van Alexander was ontstaan. Na het eind van die zogeheten Diadochenoorlogen in 294 v.Chr. viel het eiland met zijn rijke hout- en kopervoorraden toe aan het Egypte van Ptolemaeus, waarvan Alexandrië de hoofdstad was.

De **Ptolemaeën** bouwden Nea Páfos uit tot een fraaie provinciehoofdstad. De belangrijkste bezienswaardigheid uit die tijd bestaat uit de Koningsgraven, waarin overigens geen koningen, maar invloedrijke functionarissen van het provinciebestuur hun laatste rustplaats vonden.

De Grieken uit Alexandrië werden opgevolgd door de **Romeinen**, die het eiland in 58 v.Chr. annexeerden, en Páfos werd een Romeinse provinciehoofdstad. Er verrezen prachtige, luxueuze villa's en een stadhouderlijk paleis met bontgekleurde vloermozaïeken. Toen het christendom in 391 de officiële staatsgodsdienst was geworden, kreeg Páfos een christelijk aanzien. Op de bouwvallen van opzettelijk of door aardbevingen verwoeste antieke gebouwen verrezen grote basilieken. Daarin vonden massale doopplechtigheden plaats om de Cyprioten te kerstenen. Maar niet iedereen was gelukkig met de religie van ascese op aarde en beloning na de dood (zie Op ontdekkingsreis blz. 150).

Nadat de **Arabieren** het eiland in 647 hadden veroverd, raakte Páfos ontvolkt. Pas met de herovering door **Byzantium** in 965 kwam de stad weer tot leven. Ter verdediging werden het havenfort en de strandvesting Saránda Kolónnes gebouwd. Een paar jaar na hun verovering van Cyprus in 1197 vergrootten de **kruisvaarders** deze versterkingen en werd Páfos de zetel van een katholieke bisschop. Er verrezen verschillende gotische kerken, waarvan tegenwoordig alleen de fundamenten bewaard zijn. Overvallen door Saracenen, epidemieën en aardbevingen leidden ten slotte tot

Coral Bay
Morfou
Leof. Táfon ton Vasiléon (Tombs of the Kings)
Leof. Táfon ton Vasiléon
Graf 4
Graf 3
Aristarchou
Itzan Ali
Kato Pervolion
Andréa Tsaleppou
Kánnigos (Canning)
KTÍMA (BOVENSTAD)
Nikodímou Myloná
Leof. Evagóra Pallikarídi
Grigóri Afxentíou
Kinyra
Neofýtou Nikolaídi
Gládstonos
Stadhuis
Telefoon-centrale
Leof. Georgíou Gríva Digení
Limassol
Zie detailkaart
Georgíou Christofórou
Éxo Vrýsis
Anapáfseos
Adamandíou Korai
Leof. Apostólou Pávlou
Andrea Omirou
Agapínoros
Andromachis
Lefkados
Anemónis
Nikolaou Thiseos
Leof. Sotiraki Markidi
Nikou Nikolaidi
Priamou
Pelapaisiou
Dimitriou Konstantinou
Agiou Fotiou
Agiou Therapontos
Georgiou X. Ioannidi
Iféstou
Leof. Agion Anargyron
Pomitheos
Agias Kyriakis
Agiou Agapitikou
Agapinoros
Ag. Ilarionos
KÁTO PÁFOS
Vuurtoren
Odeion
Forum
Toúmpalos
s van Dionysos
Asklepieion
van Aion
Saránda Kolónnes
uis van Theseus
Ingang
lica Limeniótissa
Pafías
Afrodítis
Stasándrou
Ikárou
Leof. Taxiarchon
Limnárka
Panagía Theosképasti
A. Antoníou
Apóllonos
Leof. Apostólou Pavlou
Leof. Poseidónos
Iásonos
Diagorou
Melinas Merkouri
Kleious
Thaleias
Leof. Spýrou Kyprianou
Limassol, Nicosia
Leof. Evropis
Polydéfkous
Geroskípou, Limassol
Leof. Poseidónos
Middellandse Zee
Agoras
Votsi
Kosta Karnavalou
Thermopylon
Zínonos
Andrea Geroudi
Plateía Márkou Drákou
Leof. Archiep. Makaríou III
Vladimírou Irakleous
Charalampou Mouskou
Nikodímou Myloná
Ágios Kendéas
Nikou Antoniadi
Ermou
Gládstonos
Ioánni Agróti
Grigóri Afxentíou
Koloniale gebouwen
Stadhuis
Plateía Kostis Palamas
Andréa Ioánnou
0 100 200 m
0 375 m 750 m

het opgeven van Beneden-Páfos. Er ontstond een bovenstad, waarin zich vanaf 1571 ook **Turken** vestigden.

Archeologisch Park [1]

Káto Páfos, ingang en gratis parkeerterrein aan de haven, dag. apr./ mei, juni-aug. 8-19.30, sept./okt. 8-18, nov.-mrt. 8-17 uur, € 3,40

Het omheinde opgravingsterrein van het Archeologisch Park, waarin de Romeinse villa's met de beroemde mozaïeken liggen, omvat ongeveer een derde van de antieke stad. Omringd door hotels vormt het een welkome groene oase, waarin u mooi kunt wandelen. Alle Romeinse gebouwen in het park zijn naar mythologische figuren genoemd die de archeologen op de vloermozaïeken konden identificeren, bijvoorbeeld Huis van Dionysos, Huis van Aion enzovoort. Aan wie ze in werkelijkheid toebehoorden, is niet bekend. In een **Visitor Centre** in een oud pakhuis vlak bij de ingang is informatie over de opgravingen te krijgen.

Huis van Dionysos

Een moderne overkapping beschermt het representatieve deel van een enorme villa van alles bij elkaar 2000 m². De vloermozaïeken werden pas in 1962 ontdekt. De thema's van de mozaïeken zijn de liefde, de jacht en de wijn, en ze weerspiegelen het zelfbewustzijn van een tevreden vertegenwoordiger van de Romeinse elite tijdens de bloeitijd van het Romeinse keizerrijk.

Meteen links bij de ingang is een grimmig kijkende **Scylla** te zien. Ze is voorzien van een hondenkop, kreeftenscharen en een drakenstaart. Het zwartwitte mozaïek valt wat kleur betreft uit de toon. Het hoorde bij een eerder hellenistisch gebouw en werd opnieuw gebruikt in het Huis van Dionysos, dat rond 200 n.Chr. werd opgetrokken. Het motief van Scylla en Charybdis stamt uit Homerus' Odyssee. Daarin verliest Odysseus bij het passeren van een zee-engte (misschien de Straat van Messina) zes van zijn makkers aan deze monsters.

Het daarna volgende mozaïek beeldt de mooie jongeling **Narcissus** uit, terwijl hij zijn spiegelbeeld in het water bekijkt. Omdat hij alleen van zichzelf hield, had hij de liefde van de nimf Echo versmaad. Die weigerde daarom nog iets te eten en kwijnde weg, tot ze in de lucht was opgelost en alleen nog als lichaamloze echo bestond. Als straf liet Aphrodite Narcissus vol verlangen naar zichzelf wegteren, tot hij in de bloem was veranderd die sindsdien zijn naam draagt: narcis.

Na een volgend mozaïek bij de ingang, dat de personificaties van de vier jaargetijden voorstelt, strekt het grote **Dionysosmozaïek** van de ontvangstzaal zich voor de bezoeker uit. De god van de wijn troont op een triomfwagen, die door twee zwarte panters wordt getrokken. Achter de wagen houdt een sater een grote wijnkruik vast, die zo zwaar is dat hij hem met zijn dijbeen moet ondersteunen. Bovendien is er een idyllisch tafereeltje te zien dat de wijnoogst uitbeeldt. De afzonderlijke motieven zijn zo geordend dat elke gast vanaf zijn aanligbed minstens één scène van voren kon zien. Mensen en Erosfiguurtjes plukken druiven en laden de gevulde manden op ezels. Er is een pauw te herkennen, die met zijn veren pronkt, en verder ziet u een haas tussen de wijnstokken en een patrijs die naar een druif pikt.

Dan volgt het droeve verhaal van **Pyramos en Thisbe**. De twee buurkinderen uit Babylon moesten elkaar 's nachts in het geheim ontmoeten, omdat hun ouders elk contact met elkaar hadden verboden. Op een dag kwam Thisbe als eerste op de plek van de afspraak, onder een moerbeiboom, waar ze echter door een luipaard werd verrast. Ze rende angstig weg, waarbij ze haar sluier verloor. Op het mozaïek houdt het luipaard de sluier in zijn bek. Toen Pyramos later verscheen, zag hij het luipaard met de sluier van zijn geliefde zodat hij dacht dat het roofdier haar had verslonden. Uit vertwijfeling stak hij zichzelf dood met zijn zwaard. Zijn bloed spoot omhoog tegen de moerbeiboom, waardoor de tot dan toe witte moerbeien voor altijd rood werden. Thisbe vond later het lijk – alleen die scène is afgebeeld – en volgde Pyramos in de dood. Op het mozaïek ligt de stervende Pyramos op de grond, niet als jongeling, maar als personificatie van een Klein-Aziatische riviergod met dezelfde naam.

Op het volgende mozaïek is **Dionysos** nogmaals te zien De met wijnranken omkranste god houdt met beide handen een druiventros vast. Tegenover hem heeft Akme, letterlijk 'hoogtepunt', het zich op de grond gemakkelijk gemaakt. Ze proeft van het edele druivennat en symboliseert in deze samenhang het hoogtepunt van de wijnroes. Ikarios, een wijze koning uit Athene die Dionysos de kunst van de wijnbouw had geleerd, wijst met zijn rechterhand op Akme als voorbeeld van het zegenrijke genot van de wijn. Met zijn linkerhand houdt hij de teugels van twee ossen vast. Ze trekken een wagen waarop volle wijnzakken liggen. Aan de rechterkant van de voorstelling wordt ook op de gevaren van het wijndrinken gewezen. Twee herders, die omdat ze tot de onderklasse behoren niet met wijn kunnen omgaan, hebben zich bedronken en zijn nauwelijks meer in staat om zich op de been te houden. Volgens een mythologisch verhaal zouden deze twee dronken herders Ikarios later hebben omgebracht, omdat ze dachten dat hij hen wilde vergiftigen.

De zes voorstellingen daarnaast hebben betrekking op aspecten van de liefde. **Poseidon**, te herkennen aan zijn drietand, verschijnt als redder in de nood wanneer Amymone door een sater wordt lastiggevallen. In de volgende scène is **Apollo** zelf degene die zich opdringt. Daphne ontkomt aan zijn achtervolging, doordat haar vader haar in een laurierboom verandert. Ze wordt al tot haar dijbenen door schors omhuld, waaruit takken met laurierbladeren ontspruiten.

Het volgende mozaïek behandelt de tragische liefde van een stiefmoeder voor de zoon van haar man. **Phaedra**, na Ariadne de tweede vrouw van Theseus, was hartstochtelijk verliefd geworden op haar stiefzoon Hippolytos. Maar hij wilde niets van haar weten. Op het mozaïek keert hij zich van haar af. Phaedra heeft hem net met een schrijftafeltje, dat hij in zijn rechterhand houdt, van haar gevoelens op de hoogte gebracht. Rechts ontsteekt Eros met een boosaardige gelaatsuitdrukking Phaedra's hartstocht met zijn fakkel. Tot zover het mozaïek. Maar het verhaal gaat verder. Phaedra, vernederd door de niet-beantwoorde liefde, belasterde Hippolytos bij zijn vader Theseus door voor te wenden dat hij haar had lastiggevallen. Theseus verzocht daarop Poseidon om zijn zoon te doden. Toen Hippolytos achter zijn paardenspan over het strand reed, zond de god van de zee een witte stier uit de golven naar het land. De paarden schrokken, de wagen kantelde en Hippolytos vond de dood. Daarop pleegde Phaedra zelfmoord.

Bij de ontvoering van de mooie herdersknaap **Ganymedes** door Zeus in de gedaante van een adelaar gaat het om homoseksuele liefde. Ganymedes is naakt, afgezien van zijn Frygische muts, die op zijn herkomst uit Troje wijst; zijn lichaam heeft vrouwelijke vormen. Na zijn aankomst op de Olympus werd

Páfos, Pólis en West-Cyprus

In het Archeologisch Park van Páfos: het prachtig bewaarde Achillesmozaïek

Ganymedes de geliefde van Zeus en schenker der goden.

Huis van Aion

Deze villa, die halverwege de 4e eeuw, 150 jaar na het Huis van Dionysos, werd opgetrokken, lag voor het stadhouderlijk paleis. Victor Daszewski en andere Poolse archeologen legden in 1983 het vloermozaïek in de ontvangstzaal bloot. Het behoort technisch en compositorisch tot het verfijndste van wat de Romeinse mozaïekkunst te bieden heeft. Met minuscule *tesserae*, niet groter dan 5 mm, wordt een indruk van beweging en plasticiteit gecreëerd, waarmee vergeleken de mozaïeken in het Huis van Dionysos eenvoudig en stijf zijn. De voorstelling zelf komt aan de orde in Op ontdekkingsreis (zie blz. 150).

Huis van Theseus

Als gevolg van de goede betrekkingen tussen Cyprus onder Makários en de socialistische landen kregen Poolse archeologen al in de jaren 60 toestemming om deel te nemen aan de opgravingen in Páfos. Wie had toen kunnen vermoeden dat hun 'Huis van Theseus' later het bijna 10.000 m² grote paleis van de Romeinse stadhouder zou blijken te zijn? Een uitgestrekte binnenplaats wordt omringd door meer dan honderd vertrekken: het gaat hier om een van de grootste gebouwen van het oostelijk Middellandse Zeegebied.

Páfos

Wandeling door het Archeologisch Park

De bezienswaardigheden zijn op de kaart van Páfos aangegeven

Na het bezoek aan de mozaïeken is een verkwikkende wandeling door het Archeologisch Park een waar genoegen. U kunt even uitrusten op de gereconstrueerde treden van het kleine Romeinse **Odeion**, aan de voet van de vuurtoren. Voor het Odeion strekt het 1000 m² grote forum (in het Grieks: **agora**) zich uit. Een bogengaanderij voerde van het forum naar de gebouwen bij de Pauluszuil. De stad eindigde 300 m verder naar het noorden bij de vestingmuur, waar ook een stadspoort te vinden is.

Op de terugweg naar de uitgang van het Archeologisch Park loont een omweg naar de Frankische burcht **Saránda Kolónnes** (40 zuilen – omdat er veel antieke zuilen in de burcht zijn opgenomen). Hij werd in 1192, direct na de komst van de kruisvaarders, opgetrokken op de fundamenten van een Byzantijns fort, maar al dertig jaar later verwoest door een aardbeving. Binnen ziet u enkele latrines met wasgelegenheid, die in de machtige pijlers van de bovenverdieping zijn ingebouwd, naast voederbakken met gaten om de paarden en ezels vast te binden, een badruimte en twee kleine suikerrietmolens.

Over het **Theseus**- en het **Achillesmozaïek** leest u meer in Op ontdekkingsreis (zie blz. 150).

Op het **Poseidonmozaïek** (aan de rand van het paleis, in de richting van de zee) rijdt de zeegod met zijn drietand op een zeemonster door zijn rijk. Liefdevol omvat hij daarbij zijn gemalin Amphitrite.

Het **Orpheusmozaïek** is momenteel ter bescherming helaas met aarde bedekt. De Thracische zanger betovert met zijn lier verscheidene dieren, die zich om hem heen scharen. Op een informatiebord zijn behalve het Orpheusmozaïek ook nog Herakles in gevecht met de leeuw en een Amazone die een paard vasthoudt te zien.

Van het Turkse fort naar de Koningsgraven

Turks fort 2

Apr./mei, juni-aug. 9-19.30, sept./okt. 8-18, nov.-mrt. 8-17 uur, € 1,70

De compacte vesting, die op een klein eiland staat en vroeger via een ophaalbrug bereikbaar was, werd in 1589 door de Osmanen opgetrokken op de fundamenten van een eerdere Byzantijns-Frankische burcht. Let op twee gaten in de grond, waarachter ▷ blz. 153

Op ontdekkingsreis

Mozaïeken in Páfos – een aards alternatief voor het christendom

Een wandeling naar drie prachtige mozaïeken in het Archeologisch Park van Páfos biedt de gelegenheid te ontdekken hoe in de beeldtaal van de late oudheid christelijke en heidense motieven elkaar wederzijds beïnvloedden. De werken stammen uit een tijd waarin het christendom en heidense rituelen in het Romeinse Rijk nog naast elkaar bestonden.

Praktisch: in het Archeologisch Park **1**, zie blz. 146, maakt u nader kennis met het Theseusmozaïek en het Achillesmozaïek in het stadhouderlijk paleis (Huis van Theseus) en het Dionysosmozaïek in het Huis van Aion.

Het beginpunt van de wandeling is het **Theseusmozaïek** in het Huis van Theseus. Het stamt evenals het mozaïek in het Huis van Aion uit de 4e eeuw, vermoedelijk uit de decennia waarin het christendom al wijdverbreid was, maar nog niet tot enige staatsgodsdienst was uitgeroepen. In 313 legde Constantijn de Grote met het Edict van Milaan de vrijheid van geloofskeuze vast, en in 380 riep Theodosius het christendom uit tot enige staatsgodsdienst in het Romeinse Rijk. In 391 verbood hij alle heidense rites.

Theseus en Ariadne

Op de bodem van een cirkelvormig waterbekken is te zien hoe Theseus met een knots uithaalt om de Minotaurus een slag toe te brengen. De held was naar Kreta gekomen om een eind te maken aan de jaarlijkse schatting van Atheense jongeren die aan de monsterlijke stiermens in het labyrint moesten worden geofferd. Op het mozaïek, waarvan de rand met geometrische patronen een labyrint uitbeeldt, staat Theseus in het midden. Zijn geliefde Ariadne, die boven de rechterarm van Theseus is uitgebeeld, en de personificaties van Kreta en het labyrint kijken toe hoe Theseus de Minotaurus verslaat.

Als u goed kijkt zal het u opvallen dat de hoofden van Theseus en de personificatie van Kreta stilistisch verschillen van die van Ariadne en het labyrint. De eerstgenoemden kijken met wijd open ogen in vervoering in de verte en hebben lineaire gelaatstrekken. Die kenmerken, die we ook van latere iconen kennen, hangen samen met een stijlverandering in de 4e eeuw onder invloed van de gelijktijdige vroegchristelijke kunstopvattingen.

Het Bad van Achilles

Het tweede **mozaïek**, ook in het Huis van Theseus, stelt de pasgeboren Achilles voor, die dadelijk door de voedsters Ambrosia en Nektar gebaad zal worden. Achter het badbekken rust zijn moeder Thetis uit van de bevalling. Rechts van haar zit Theseus' vader Peleus op een troon. Achter Peleus belichamen de drie schikgodinnen Klotho, Lachesis en Atropos met hun attributen – spinrokken (om de levensdraad te spinnen), boek en schaar – het onafwendbare noodlot. Thetis wilde Achilles onkwetsbaar maken door hem onder te dompelen in het water van de Styx, een van de rivieren in de onderwereld. Alleen de hiel waar ze hem vasthield was nog kwetsbaar, en daar werd hij later dan ook door de dodelijke pijl van Paris getroffen.

Deze uitbeelding van de geboorte en het eerste bad van Achilles is een voorloper van christelijke voorstellingen van de geboorte van Jezus. In de Byzantijnse traditie wordt de geboortescène namelijk op dezelfde manier uitgebeeld. Bovendien zijn ideeën over onsterfelijkheid en de onafwendbaarheid van het lot ook in het christendom te vinden. Het mozaïek stamt vermoedelijk uit de 5e eeuw en vormt dus een illegaal heidens overblijfsel uit een tijd waarin de niet-christelijke religies al verboden waren.

Dionysos in het Huis van Aion

De ontdekkingsreis voert tot slot naar het **vloermozaïek in de ontvangstzaal** van het Huis van Aion. Ruimtelijkheid en beweging kenmerken de stijl van de in totaal vijf scènes, die over drie beeldstroken verdeeld zijn.

Linksboven ziet u de naakte Leda, met voor haar de zwaan waarin Zeus zich heeft veranderd. Dan volgt een goed bewaarde voorstelling met de kleine Dionysos op de schoot van Hermes, de boodschapper der goden. Om hen heen staan Theogonia, de personificatie van de geboorte der goden, Nektar en Ambrosia, de eveneens gepersonifieerde godendrank en -spijs, en een baardige oude man met de veelzeggende naam Tropheus, 'voeder'. Daarnaast maken vijf bekranste nimfen het bad voor de jonge wijngod klaar.

De middelste beeldstrook behandelt de schoonheidswedstrijd tussen de Ethiopische koningin Kassiopeia en de dochters van de zeegod Nereus. Hier verschijnt ook Aion, de god van de eeuwige tijd, naar wie het huis is genoemd. Onderin is de triomftocht van Dionysos afgebeeld. De muziekwedstrijd tussen Apollo en de sater Marsyas besluit de reeks mozaïeken.

Aardse 'religie'

En dan nu de interpretatie. De voorstelling van de kleine Dionysos herinnert iconografisch aan de christelijke kunst. Vervang Hermes door Maria en Dionysos door Jezus, dan hebben we Maria met het Christuskind, zoals ze ook op iconen voorkomen. De omstanders keren zich vol verwachting tot Dionysos-Jezus: er is een Verlosser verschenen! Wat een contrast met de oudere, zinnelijke voorstellingen in het Huis van Dionysos!

Grote delen van de Romeinse aristocratie, waartoe ook de opdrachtgever van het mozaïek behoorde, waren nog niet tot het christendom overgegaan. Een aardse 'religie' – met waardering voor erotische liefde (Ledamotief), lichamelijke schoonheid (Kassiopeia en de dochters van Nereus) en muziek (Apollo en Marsyas) – kwam hun aantrekkelijker voor dan het ascetische, op het 'leven' na de dood gerichte christendom. De mozaïeken vormen een poging om met de beproefde concepten uit de traditionele mythologie een gelijkwaardige tegenhanger van de nieuwe christelijke ideologie te construeren.

Het christendom vond het laatst ingang bij de eenvoudige plattelandsbevolking, die aan haar tradities hing en niets van de nieuwerwetse, ascetische religie wilde weten. De Engelse en Franse benaming voor heidenen is daar nog altijd een duidelijke weerspiegeling van. De woorden *paganism* en *paganisme* zijn afgeleid van het Latijnse woord *paganus*, wat boer betekent.

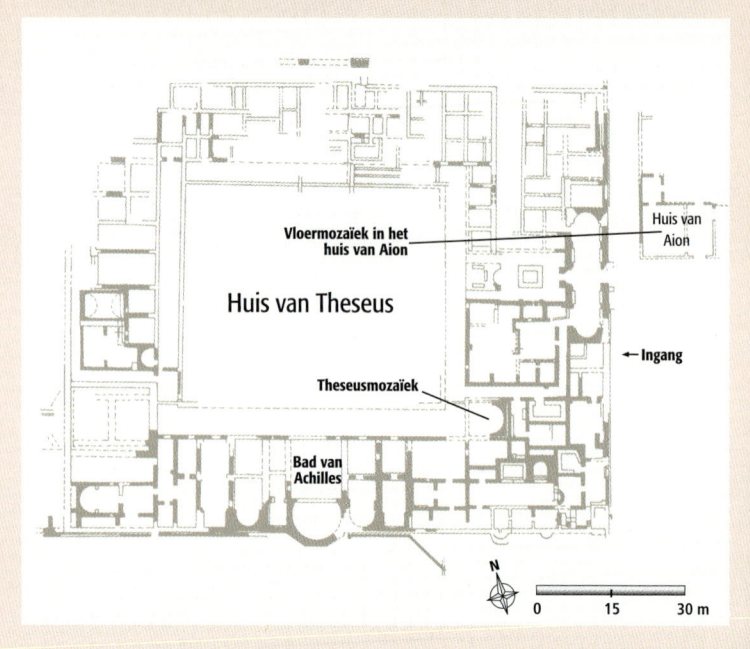

een kerker te zien is. Ook de vertrekken op de begane grond dienden als gevangenis. Een trap voert naar de borstwering, waar een paar soldaten de wacht hielden. Ze verrichtten hun gebeden in een minimoskee.

Heel mooi is het uitzicht hier over de stad en de haven. Die laatste is nauwelijks beschut. Het minste briesje uit het zuiden veroorzaakt al een sterke deining en laat de boten dansen. Op het havenhoofd staan **ruïnes van een tweede burcht**, die door een brug met de eerste verbonden was.

Grot van de heilige Solomoni 3

Agias Kyriakis/Apostolou Paulou, overdag open, toegang gratis

Voor de grot staat een opmerkelijke, geheel met doeken behangen boom. Een trap voert omlaag de vochtige diepte in. Hier wordt een Joodse martelares vereerd, die bij de Makkabeeënopstand in 166 v.Chr. om het leven was gekomen. Volgens een Cypriotische legende was ze een later levende christin, die zich in deze grot had verborgen om aan vervolging te ontkomen. Omdat ze zou helpen bij oogziekten, knopen gelovigen doeken als smeekgebed aan de takken van een terpentijnboom. Dat gebruik heeft heidense wortels en duikt ook bij andere christelijke heiligdommen in Klein-Azië op. Met wat moeite zijn in de grot sterk gehavende fresco's uit de 12e eeuw te onderscheiden.

Ruïneterrein met Pauluszuil en Agía Kyriakí 4

Theoskepasti, overdag open, toegang gratis

Het terrein maakt een rommelige indruk. Gidsen wijzen toeristen graag op de **Pauluszuil** (St. Paul's Pillar), een afgesleten marmeren zuilstomp omringd door een groot, omheind veld vol ruïnes. Volgens een legende zou de apostel Paulus aan de zuil zijn vastgebonden en gegeseld. Dat wordt in het Bijbelboek Handelingen van de Apostelen echter niet vermeld. Daar staat alleen dat Paulus, Barnabas en Johannes op hun zendingsreis ook Cyprus aandeden, waar ze in Páfos de Romeinse stadhouder Sergius Paulus bekeerden, ondanks verzet van de tovenaar Elymas. Maar ook dat verhaal kan een latere christelijke toevoeging zijn, waardoor het begin van het christendom op Cyprus drie eeuwen eerder kwam te liggen.

Even ten oosten van de zuil zijn nog enkele gotische bogen en restanten van gotische gewelfribben te zien. Daar stond in de late middeleeuwen de katholieke **franciscanenkerk**.

Onder die kerk verrees in de vroegchristelijke tijd een monumentale, eerst zeven- en later vijfschepige **basiliek** met een enorme narthex, waar ook een reinigingsfontein lag. Overal in het rond liggen Romeinse zuilen en andere antieke bouwfragmenten, die bij de bouw van de basiliek gebruikt zijn. Er staat hier nog een kerk: de goed bewaard gebleven laat-Byzantijnse **kruiskoepelkerk Agía Kyriakí**.

Bij het verlaten van het terrein loont een korte blik op een Frankisch **badhuis**, waarvan het dak alleen nog maar door de wortels van een dode vijgenboom bij elkaar wordt gehouden.

Koningsgraven 5

Tafon ton Vasileon, apr./mei, sept./okt. 8-18, juni-aug. 9-19.30, nov.-mrt. 8-17 uur, € 1,70

De Koningsgraven zijn het belangrijkste architectonische monument van Cyprus uit de tijd van het hellenisme (3e-2e eeuw v. Chr.). Er werden echter geen koningen, maar hoge functionarissen van de Griekse farao van Egypte begraven. De necropolis ligt circa 2 km buiten de stadsmuur direct aan zee. Het uitgestrekte grafveld wordt aan alle kanten door hotels omringd.

Met de graven 3 en 4 hebt u het belangrijkste gezien. Een steile trap voert naar een vierkante binnenplaats onder straatniveau, die volgens sommige archeologen open en volgens andere juist afgedekt was. Net als bij een Romeins woonhuis omringen ronde zuilen en vierkante pilaren hier een atrium. Veel bouwdelen zijn in hun geheel in de rotsen uitgehouwen. De zuilen dragen Dorische kapitelen en een Dorisch hoofdgestel. Rond het atrium liggen grafkamers, die in de wanden zijn uitgehouwen. Die geven toegang tot nissen in de rots, waarin de doden afzonderlijk werden bijgezet.

Sommige grafhuizen bezitten bovendien schachtgraven in de grond. Binnen waren de wanden bepleisterd, deels zelfs met stucwerk, en beschilderd. In een aantal atriums lag bovendien een cisterne, waarvan het water misschien een functie had bij de begrafenisrituelen. De typisch Egyptische onderaardse graftombe werd op Cyprus gecombineerd met Grieks-Romeinse bouwelementen. De doden werden omwikkeld met linnen doeken die van een laag asbest waren voorzien, en in een houten grafkist gelegd.

Bovenstad Ktíma

Na een bezoek aan de beroemde antieke ruïnes van Káto Páfos loont beslist ook een wandeling door de vroegere Turkenwijk tussen de Kebirmoskee en het voormalige Turkse badhuis. Veel van de smalle straatjes zijn overhuifd, waardoor de zon niet plaagt bij het winkelen. Hier zijn de plaatselijke bewoners in de in meerderheid.

Byzantijns Museum 6

Andrea Ioannou 5, apr.-okt. ma.-vr. 9-16, za. 9-13, nov.-mrt. ma.-vr. 9-15 uur, € 2

Iconenliefhebbers kunnen in het bisschoppelijk paleis het Byzantijns Museum met laat- en post-Byzantijnse iconen en liturgische voorwerpen en gewaden bezoeken.

Etnografische Collectie Eliádes 7

Exo Vrisis 1, ma.-za. mrt.-nov. 9.30-17.30, dec.-feb. 9.30-17, zo. 10-13 uur, € 3

Ernaast ligt een interessant particulier museum, dat is gehuisvest in de in 1894 gebouwde villa van de familie Eliádes. De in 2007 gestorven gymnasiumleraar en amateurarcheoloog George Eliades verzamelde huisraad, landbouwwerktuigen en objecten die een beeld geven van de burgerlijke wooncultuur, naast archeologische voorwerpen. Op de binnenplaats dient een hellenistisch rotskamergraf als huiskapel. De familie stelt het souterrain ter beschikking voor huwelijksfeesten in een etnografische omgeving.

Archeologisch Museum 8

Georgiou Griva Digeni 42, di./wo., vr. 8-15, do. 8-17, za. 9-15 uur, € 1,70

Het Archeologisch Museum ligt niet erg centraal. Op weg erheen passeert u het stadspark en een reeks representatieve neoclassicistische gebouwen met tempelachtige gevels van eind 19e, begin 20e eeuw, dus uit de koloniale tijd. Opmerkelijk zijn de lemen warmwaterkruiken in de vorm van lichaamsdelen. De set behoorde vermoedelijk ooit toe aan een Romeinse arts. Er is zelfs een peniskruik bij. Verder ziet u er vondsten uit de Chalcolithische nederzetting Lémba, naast objecten uit de Romeinse villa's en de gotische franciscanenkerk van Káto Páfos.

Osmaanse hamam 9

Aan de voet van Plateia 9 Martiou, dag. tot circa 20 uur

Dit gerestaureerde koepelgebouw, dat tegenwoordig als expositieruimte en café dienstdoet, getuigt van het Turkse verleden van Ktíma. Een heerlijke plek om even onder lommerrijke bomen te pauzeren.

Pafiotisch neoclassicisme
Leof. Georgiou Griva Digeni

Witte, op tempels lijkende koloniale gebouwen in de neoclassicistische stijl van eind 19e, begin 20e eeuw omzomen de hoofdweg in de richting van Limassol. Hier ligt ook het gymnasium van Páfos. Aan de overkant staat op een rotonde een elegant baldakijn met Ionische zuilen, omringd door jacarandabomen.

Geroskípou ▶ B 8

Het antieke Heilige Bos (Grieks: *ierós kípos*) heeft zich ontwikkeld tot een moderne voorstad met de gebruikelijke betonskeletbouw, die met Páfos is samengegroeid. Op de *platía* verkoopt men in kleine winkeltjes *loukoúmi*, stukken vruchtengelei met poedersuiker, *soutzioúko*, stevige wijngelei in worstvorm met amandelen en noten, en *píssa pafitikí,* kauwgom uit hars.

Agía Paraskeví
Plateia Agias Paraskevis, ma.-za. apr.-okt. 8-13, 14-17, zo. 10- 13, nov.-mrt. 8-13, 14-16, zo. 10-13, rest van het jaar zo. 10-13 uur, toegang gratis

Op de uitgestrekte *platía* verrijst een fotogenieke, voor Cyprus kenmerkende kerk met meerdere koepels. Hij is geen UNESCO-Werelderfgoed, maar bevat toch enkele belangrijke schilderingen. Van een reeks voorstellingen uit de 12e eeuw, in streng lineaire stijl, is de dood van Maria aan de noordzijde, naast de iconostase, het best bewaard.

Drie eeuwen later werd de kerk onder de Franken gemoderniseerd en van een nieuwe pleisterlaag met schitterende fresco's voorzien, die met hun beweging en ruimtelijkheid Italiaanse invloeden vertonen. In de altaarruimte zijn onder de latere lagen met schilderingen aniconische (non-figuratieve) fresco's uit de tijd van het iconoclasme in het begin van de 9e eeuw ontdekt.

Volkskundig Museum Geroskípou
Athinon 5-7, dag. 8.30-16 uur, € 1,70

Het Staatsmuseum voor Volkskunde, na dat in Nicosia het belangrijkste van het eiland, ligt op loopafstand van de *platía*. In het sfeervolle natuurstenen huis van de voormalige Britse consulair agent voor West-Cyprus is elk vertrek aan een volkskundig thema gewijd, voorzien van duidelijke toelichtingen. Heel interessant is de expositie over de zijdeproductie, die vanaf de middeleeuwen tot de Tweede Wereldoorlog de belangrijkste bedrijfstak van Geroskípou was.

Overnachten

Alle **strandhotels** kunt u het voordeligst van tevoren boeken via internet of via een reisbureau. Daarom worden de onrealistisch hoge officiële prijzen hier niet eens vermeld. **Accommodatie** voor een langer verblijf (vanaf € 300 per maand) is te vinden op www.paphosfinder.com.

... aan de kust van Káto Páfos
De hotels in deze streek behoren tot de beste van Cyprus.

Helemaal feng shui – **Almyra** **1** : Leof. Poseidonos, tel. 26 88 87 00, www.thanoshotels.com. In 2004 na een ingrijpende renovatie opnieuw geopend designhotel met een Japans-mediterrane keuken en 190 kamers. Dezelfde eigenaar bezit ook het belendende luxeho-

Volksdansen met de paasdagen: vermaak voor jong en oud

tel Annabelle, waarvan de voorzieningen gebruikt mogen worden.
Overzichtelijk – Porto Páfos 2: Leof. Poseidonos, tel. 26 94 23 33, www.portopafos.com. All-inhotel met slechts vijftig kamers aan het badstrand.
Ongewoon – Roman 3: Tafon ton Vasileon/Promitheos, 1 km ten noorden van de haven, tel. 26 94 54 11, www.romanhotel.com.cy. Het hotel, dat uit Roman I en II bestaat, is ingericht als een Hollywoodfilm à la *Quo vadis*, met verweerde, van inscripties voorziene stèles, reliëfs van Romeinse legioensoldaten en kantelen op de bovenverdieping. De kamers zijn normaal ingericht.

... in Ktíma

In de traditionele middenklassehotels in de bovenstad verblijft u wat sfeer betreft veel aangenamer en u wordt er omringd door cipressen.
Mooi uitzicht, voordelig – Axiothéa 4: Ivis Mallioti 2, tel. 26 93 28 66, www.axiotheahotel.com, 2 pk circa € 45-65, ook gezinskamers. Hotel uit de jaren 70, maar zorgvuldig door de eigenaar en zijn familie onderhouden. Met spitsbogen op de gevel. 37 rustige kamers in de buurt van het park. Uitzicht op de kustvlakte en de zee.
Voordelig – Agapinor 5: Nikodimou Mylona 24-30, tel. 26 93 39 26, www.agapinorhotel.com.cy, 2 pk € 35-60 afhankelijk van de verblijfsduur en het seizoen. Centraal gelegen, modern middenklassehotel uitgevoerd in beton. 73 kamers – aan het zwembad zijn ze rustiger dan aan de straatkant en maar een paar euro duurder.

Eten en drinken

Restaurants met authentieke, goedkope Cypriotische gerechten zijn in de hotelwijk van Káto Páfos nauwelijks te vinden. Insiders gaan naar Ktíma, Geroskípou of een van de omringende dorpen.

Bekroond om zijn authenticiteit – Kiniras 1: Makariou 91, tel. 26 94 16 04, www.kiniras.cy.net, hoofdgerecht circa € 10, *mezé* € 20. Voortreffelijke Cypriotische gerechten in een 15e-eeuws pand.

Verse vis – Rizokarpaso 2: Neapolis 12, hoek Karnavalou/Olgas, tel. 26 22 12 13. Eenvoudig, authentiek visrestaurant met vis die echt uit zee komt en niet uit een visfarm. Vis van A-kwaliteit circa € 50, B-vis circa € 35 per kg. Hoofdgerecht met A-vis vanaf € 13.

Authentiek – Fettás Corner 3: Ioanni Agroti 33, tel. 26 93 78 22, ma.-za., alleen 's avonds. Gastronomisch lichtpunt. Goede Cypriotische gerechten in een verzorgde ambiance, normale prijzen. Hier komen ook Pafioten graag eten.

Snackbar – Andreas Charalambous 4: Arch. Makariou 85, in de voorstad Geroskípou, naast de gelijknamige slagerij aan de hoofdstraat, tegenover het Volkskundig Museum, tel. 26 96 23 82. Eenvoudige snackbar met van 15-21 uur nauwelijks te overtreffen *kléftiko* uit de leemoven om mee te nemen. € 5-6 per portie. Ook zelfgemaakte rodewijnworstjes. De eigenaars zijn vluchtelingen uit Lapithos (Lapta) in Noord-Cyprus. Ze wonen provisorisch in een soort schuur. De CTO heeft hun restaurantvergunning ingetrokken, omdat er geen toiletten voor de gasten zijn. Daarom is er alleen *kléftiko to go*.

Winkelen

Vers fruit – Markt 1: Agoras. Rond de oude markthal in Ktíma, die grotendeels door souvenirverkopers in beslag wordt genomen, zijn winkels en een fruitmarkthal te vinden.

Kunstnijverheid – Handicraft Center 2: Apostolou Paulou 64, halverwege de weg tussen Káto en Pano Páfos. Gegarandeerd echte souvenirs afkomstig uit de werkplaats van het Handicraft Center in Nicosia.

Actief

Zwemmen – Goede **stranden** zijn in Páfos zeldzaam en daardoor enerzijds altijd heel druk, maar anderzijds ook goed geoutilleerd, onder meer met douches. Met de stadsbus bereikt u voor niet veel geld het uitgestrekte zandstrand **Coral Bay** 1 en – de andere kant op – het openbare **strand van Geroskípou** 2. Coral Bay is in de zomer echter afgeladen, en koraal is er helemaal niet te vinden. Het strand is op zich goed, maar door de vele landontwikkelingsprojecten in de omgeving is er weinig meer te zien van de natuur.

Boottochten – Aan de **haven** 3 het gebruikelijke aanbod: vistochten, trips naar stranden, en speedboten met sterke buitenboordmotoren voor wie zelf wil varen.

Nat vermaak – Páfos Aphrodite Waterpark 4: tussen Káto Páfos en Geroskípou, www.aphroditewaterpark.com, dag. geopend, gratis vervoer.

Fietsen – De CTO is bezig fietspaden aan te leggen. Een route voert van Páfos steeds langs de kust naar het Akámasschiereiland. **Verhuur** bij veel winkels in het centrum van Káto Páfos, bijvoorbeeld bij **Zephyros Adventure Sports** 5 (shop 7, Royal Complex, Leof. Tafonton Vasileon, tel. 26 93 00 37, www.enjoycyprus.com). Goed materiaal, goede service, huur per dag circa € 10.

Wandeling langs de zee – Tussen de rotskust en het hek van het Archeolo-

gisch Park voert een pad van de **haven** 3 **naar de noordelijke stadsmuur** en de stadsgracht.
Wandelen en de natuur ervaren – **Ecologia Tours:** tel. 26 94 88 08, www.cyprus-ebid.com. In het kantoor van een Duits-Cypriotisch echtpaar worden fossielen en andere geologische vondsten geëxposeerd, en er worden dagtochten georganiseerd, onder meer naar de Avgáskloof. De wandelexcursies dragen een semiwetenschappelijk karakter.
Musical Sunday – In de wintermaanden worden aan de **haven** bij de ingang van het Archeologisch Park 1 elke zondag van 11-12 uur dans- en muziekuitvoeringen gegeven. Gratis.

Uitgaan

De **flaneerzone** van Páfos strekt zich uit tussen de haven en het Aquarium. De meeste bars en disco's liggen aan de **Agíou Antoníou** en de **Dionysou.** Voor een authentieke ervaring kunt u beter uitgaan in Ktíma:
Rembétiko live – **Ta Chnaria** 1 : Fellachoglou 21, *agora* van Ktíma, shop nr. 15, tel. 26 93 58 38, di.-zo. vanaf 20.30 uur, *mezé* € 20. Rembétikomuziek, behalve do. en zo. Elke tweede do. van de maand thema-avond over Griekse componisten en zangers.
Trendy etablissement boven aan de breukhelling – **Muse** 2 : Andrea Ioannou, naast hotel Axiothea en een gratis openbaar parkeerterrein. Trefpunt van de Cypriotische jeunesse dorée. Loungegelegenheid.

Info en festiviteiten

Informatie

De CTO onderhoudt in **Páfos** en omgeving drie toeristenbureaus: **Páfos,** Gladstonos 3, tel. 26 93 28 41, www.visitpafos.com; **Káto Páfos,** Poseidonos 63a, tel. 26 93 05 21 (beide ma.-vr. 8.30-14.30, za. 8.30-13.30, ma./di., do./vr. ook 15-18.15 uur); **luchthaven,** tel. 26 42 31 61 (doorlopend tot 23 uur geopend, maar alleen wanneer er vluchten arriveren).

Vervoer

Páfos heeft twee **busstations: Karavéla** in Boven-Páfos (Ktíma) en **Káto Páfos** (ook wel busstation **Harbour** genoemd), tegenover het Archeologisch Park in Beneden-Páfos (Káto Páfos). Tussen beide stadsdelen rijden zeer regelmatig de blauwe bussen van de busmaatschappij van het district Páfos **OSYPA** (Páfos Buses, tel. 00357 26 93 42 52, op Cyprus gratis tel. 80 00 55 88, www.pafosbuses.com).
Lokale bus: de **blauwe stads- en dorpsbussen** rijden vanaf **Karavéla** bijvoorbeeld naar **Pólis** en naar het Bad van Aphrodite, naar het Neóphytosklooster en naar **Lémba. Vanaf Káto Páfos** rijden blauwe lokale bussen in beide richtingen langs de kust, bijvoorbeeld naar Coral Bay en naar de dierentuin bij Ágios Geórgios Pégeias, en in tegengestelde richting naar de Rots van Aphrodite, oftewel Pétra toú Romioú.
Langeafstandsbus: groene intercitybussen (tel. 00357 23 81 90 90, op Cyprus gratis tel. 80 00 77 89, www.intercity-buses.com) naar Limassol en Nicosia vertrekken elke 1-2 uur vanaf Karavéla.
Verzameltaxi: Travel & Express, tel. 77 74 74.
Autoverhuur: aan de weg Ktíma-Káto Páfos en op de luchthaven.

Festiviteiten

Anthestíria: het bloemenfeest in mei wordt als volksfeest gevierd in het stadion.
Páfos Aphrodite Festival: eind aug.-sept., www.pafc.com.cy. Operafestival in het Turkse fort.

Ten zuidoosten van Páfos

Koúklia en Aphroditeheiligdom ▶ B 9

Niet ver van de onbebouwde kustvlakte ligt het kleine, vroeger Turkse dorp Koúklia op een lage tafelberg. Aan de rand ervan bouwde de koningsdynastie der Lusignans in de 13e eeuw de vesting Covocle. Van daaruit beheersten ze de kust en de suikerrietproductie op de vruchtbare laagvlakte. Tussen het dorp en de vesting liggen de schamele resten van het ooit zo beroemde Aphroditeheiligdom.

Geschiedenis en cultus

De gebouwen van het heiligdom stammen weliswaar pas uit de 12e eeuw v.Chr., maar al vanaf het 4e millennium werd in de regio rond Páfos een vruchtbaarheidsgodin vereerd die grote overeenkomsten bezat met oriëntaalse moedergodinnen, zoals de Babylonische Ishtar en de Fenicische Astarte. Rond 1200 v.Chr. kregen de Myceners uit Griekenland de controle over het heiligdom. Zij noemden de vruchtbaarheidsgodin Aphrodite.

Een tempel zoals bij een Grieks heiligdom is er nooit gebouwd. De godin werd vereerd bij een 'welriekend altaar' op een open hof met 'glanzende deuren'. Als belichaming van de godin diende een aniconisch (non-figuratief) cultusobject, dat in de bronnen als een 'witte piramide uit een onbekend materiaal' wordt beschreven. Als offergaven bracht men haar reukstoffen, balsem, wierook, honingkoeken en ook pure honing. Volgens sommige teksten werd haar altaar nooit met bloed besprenkeld, en volgens andere bronnen had ze alleen bezwaar tegen offers van varkensvlees.

Romeinse munten tonen een kegelvormige steen in een uit drie delen bestaand heiligdom, op de punt waarvan een merkwaardige, niet-identificeerbare ronde vorm tussen twee sterren is afgebeeld. Het was een sensatie toen de archeologen daadwerkelijk een ronde steen vonden, die tegenwoordig in Zaal 1 van het museum van Oud-Páfos wordt tentoongesteld. De steen is alleen niet wit, zoals men tot dan toe had aangenomen, maar zwart. Werd het stenen cultusbeeld misschien met witte doeken bedekt?

De Aphroditecultus bestond tot in de 4e eeuw, toen hij door de christenen werd verboden. Maar Aphrodite bleef op Cyprus voortleven. Nog tot in de 20e eeuw droeg de kleine kerk bij het heiligdom, die steeds met touwen omwikkeld is om boze geesten af te weren, de naam Panagía Aphroditíssa, oftewel de Alheilige (=Maria) bij Aphrodite. En pas bevallen moeders offerden Panagía Galatariótissa, de melkgevende Alheilige, kaarsen bij een steen in een muur van het heiligdom.

Het festival van Aphrodite

In de bloemenmaand april werd het jaarfeest van Aphrodite gevierd. Duizenden pelgrims trokken plechtig van de haven in Nea Páfos naar het heiligdom, terwijl ze onderweg in kleine kapellen offergaven achterlieten. Ze waren omkranst met mirte, want mirte gold als de plant van Aphrodite. Tijdens het festival vonden muziek-, toneel- en declamatiewedstrijden plaats, en bovendien een sporttoernooi. Een centrale plaats was ingeruimd voor de geheime mysteriën rond Aphrodite en haar jonge geliefde Adonis. Wie in de mysteriën was ingewijd, ontving als symbolisch geschenk een beetje zout en een klein fallusmodel, verwijzend naar de geboorte en macht van Aphrodite.

Een onderdeel van de inwijdingsriten was de tempelprostitutie, waarbij vrouwen zich eenmaal ▷ blz. 162

Op ontdekkingsreis

Op het spoor van de Perzische Oorlogen

Niet ver van het Aphroditeheiligdom verplaatst een unieke opgraving u naar de tijd van de Perzische Oorlogen. Daar kunt u door tunnels kruipen die Cypriotische verdedigers onder de stadsmuur groeven om de belegeringstorens van de aanvallers om te gooien.

Kaart: ▶ B 9

Praktisch: museum in de voormalige Lusignanvesting Covocle, Oud-Páfos/Koúklia, toegang vanuit het centrum van het dorp (gratis parkeerterrein in de buurt van de ingang), tel. 26 43 21 80, dag. 8-16 uur, € 3,40; opgraving **Marcelloheuvel**, vanaf Koúklia in de richting van Archimandríta, circa 500 m voorbij de kleuterschool aan de rand van het dorp de landweg naar rechts. Meestal geopend, voor de zekerheid navragen bij de bewaker van het Aphroditeheiligdom.

Uw reis naar de 5e eeuw v.Chr., de tijd van de Perzische Oorlogen, begint in Zaal 2 van het **museum**, tegenover de ingang. Hier zijn in een grote vitrine prachtig bewerkte fragmenten van beelden en altaren van kalksteen te zien. Ze stammen uit de periode 600-475 v.Chr., dus uit de laatarchaïsche periode. Heel indrukwekkend is rechtsboven de kop van een vrouwenfiguur, vermoedelijk een godin, met de typerende archaïsche glimlach.

Al deze objecten kwamen tevoorschijn toen archeologen een hellingbaan blootlegden die in de winter van

498/497 v.Chr. door de Perzen was aangelegd voor hun belegeringstorens. De aanvallers moesten daarvoor de gracht om de stadsmuur opvullen. Het materiaal daarvoor haalden ze blijkbaar uit heiligdommen buiten Oud-Páfos. De Pafioten namen de Perzen tijdens hun bouwwerkzaamheden flink onder vuur: in de hellingbaan vonden de archeologen honderden bronzen en ijzeren pijl- en werpspeerpunten.

Wanhoopsdaad

Toen de toestand voor de belegerden steeds dreigender werd, kwam het tot een laatste wanhoopsdaad. De Pafioten groeven vijf gangen onder de stadsmuur door in de richting van de hellingbaan. Schalen met olie voorzien van een pit zorgden voor licht tijdens het werk. De holle ruimte die ontstond werd met houten balken gestut. Wanneer de gangen eenmaal de belegeringstorens hadden bereikt, werd in bronzen ketels brandstof aangevoerd en probeerde men de houten balken in brand te steken. De bedoeling was dat het deel van de hellingbaan erboven zou inzakken, zodat de belegeringstorens zouden omvallen. Een reconstructietekening van de gang van zaken is in de vitrine te zien.

Historisch kader

In hoeverre het plan lukte is niet bekend. Páfos werd in elk geval ingenomen en bleef tot Alexander de Grote onder Perzische heerschappij.

De voorgeschiedenis was als volgt. In de winter van 499/498 v.Chr. kwamen de Griekse stadstaten aan de westkust van Klein-Azië tegen de Perzische overheersing in opstand. De Ionische steden kregen daarbij nauwelijks steun uit het moederland. Des te waardevoller was de hulp van de Cypriotische stadstaten, die zich bijna als één blok aan de kant van de opstandelingen schaarden.

Ter plaatse

Het volgende doel is de **Marcelloheuvel**. Rechts van een alleenstaande johannesbroodboom voert het pad via de **stadspoort**, waarvan de fundamenten nog te onderscheiden zijn, naar de binnenzijde van de ringmuur. De archeologische vondsten wijzen uit dat de verdedigers de stadsmuur met een rij voorbewerkte kalkstenen tot 5,65 m verhoogden en een gracht om de muur uithakten. De stadspoort werd met twee dwarsbastions versterkt, zodat de aanvallers via een kronkelige ingang moesten binnenkomen.

Bij de **binnenpoort** voert de eerste **tunnel** een eind onder de stadsmuur, maar de aanleg werd na een paar meter afgebroken. Loop even naar links, dan komt u bij een tunnel waardoor u zonder veel moeite gebukt naar de vroegere **stadsgracht** aan de andere kant van de muur kunt lopen. Om terug te komen klautert u over de muur of loopt u terug door de tunnel.

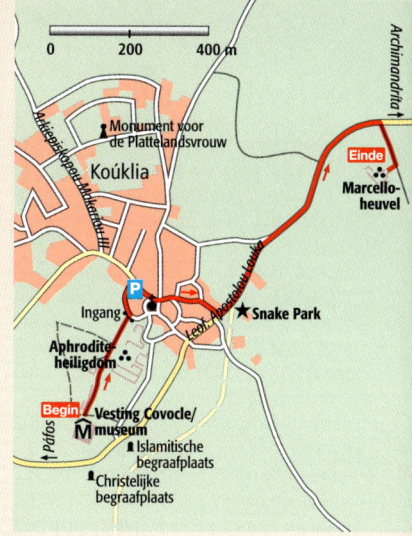

in hun leven aan een onbekende moesten geven. De Griekse geschiedschrijver Herodotus heeft een levendige beschrijving nagelaten van de gang van zaken in het Babylonische Ishtarheiligdom, met de opmerking dat het er op Cyprus net zo toeging: 'Elke vrouw uit het land moet eenmaal in haar leven in het heiligdom van Aphrodite plaatsnemen en zich aan een vreemde geven'. Arme vrouwen komen alleen en te voet, maar de rijkere arriveren in een gesloten wagen en met een gevolg, 'omdat ze zich laten voorstaan op hun rijkdom' en zich van de gewone vrouwen willen onderscheiden. Eenmaal in het heiligdom nemen de vrouwen plaats en wachten ze. 'Onbekende mannen lopen heen en weer tussen de vrouwen om er een uit te zoeken. Als een vrouw in het heiligdom heeft plaatsgenomen, mag ze niet eerder naar huis gaan, dan nadat een onbekende man geld op haar schoot heeft geworpen en buiten het heiligdom gemeenschap met haar heeft gehad (...). Het bedrag dat ze ontvangt kan hoog of laag zijn; ze zal het geld niet afwijzen, want dat is niet toegestaan: het geld is gewijd. Wie haar het eerst het geld toewerpt, die volgt ze, niemand wordt door haar afgewezen.'

Herodotus vermeldt dan nog dat de vrouwen zich door die ene bijslaap aan de godin hadden gewijd en dat niemand de gelegenheid zou krijgen voor een tweede bijslaap, hoeveel men daarvoor ook bood. In een nazin vermeldt Herodotus nog: 'Wie er aantrekkelijk en deftig uitziet, kan snel weer weggaan, maar lelijke vrouwen moeten lange tijd blijven, omdat ze niet aan de wet kunnen voldoen; sommigen wachten wel drie of vier jaar.'

Voor de vrouwen was het geslachtsverkeer met een vreemde waarschijnlijk een initiatieritueel, dat in de loop van de tijd en in het bijzonder onder de Romeinen in een soort sekstoerisme veranderde. Voor de priesters vormde het gebruik een belangrijke bron van inkomsten.

Opgravingsterrein en museum

Dag. 8-16, do. tot 17 uur, € 3,40

De ruïnes van het Aphroditeheiligdom zeggen de meeste toeristen niet zoveel. Daarom wordt Oud-Páfos maar zelden bezocht door excursiebussen. Het heiligdom bestond uit twee binnenplaatsen, die elk in de vorm van een U door muren en hallen omgeven waren. De eerste binnenplaats stamt uit de late bronstijd en de andere is Romeins. De zuilstompen op de Romeinse binnenplaats zijn opnieuw gebruikte Romeinse bouwfragmenten. Ze maakten deel uit van een Frankische suikermolen

De vindplaats werd eerst onderzocht door de Britten, en na de oorlog door archeologen van de universiteit van Zürich onder leiding van de archeoloog Franz Georg Maier.

Het museum in de vesting bezit interessante objecten en is het eigenlijke doel van een uitstapje naar Oud-Páfos. In Zaal I wordt de aandacht getrokken door een zwarte steen, die vermoedelijk het bovengenoemde aniconische cultusobject van het heiligdom was. In Zaal II hangt direct rechts achter de ingang het beroemde mozaïek *Leda met de zwaan*, dat in een Romeinse villa bij het heiligdom is gevonden (een smal pad voert er vanaf de vestingpoort naartoe). Zeus nadert Leda in de gedaante van een zwaan en ontkleedt haar met zijn snavel. Het resultaat van hun vereniging bestond uit twee eieren. Uit het ene zou de schone Helena tevoorschijn komen, uit het andere de tweeling Castor en Pollux, die in de Griekse mythologie als helpers in nood fungeren.

Tegenover het mozaïek bevat een grote vitrine waardevolle religieuze en gebruiksvoorwerpen uit de Cyproar-

Ten zuidoosten van Páfos

chaïsche periode (zie Op ontdekkingsreis blz. 160).

In de linker helft van de zaal staat een sensationele vondst uit 2006: een polychrome, van reliëfs voorziene sarcofaag uit 490-460 v.Chr. van Cypriotisch kalksteen, gevonden op een begraafplaats buiten de stad. Op de ene lange kant zijn vier schapen te zien, die door een reus worden betast. Het gaat om een scène uit de Odyssee. De verblinde Polyphemus probeert te verhinderen dat Odysseus en zijn makkers uit de grot ontsnappen. Op de andere lange kant ziet u de roof van de paarden van de Thracische koning Rhesos door Diomedes en Odysseus, een scène uit de Ilias. De boogschutter in het midden van het reliëf is Odysseus. De kunstenaar heeft hem van een leeuwenhuid voorzien om zo aan Herakles te herinneren, die eveneens als meester in het boogschieten gold. Diomedes verbergt zich achter een palm om de paarden niet te verschrikken. Een strijdwagen staat tegen de palm. Die buigt onder het door Homerus beschreven zware gewicht van de wagen.

Helemaal rechts in Zaal II trekken de vondsten uit de suikermolen de aandacht. Van de lemen, trechtervormige suikerbroodvaten zijn er precies 6678 teruggevonden, maar van de vaasvormige potten om de melasse op te vangen slechts 2827. Waarschijnlijk braken veel vaten bij het losmaken van het suikerbrood, zodat er reservevaten nodig waren.

Overnachten en eten

Koúklia bezit een vriendelijk **dorpsplein** met enkele taverna's en cafés, bijvoorbeeld **Diarizos Tavern** (Leof. Apostolou Louka 21, tel. 26 43 23 43): hoofdgerecht circa € 10. Goede, huisgemaakte gerechten, ook *mezé*.

Traditioneel en landelijk – **Vasilias Nikoklis Inn:** Nikóklia, tel. 26 43 22 11, www.vasilias.nikoklis.com, 1 km buiten het dorp Nikóklia, 16 km van Páfos aan de weg Koúklia-Tróodos, 2 pk circa € 50. Herberg met acht kamers midden in het groen, met een bijbehorende, voortreffelijke dorpstaverna.

Actief

Snake Park: Eleftheriou Aristodemou, aan de rand van het dorp aan de weg in de richting van Archimandríta, tel. 26 43 22 40, € 2. Kleine, particuliere verzameling slangen.

Pétra toú Romioú ▶ C 9

De 'Steen van de Romein' ligt in een bijzonder schilderachtige, onbebouwde baai. Bontgekleurde kiezelstenen en een blauwe zee contrasteren met het witte kalksteen van het vasteland. Aan beide kanten van de baai liggen, als door een reuzenhand weggeslingerd, enkele brokken kalksteen, waar een legende omheen is geweven. Ze zouden door de Byzantijnse held Digenis Akritas hiernaartoe zijn geworpen om een groep Arabieren het landen te beletten. Digenis Akritas geldt ook nu nog als een soort Griekse superheld. Veelzeggend genoeg opereerde ook de partizanenleider Geórgios Grívas onder de schuilnaam Digenis. Met 'Romios' wordt dus niet echt een Romein, maar een Byzantijn, dus een Griek bedoeld. De Byzantijnen noemden zich als nakomelingen van de Oost-Romeinen namelijk 'Romaioi'.

Volgens een ander verhaal, dat pas na de Tweede Wereldoorlog is ontstaan, zou hier bovendien Aphrodite uit de zee zijn opgestegen. Op historische landkaarten wordt de plek echter niet aangeduid. 'Overal waar Aphrodite haar stappen zette, ontsproten bloemen onder haar bekoorlijke voeten', zo schrijft Hesiodus in zijn *Theogonie*, maar over de precieze plek waar Aphrodite uit zee oprees zegt hij niets.

Langs de kust naar Lára Beach

Wie het massatoerisme van Páfos een tijd wil ontvluchten en onbebouwde kusten zoekt, kan het best op weg gaan naar Ágios Geórgios en verder in de richting van het Akámasschiereiland. Onderweg rijdt u langs bananenplantages. De bananen worden hier volgens EU-normen onder blauwe thermozakken verbouwd. Veel lekkerder zijn echter de kleine, onooglijke bananen.

Ágios Geórgios bij Chlórakas ▶ B 8

Botenhal/Museum
Altijd geopend, toegang gratis

Naast de kerk Ágios Geórgios ligt, tussen twee grote hotels, een botenhal die als museum dient. Daarachter verrijst een monument uit het jaar 2000: op twee hoge bronzen pijlers rust een bundel liggende buizen, die volgens de bedoeling van de Griekse kunstenaar een boot vol geweren moet voorstellen.

In de botenhal ligt de houten kaïk *Ágios Geórgios* op kielblokken op het droge. De boot werd op 25 januari 1955 door een Brits oorlogsschip opgebracht, toen hij als laatste van vier transportschepen probeerde met een uit Griekenland afkomstige lading dynamiet en wapens op Cyprus te landen.

Tweeënhalve maand eerder was partizanenleider Geórgios Grívas al in de buurt geland en tweeënhalve maand later, op 1 april 1955, begon de partizanenstrijd van de EOKA (de Nationale Organisatie van Cypriotische Strijders) tegen de Britse koloniale overheersers. Foto's en krantenknipsels completeren de expositie, die eens te meer de smalle marges tussen 'bevrijdingsstrijd' en 'terrorisme' duidelijk maakt.

De **kerk** werd na de onafhankelijkheid met particuliere fondsen gesticht ter ere van Grívas.

Lémba ▶ A 8

Cyprus College of Art
Eleftherias 6, tel. 26 96 42 69, www.artcyprus.org

In het kunstenaarsdorp Lémba vallen in sommige voortuinen avant-gardistische, vaak kakelbonte sculpturen op. De Cypriotische kunstenaar Stass Paraskos, die lang in Londen heeft gewoond, geeft in de vroegere dorpsschool zomercursussen. Aan het eind van de cursus vereeuwigen zijn doorgaans Engelstalige leerlingen zichzelf met hun slotwerkstuk op de muur van Lémba, die daardoor van jaar tot jaar groter wordt.

Dat Paraskos het onopvallende Lémba als plaats voor zijn particuliere school uitkoos, was puur toeval. De cursussen richten zich niet zozeer op amateurkunstenaars, maar eerder op geëngageerde, onconventionele beeldhouwers en schilders, met name op miskende genieën die gezakt zijn voor het toelatingsexamen van de officiële kunstopleidingen. De cursussen zijn niet duur en worden altijd druk bezocht. Voor vier weken betaalt u circa € 200.

Lémba Experimental Village
Altijd geopend, toegang gratis

Strand bij Pétra tou Romioú: midden in de natuur en door legenden omgeven

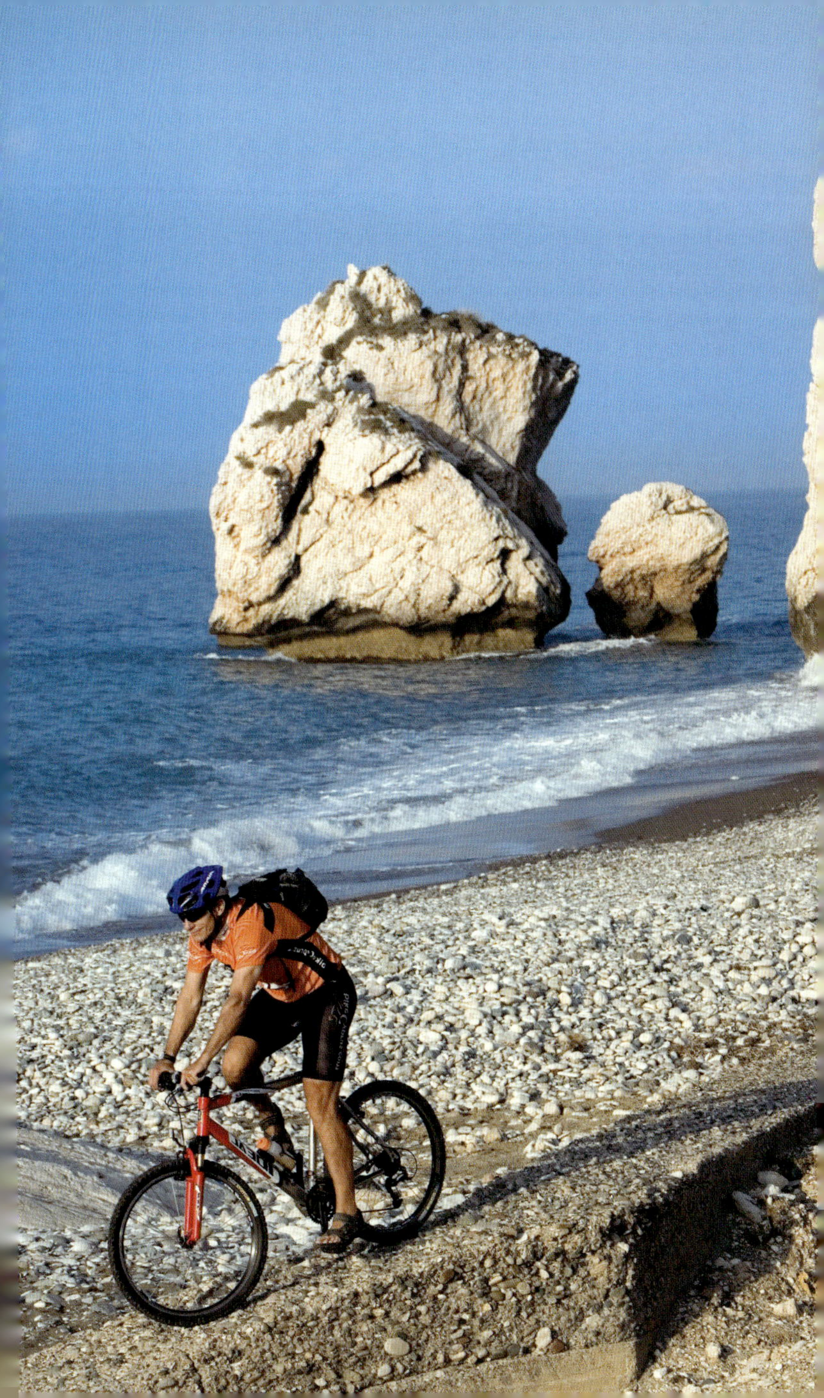

Bij Lémba wijst een bord met de tekst 'Prehistoric Village' de weg naar een Chalcolitische nederzetting uit 3500-2500 v.Chr. Aan de rand van de opgraving hebben studenten en onderzoekers van de universiteit van Edinburgh enkele prehistorische ronde woningen gereconstrueerd, waar ze experimenteren met ambachtelijke technieken en oude grondstoffen.

Overnachten

In de volgende twee grote, comfortabele middenklassehotels, die in Kissónerga, 2 km ten noorden van Lémba, even van de hoofdweg af tussen bananenplantages en kleine huizen direct aan zee liggen, verblijft u niet al te toeristisch en bovendien midden in de natuur. Met bus 10 kunt u elk kwartier naar Coral Bay of het centrum van Páfos rijden. Beide hotels bieden in het voor- en naseizoen tot 40% korting.

Op een afgelegen kaap – **Cynthiana Beach**: Kissónerga, tel. 26 93 39 00, www.cynthianahotel.com, 230 kamers, tennisbaan en interessante duikmogelijkheden.

Aan een natuurlijke lagune – **Queen's Bay**: Kissónerga, tel. 26 94 66 00, www.queensbay.com.cy, tweehonderd kamers, tennisbaan.

Coral Bay en Kaap Máa ▶ A 8

Bij Coral Bay, de Koraalbaai, komt weliswaar geen koraal voor, maar hier ligt wel het mooiste, grootste en breedste zandstrand van de hele regio. Daarom verdringen zich hier 's zomers de badgasten, waarvan een groot aantal uit Páfos hierheen gekomen is. Langs de baai zijn talrijke nieuwe hotelcomplexen verrezen.

Museum of the Mycenean Colonisation of Cyprus
Palaikastro, dag. 8-16 uur, € 1,70

Kaap Máa, die Coral Bay aan de noordkant begrenst, heeft het geluk dat de Myceners 3200 geleden hier landden en er een nederzetting, Palaikastro, bouwden. Daarom wordt deze mooie rotskaap beschermd en krijgen de projectontwikkelaars geen kans. Van de Myceense stad is een verdedigingsmuur, die het schiereiland aan de landzijde beschermde, nog goed bewaard gebleven. In een klein, futuristisch aandoend museum, dat door een Italiaanse architect als een vliegende schotel is ontworpen, wil men een beeld geven van de Myceense beschaving op Cyprus. Wat originele vondsten betreft zijn er enkele bronzen wapens en sieraden te zien. 'Zo lang al is Cyprus Grieks,' wil de expositie duidelijk maken.

Ágios Geórgios Pégeias ▶ A 7

De tweede plaats op dit traject met de naam Ágios Geórgios, een nederzetting met visrestaurants en een paar kleine pensions en hotels, ligt bij de Ágios Geórgioskerk op een klip boven een minuscule vissershaven. Voor de kust ligt het eilandje Gerónisos, in het achterland worden bananen verbouwd.

Dierentuin
Dag. okt.-mrt. 9-17, apr.-sept. 9-18 uur, circa € 16, kind halve prijs

In deze particuliere dierentuin van circa 100.000 m² vindt u enkele roofdieren, maar vooral vogels en een grote verzameling gifslangen.

Vroegchristelijke basiliek
Dag. 8.30-16 uur, € 1,70

Het plaatsje Ágios Geórgios ligt op de ruïnes van een belangrijke stad uit de oudheid. Uit de vroegchristelijke periode is een basiliek met mozaïeken, een narthex en een doopkapel relatief goed bewaard gebleven. In de steil aflopende helling naar de zee zijn graven in de rots uitgehouwen.

Overnachten en eten

Om aan de aanblik van de eenvormige bebouwing langs de kust te ontkomen, moet u tot voorbij Ágios Geórgios rijden. Daar wordt het eenzamer, en bananenplantages drukken hun stempel op het landschap. Desondanks zijn hier een paar kleine pensions te vinden en, aan zee, de **vistaverna Ágios Geórgios** (tel. 26 62 13 06, 's ochtends tot 's avonds, vis met bijgerechten vanaf € 15), een populaire bestemming voor uitstapjes. De eigenaar verhuurt ook enkele eenvoudige kamers.

Klein en voordelig – **SA West End Hotel**: Ágios Geórgios Pégeias, tel. 26 62 15 55, www.sawestend.com, 2 pk € 40-50. Taverna en voordelige kamers in een rustige omgeving. Goede uitvalsbasis voor tochtjes naar het Akámas-schiereiland.

Avgáskloof

Ravijnen zijn zeldzaam op Cyprus, en ook daarom vormt de Avgáskloof (ook wel Avakáskloof genoemd) een van de belangrijkste landschappelijke bezienswaardigheden van het eiland. Er groeien meer dan driehonderd plantensoorten, waaronder de alleen hier voorkomende, rood bloeiende *Centaurea akamantis,* die op steile rotsen groeit. Een smal pad kronkelt tussen oleanders en riet langs een beek ruim 100 m omlaag de kloof in.

Wandeling door de Avgáskloof

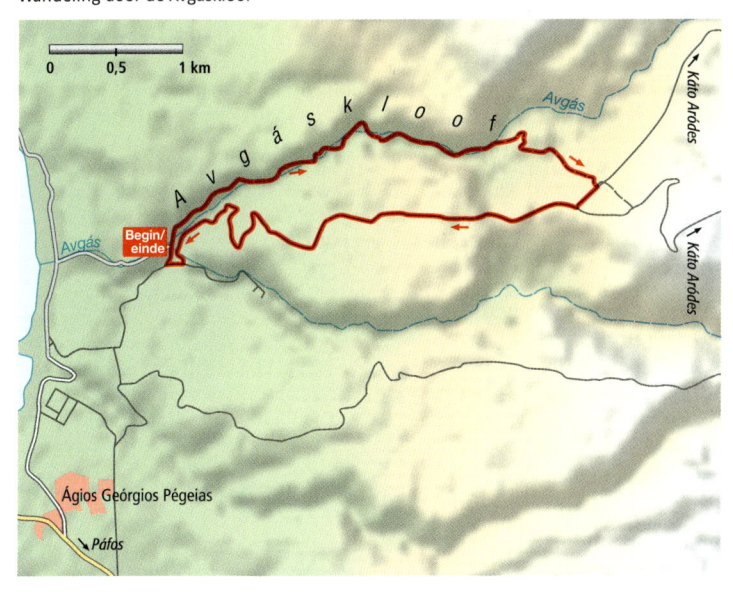

Lára Turtle Station

Ten noorden van het schiereiland Lára zet het Lára Turtle Station zich met steun van het Wereldnatuurfonds in voor de bescherming van twee soorten zeeschildpadden, waarvan de broedgebieden door het toerisme steeds verder ingeperkt worden. De **soepschildpad** (*Chelonia mydas*) en de **onechte karetschildpad** (*Caretta caretta*) zoeken na vijftien tot dertig jaar hun geboortegrond op en leggen daar 's nachts 100 tot 130 eieren op het strand. Na de eieren met zand bedekt te hebben keren ze naar zee terug; ze komen later echter wel af en toe naar hun legsel kijken.

Zo'n 55 dagen na de eierleg kruipen de jongen uit hun ei, graven tegelijk een weg uit het zand naar buiten en stevenen, alweer 's nachts, recht op zee af. De juiste richting herkennen ze aan de horizon, die lichter is dan de nachthemel. De natuurbeschermers van het Turtle Station plaatsen in de tijd dat de eieren uitkomen gaas over het terrein, zodat de kleine schildpadjes niet aan roofvogels ten prooi vallen. In Noord-Cyprus trekken de schildpadden naar de Golden Beach op het schiereiland Karpasía. Ook daar worden beschermende maatregelen genomen.

Boeiende wandeling door de Avgáskloof

Duur van de wandeling voor wie met de auto komt drie uur, wie met de bus komt moet op vier uur rekenen. Om het hele traject door de kloof te kunnen afleggen, moet u een geoefend wandelaar zijn, en houd er rekening mee dat u in de kloof soms over grote rotsblokken moet klauteren. De wandelroute is gemarkeerd. Pas op voor vallend puin, veroorzaakt door klimmende geiten! Na een bijna tweeënhalf uur durende klimpartij verbreedt de kloof zich. Loop aan de zuidkant van het dal, waarbij u de rode markeringen volgt, omhoog in de richting van Káto Aródes, tot u op een landweg stuit. Volg die eerst naar het zuiden en dan naar het westen in de richting van de kust, tot u weer op het parkeerterrein bij de ingang van de kloof bent.

Informatie

Vervoer per auto: de asfaltweg vertakt zich in Ágios Geórgios Pégeias naar rechts in een brede, eerst nog verharde weg, die het Akámasschiereiland vanuit het zuiden ontsluit. Na zo'n 2,5 km wijst een bord naar rechts in de richting van de Avgás-(Avakás-)kloof.
Vervoer per bus: blauwe bus vanaf Páfos naar Ágios Geórgios Pégeias, daarna ongeveer een halfuur lopen.

Lára Beach ▶ A 7

Het beste alternatief voor Coral Bay! Tussen Lára Beach en Ammoúdi Beach ligt een aantrekkelijk schiereiland, met klippen en grillige kalksteenformaties vol zoutpannen.

Actief

Stranden – Vanwege de eierleg van de schildpadden zijn de stranden van Lára tot 20 m van de zee beschermd natuurgebied, en tussen juni en augustus is zwemmen verboden. U moet in de zomermaanden dus op zoek naar een niet-beschermd stuk strand of een rotspartij; neem eventueel zwemschoenen mee. Vissers mogen vanuit zee slechts tot de 20 m-dieptelijn naderen. Het is verboden op het strand parasols neer te zetten en er mag niet worden gekampeerd. Vanaf een uur voor zonsondergang en 's nachts is het hele strand verboden gebied.

Ten noordoosten van Páfos

Een dagtripje met een huurauto voert door een belangrijk wijnbouwgebied. Wit kalksteen kenmerkt overal het heuvelige landschap met zijn laag gehouden wijnstokken. Ten oosten van Panagía beginnen de dichte bossen van het Tróodosgebergte. Wie vroeg opbreekt, kan op een dag ook nog de Cedar Valley in de rondrit opnemen.

Ágios Neófytos-klooster ▶ B 8

Dag. apr.-sept. 9-13, 14-18, nov.-mrt. 9-13, 14-16 uur, museum en grotkerk elk € 1

Het Neófytosklooster, een van de belangrijkste kloosters van Cyprus, ligt op circa 250 m hoogte genesteld in een dalkom. Het bestaat uit twee gebouwencomplexen: de kluizenaarsgrot uit het eind van de 12e eeuw, waarin de heilige Neófytos zijn ascetisch leven leidde, en het drie eeuwen later door de Venetianen gestichte grote klooster, dat nog volop in gebruik is.

Over het leven van Neófytos is heel wat bekend. Dat is te danken aan zijn eigen geschriften en aan de afbeeldingen en inscripties in de grot. Hij zou als achttienjarige tegen zijn wil door zijn ouders tot een huwelijk zijn gedwongen. Om dat te ontlopen trok hij zich terug in het Johannes Chrysostomosklooster bij Kyrenia. Na een zevenjarig verblijf in het klooster ging hij op zoek naar een geschikte plaats om er de rest van zijn leven als kluizenaar te kunnen doorbrengen. Uiteindelijk vond hij een grot bij Páfos, die hij vanaf 1159 voor bewoning geschikt maakte.

Eerst woonde hij in de later zo genoemde cella. Met een stenen bed, stenen tafel en stenen stoel richtte hij hier een spartaans verblijf in. In een nis hakte hij, aan de onontkoombare dood denkend, zijn toekomstig graf uit. Een uitgehakt zijvertrek, later de altaarruimte, benutte hij als plek om te bidden.

In 1183 vergrootte Neófytos zijn onderkomen tot een kerk, waarbij de gebedsruimte geschikt werd gemaakt om er het altaar te plaatsen. Een beroemde schilder uit Constantinopel, Theodoros Apseudes, kreeg de opdracht om de cella en de altaarruimte te beschilderen.

In 1196 was Neófytos een beroemd man en er kwamen veel gelovigen naar de kerk om naar zijn woorden te luisteren. Omdat de grote bedrijvigheid in de grotkerk hem stoorde, bouwde hij een nieuwe, tegenwoordig niet toegankelijke cella boven de grotkerk. Daar kon hij met behulp van een luisterschacht, die bewaard is gebleven, de diensten in de kerk volgen.

In 1196 kreeg een tweede schilder, over wie niets naders bekend is, de opdracht de grotkerk te beschilderen. Daardoor zijn hier twee reeksen schilderingen uit het eind van de 12e eeuw te zien, die met een tussentijd van dertien jaar zijn ontstaan en tot de zeldzame voorbeelden van de Byzantijnse kunst uit die tijd behoren. Ze lenen zich goed voor een stijlvergelijking. De grotkerk bestaat uit drie ruimtes, die men als volgt betreedt: de eigenlijke kerk, de altaarruimte en de cella. De latere schilderingen in de kerk zijn, met uitzondering van drie in de Venetiaanse tijd overgeschilderde voorstellingen links bij de ingang, lineair en streng. Daarentegen worden de vroegere schilderingen in de altaarruimte en de cella gekenmerkt door een zachte, levendige, door Constantinopel beïnvloede klassieke stijl, die ook in Lagouderá (zie blz. 187) wordt aangetroffen.

Het plafond van de altaarruimte wordt gesierd door een uniek portret van de heilige. Hij wordt na zijn dood door twee engelen naar de hemel geleid. Links van zijn graf is hij nogmaals afgebeeld, ditmaal knielend voor Christus.

In het **klooster** naast de grotkerk loont een bezoek aan de koepelbasiliek met schilderingen uit de eerste helft van de 16e eeuw. Het hele gewelf van het noordelijke schip is bedekt met scènes uit de beroemdste Mariahymne van de Orthodoxe Kerk, die zonder scheidende strepen in elkaar overgaan. Het gaat om de Akathistoshymne, tijdens het zingen waarvan de gelovigen niet mogen zitten (*akathistos* = niet zittend). Elke scène wordt aangeduid met de beginletter van de betreffende strofe. In het boogveld tussen de altaarruimte en het rechts daaraan grenzende diakonikon zijn ook twee katholieke heiligen afgebeeld, Ignatius en Laurentia – een aanwijzing voor de stichting van het klooster door de Venetianen.

Ook een bezoek aan het kloostermuseum loont. Niet alleen de kerkschatten worden hier aantrekkelijk geëxposeerd, maar er is ook een collectie Cyproarchaïsche vazen te zien, die afkomstig zijn van een bij het klooster horende begraafplaats.

Actief

Bij een waterval – **Bad van Adonis:** ▶ B 7/8, in de kloof van het riviertje Mavrokólymos, circa 5 km ten noorden van Tála boven de stuwdam, alleen in het seizoen geopend, € 9. Een – zonder bezoekers – betoverend plekje met een weelderige vegetatie. De handige landeigenaar heeft het commercieel ontsloten en noemt het analoog aan het Bad van Aphrodite het Bad van Adonis – een mooi voorbeeld van moderne mythevorming. Hier kunt u aan de voet van een kleine waterval zwemmen in een natuurstenen snackbar een consumptie gebruiken. Bereikbaar via een hobbelige, maar nog wel berijdbare landweg, aangegeven op de *platía* van Tála en in andere plaatsen op het eiland. Leuk voor wie in een natuurbad wil zwemmen, maar de toegangsprijs is hoog.

Panagía ▶ C 7

Dit grote wijndorp ligt op 800 m hoogte aan de voet van de 1142 m hoge wijnberg Rogia.

Makáriosmonument
Di.-zo. 10-13, 14-16 uur, € 0,50
Aan de doorgangsweg door de geboorteplaats van aartsbisschop Makários ligt een gedenkplaats voor de Vader van de Grieks-Cypriotische natie, met een meer dan levensgroot bronzen standbeeld van de vroegere president.

Makáriosmuseum
Overdag gewoonlijk geopend, anders in de gedenkplaats om de sleutel vragen
Het geboortehuis van Makários, een paar meter van de gedenkplaats, bestaat slechts uit één enkel vertrek met een vloer van aangestampt leem en met een open haard, en is, zoals vroeger gebruikelijk, spaarzaam ingericht: kasten tegen de wand en een verhoging waarop men sliep en ook gasten ontving, vormen het meubilair. Hier woonde de hele familie. Een doorgang komt uit op een aangrenzende ruimte, die als stal en voorraadkamer diende. In het koude jaargetijde werd het vee door de woonkamer naar de stal gedreven.

Chrysorrogiátissa-klooster ▶ C 7

Dag. mei-aug. 9.30-12.30, 13.30-18.30, sept.-apr. 10-12.30, 13.30-16 uur, toegang gratis
Zo'n 2 km voorbij Panagía komt u bij dit klooster, waarvan de moeilijk uit te spreken naam 'van de gouden berg Rogia' betekent. 'Monte Royia' is dan ook de naam van een van de wijnen uit de kloosterwijnkelder. De gebouwen van het klooster stammen uit het jaar 1770. Na een brand in 1967 zijn grote delen gerestaureerd. De **kloosterkerk** bezit een indrukwekkende, uit hout gesneden iconostase uit het eind van de 18e eeuw, en een met zilver beslagen icoon, die de evangelist en schilder Lucas persoonlijk zou hebben geschilderd. De icoon werd tijdens het iconoclasme in de 8e en 9e eeuw verborgen, maar in de 12e eeuw onder wonderbaarlijke omstandigheden weer gevonden door een monnik met de naam Ignatius. Een modern **museum** toont iconen en andere kloosterschatten. De **wijnkelder** is gewoonlijk niet toegankelijk voor een bezichtiging. De wijnen van het klooster worden in een **winkel** verkocht.

Eten en drinken

Rust met uitzicht – Voor het klooster biedt een **taverna met terras** naast een oeroude, imposante Turkse den (*Pinus brutia*) een prachtig uitzicht op de wijnbergen in de omgeving.

Actief

Wandelen – Een goed gemarkeerde, heel aantrekkelijke panoramawandeling over veldwegen voert in 3-4 uur over de berg Rogia naar het Chrysorrogiátissaklooster en weer terug. Een bord met de route is te vinden op het plein onder de dorpskerk.

Akámas-schiereiland ▶ A/B 6/7

Het schiereiland is sinds 1989 in het kader van Natura 2000 beschermd natuurgebied. Invloedrijke investeerders zouden Akámas echter graag in hun hotelplannen willen betrekken. Tot nog toe zijn de stranden en woeste rotskusten van Ágios Geórgios in het zuidwesten via Kaap Arnaoútis tot het Bad van Aphrodite echter hotelvrij gebleven.

Daardoor behoren de kusten van Akámas tot de eenzaamste gebieden van Cyprus. Indrukwekkend is ook de dierenrijkdom. Er leven 168 vogelsoorten, 20 reptielensoorten – afgezien van de giftige zandadder en beperkt giftige katslang alle ongevaarlijk – en talrijke vlindersoorten. Het endemische Cypriotisch bloemenblauwtje (*Glaucopsyche paphos*) is het symbool van de hele regio.

Op de langgerekte bergruggen van Akámas ligt een aantal authentieke dorpen, zoals Aródes en Droúseia, maar het gebied rond de kaap is volledig onbewoond. Enkele natuurleerpaden en andere wandelroutes nodigen uit de natuur te beleven en bieden fantastische vergezichten op de bergen en zee.

Maar ook een korte wandeling is al heel interessant. Een derde van de 1730 plantensoorten op Cyprus is op Akámas vertegenwoordigd, en daarvan komen er 35 alleen hier voor. Op veel plaatsen groeit de Fenicische jeneverbes (*Juniperus phoenicea*), een aromatische struik, die tot de cipressenfamilie behoort. Het hout is keihard. Het werd gebruikt voor de wieken van windmolens en voor daken van huizen. Splinters van het hout werden vanwege de aangename geur en ter wering van insecten tussen het schone wasgoed gelegd.

Pólis ▶ B 6

Pólis ligt ongeveer 2 km van de zee op een groene kustvlakte, die Chrysochoú heet, wat 'goudhoudend' betekent. Goud is er echter nooit gevonden.

Het in het laagseizoen ingedutte stadje met 2000 inwoners is een favoriete bestemming van zelfstandige reizigers en backpackers, die een landelijke ambiance op prijs stellen en daarvoor graag op de koop toe nemen dat Pólis geen bezienswaardigheden van betekenis bezit. Op het strand en in de buurplaatsjes Prodrómi en Lakkí verrijzen weliswaar steeds meer appartementencomplexen en kleine hotels, maar het all-in-toerisme dat Páfos domineert, is nog uitgebleven.

Pólis is de opvolger van de antieke stadstaat Marion. Gedurende de Diadochenoorlogen in het begin van de 3e eeuw v.Chr. werd de stad verwoest. Tijdens de Ptolemaeën werd de stad onder de naam Arsinoe opnieuw gesticht (Arsinoe was de vrouw van Ptolemaeus II Philadelphos, die van 283-246 v.Chr. over Egypte regeerde). Na de oudheid speelde Pólis geen rol van betekenis meer. De hele regio was tot ver in de 20e eeuw een van de meest achtergebleven gebieden van Cyprus.

De dorpskern met zijn scheefgezakte huizen is getransformeerd tot een voetgangerszone met restaurants, cafés en diverse vermaaksgelegenheden. Pólis gold lange tijd als insidertip voor individuele reizigers, van wie sommigen in het dorp bleven hangen om er een café of fietsverhuurbedrijf te beginnen.

Archeologisch Museum Marion-Arsinoe

Leof. Makariou III 26, tel. 26 32 29 55, ma. 8-14.30, di./wo., vr. 8-15, do. 8-17, za. 9-15 uur, € 1,70

Dit kleine, pas in 1998 geopende museum toont een interessante collectie vondsten uit Pólis en omgeving. Bij het begin van de korte rondgang verdient in een muurvitrine een Cyprogeometrische halsamfoor met een zeldzame voorstelling van een strijdwagen de aandacht. Daarna volgen vrijstaande vazen in de typisch Cypriotische *free field*-stijl met motieven, zoals vogels en vissen, die los op het oppervlak van de vaas lijken te zweven. Rechts is een deel van een scheepsromp inclusief een lading transportamfora's gereconstrueerd. Die kruiken, waarin wijn, olie, olijven en dergelijke werden verhandeld, lopen onderaan spits toe, zodat ze beter te stapelen waren.

Overnachten

Ecologisch – **Natura Beach Hotel and Villas**: Christodoulou Papanikopoulou, tel. 26 32 31 11, www.natura.com.cy, 2 pk € 50-100. Tweelagig hoofdgebouw en bungalows met een prima ligging: zonder buurhotels op een uitgestrekt terrein direct aan zee, met zwembad, een kwartiertje lopen van het centrum. Ecologisch gedreven. Voor een strandvakantie de eerste keus in de regio. Zestig kamers, ook via touroperators te boeken.
Vertrouwd adres – **Marion Hotel**: Mariou 9, tel. 26 32 12 16, www.marionhotel.com.cy, 2 pk € 30-60. Op het eerste gezicht een weinig attractief blok aan de hoofdstraat, maar ook een voordelig, door een gezin gedreven hotel. De kamers aan de achterkant zijn rustig en bieden uitzicht op de zee. Zwembad, tuin, 57 kamers.
Ongedwongen – **Chrysafinia Apartments**: Chrysathemon 4, in het naburige Prodrómi, tel. 26 32 11 80, www.chrysafinia.com, appartement € 40-60. Zestien appartementen met een tuin en een klein zwembad. Relaxed en schoon.
Voordelig en ontspannen – **Mariela Hotel Apartments**: Leof. Arsinois 3, tel. 26 32 23 10, www.marielahotel.com, € 40-70 afhankelijk van het aantal personen en de verblijfsduur, 64 schone appartementen met centrale verwarming.

Eten en drinken

De meeste restaurants en cafés liggen in de voetgangerszone **in het kleine oude centrum**. Bijna overal wordt versgeperst sinaasappelsap verkocht, een specialiteit van de streek.
Verzorgde ambiance – **Archontariki**: Leof. Makariou III 14, tel. 26 32 13 28, www.archontariki.com.cy, ma.-za. 11 tot 's avond laat, zo. 12.30-16 uur, hoofdgerecht € 10-14. Verfijnde Cypriotische gerechten, veel vegetarische opties. Ziet er met zijn zuilen bij de ingang duurder uit dan het is.
Waar de lokale bewoners eten – **Mosfilos**: bij de uitgang van het dorp richting Páfos, tel. 26 32 21 04, *full méze* circa € 15. Traditierijke taverna in een mooi, halfrond koloniaal gebouw met een zuilengalerij.
Taverna met tuin – **Vomós**: Polieos (de weg naar het Natura Beach Hotel), tel. 26 32 21 73, hoofdgerecht € 8-10. Eenvoudig, gezellig eethuis met een leemoven voor de deur voor de *kléftiko*. Ook *mezédes*.
Duits gebak en smakelijke filterkoffie – **Art Café Kivotos 3000**: Agias Kyriakis, naast de kerk, tel. 99 55 51 93. Café met kunstgalerie. Er zijn ook quiches verkrijgbaar. Kleine bibliotheek met handboeken over Cyprus.

Actief

Fietsen – Het gebied om Pólis leent zich uitstekend voor fietstochten. Bij de toeristeninfomatie is een brochure met fietsroutes verkrijgbaar. Er worden ook fietspaden aangelegd, bijvoorbeeld van Prodrómi naar het Bad van Aphrodite. **Wheelie Cyprus**: tel. 99 35 08 98, www.wheeliecyprus.com. Dit bedrijf van een Brits echtpaar verhuurt goede fietsen en organiseert mountainbike- en wandeltochten in de omgeving en in het Tróodosgebergte. Via de website is ook een fietsgids voor Cyprus verkrijgbaar.
Wandelen – **Jalos Activ**: tel. 26 32 24 16, www.wandernaufzypern.de. Excursies en wandelingen met gids. Klei-

ne groepen. Tips van een Duits-Grieks echtpaar.
Duiken – Polis Diving Center: Agiou Nikolaou 1, aan de rand van de voetgangerszone, tel. 26 32 10 71, www.polisdiving.com. Goed materiaal.

Uitgaan

Men ontmoet elkaar in de bars en clubs in de voetgangerszone. Af en toe treden muziekgroepen op, bijvoorbeeld in de **City Club**, dus let op affiches. Alles bij elkaar gaat het er in Pólis rustig aan toe.

Informatie

Informatie

www.polis-municipality-cyprus.com: website van de gemeente met de gebruikelijke informatie.

CTO Tourist Information: Vas. Stasioikou 2, tel. 26 32 24 68, in het seizoen ma.-vr. 8.30-14.30, ma./di., do./vr. ook 15-18.15, za. 8.30-13.30 uur.

Vervoer

Bus: ongeveer elk uur rijden er **blauwe bussen** naar Páfos, en afhankelijk van het seizoen frequent naar het Bad van Aphrodite, minder frequent naar Pachýammos en Káto Pýrgos. Het buskantoor van OSYPA (de busmaatschappij van Páfos) ligt bij de ingang van het dorp bij de afslag naar Lakkí (Latchí). Wie met de **groene bus** naar Lárnaka of Nicosia wil, moet eerst naar Páfos.
Taxi: Jalos Activ, tel. 26 32 24 16.

Lakkí ▶ A 6

Dit voormalige vissersdorp, ook **Latsí** of **Latchi** genoemd, beschikt over de enige haven in de wijde omtrek en is uitgegroeid tot een klein toeristenoord met de gebruikelijk nieuwbouw. Rond de voetgangerszone aan de haven rijgen de terrassen van de cafés en restaurants zich aaneen. In de haven liggen naast de kleine, bonte vissersboten ook de excursieboten naar het Bad van Aphrodite (zie blz. 175) en Kaap Arnaoútis, de westelijkste punt van Cyprus.

Overnachten

Luxe – Anassa: Leof. Akamantos (Bath of Aphrodite Rd.)/Rigenas 40, tel. 26 32 28 00, www.anassa.com.cy, 2 pk € 300-500 (voordeliger via touroperators). Eenzaam aan zee tussen Lakkí en het Bad van Aphrodite. Vermoedelijk het beste hotel van Cyprus, kostbaar bouwmateriaal, trefpunt van de internationale jetset, 176 kamers ver van het massatoerisme, in een van de mooiste kustgebieden van het eiland.

Eenzaam aan zee – Aphrodite Beach: Leof. Akamantos (Bath of Aphrodite Rd.)/Rigenas 62, in de buurt van het Bad van Aphrodite pal aan zee, tel. 26 32 10 01, www.aphrodite-beachhotel.com, 2 pk € 70-85 (ook via touroperators te boeken). Twintig bungalows met elk twee tweepersoonskamers in een mooie tuin boven de zee. Volstrekt rustig, het voordelige alternatief voor Anassa. Ongewoon in deze klasse: bij halfpension krijgt u echte Cypriotische gerechten, bereid door de familie van de eigenaar.

Eten en drinken

Klassieker – Yiangos & Peter: aan de haven, tel. 26 32 14 11, overvloedige vis-*mezé* circa € 18, hoofdgerecht € 12. Traditierijk restaurant met een goede prijskwaliteitverhouding. Boven de taverna worden nette kamers verhuurd, 2 pk vanaf € 60.

Akámasschiereiland

Eveneens aan te raden, met vergelijkbare prijzen: **vistaverna Psaropoulos Beach** aan de oostelijke dorpsrand.

Actief

Watersport – **Latchi Watersports Centre:** aan de haven, tel. 26 32 20 95, www.latchiwatersportscentre.com. Duikschool met goed materiaal, niet goedkoop. Ook duiktrips voor kinderen (8-11 jaar), die een PADI Bubblemakerbrevet kunnen halen. De duikdiepte daarbij is slechts 2 m. Verhuur van speedboten, jetski's, catamarans en surfboten.

Bad van Aphrodite ▶ A 6

De asfaltweg vanaf Pólis eindigt in **Loutrá tís Afrodítis** bij een staatsrestaurant aan zee. Hier begint een 150 m lang voetpad naar een bron, die zich uitstort in een poel in een weelderig met varens en ranken overwoekerde grot. Volgens een postklassieke overlevering zou hier een erotische ontmoeting hebben plaatsgevonden die bekend is uit de Griekse mythologie. Akámas, de zoon van Theseus, stichter van de stad Sóli/Sóloi en naamgever van het schiereiland, verraste de godin van de liefde bij haar bad. Aphrodite werd verliefd op de prins en bleef langer dan nodig was bij de bron. Maar de god 'Laster' verried het slippertje aan Aphrodites echtgenoot Hephaistos, zodat de godin naar de Olympus moest terugkeren.

Op historische kaarten uit de vroegmoderne tijd staat steeds een **Fontana Amorosa,** dus een Liefdesbron, aangegeven, nu eens hier, dan weer daar aan de kust tussen de kaap en Pólis. Misschien

Ongestoord zwemgenot: eenzame rotsbaai aan de kust van het Akámasschiereiland

Favoriet

Verkwikkende pauze op de picknickplaats Smigiés op het Akámas-schiereiland ▶ A 6

Van het dorp Néo Chorío voert een eerst verharde en daarna onverharde weg naar een pleisterplaats in het dennenbos. Daar staan een paar houten tafels en stoelen in de schaduw, en er zijn ook een bron en een kinderspeelplaats te vinden. Hier beginnen twee aantrekkelijke natuurleerpaden, de Smigies Trail en de Pissouromoutti Trail (zie blz. 177), die ook weer naar hun uitgangspunt terugkeren. Beide routes worden minder frequent belopen dan de bekendere Adonis Trail en Aphrodite Trail, waarvoor de excursiebussen in de lente en herfst in de rij staan.

is die Liefdesbron te identificeren met het Bad van Aphrodite, of misschien werd er een bron vlak bij de kaap mee bedoeld, die tegenwoordig gedempt is. Een Fontana, dus een bron waar water uitkomt, is daar niet meer te vinden.

Het Bad van Aphrodite is het beginpunt van de **Aphrodite Trail** en de **Adonis Trail** (zie blz. 177).

Néo Chorío en Androlíkou ▶ A 6

Niet ver van de kust ligt het mooie dorp Néo Chorío met veel natuurstenen huizen en enkele restaurants. Vanhier voert een onverharde weg, die met een huurauto voorzichtig bereden kan worden, naar het bijna verlaten Androlíkou, dat voor de deling een levendig Turks dorp was (er is ook een directe weg vanaf Pólis). Tegenwoordig wonen er weer enkele Turks-Cyprioten in Androlíkou, repatrianten, die ook de vervallen huizen van andere Turks-Cyprioten hebben opgeknapt. De overheid beheert die huizen. De bewoners betalen geen huur en blijven vanwege het beter betaalde werk dat het zuiden biedt (zie ook blz. 57).

Overnachten

Aan de dorpsrand boven zee - **Tavros Hotel Apartments:** Néo Chorío, tel. 26 32 24 21, www.tavroshotel.com, 2 pk ca. € 50-80. Klein appartementenhotel met zwembad.

Drie wandelingen op het Akámasschiereiland

Op het Akámasschiereiland zijn diverse **natuurleerpaden** uitgezet, die zich goed lenen voor een wandeling.

Aphrodite Trail en Adonis Trail

Beide 7,5 km lang, beide 2,5 uur lopen, beginpunt: Bad van Aphrodite (zie blz. 175), in het warme seizoen kan voor de steile klim een ezel met een drijver worden gehuurd

Beide routes zijn rondwandelingen en beginnen met dezelfde steile klim. Loop vanaf het Bad van Aphrodite eerst ongeveer 100 m in de richting van de kaap en klim dan een klein uur links bergopwaarts naar **Pýrgos tis Rígenas**, een kloosterruïne tussen twee tafelbergen.

Hier kunt u kiezen: ofwel naar rechts afbuigen en de **Aphrodite Trail** volgen, ofwel naar links de **Adonis Trail** nemen. Beide routes zijn even mooi, duren hiervandaan nog bijna twee uur en voeren terug naar het uitgangspunt. U wandelt nu eens door een dicht en dan weer licht mediterraan bos en soms ook door karakteristieke maquis, bestaand uit aardbeiboom, mastiekboom en boomhei.

Smigies Trail en Pissouromoutti Trail

Smigies Trail 7,5 km of 3,5 km; Pissouromoutti Trail 3 km, beginpunt: picknickplaats Smigiés

Tip

Kléftiko in taverna Smigiés

Waard Alexis Alexiou bezit ook geiten. Hij is wijd en zijd bekend om zijn verrukkelijke, voordelige *'kléftiko* in een net', die elke vrijdag en soms ook op zaterdagen in de leemoven wordt bereid. Het net dient om te voorkomen dat het uiterst malse geitenvlees van het bot valt (Néo Chorío, aan de doorgaande weg, tel. 99 60 40 07, *kléftiko* circa € 12, *souvláki* en andere vleesgerechten circa € 8).

Páfos, Pólis en West-Cyprus

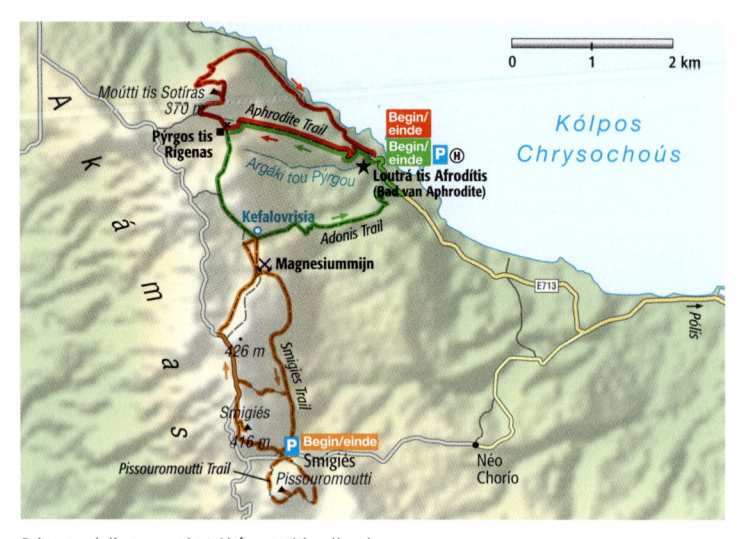

Drie wandelingen op het Akámasschiereiland

Vanaf de picknickplaats Smigiés (zie Favoriet blz. 176), niet ver van Néo Chorío, kunt u twee rondwandelingen maken. Beide zijn goed gemarkeerd en voeren door dennenbossen en Cypriotische maquis. De lange variant van de **Smigies Trail** is even lang als de Aphrodite Trail en Adonis Trail, en raakt die laatste route. Hij voert langs een verlaten magnesiummijn met een smeltoven. De route kan tot een lengte van circa 3,5 km worden ingekort.

De **Pissouromoutti Trail** loopt van de op 265 m hoogte gelegen picknickplaats naar een heuvel van 419 m.

Laónadorpen

Droúseia (▶ A 7), **Ineía** (▶ A 7), **Káto** en **Páno Aródes** (▶ A 7), **Krítou Téra** (▶ B 7), **Káto Akourdáleia** (▶ B 7), **Káthikas** (▶ B 7) en **Akoursós** (▶ B 7) zijn kleine, oorspronkelijke dorpen, die samen ook wel Laónadorpen worden genoemd, naar de naam van de hoogvlakte waar ze liggen.

Het Laóna Project, dat door een Cypriotische stichting en de EU wordt ondersteund, heeft als doel de ontvolking en het verval van de Laónadorpen tegen te gaan en ze te ontsluiten voor het agrotourisme.

Vóór 1974 leefden Grieken en Turken in sommige dorpen samen, in andere gescheiden. In de verlaten huizen van de Turken werden net als overal op Cyprus vluchtelingen ondergebracht. Velen van hen zijn echter vanwege de betere economische mogelijkheden naar de steden getrokken. Sommigen hebben geld gestoken in de renovatie van de huizen en gebruiken die nu als vakantiehuis. Hoe lang ze kunnen blijven is echter de vraag. Sinds de opening van de Green Line zijn enkele Turks-Cyprioten naar hun oude, Zuid-Cypriotisch geworden geboortegrond teruggekeerd. Ze mogen in hun huizen wonen, maar ze niet verkopen.

In alle dorpen staan daardoor vervallen en nieuwe huizen door elkaar. In enkele zijn ook mooie dorpspleinen met souvenirwinkels, goede, authentieke restaurants en kleine musea te vinden.

Weverijmuseum
Droúseia, ma., do. 7.30-13.30, 14-17, di./wo. 7.30-14 uur, toegang gratis

Museum voor mandenvlechten
Ineía, ma.-za. 11-13, bovendien juni-sept. ma.-vr. 16-19 en okt.-mei ma.-vr. 14-17 uur

Folk Art Museum
Káto Akourdáleia, ma.-vr. 10-12, 15-17 uur, € 1

In **Téra** ligt een als monument beschermd casino, waarin Turken zich vroeger aan het geluksspel overgaven en zelfs buikdanseressen uit Turkije optraden.

Overnachten

In de Laónadorpen zijn enkele goed gerestaureerde dorpshuizen verbouwd tot mooie hotels en vakantiehuizen.
Luxe in een voormalig klooster – **Ayii Anargyri**: aan de rand van Milioú, tel. 26 81 40 00, www.aasparesort.com, 2 pk vanaf € 95, suites tot € 300. Wellnessresort met een eigen zwavelhoudende bron. Het heilzame water wordt in sommige van de 56 kamers direct naar de badkuip geleid. Een afgelegen, landelijk kuurhotel met beautyvoorzieningen. Niet goedkoop.
Traditioneel met stijl – **Amarakos Inn**: Káto Akourdáleia, tel. 26 63 31 17, www.amarakos.com, duur, maar de prijs is onderhandelbaar. Met een goede taverna, tuin en zwembad.
Op een heuvel – **Palates Village Hotel**: Droúseia, tel. 99 69 91 82, www.droushiahotelapts.com, 2 pk ca. € 60-80. Goed geleid hotel, opgetrokken met veel natuursteen. Vriendelijke sfeer.

Eten en drinken

Authentieke dorpstaverna's – zijn in de meeste dorpen te vinden, inclusief huisgemaakte wijn en zelfgebakken brood. Een aanrader is de afgelegen taverna **Pangratios**, tel. 70 00 37 57, in het dorpje Milioú bij Káto Akourdáleia, een traditioneel eethuis uit 1937!

Actief

Wijn en water – **Sterna Winery**: tussen Káthikas en Káto Akourdáleia, tel. 99 69 90 82, dag. 9.30-18 uur, gratis toegang, gratis wijnproeven. Hier worden vijf wijnen geproduceerd, die in drieduizend jaar oude, in de rotsen uitgehakte kelders liggen opgeslagen. De wijnproductie in deze streek gaat terug tot de oudheid – denk maar aan de Dionysos-mozaïeken met wijnmotieven in Káto Páfos. Er staat hier ook een twee eeuwen oud destilleerapparaat voor *zivanía* (de Cypriotische variant van grappa). Op het wijngoed ontspringt een minerale bron, waar u uw waterfles kunt vullen.

Ten oosten van Pólis

Ten oosten van Pólis zijn twee uitstapjes te maken, die u ook kunt combineren. Het ene voert via Peisteróna naar de boswachterspost Stavrós tis Psókas, in een moeflongebied. Het andere voert langs de zee naar Káto Pýrgos, het afgelegenste kustplaatsje van Grieks-Cyprus. Voor het traject van Stavrós tis Psókas naar Káto Pýrgos, dat er op de kaart maar kort uitziet, moet u zeker ruim een uur uittrekken.

Peristeróna ▶ B 7

Byzantijns Museum Arsinoe
Ma.-vr. apr.-okt. 10-13, 14-18, nov.-mrt. 10-16, za. 10-13 uur, € 1,70
Klein museum met iconen (13e-19e eeuw) en liturgische objecten.

Stavrós tis Psókas en Bos van Páfos ▶ C 6

Boswachterspost Stavrós tis Psókas ligt op 850 m hoogte tussen dennenbomen, cipressen en eiken in een romantisch dal midden in het Bos van Páfos. Het biedt naast een herberg met restaurant ook een picknickplaats. In een buitenverblijf graast een kudde Cypriotische moeflons (*Ovis ammon orientalis cyprius* oftewel *Ovis gmelini ophion*). Voor de Tweede Wereldoorlog waren ze bijna uitgestorven, maar tegenwoordig leven er weer een paar duizend in de bossen. Ze zijn zelden te zien want ze zijn heel schuw. In een ander verblijf worden herten, die door de Franken waren uitgeroeid, geacclimatiseerd.

Overnachten en eten

Voor natuurliefhebbers – **Forest Station Rest House**: tel. 26 99 18 58, 's zomers circa € 14 per persoon, 's winters verwarmingstoeslag € 7, zonder ontbijt. Zes eenvoudige tweepersoonskamers met douche en wc. Telefonisch reserveren is aan te bevelen. Gasten kunnen ontbijten in het kleine **restaurant** aan de overkant.

Actief

Wandelroutes – In de buurt van de boswachterspost lonen twee **wandelingen** door het dennenbos. De ene is 5 km lang en begint 1,5 km voorbij Stavrós aan de weg naar Kýkko. De andere is 2,6 km lang en begint bij de afslag van de hoofdweg naar Pýrgos en Kýkko. Beide zijn goed gemarkeerd.

Pomós en Pachyámmos ▶ B/C 5

Vanaf Kaap Pomós wordt het landschap langs de weg naar Káto Pýrgos afwisselender. Bij het vissershaventje van Pomós is een kleine toeristische infrastructuur ontstaan. Een terrastaverna aan de haven met goede visgerechten nodigt uit tot een pauze.

Eén dorp verder, in **Pachyámmos**, bent u al in het district Nicosia. Hier kunt u kennismaken met echte Cypriotische vroomheid.

Ágios Rafaílkerk

Dag. geopend, geen vaste tijden
Deze moderne, grote kerk in Pachyámmos, op een plateau boven de zee, is op heel Cyprus bekend als bedevaartsoord. Hij werd in 1989-1990 met gedoneerd geld gebouwd en is gewijd aan de recentste heilige van de Orthodoxe Kerk, Rafaíl uit Lesbos. Hij wordt aangeroepen om ziekten te genezen. Bij de kraampjes op het voorplein van de kerk wordt een boek verkocht met de getuigenissen van genezen gelovigen.

In de kerk zijn de levensgeschiedenis en het martelaarschap van de heilige uitgebeeld. Rafaíl diende aanvankelijk in het Byzantijnse leger. Toen de Osmanen in 1453 Constantinopel veroverden, vluchtte hij naar Lesbos en werd monnik. Maar in 1463 werd ook Lesbos door de Turken veroverd. Rafaíl werd met een lotgenoot, een zekere Nikólaos, en een jong meisje, Irini, op gruwelijke wijze gefolterd. De details zijn te zien boven de noordelijke deur en op het plafond in het linker zijschip. In 1959 werd het gebeente van de gemartelden op Lesbos ontdekt en in 1962 werd er op die plek een klooster gesticht, dat een van de drukstbezochte pelgrimsdoelen van de Griekse wereld werd. Een aldaar genezen Cyprioot keerde vol dankbaarheid naar zijn vaderland terug, waar hij zich in Pachyámmos inzette voor de bouw van de Ágios Rafaïlkerk.

De gelovigen noteren hun naam en ziekte in een boek in de kerk. Hun verzoek om een voorbede wordt dan door de *papás* overgebracht aan de heilige. Om het verzoek te benadrukken, loopt men bovendien vaak in gebukte houding onder de op een standaard geplaatste icoon van de heilige door.

Káto Pýrgos ▶ C 5

Na Pachyámmos voert de kustweg omhoog naar het berglandschap Tillyría, ter vermijding van een Turks dorp, dat door VN-soldaten bewaakt wordt. In de exclave **Erenköy** (Grieks: **Kókkina**) zijn tegenwoordig nog maar een paar Turkse soldaten gestationeerd. Tijdens de burgeroorlog van 1963/1964 was het havenstadje een toevluchtsoord voor Turks-Cyprioten uit de omgeving, die ook toen al door VN-soldaten werden beschermd tegen overvallen door Griekse nationalisten.

Káto Pýrgos is een kilometerslang dorp links en rechts van de doorgaande weg naar Noord-Cyprus. U vindt er een kleine vissershaven, een lang kiezelstrand, veel kleine winkels, twee tankstations en een paar kleine hotels en taverna's. Heel geleidelijk komt hier het toerisme op. Wie rust zoekt en geen last heeft van het gebrek aan excursiemogelijkheden, zal zich hier thuisvoelen. Sinds de opening in oktober 2010 van checkpoint Limnitis kan men van Káto Pýrgos via Mórfou/Güzelyurt snel naar Nicosia rijden.

In de omgeving van het bovendorp Páno Pýrgos liggen 's zomers veel houtskoolmeilers te smeulen. De kolenbranders van Pýrgos voorzien bijna heel Zuid-Cyprus van grillkolen.

Overnachten en eten

De vier hotels van Káto Pýrgos liggen aan de hoofdweg, aan het lange kiezelstrand.

Ongedwongen 1 – **Tylos Beach Hotel**: Nikolaou Papageorgiou 40, tel. 26 52 23 48, www.tyloshotel.com.cy, 2 pk € 50-80. Eenvoudig middenklassehotel met 62 moderne kamers. Goed ontbijt, voortreffelijk eten in de bijbehorende taverna.

Ongedwongen 2 – **Ifigeneia Hotel**: Georgiou Papanikolaou, tel. 26 52 22 18, 2 pk € 40-60. Net als Tylos Beach een voordelig middenklassehotel.

Tip

Omweg door de bossen

Natuurliefhebbers met tijd kunnen over secundaire wegen ook een ruimere bocht om de exclave **Erenköy** (**Kókkina**) maken. Let op de afslag naar de picknickplaats Livádi. Een smalle geasfalteerde weg voert eerst naar een romantisch in de bossen gelegen stuwmeer en vervolgens naar een verlaten klooster. Daarvandaan is het nog 7 km over een bochtige, onverharde landweg naar de picknickplaats. Wie van Livádi niet verder naar het gebergte wil rijden, maar naar Káto Pýrgos, moet naar het klooster terugrijden. Volg het richtingbord naar Káto Pýrgos. U rijdt eerst over een onverharde landweg en dan over een geasfalteerde secundaire weg, die via het dorp Pigénia naar Káto Pýrgos omlaag voert.

IN EEN OOGOPSLAG

Noordelijke Tróodos en Zuid-Nicosia

Hoogtepunten ✺

Asínou: de kleine schuurdakkerk herbergt het enige nauwkeurig dateerbare voorbeeld van Byzantijnse schilderkunst uit het begin van de 12e eeuw. Maar ook de kerken in Lagouderá en Platanistása zijn het bezichtigen waard. Zie blz. 188.

Nicosia: de laatste verdeelde hoofdstad ter wereld heeft een kern die is omgeven door een rondlopende, Venetiaanse ringmuur met hartvormige bastions. Daar rijzen gotische kerken met Turkse minaretten op. In de – zuidelijke (zie blz. 203) en noordelijke (zie blz. 226) – Oude Stad zijn ontelbare musea en historische plaatsen te vinden. Wie belangstelling heeft voor cultuur kan hier dagen toeven. Zie blz. 203.

Op ontdekkingsreis

Byzantijnse kunst en maatschappij: in drie schuurdakkerken is te zien hoe de religieuze kunst van Cyprus ook inzicht biedt in de maatschappelijke orde van die tijd. Zie blz. 194.

Een wandeling door politiek Nicosia: de hoofdstad van Cyprus stemt iedereen met belangstelling voor politiek tot nadenken. Alle onderhandelingen ten spijt staan de twee bevolkingsgroepen van het eiland hier onverzoenlijk tegenover elkaar. Zie blz. 210.

Cyprusmuseum – de koningsgraven van Sálamis: in Zaal 8 van het Cyprusmuseum krijgt u een goede indruk van de maatschappelijke verhoudingen onder de stadkoningen van Sálamis en hun begrafenisriten. Zie blz. 218.

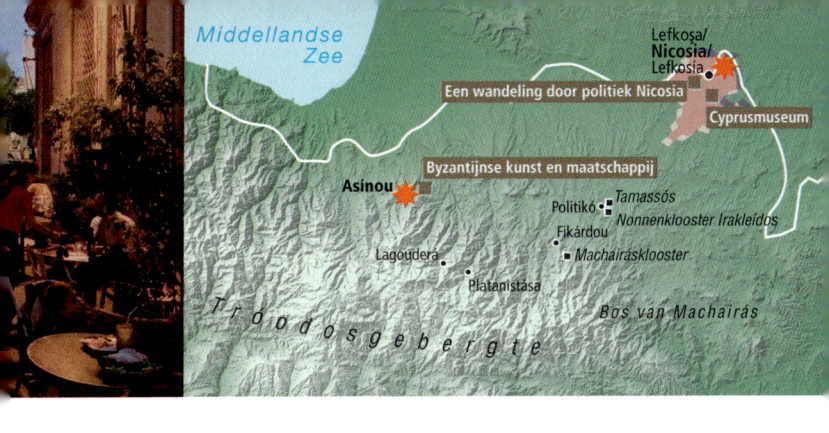

Bezienswaardigheden

Ten zuiden van Nicosia: koningsgraven van Tamassós (zie blz. 184), nonnenklooster Irakleídios (zie blz. 184), Bos van Machairás (zie blz. 184) met Machairásklooster (zie blz. 185) en de leemsteenhuizen van Fikárdou (zie blz. 186) aan de randen van het bos.

Musea in Nicosia: in deze stad zijn het archeologische Cyprusmuseum (zie blz. 216) en het Leventis Museum voor stadsgeschiedenis een bezoek waard (zie blz. 214).

Wandelen

Wandelen in het Bos van Machairás: wandelroutes en rondwandelingen in het oostelijk Tróodosgebergte. Zie blz. 185.

Boswandeling bij Asínou: over een wandelpad naar Ágios Theódoros en terug over een bosweg met uitzicht op Noord-Cyprus en de zee. Zie blz. 189.

Stadswandelingen in Nicosia: drie gratis wandelingen van de CTO leiden de bezoeker rond in de Oude Stad. Zie blz. 223.

Sfeervol genieten

Uitzicht vanaf Lidras Street: over de daken van Oud-Nicosia en in de richting van het Turkse deel van de stad hebt u het beste uitzicht vanaf het dakterras van het Holiday Inn Hotel of van het restaurant van het warenhuis Debenhams. Zie blz. 215.

Uitgaan

Voor boemelaars: de hoofdstad biedt 's avonds en 's nachts een overvloed aan uitgaansmogelijkheden, van traditionele dansgelegenheden met bouzoukimuziek tot moderne discotheken. Zie blz. 223.

Noordelijke Tróodos

Het district Nicosia met zijn uitgestrekte bossen die tot het noordelijke Tróodosgebergte reiken en met zijn soms pittoreske dorpen strekt zich naar het westen uit tot voorbij Cedar Valley. Een goede uitvalsbasis voor uitstapjes is Kakopetriá met veel kleine hotels en pensions. Het fraaie centrum valt onder monumentenzorg. Ook het stillere Pedoulás is een prima pleisterplaats.

Politikó ▶ G 6

Tamassós

Apr.-aug. ma.-vr. 9.30-17, sept.-mrt. ma.-vr. 8.30-16 uur. Indien op deze tijden gesloten, bel María Michalídou, tel. 99 21 85 25, € 1,70

INFO

Internet
www.nicosia.org.cy: website van de gemeente, ook met toeristische informatie.

Ter plaatse
Voor informatie over het noordelijke Tróodosgebergte wendt u zich bij voorkeur tot het CTO-kantoor in Nicosia: Aristokyprou 11, Laïki Geitoniá, tel. 22 67 42 64, ma.-vr. 8.30-14.30, za. 8.30-13.30, ma./di., do./vr. ook 15-18.15 uur.

Vervoer
Van Nicosia vertrekken verschillende bussen per dag naar Kakopetriá en de andere grotere dorpen van de Tróodos en verder naar Limassol. In alle grotere dorpen rijden taxi's, zodat u ook uitstapjes kunt maken als u geen eigen vervoer hebt.

Onder de huizen van het onopvallende dorp Politikó liggen de tot op heden onopgegraven ruïnes van een belangrijk antiek stadskoninkrijk, dat al door Homerus in de *Odyssee* wordt vermeld: Tamassós. Griekse ruilhandelaren stevenden op Cyprus aan 'om in Temesa koper in ruil voor glimmend ijzer te kopen' (*Odyssee*, boek I, vers 185).

Twee goed bewaard gebleven 'koningsgraven' uit het einde van de 7e eeuw v.Chr. kunnen bezichtigd worden. Een trap in de *dromos* (ingang) voert de grafkamer in die onder een grafheuvel verborgen ligt. De imposante sarcofagen van kalksteen staan in beide graven nog op hun oorspronkelijke plaats. De ingangen worden geflankeerd door arcades op pilaren met fraaie lotusbloemvormige kapitelen.

Nonnenklooster Irakleídios
Tijdens de siësta gesloten

Aan de andere kant van het dorp staat het Irakleídiosklooster, dat door circa twintig nonnen wordt bewoond en een binnenplaats vol bloemen heeft. Onder de 15e-eeuwse kloosterkerk liggen overblijfselen van diverse oudere bouwwerken die deels uit de 5e eeuw stammen. Enigszins verscholen achter de kloosterwinkel hangt een bord met informatie over de opeenvolgende bouwfasen. Op feestdagen is dit klooster een populaire bestemming voor uitstapjes. De nonnen verkopen zelfgemaakte marsepein (*glikó tou Athasíou*) en andere lekkernijen, naast cosmetica en specerijen.

Bos van Machairás

In de ten zuiden van Nicosia gelegen bergen kunt u twee belangwekkende kloosters bezichtigen, het Irakleídosklooster bij Politikó en het klooster Panagía tou Machairá. Niet-gelovige toeristen in groepen zijn in beide kloosters alleen ma./di. en do. 9-12 uur welkom. Zelfstandige reizigers kunnen deze dagen beter mijden.

Machairásklooster ▶ F 7

Aan de weg omhoog naar dit klooster ziet u een mooi *Pinus Brutia*-bos met talloze picknickplaatsen. Het Bos van Machairás met een omvang van circa 40 km² reikt tot Vavatsiniá en is een populair natuurrecreatiegebied voor de grotestadsbewoners uit Nicosia.

Het afgelegen, door circa vijftien monniken bewoonde klooster **Panagía tou Machairá** staat aan de rand van het Bos van Machairás boven een wijd dal met kale hellingen. De Byzantijnse keizer Manuel Komnenos (die regeerde van 1143-1180) stichtte het in de 12e eeuw, nadat op deze plek een icoon was gevonden met een mes *(machéri)* erin.

Het klooster werd in 1892 door een brand verwoest en later in classicistische stijl herbouwd. De beschildering van de kerk dateert uit de jaren 90.

Iets lager dan het klooster, bij de weg naar Politikó, staat een meer dan levensgroot bronzen standbeeld van de **EOKA-strijder Grigóris Afxentíou**. In een kleine **tentoonstellingszaal** (in elk geval za./zo. 9-13 uur) naast het standbeeld wordt de geschiedenis ervan uitgelegd. Engelse troepen doodden Afxentíou door hem in een grot circa 1 km onder het klooster (nu een gedenkplaats) in brand te steken.

Wandelen in het Bos van Machairás

Bij de **picknickplaats Kiónia** (▶ F 7) beginnen enkele heel aantrekkelijke wandelroutes, de bijbehorende kaarten en informatie zijn ter plaatse te verkrijgen. Er ligt ook een waterbron.

Naar het verlaten klooster Profítis Iliás ▶ G 7

Heen en terug 4-5 uur, begin: CTO-borden, parkeerplaats Kiónia (en F 7)
De wandelroute naar het **klooster van de profeet Elia** is heel fraai. De afdaling begint bij de informatieborden; het eerste stuk van het pad is beveiligd met een houten leuning. Na drie minuten volgt een splitsing, waar u linksaf gaat. De route voert circa 7 km door een prachtig dennenbos. Afgewisseld met stukjes

Van Kiónia naar het klooster Profítis Iliás

bergop gaat u licht dalend van 1200 m naar 650 m. Het goed aangelegde en gemarkeerde pad maakt deel uit van de Europese wandelroute E 4.

Fikárdou ▶ F 7

Nov.-mrt. dag. 8-16, apr.-okt. 9-17 uur, € 1,70

Het nagenoeg verlaten dorp met de homogene leemsteenarchitectuur valt sinds 1978 onder monumentenzorg. Een **volkskundig museum** is ingericht in twee dorpshuizen en toont het alledaagse leven in de 19e eeuw; het ontving daarvoor de Europa Nostra Award. Authentieke destilleerapparaten zijn de stille getuigen dat er in de zomer rozenwater werd gedestilleerd en in de herfst *zivania* (brandewijn) gestookt. Veel voormalige bewoners hebben hun huizen tot vakantiewoningen verbouwd en komen hier in het weekend en de vakantie naartoe. Het hele jaar drukbezocht is de dorpstaverna **Giannakos** aan de rand van het dorp. Een **natuurpad** leidt van Fikárdou via Filáni naar Politikó.

Eten en drinken

In het museumdorp – **Giannakos**: tel. 22 63 33 11. Authentiek restaurant met voordelige specialiteiten uit het dorp, zoals spinazie met ei € 4.

Van Palaichóri naar Asínou

In de verlaten dorpen van de noordelijke Tróodos, waar druiven en fruit op de hellingen groeien, staan de **schuurdakkerken** (zie ook blz. 65) Metamórfosis tou Sotíros, Stavrós tou Agiasmáti, Panagía Arakiótissa en Pa-nagía Forviótissa – juweeltjes van Byzantijnse kunst, die stuk voor stuk op de UNESCO-Werelderfgoedlijst staan.

Wie niet van het Bos van Machairás maar van Nicosia naar de noordelijke Tróodos reist, rijdt aanvankelijk door een saai landschap langs de Green Line. Toch is een korte stop in **Peristeróna** (▶ F 5) bij de architectonisch interessante koepelkerk **Ágios Varnavas tis Ilaris** uit de 11e eeuw de moeite waard, zelfs al zijn er in deze kerk geen noemenswaardige fresco's te zien.

Palaichóri en Askás ▶ F 7

Het ruim zevenhonderd jaar oude dorp **Palaichóri** ligt tegen de hellingen van een rivierdal te midden van wijn- en fruitboomgaarden en sinaasappelplantages. Vlak bij de *platía* zijn in het nieuwe **Byzantijns Museum** uit 1997 iconen, gewaden en liturgische voorwerpen te zien uit de kerken in de omgeving (alleen di./wo., 10-13 uur, € 1).

In het naburige dorp **Askás** kunt u een wandeling door de steegjes maken. Het schilderachtig gelegen hellingdorp met zijn homogene leemsteenarchitectuur is sinds de Turkse tijd nauwelijks veranderd.

Kerk Metamórfosis tou Sotíros

In Palaichóri, op de deur moet een briefje hangen met het telefoonnummer van de sleutelbeheerder

Het hoogtepunt van Palaichóri is de **schuurdakkerk** Metamórfosis tou Sotíros aan de zuidrand van het dorp. Dit is een van de door de UNESCO tot Werelderfgoed uitgeroepen, 'beschilderde kerken in het Tróodosgebied'. In de 'Verheerlijking van Christus' is een iconografische cyclus uit de 16e eeuw buitengewoon goed bewaard gebleven. Vooral treffend is de heilige Mámas op de westmuur. Door zijn staf is hij als herder herkenbaar. Hij draagt een lam en zit op een leeuw, wiens pezige kracht raak is weergegeven door de kunstenaar – op weg naar het paleis van de stadhouder. Mámas vond dat hij geen belasting hoefde te betalen, omdat hij geen aanspraak maakte op overheidssteun. Om hem te bestraffen werd hij door soldaten gearresteerd. Ineens kwam er een leeuw op zijn pad. Mámas nam plaats op diens rug en reed rechtstreeks naar Nicosia. De stadhouder stelde hem inderdaad vrij van belastingen. Wie tegenwoordig de fiscus te slim af wil zijn, zou de heilige Mámas kunnen aanroepen, maar dient dan ook over dompteurstalent te beschikken.

Tip

Wandelen tussen Platanistása en Lagouderá

Tussen de twee beroemde kerken van Platanistása en Lagouderá loopt een fraai pad over wijnhellingen en door kleine bossen, circa vier uur gaans. De terugweg leidt over de E 4. Informatie is te vinden op de instructieborden aan het begin van elk pad.

Platanistása ▶ E 7

Kerk Stavrós tou Agiasmáti

Liefst een dag tevoren een afspraak maken met Vassilis Chadzivassilis, tel. 22 65 25 62, of ter plaatse informeren in het *kafeníon* in Platanistása

Dit Werelderfgoed van de UNESCO staat 4 km ten noorden van het dorp aan de rand van een klein bos tussen de wijngaarden. Vanhier loopt een goed gemarkeerd pad, dat deel uitmaakt van de wandelroute E 4, over een pas naar Lagouderá (circa 4 uur, zie rechts).

Deze kerk uit 1494 heeft een zadeldak dat op eigen steunmuren rust. Binnen trekt een in heldere kleuren geschilderde twaalffeestdagencyclus in traditionele lineaire icoonstijl speciaal de aandacht. Een inscriptie van de opdrachtgever vermeldt de schilder Philip Goul, over wie alleen bekend is dat hij ook andere kerken op Cyprus heeft beschilderd. Sommige scènes vertonen afwijkende, Venetiaanse invloeden. Op de afbeelding van de Geboorte bijvoorbeeld is te zien dat er schapen worden gemolken, terwijl zulke genre-elementen normaal niet op een icoon voorkomen. Ook de afbeelding van het Laatste Avondmaal heeft iets ongebruikelijks: enkele apostelen zitten met hun rug naar Jezus toe, terwijl dat volgens de orthodoxe leer eigenlijk niet hoort.

Lagouderá ▶ E 7

Kerk Panagía Arakiótissa

Onder beheer van priester Christodoulos, tel. 99 55 73 69, mrt.-nov. 9-12, 15-18, dec.-feb. 9-12, 14-16 uur

De fresco's in deze kerk aan de dorpsrand van Lagouderá behoren tot de belangrijkste van Cyprus en staan op de Werelderfgoedlijst van de UNESCO. Aan hun schitterende kwaliteit is de aristocratische stijl van de hoofdstad te zien. Een jaar na de verovering van Cyprus door de kruisvaarders in 1192 kwamen kunstenaars uit Constantinopel naar dit afgelegen provincieplaatsje om een kloosterkerk te decoreren. Zij kwamen op uitnodiging van de in een inscriptie vermelde opdrachtgever Leon Auxentes, over wie niets naders bekend is. Zij werkten met echte frescotechnieken en schilderden op de nog vochtige pleisterlaag. De afzonderlijke figuren zijn extreem in de lengte getrokken en doen daardoor hoofs-elegant aan, soms zelfs gemaniëreerd. Onder de gewaden laten de kunstenaars vaak zelfs

Tip

Alternatieve route naar Asínou voor natuurliefhebbers

Natuurliefhebbers met genoeg tijd kunnen Asínou ook via interessante secundaire wegen bereiken, onderweg een wandeling maken en en passant de oudste olijfboom van het eiland bewonderen. U rijdt dan eerst naar het dorp **Agía Marína** (▶ F 6) en vervolgens door naar **Xyliátos** (▶ E 6). Voorbij dat dorp, in de richting van Lagouderá (▶ E 7), gaat u bij een splitsing rechtsaf naar Asínou en naar de olijfboom (bewegwijzerd). Wie echter bij de splitsing eerst nog circa 900 m rechtdoor rijdt, treft links van de rijweg de toegang aan tot het goed gemarkeerde **natuurleerpad Pezoúles-Ochypetra** (2,2 km, circa 1,5 uur heen en terug). Na deze korte wandeling keert u terug naar de splitsing, waar u nu de weg linksaf kunt nemen naar de **olijfboom**. Na een korte stop bij deze boom rijdt u door tot de inrit van de E 933, waar u rechtsaf gaat. Na circa 2 km zult u een splitsing bereiken waar u de bosweg kunt nemen in de richting van Asínou.

---

de lichaamscontouren doorschemeren zoals in de klassieke beeldhouwkunst.

Sinds de fresco's eind jaren 60 door byzantinisten van Harvard University zijn schoongemaakt en gerestaureerd, stralen ze weer in hun aloude frisheid.

Heel imposant zit Jezus als triomferend wereldheerser op zijn troon bij de voorstelling van de Hemelvaart in het gewelf van de apsis. Om hem heen vormen vijf van blauw naar wit verlopende hemellichamen een mandorla die door vier engelen wordt gedragen. Het voorbeeld voor dit type beeld was de apotheose (vergoddelijking) van Romeinse keizers die door godinnen van de overwinning ten hemel werden gedragen.

Asínou ✺ ▶ E 6

Kerk Panagía Forviótissa

Mei-aug. dag. 9.30-17, sept./okt. 9.30-16.30, nov.-apr. 9.30-16 uur, toegang gratis, een donatie of koop van ansichtkaarten wordt op prijs gesteld

Een absolute must is de bezichtiging van de kleine, volledig beschilderde **schuurdakkerk Panagía Forviótissa**, die niet ver van Asínou afgezonderd in een prachtig bosrijk dal staat en opgenomen is op de Werelderfgoedlijst van de UNESCO. De naam van de plaats is afgeleid van Asine, een stad op de Griekse Peloponnesos, vanwaar in de 11e eeuw kolonisten naar Cyprus emigreerden. Phorbiotissa, de bijnaam van Maria, is waarschijnlijk te herleiden tot de *Euphorbiaceae*, de gewassen van het geslacht wolfsmelk waarvan de geneeskracht in verband werd gebracht met de Moeder Gods. In de oudheid dienden studenten van de arts Hippocrates hun waterzuchtpatiënten zeven druppels bitter wolfsmelksap op een zoete vijg toe vanwege de vochtafdrijvende werking. Tweederde van de beelddecoraties in het interieur van de kerk stamt uit 1105-1106. De interieurbeschildering is het enige nauwkeurig dateerbare voorbeeld van de totale Byzantijnse schilderkunst uit de 12e eeuw, toen Cyprus nog een Byzantijnse provincie was.

Vergelijk deze vroege afbeeldingen, zoals het Ontslapen van Maria boven de doorgang naar de narthex, maar eens met de latere voorstellingen uit

Van Palaichóri naar Asínou

de 14e eeuw, zoals de passiescènes in het gewelf van het middenschip. In het ene geval een plattelandse, onbeholpen aandoende stijl, in het andere de klassieke, hoofse stijl van de hoofdstad met elegant in de lengte getrokken figuren. In Lagouderá zal deze stijl zich 86 jaar later tot het maniërisme ontwikkelen.

Links en rechts van de iconostase gedenken twee schilderingen uit 1105-1106 de wijze Maria van Egypte (links). Zij had in Alexandrië zeventien jaar als prostituee gewerkt, maar liet zich uiteindelijk bekeren, leefde 47 jaar alleen om boete te doen en ontving van de monnik Zosimas (rechts) de communie. Dit is het oudste voorbeeld van dit type voorstelling op Cyprus.

Een niet minder aangrijpend levensverhaal is te zien op de afbeelding van de veertig martelaren van Sebaste rechts van de doorgang naar de narthex. In 320 n. Chr., ten tijde van keizer Constantijn, werden christelijke soldaten door troepen van de heidense tegenkeizer Licinius gevangen genomen en naakt op een dichtgevroren meer bij de Klein-Aziatische stad Sebaste bijeengedreven. Om hen nog erger te kwellen bouwden hun folteraars een goed verwarmd badhuis op de oever van het meer. Een van de veertig kon de verleiding van de warmte niet weerstaan en verliet zijn kameraden. Zijn plaats werd ingenomen door een soldaat van de folteraars – beiden zijn afgebeeld op de smalle binnenzijde van de nisboog. Op de hoofden van de martelaren dalen 38 kronen neer en Jezus houdt er nog twee vast in een medaillon boven het beeld. De martelaren van Sebaste golden als voorbeeld voor de Byzantijnse soldaat.

Boswandeling bij Asínou

Circa 4 uur, korter alternatief ruim een uur, begin: kerk Panagía Forviótissa (kerk van Asínou)
Een bospad en een bosweg waar ook huurauto's mogen rijden, kunnen gemakkelijk worden gecombineerd tot een rondwandeling.

Bij de kerk neemt u eerst de rijweg in zuidelijke richting; deze voert lichtelijk bergop richting Spília. Na circa 2 km buigt een bewegwijzerd **pad** naar rechts van de rijweg af omlaag het rivierdal in. Aan de overzijde van het dal loopt het weer steil ▷ blz. 192

Boswandeling bij Asínou

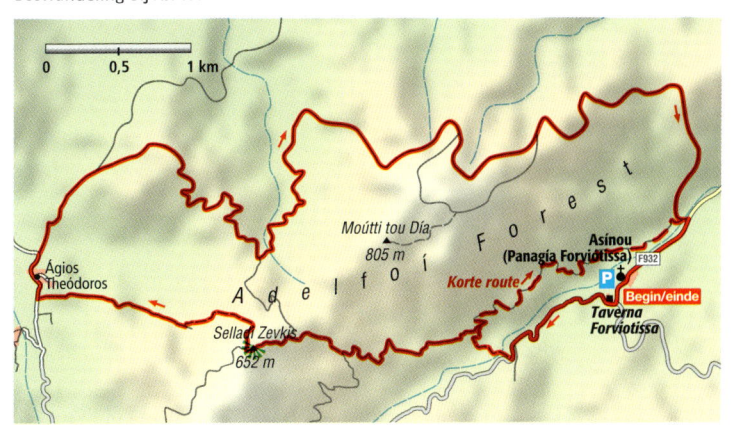

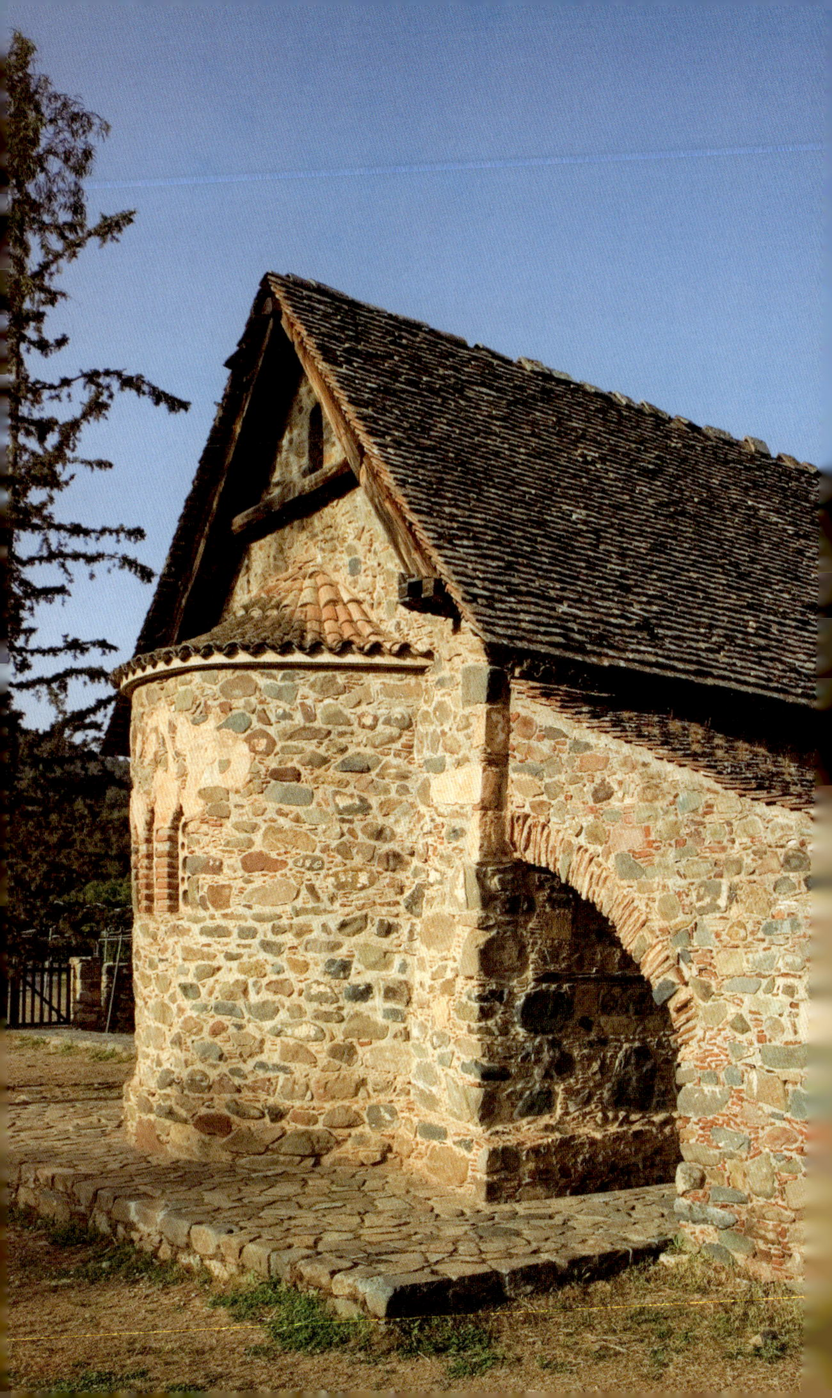

Favoriet

Bosdal van Asínou ▶ E 6

Hier vindt u geweldige wandelpaden door dichte dennenbossen, zoals ook beschreven in de boswandeling (zie blz. 189). De kleine schuurdakkerk van Asínou uit de vroege 12e eeuw is een juweeltje van Byzantijnse kunst – volledig beschilderd met fresco's van uitmuntende kwaliteit! Ooit hoorde het kerkje bij het klooster dat ver van de beschaving in dit idyllische bosdal lag. En ter afronding van dit cultuur- en wandeluitstapje kunt u zich – net als veel Cypriotische gasten – in een van de twee uitspanningen van Asínou laten verwennen met heerlijke lokale gerechten.

bergop. Boven kruist het pad een bosweg die parallel aan de beek loopt. Als u de wandelroute blijft volgen, gaat u over een fraai pad naar het gehucht **Ágios Theódoros**. Terug neemt u een kronkelige **bosweg** met schitterende vergezichten op de zee en de Mesaoríavlakte.

Korter alternatief: in het begin volgt u de beschreven route tot de parallel lopende **bosweg** aan de overzijde van de beek, maar daar gaat u rechtsaf de weg op en wandelt u met een boog terug.

Kakopetriá/Galáta en omgeving ▶ E 6/7

Het nu met het naastgelegen dorp Galáta vergroeide Kakopetriá ligt langs de beek de Karyótis in de pittoreske Soléa Valley en is een prima uitvalsbasis om het Tróodosgebergte te verkennen.

Het oude **centrum van Kakopetriá** met zijn leemsteenhuizen valt onder monumentenzorg. Het tweelingdorp heeft een zekere stadse uitstraling, in de zomer en op feestdagen krioelt het hier van grotestadsbewoners uit Nicosia. Bij de brug over de beek begint de oude geplaveide dorpsstraat, die precies breed genoeg is om twee beladen muildieren elkaar te laten passeren. De straat loopt langs de watermolen met een reusachtige maalderij naar het bovenste deel van het oude centrum.

Twee kerken mag u niet missen: de Panagía tis Podíthou bij de onderste dorpsrand van Galáta en de Ágios Nikólaos tis Stégis, 3 km boven Kakopetriá. Beide staan vermeld op de UNESCO-Werelderfgoedlijst.

Kerken Panagía tis Podíthou en Panagía Theotókos-Archángelos

Dag. 10-13 en 14-16 of 17 uur, indien gesloten de sleutel vragen in de *kafenía* van Galáta, verantwoordelijk is de heer Kyriákos, tel. 99 72 09 18.

In de **kerk Podíthou** uit 1502 is maar een deel van de muurschilderingen bewaard gebleven, maar het zijn wel eersteklas fresco's met een fascinerende uitstraling. De invloeden van de Italiaanse renaissance zijn onmiskenbaar aanwezig. Let vooral op de beweging, de ruimtelijkheid en het naturalisme in de afbeelding van de Communie van de Apostelen achter de iconostase. De schilder wist goed de onrust weer te geven die ontstond door het verraad van Judas, die zich uiterst links afkeert van het tafereel.

Een **natuurpad** loopt van de kerk Podíthou langs de beek omhoog naar Galáta.

Niet ver van de kerk Podíthou staat de piepkleine **kerk Archángelos,** zie Op ontdekkingsreis blz. 194.

Kerk Ágios Sozómenos

Vraag de sleutel in de *kafenía* van Galáta

Honderd meter boven de parochiekerk van Galáta is ook deze tweede schuurdakkerk beslist een bezoek waard. U ziet zeer goed bewaard gebleven, heldere fresco's uit de vroege 16e eeuw en een twaalffeestdagencyclus. Aan de buitenzijde zijn in twee reeksen de zeven oecumenische concilies van de Oosters-orthodoxe Kerk afgebeeld. Aan de voeten van elke deelnemer is een afvallige ketter liggend op de grond afgebeeld. Een van hen is Arius, wiens arianisme bij het Concilie van Nicea in 325 n.Chr. het pleit verloren had. De orthodoxen hebben bij veel van deze figuren de ogen weggebeiteld en fundamentalistische Turken deden hetzelfde bij de orthodoxe heiligen.

Kerk Ágios Nikólaos tis Stégis

Di.-za. 9-16, zo. 11-16 uur, toegang gratis, donatie wordt op prijs gesteld

In de ongeveer 3 km boven Kakopetriá gelegen kerk kunt u nog meer kennis opdoen over Byzantijnse kunst. Onder het kenmerkende zadeldak – *tis stégis* betekent letterlijk 'van het dak' – gaat een 11e-eeuwse kruiskoepelkerk schuil, die van binnen volledig beschilderd is. De oudste fresco's uit de 11e eeuw horen bij de weinige overgebleven exemplaren uit deze periode. Goed bewaard zijn enkele passiescènes in het westgewelf van het kruis. In elk beeld zijn twee episodes samengebald, zoals de Gedaanteverandering op de berg Tabor met de Opwekking van Lazarus. Van hogere kwaliteit is de honderd jaar later vervaardigde beeldenreeks in klassiek-hoofse stijl. Net als in Asínou is hier het verhaal van de veertig martelaren van Sebaste uitgebeeld (links op de westmuur). Ook het Laatste Oordeel in de narthex stamt uit deze periode.

Spoorwegmuseum in Evríchou
▶ E 6

Dit nieuwe museum in een gerestaureerd station is nog niet helemaal klaar, maar biedt wel informatie over de door de Engelsen aangelegde Cypriotische spoorlijn die van Evríchou naar Mórfou en verder naar Famagusta voerde.

Overnachten

Bijzonder – **The Mill Hotel:** Milos 8, Kakopetriá, tel. 22 92 25 36, www.cymillhotel.com, 2 pk € 90, suite € 120-150. In dit enorme gebouw bij de watermolen boven het oude centrum is een keurig hotel gevestigd. Details zie Eten en drinken, Maryland Restaurant.

Romantisch – **Pandocheion Linos:** Palea Kakopetriá 34, Kakopetriá, tel. 22 92 31 61, www.linos-inn.com.cy, auto boven het oude centrum parkeren, 2 pk € 95-115. Aangenaam ingericht hotel met negen kamers in het oude centrum. Restaurant met creatieve variaties op de Cypriotische keuken.

Adequaat – **Ekali:** Georgiou Griva Digeni 22, Kakopetriá, tel. 22 92 25 01, www.ekali-hotel.com, 2 pk € 55-65. De lounge ziet er beter uit dan wat de kamers te bieden hebben. Eenvoudig, maar in de winter goed verwarmd traditioneel hotel in het centrum van Kakopetriá, het hele jaar geopend; 58 wat armoedige kamers met laminaatvloer.

Voor koopjesjagers – **Minaides Hotel:** Aidonion 20, Kakopetriá, tel. 22 92 24 21, www.minaideshotel.com, 2 pk € 25-45. Veertig eenvoudige, schone kamers met centrale verwarming en balkon tegenover het oude centrum bij de beek.

Bij particulieren – boven de **taverna's Zoumos** en **Romios** aan de *platía*, tel. 22 92 21 54 en 22 92 24 56, 2 pk circa € 30.

Eten en drinken

Dineren met uitzicht – **Maryland Restaurant – The Old Watermill:** in het The Mill Hotel, Milos 8, Kakopetriá, tel. 22 92 25 36, www.cymillhotel.com, 20 nov.-20 dec. mogelijk gesloten. 100 m van de brug over de bergbeek rijst het imposante jaren 80-gebouw met houten dak en restaurant hoog op boven Kakopetriá. Chique ambiance met landelijk interieur. De beste reden om er een kijkje te nemen is de originele vorm van het hotel en het uitzicht op Kakopetriá – voor de kwaliteit van het eten hoeft u het niet te doen. Hoofdgerecht circa € 8-10.

Ook vegetarisch – **Stou Violari:** Plateia Kakopetria, Kakopetriá, tel. 22 92 23 33. Deze authentieke eetgelegenheid is een familiebedrijf en oogt als een kantine, maar op het menu staan degelijke door de vrouw des huizes bereide, dagelijks wisselende, ook vegetarische gerechten zoals kikkererwtensoep en *giachni-*gerechten met wortel ▷ blz. 197

Op ontdekkingsreis

Byzantijnse kunst en maatschappij

In de beeldschone en bosrijke noordelijke Tróodos staan niet ver van elkaar drie schuurdakkerken met prachtige muurschilderingen. Hier valt veel te leren over de sociale geschiedenis van de Byzantijnse periode. De opdrachtgevers waren bereid om op sommige punten met de regels van de Byzantijnse iconografische cyclus te breken.

Kaart: ▶ E 6

Kerken:
Panagía Theotókos-Archángelos/Galáta, zie blz. 192
Panagía tis Podíthou/Galáta, zie blz. 192
Panagía Forviótissa/Asínou, zie blz. 188

Planning: halfdaagse tocht van Galáta naar Asínou. Dat kan per huurauto of u bestelt een taxi in Kakopetriá.

In de Byzantijnse kerkelijke kunst geldt een icoon op een kerkmuur of houten paneel als een afbeelding van een archetype. Iedere icoon dient zo authentiek mogelijk het heilige en gefixeerde wezen van de afgebeelde figuur weer te geven. Volgens deze opvatting horen portretten van opdrachtgevers die zich als schenkers aan de rand van het beeld lieten afbeelden niet thuis op een icoon. Dat geldt bijvoorbeeld ook voor honden onder in het beeld die op een bot kauwen. Op veel Cypriotische iconen wordt met dit voorschrift echter gebroken.

De Venetiaanse landeigenaar als opdrachtgever

Laten we het portret van de opdrachtgever in de kerk **Panagía Theotókos-Archángelos** in Galáta nader bekijken. Het is aangebracht op de binnenmuur boven de noordelijke toegangsdeur en biedt inzicht in de maatschappelijke orde bij de Venetiaanse elite op Cyprus in de vroege 16e eeuw.

Stephanos Zacharia houdt het schaalmodel van de kerk vast, zijn echtgenote Loiza naast hem is kleiner afgebeeld. Rechts in beeld zien we Madalena, de vrouw van de schenker van het fresco, Polos Zacharia, met een rozenkrans ten teken dat zij katholiek is (zie afbeelding blz. 194). De dochter achter haar is orthodox, zij heeft een boekje met verzen uit de orthodoxe Akathistos-hymne bij zich. Onder in het beeld is een wapen te zien met de leeuw van de Lusignan-dynastie. Mogelijk waren de vrouwen van koninklijken bloede en om het geld met Venetiaanse kooplieden getrouwd.

De schenkende familie Zacharia bezat vermoedelijk een landgoed in de vruchtbare Soléa Valley en liet er een familiekapel bouwen, ook al hadden sommigen van hen het katholieke geloof afgezworen. De familie liet de kerk qua stijl en iconografie volgens de orthodoxe regels beschilderen en nam ook Griekse namen aan: Loiza is een Griekse variant op Louisa, Polos op Paolo. Hoewel zij bij de elite hoorden, lieten zij hun kinderen opvoeden in het volkse, orthodoxe geloof.

De Frankische mecenas als opdrachtgever

De buurkerk **Panagía tis Podíthou** was een Frankische schenking, waarvan de beschildering helaas niet volledig bewaard is gebleven. De opdrachtgever was volgens de inscriptie een Fransman die Demetre Coron heette en in de omgeving land bezat. Hij liet zijn kerk helemaal beschilderen in de stijl van de Italiaanse renaissance. Let u vooral op de beweging, de ruimtelijkheid en het naturalisme bij de voorstelling van de Communie van de Apostelen achter de iconostase.

De overheidsambtenaar als opdrachtgever

Ook in de **Panagía Forviótissa** te Asínou is een mooie portret van de schenkers aangebracht in het interieur boven de zuidelijke ingang. Het dateert uit de vroege 12e eeuw, toen Cyprus al een Byzantijnse provincie was. Volgens de inscriptie heette de schenker Nikephoros en was hij een invloedrijk overheidsambtenaar met de rang van magistraat. Hij is degene die het schaalmodel van de kerk vasthoudt. Naast hem staat zijn moeder of zijn vrouw. Haar hoge maatschappelijke positie is af te lezen aan haar kleding, die met edelstenen bezet is. De magistraat fungeerde als een hoge ambtenaar in de Byzantijnse staat, zijn bijnaam luidde 'de Sterke'. Mogelijk was hij een hoge rechter of belastinginspecteur.

Welke functie zou de kerk van Asínou ooit gehad hebben? Mogelijk was hij net als de koninklijke kapel van Pyrgá oorspronkelijk in gebruik als particuliere kapel bij het landgoed van Nikephoros, dat zich hier in een van de mooiste delen van Cyprus, de uitlopers van het Tróodosgebergte, uitstrekte. Uit andere bronnen is op te maken dat Nikephoros zich hier terugtrok na zijn pensionering. Hij zou de christelijke naam Nikólaos aangenomen en zijn landgoed tot klooster omgevormd hebben met zichzelf als abt, tot hij in 1115 vredig ontsliep.

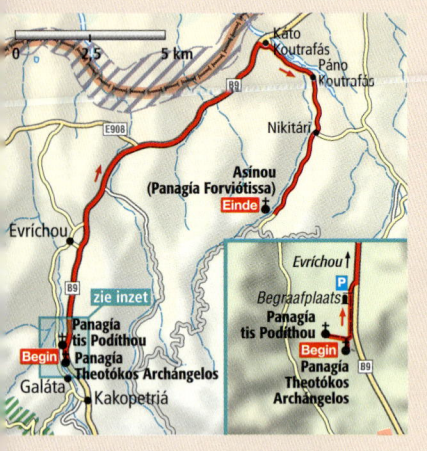

Verticale beeldhiërarchie

Hoe en volgens welke regels een Byzantijnse kerk beschilderd werd, was gebaseerd op vaststaande hiërarchieën die werden doorgevoerd van de koepel tot de vloer en van de apsis op het oosten tot de ingang op het westen.

In de verticale hiërarchie symboliseert de koepel, indien aanwezig, de hoogste sfeer ofwel de hemel. Hier zetelt Christus als *Pantocrator* (Almachtige); daaronder volgen de hoogste rangen van de engelen en in de tamboer waarop de koepel steunt ten slotte de profeten.

De tweede sfeer stelt de overgang naar het aardse voor. In de tongewelven en op de bovenste delen van de muren is de feestdagencyclus van de kerkelijke kalender te zien, die begint met Maria Boodschap op de zuidmuur en eindigt met Maria Hemelvaart op de tegenover gelegen noordmuur. Daartussen zijn, in deze volgorde, voorstellingen te zien van de Geboorte van Christus, Opdracht in de Tempel, Doop in de Jordaan, Gedaanteverandering op de berg Tabor, Opwekking van Lazarus, Intocht in Jeruzalem, Kruisiging en Nederdaling ter Helle, Hemelvaart en Pinksteren – bij elkaar twaalf scènes, vandaar de benaming twaalffeestencyclus.

De derde sfeer is de aardse: op de lagere delen van de kerkmuren zijn de heiligen en vertegenwoordigers van de kerkelijke hiërarchie afgebeeld.

Horizontale beeldhiërarchie

In de horizontale hiërarchie is de apsis in het koor het belangrijkst. Hier is Maria te zien in een kenmerkende pose, met Christus op de arm tussen de aartsengelen. Jezus wordt altijd als jongeling afgebeeld, met in een hand de schriftrol terwijl hij met de andere een zegenend gebaar maakt. In de Byzantijnse symboliek ligt de nadruk op zijn goddelijkheid, daarom is een afbeelding als hulpeloos kind voor het orthodoxe geloof ondenkbaar. Het koor, het allerheiligste, is door een wand met afbeeldingen, de iconostase, gescheiden van de ruimte (naos) voor de gelovigen. Boven de uitgang naar het westen is daar meestal het Laatste Oordeel te zien.

De sociologie in de beeldorde

De Byzantijnse keizer was de hoogste kerkelijk leider en liet zich vereren als vertegenwoordiger (vicarius) van God op aarde. Kerkelijke kunst droeg dus ook altijd de staatsideologie uit. De vaste ordening van de beelden staat voor de onomstotelijkheid van de Byzantijnse staats- en maatschappijorde. Jezus als *Pantocrator* in de koepel, de engelen als zijn adjudanten – de kerkelijke hiërarchie weerspiegelt die van de staat. Via de kerken werd dit 'program' tot in de uiterste hoeken van het rijk verspreid. De heiligen lijken – vooral in het licht van de kaarsen – de gelovige kritisch aan te kijken. Voordat deze de kerk mag verlaten, geeft het Laatste Oordeel met zijn helse pijnigingen hem op niet mis te verstane wijze de waarschuwing mee om niet tegen de wetten van Staat en Kerk te zondigen.

en aardappel. Het bijgerecht is meestal rauwkost.

Winkelen

Specialiteit van Kakopetriá – **Groene walnoten** op siroop, een authentieke *glikó*, zijn als specialiteit van Kakopetriá in de winkels rondom de *platía* verkrijgbaar.

Informatie

www.kakopetria.org.cy: website van de gemeente.

Vervoer

Bus: als enige plaats in de Tróodos heeft Kakopetriá ma.-za. elk uur van de dag verbindingen met Nicosia; de busmaatschappij is Klarios, tel. 22 75 32 34. In Tróodos ook aansluiting op de bus naar Limassol.

Van Spília naar Cedar Valley

Spília en Kourdáli ▶ E 7

Bij alle bezienswaardigheden naar de sleutel informeren in de buurt

Deze twee gehuchten zijn omgeven door pijnbomen en liggen vlak bij elkaar in een schilderachtig dal. **Spília** houdt de herinnering levend aan de vrijheidsstrijd met een bronzen standbeeld langs de doorgaande weg. Het stelt vier levensgrote EOKA-strijders voor die in 1958 in een huis in de nabijheid om het leven kwamen. Ook is er een olijfmolen en -pers te zien in een klein huis uit 1898. Met de olijfpulp werden grof geweven zakken gevuld die onder een pers op elkaar werden gestapeld. Het uitgeperste mengsel van olie en vocht sijpelde er vanzelf uit en werd opgevangen in stenen potten.

In **Kourdáli** is de 16e-eeuwse schuurdakkerk Maria Hemelvaart een bezoek waard. Net als in de kerk van Louvarás zijn hier zeldzame afbeeldingen van genezingen en wonderen te zien.

Overnachten

Afgelegen – **Marjay Inn:** Spília, tel. 22 92 22 08, www.marjay.com, 2 pk ca. € 50. Eenvoudig pension met zes kamers.

Amíandos ▶ E 7

Hoger en hoger kronkelt de rijweg spiraalsgewijs door de bossen op de Ólympos. In de bermen heeft bosbeheer ceders aangeplant, verder staan er *Pinus brutia* en in de hooggelegen gebieden *Pinus nigra*, de zwarte den. Een stuk verderop in de richting van Tróodos ziet u het enorme, afgedankte terrein van de stilgelegde **asbestmijn van Amíandos**, dat momenteel wordt herbebost. Interessant is de hoog boven de open groeve gelegen en in 2010 geopende **Botanische Tuin** met leerpad, arboretum en een tentoonstellingsruimte (tel. 25 55 00 91, toegang gratis). Meer informatie over het onderwerp asbest: zie Op ontdekkingsreis blz. 132.

Een hooggelegen bergweg met geweldig panoramisch uitzicht op de bossen voert tot slot naar het **Panagía toú Kýkko**, het rijkste, grootste en meestbezochte klooster van Cyprus.

Kýkkoklooster ▶ D 7

Nov.-mei dag. 10-16, juni-okt. 10-18 uur

Het klooster werd gesticht door keizer Alexios Komnenos (die regeerde van

1081-1118). Het beschikt over een wonderdadige, voor regen zorgende Maria-icoon, die geschilderd zou zijn door de evangelist Lucas. De gebouwen waaruit het klooster tegenwoordig bestaat zijn na een verwoestende brand in 1813 nieuw gebouwd.

In het interieur siert mozaïek uit de jaren 80 de kloosterbogen, in een modern museum zijn de rijkdommen van het klooster te bewonderen. De kloosterkerk is geheel beschilderd met een moderne iconografische cyclus en imponeert door de overdadig ogende aankleding met kostbare kroonluchters. Op topdagen vormen zich lange rijen met bezoekers die de Maria-icoon onder een baldakijn voor de iconostase willen kussen.

Zo'n 2 km naar het westen kunt u de auto bij een monumentaal bronzen standbeeld van Makários parkeren en te voet een paar honderd meter bergop gaan naar de zogeheten Mariatroon, **Throní tis Panagías**, een betonnen baldakijn boven een kopie van de voor regen zorgende icoon, die bij het kerkwijdingsfeest hierheen wordt gedragen. Aan de wensbomen is te zien dat Throní van oudsher een gewijde plaats is.

In een grot in de nabijheid ligt het **graf van aartsbisschop Makários III**, die in 1977 overleed. Hier houdt een eregarde dag en nacht de wacht. De eerste president van de Republiek Cyprus had zijn noviciaat in het Kýkkoklooster afgerond.

Informatie

Op het voorplein is een bij het klooster horend **zelfbedieningsrestaurant** gevestigd. Voor dit restaurant is een markt met kramen ontstaan, waar hele busladingen pelgrims en toeristen zich kunnen voorzien van souvenirs, *zivanía*, noten en zoete lekkernijen.

Cedar Valley ▶ C 7

Er staan circa 50.000 ranke, tot 30 m hoge cederbomen in de **Koilada ton**

Van Spília naar Cedar Valley

De schitterende kroonluchters in de kerk van het Kýkkoklooster

Kedrou (Cedar Valley) en op de hellingen van de 1362 m hoge Trípylos. In andere streken op Cyprus groeit de ceder nog slechts sporadisch. De Cypriotische ceder (*Cedrus brevifolia*) is nauw verwant aan of een variëteit van de Libanonceder en komt alleen op Cyprus voor. Cederhout werd vroeger met name in de

Tip

Kinderdoop bijwonen

Plan uw bezoek aan het **Kýkkoklooster** bij voorkeur op een zondag, dan kunt u de kinderdoop bijwonen. Tientallen baby's liggen op lange tafels te wachten totdat zij aan de beurt zijn om het doopsel te ontvangen. Bij dit ritueel worden meisjes en jongetjes in twee aparte doopbekkens en met het hele lichaam ondergedompeld. De reden voor de aparte bekkens: wie in hetzelfde water gedoopt is, wordt als verwant beschouwd en mag later niet onderling trouwen.

scheepsbouw gebruikt. Van de waterbron bij de picknickplaats voert een weg (bij de splitsing na ruim een halfuur rechts aanhouden) tussen cederbomen door in ruim een uur tijd naar de top van de 1407 m hoge Trípylos.

Marathása Valley

Dit groene en waterrijke dal is een centrum van de kersenteelt. In april zijn de smalle terrassen op de hellingen bezaaid met bloesem.

Informatie

Dorpsbussen gaan 's ochtends vroeg van de belangrijkste dorpen in het dal naar Nicosia en via Tróodos en Páno Plátres naar Limassol. Terug vertrekken ze in deze twee steden rond 14 uur.

Kalopanagiótis ▶ D 7

In dit hellingdorp boven het stuwmeer staat een verlaten klooster in de gebruikelijke schuurdakstijl dat is gewijd aan de Ágios Ioánnis Lampadistís. De zogeheten Latijnse kapel ervan herbergt – net als de Podíthoukerk – waardevolle schilderkunst met Italiaanse renaissance-invloeden en staat op de UNESCO-Werelderfgoedlijst.

Klooster Ágios Ioánnis Lampadistís

Dag. 10-13 uur, 's middags wisselende openingstijden, vaak 14-16 uur, mobiele telefoon suppoost 99 47 61 49

Het klooster werd gesticht door een middeleeuwse wonderdokter, de heilige Johannes Lampadistís. Hij deed zijn werk bij de geneeskrachtige bronnen in het beekdal van de Sétrachos. Ter ere van hem werd in de 11e eeuw een klooster gebouwd, dat door de bijgebouwen tegenwoordig aandoet als een grote boerderij. Het klooster bestaat uit de kruiskoepelkerk van de heilige Herakleidios (zie het Irakleídiosklooster in Politikó), de Latijnse kapel en nog een kerk. In de narthex van de Herakleidioskerk zijn zeldzame genezings- en wonderscènes van Jezus te zien in een eenvoudige, rustieke stijl. Hier wordt de bezoeker vooral geattendeerd op de wonderen die de heilige verrichtte.

Het hoogtepunt voor de buitenlandse toerist is echter de Latijnse kapel, die rond 1500 door katholieken werd geschonken. Let in het bijzonder op het Gastmaal van Abraham in het koor: drie engelen met lange staven zitten aan een ronde, rijkgedekte tafel in het gezelschap van Abraham en zijn oude echtgenote Sara. De beeldende kracht en het perspectief van de afbeelding zijn fascinerend.

De geneeskrachtige bronnen liggen aan de voet van het klooster enkele meters stroomopwaarts. Sommige zijn warm en geven zwavelhoudend water dat tegen reuma en huidziekten helpt. Hier loopt een smal, kronkelig pad door weelderige vegetatie omhoog naar het dorp. In tegenovergestelde richting voert het pad van het klooster bergaf naar het stuwmeer.

Overnachten

Er zijn enkele kleine herbergen van het Cypriotische agrotoerisme en er is een spa-resort bij de brug over de beek:
Luxe in het dorp – **Casale Panayiotis:** tel. 22 95 24 44, www.casalepanayiotis.com, 2 pk vanaf circa € 100. Met smaak ingerichte kamers in verschil-

Wandelen in het Tróodosgebergte: uiterst plezierig en ontspannend

lende dorpshuizen, massages volgens methodes van de Australische Aboriginals, aromatherapie en andere beauty-arrangementen. Aangenaam restaurant boven de beek.

Moutoullás ▶ D 7

Het eerstvolgende hellingdorp is tot nu toe vrij van hotels. De bewoners redden zich ook zonder toerisme. Zij snijden sinds mensenheugenis houten broodplanken en baktroggen die tegenwoordig alleen nog als decoratie in hotels en restaurants of in miniatuur als souvenirs aftrek vinden. Bovendien wordt in Moutoullás een soort mineraalwater in groene flessen gebotteld, dat overal op Cyprus te koop is.

De Panagíakerk uit 1280 heeft het oudste schuurdak van het eiland, de fresco's in het interieur zijn helaas ernstig beschadigd (UNESCO-Werelderfgoed, sleutel in het *kafeníon* tegenover de splitsing naar de kerk).

Pedoulás ▶ D 7

Het eerste wat u zult zien van Pedoulás is een niet te missen, 25 m hoog betonnen kruis, dat boven het dorp oprijst – het werd geschonken door een Australische emigrant, die wilde dat het kruis zowel vanaf Kýkko als vanaf de toppen van de Tróodos zichtbaar zou zijn. Het plaatsje is met achthonderd inwoners naar verhouding groot, er zijn veel winkels, taverna's en ook enkele kleine hotels en kamers bij particulieren. Opvallend is de enorme **kerk Timios Stavros**, die hoog boven het dorp uittorent.

Wie gesteld is op authenticiteit zal in Pedoulás als pleisterplaats een prima alternatief vinden voor Kakopetriá of Páno Plátres. Hier is ook een klein **volkskundig museum** (di.-zo. dec.-feb. 10-16, mrt.-nov. tot 18 uur, toegang gratis) ingericht en een **Byzantijns Museum** (onregelmatige openingstijden, tel. 22 95 36 36) waar de kostbaarste iconen van de zes kerken van het dorp zijn ondergebracht.

Kerk Archángelos Michaíl

Tegenover het Byzantijns Museum, daar ook naar de sleutel informeren, 's winters 10-16, 's zomers 10-18 uur

De **Aartsengel Michaëlkerk** in de oude dorpskern staat op de UNESCO-Werelderfgoedlijst en bevat een perfect bewaard gebleven twaalffeestencyclus uit 1474, dus uit de laatste jaren van de heerschappij van de Lusignanfamilie. De traditionele stijl ervan doet denken aan de schilderingen van Philip Goul in Platanistása en Louvarás. In het gebinte van de iconostase is het wapen van Lusignan te zien, een teken dat het om een koninklijke schenking ging.

Overnachten en eten

De hotels aan de hoofdverkeersweg boven het dorp zijn ouderwets en het autoverkeer is hoorbaar. U kunt beter in de dorpskern overnachten.

Authentiek in het dorp – **Platanos**: tel. 22 95 25 18, 2 pk circa € 50. Moderne studio's en kamers met open haard bij particulieren. Vlakbij is de **Taverna Platanos** met goede lokale keuken. Hoofdgerecht circa € 8, *mezé* € 12.

Nieuw in het centrum – **Aristotelion**: klein, rustig gelegen middenklassehotel. Meer informatie bij Taverna Platanos.

Informatie

www.pedoulasvillage.com: een Australische emigrant onderhoudt de officiële website van het dorp.

Zuid-Nicosia ✱

Nicosia (Lefkosía) ligt nagenoeg in het midden van de vruchtbare Mesaória-vlakte, die zich, zoals de naam aangeeft, 'tussen de gebergtes' uitstrekt van Famagusta tot Mórfou Bay. Bij windstil weer hangt er een koepelwolk en ook wel smog boven de stad, waardoor de kammen van het Pentadáktylosgebergte in het noorden en het Tróodosgebergte in het zuidwesten nauwelijks nog te zien zijn. Het district Nicosia reikt naar het westen tot in het Bos van Páfos. De tweedeling van het eiland in 1974 heeft ook dit bestuursdistrict opgedeeld. Vooral in het laagseizoen, als het nog te koud is om te zwemmen, is een verblijf in Nicosia beslist een optie voor mensen die op het eiland rondreizen. De oude stad heeft veel te bieden en alle andere steden, met uitzondering van Páfos, zijn van Nicosia gemakkelijk via autosnelwegen te bereiken.

Sinds de val van de Berlijnse Muur is Nicosia de laatste verdeelde hoofdstad ter wereld. Het is een merkwaardige politieke constructie: enerzijds is de stad als geheel de hoofdstad van de Republiek Cyprus, die volgens de VN en de Europese Unie van rechtswege het hele eiland omvat, anderzijds is dit

INFO

Informatie

www.nicosia.org.cy: website van de stad met toeristische informatie.
CTO Tourist Information: Aristokyprou 11, Laïki Geitoniá, tel. 22 67 42 64, www.nikosia.org.cy, ma.-vr. 8.30-14.30, za. 8.30-13.30, ma./di., do./vr. ook 15-18.15 uur. De website biedt ook een evenementenagenda en informatie over het uitgaansleven.
Sinds 2007 is het in de Oude Stad mogelijk om te voet en zonder tijdrovende formaliteiten de demarcatielijn tussen Zuid- en Noord-Nicosia over te steken. Op deze manier kunt u het Griekse en het Turks-Cypriotische alledaagse leven van nabij leren kennen.
Noord-Nicosia: informatie zie blz. 227.

Vervoer

Bus: het centrale busstation van Nicosia ligt aan de Plateia Solomou bij de ringmuur rond de oude stad. Hier stoppen zowel de blauwe stads- en dorpsbussen als de groene langeafstandsbussen. De dienstregeling wordt ter plaatse uitgedeeld.
Blauwe bussen: www.osel.com.cy, tel. 00357 22 46 80 88, op Cyprus kosteloos tel. 77 77 77 55. Meerdere keren per dag naar alle grotere dorpen in het district Tróodos. Via Tróodos gaan ook bussen naar Limassol.
Langeafstandsbussen: www.intercitybuses.com, tel. 00357 23 81 90 90, op Cyprus kosteloos tel. 80 00 77 89. De groene bussen rijden via de autosnelwegen naar de grote steden en naar Agía Nápa en Paralímni.
Lijntaxi: Travel & Express, tel. 77 74 74.
Parkeren: huurauto's kunt u het best parkeren op het grote parkeerterrein tussen Costanza- en D'Avilabastion.
Fiets: binnen de ringmuur van de Oude Stad is fietsen goed mogelijk. Na telefonische registratie kunt u een huurfiets afhalen bij zelfbedieningsstallingen.

– althans het Turks-Cypriotische noordelijke deel – de hoofdstad van een internationaal niet erkende staat.

In het noorden van Nicosia wonen Turks-Cyprioten en Turken, in het zuiden Grieks-Cyprioten. De twee delen van de stad worden gescheiden door de Green Line, een smalle strook niemandsland die wordt bewaakt door soldaten van de betreffende bevolkingsgroep en van de VN. Aan weerszijden van de lijn lopen levendige winkelstraten abrupt dood op gedeukte, blauwe en rood-witte olievaten, barricades van prikkeldraad en leegstaande woonhuizen met opgestapelde zandzakken in de venstergaten.

Op de militaire posten bij de Green Line wapperen de blauwe vlag van de VN en de vlaggen van de betreffende bevolkingsgroepen. De Grieks-Cyprioten voeren de blauw-witte, Griekse vlag en de witte Cypriotische vlag met een contour van het eiland en twee olijftakken, de Turks-Cyprioten voeren de rode Turkse vlag met wassende maan en ster en de witte Turks-Cypriotische vlag met deze symbolen in het rood.

De Oude Stad van Nicosia heeft genoeg te bieden om er enkele dagen te door te brengen. De nieuwe stad in beide delen kunt u gerust overslaan. Rond de Venetiaanse ringmuur is een wijde cirkel van kleurloze betonbouw uit de grond gestampt die zich tot ver in de Mesaóriavlakte uitstrekt, waar industriegebieden en stedenbouw de landbouwsector verdringen.

Aartsbisschoppelijk Paleis met het inmiddels

luchthaven aan betekenis heeft ingeboet, heeft de stad zijn status als eilandmetropool weten te handhaven en biedt hij buiten de Oude Stad de aanblik van een moderne westerse grote stad.

De Oude Stad van Zuid-Nicosia ▶ G/H 5

Het oude en het nieuwe Griekse Nicosia samen telt circa 200.000 inwoners, bijna eenderde van de totale Griekse bevolking op Cyprus. Hoewel Nicosia door de deling en het verlies van de

Geschiedenis

De antieke stad midden in de Mesaóriavlakte werd Ledra genoemd. Er is niets tastbaars van bewaard gebleven. De stad kreeg zijn huidige Griekse naam Lefkosía in 280 v.Chr. van Leukos, de zoon van de Griekse koning der Egyptenaren Ptolemaios Soter. Deze liet de tijdens de Diadochenoorlogen verwoeste stad herbouwen. In de geschie-

De Oude Stad van Zuid-Nicosia

naar Kýkko (zie blz. 197) verplaatste monumentale beeld van Makários

denis kreeg Lefkosía pas betekenis na 965 n.Chr. In dat jaar versloegen Byzantijnse troepen onder leiding van keizer Nikephoros Phokas de Arabieren en riepen ze de stad uit tot de hoofdstad van hun heroverde provincie.

Na de **Frankische verovering** aan het eind van de 12e eeuw werd Lefkosía de zetel van de koningen van de Lusignandynastie uit Frankrijk en de katholieke aartsbisschop. De Fransen noemden de stad vanaf toen Nicosia. De naam is tegenwoordig nog internationaal in gebruik en is een voorbeeld van kolonialistische naamgeving. Van het paleis van de Lusignankoningen is op enkele brokstukken na niets bewaard gebleven.

De tussen 1567 en 1570 vanwege de Turkse expansie in allerijl gebouwde Venetiaanse ringmuur perkte de stad in. Veel historische gebouwen werden gesloopt om rondom schootsveld vrij te maken. Pas onder de Engelsen zou Nicosia geleidelijk aan buiten de oude stadsmuur worden uitgebreid.

Na de verovering door de Turken in 1570 werd Nicosia een Turkse provinciestad. De kerken werden omgevormd tot moskeeën en markten, een klooster werd een hamam. De Sofiakathedraal kreeg de huidige minaretten en werd als Selimiyemoskee de belangrijkste moskee van Cyprus. In de omliggende wijk vestigden zich vervolgens Turken van het vasteland. ▷ blz. 208

Nicosia

Bezienswaardigheden

1. Chrysaliniótissa Crafts Center
2. Famagustapoort
3. Vrijheidsmonument
4. Aartsbisschoppelijk Paleis
5. Ágios Ioánniskathedraal
6. Etnografisch Museum
7. Museum voor Byzantijnse Kunst
8. National Struggle Museum
9. Pancypriotisch Gymnasium
10. Omeriye Hamam
11. Omeriyemoskee
12. Kornesioshuis
13. Leventis Museum
14. Lidras Street
15. Faneroménikerk
16. Maronietenwijk bij de Páfospoort
17. Cyprusmuseum
18. Athalássa National Park
19. Atatürk Square
20. Derviş Paşa Konak
21. Arab Achmedmoskee
22. Kumarcılar Han
23. Büyük Han
24. Büyük Hamam
25. Sofiakathedraal
26. Bedesten en Markthal
27. Osmaanse bibliotheek
28. Lapidary Museum
29. Catharinakerk
30. Lusignan House
31. Mevlevi Tekke
32. Museum of National Struggle
33. Kyreniapoort
34. Museum of Barbarism

Overnachten

1. Royiatiko
2. Classic
3. Averof

▷ zie blz. 208

206

Map Labels

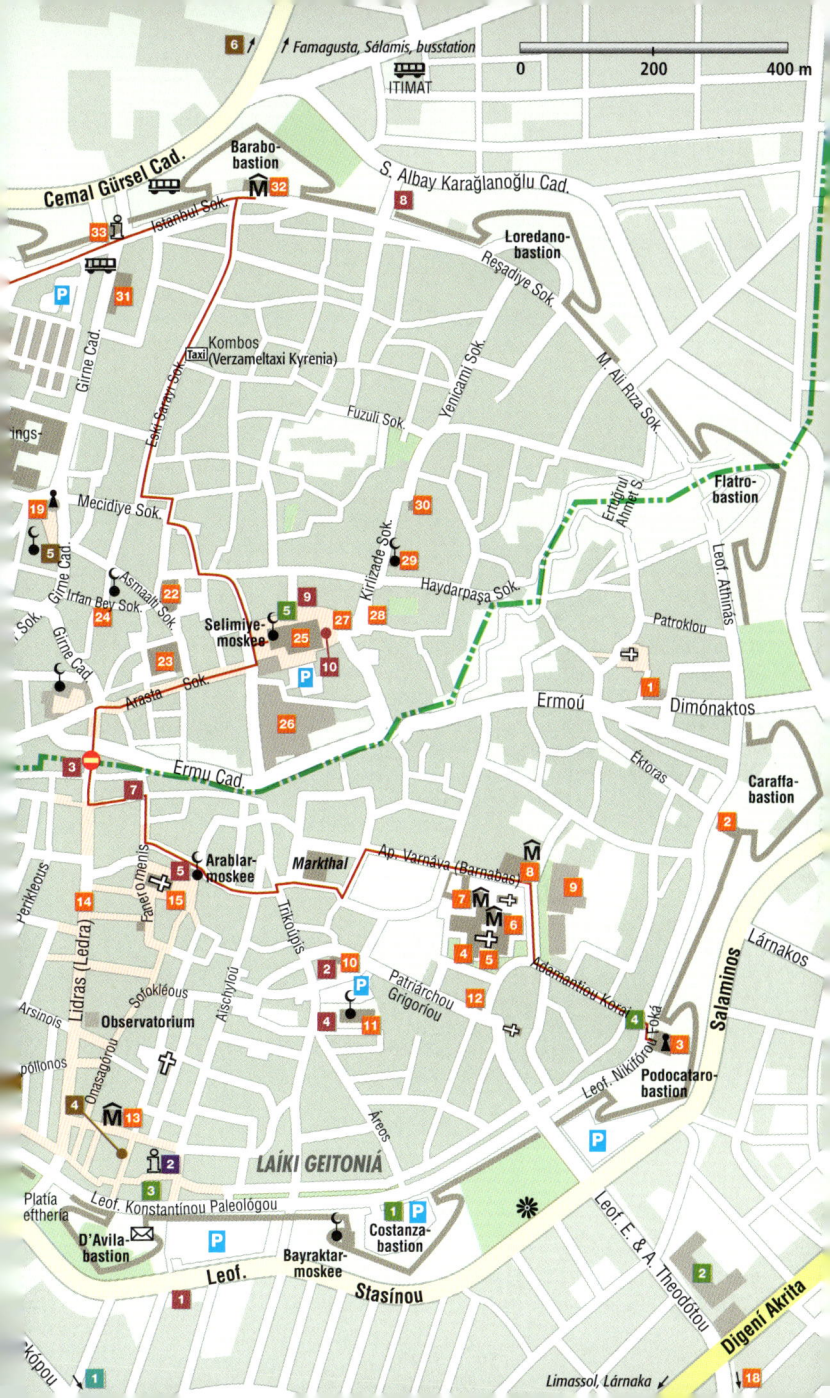

Streets and Avenues:
- Cemal Gürsel Cad.
- İstanbul Sok.
- S. Albay Karağlanoğlu Cad.
- Reşadiye Sok.
- Girne Cad.
- Eski Sanayi
- Fuzuli Sok.
- Yenicami Sok.
- M. Ali Rıza Sok.
- Mecidiye Sok.
- Asmaalı Sok.
- İrfan Bey Sok.
- Kırızade Sok.
- Haydarpaşa Sok.
- Ertuğrul Ahmet S.
- Leof. Athinás
- Patroklou
- Girne Cad.
- Arasta Sok.
- Ermú Cad.
- Ermoú
- Éktoras
- Dimónaktos
- Perikléous
- Panefemis
- Trikoúpis
- Aischýlou
- Patriárchou Grigoríou
- Ap. Varnáva (Barnabas)
- Adamantíou Korá
- Lárnakos
- Salamínos
- Lidrás (Ledra)
- Arsinoïs
- Sofokléous
- Onasagórou
- Ápollonos
- Ársos
- Leof. Nikifórou Foká
- Platía eftheria
- Leof. Konstantínou Paleológou
- Leof. Stasínou
- Leof. E. & A. Theodórou
- Digení Akríta

Landmarks / Bastions / Sites:
- Barabo-bastion
- Loredano-bastion
- Kombos (Verzameltaxi Kyrenia)
- Flatro-bastion
- Selimiye-moskee
- Caraffa-bastion
- Arablar-moskee
- Markthal
- Observatorium
- Podocataro-bastion
- LAÏKÍ GEITONIÁ
- D'Avila-bastion
- Bayraktar-moskee
- Costanza-bastion

Top of map:
- Famagusta, Sálamis, busstation
- ITIMAT
- 0 200 400 m

Bottom:
- Limassol, Lárnaka

Nicosia (vervolg legenda blz. 206)

- [4] Sky
- [5] Saray
- [6] City Royal
- [7] Golden Tulip Nicosia

Eten en drinken
- [1] No Reservations
- [2] Zanettos
- [3] Kath'odon
- [4] Froso
- [5] Matthaios
- [6] Christakis

- [7] Berlin Wall No 2 Kebab House
- [8] Anibal
- [9] El Sabor Latino
- [10] Müze Dostlari

Winkelen
- [1] Boerenmarkt
- [2] Markthal
- [3] MAM
- [4] Kava Dionysiou
- [5] Folk Arts Institute

Actief
- [1] University of Cyprus
- [2] CTO Laíki Geitoniá

Uitgaan
- [1] Konte Dimokritos
- [2] Municipal Theatre
- [3] Seli muziekrestaurant

Chrysaliniótissawijk

In de oostelijke Oude Stad, tussen de Famagustapoort en de Green Line, kunt u de wijk Chrysaliniótissa verkennen. De Panagía Chrysaliniótissa is de oudste Byzantijnse kerk van de stad. De wijk wordt al jaren gerenoveerd in het kader van een stadsvernieuwingsplan van de VN, het Nicosia Master Plan, dat ook geldt voor het noorden van de verdeelde stad. Daar is intussen een alternatieve scene ontstaan, maar zonder yuppiekenmerken.

Chrysaliniótissa Crafts Center [1]
Dimónaktos 2, ma.-za. 10-13, ma.-vr. 15-18, mei-sept. 16.30-19.30 uur
Deze overheidsinstelling verhuurt ateliers aan Cypriotische kunstenaars en beoefenaars van kunstnijverheid. Dit is een goede winkel om souvenirs te kopen. Het center heeft ook een café.

Van de Famagustapoort naar het Aartsbisschoppelijk Paleis

Famagustapoort [2]
Ma.-zo. 9-13, 16-19, juni-aug. 17-20 uur, toegang gratis

De versterkte ringmuur had oorspronkelijk maar drie doorgangen: de Porta del Provveditore, tegenwoordig de Kyreniapoort, de Porta S. Domenico, tegenwoordig Páfospoort en de Porta Giuliana, de huidige Famagustapoort, die het best van alle bewaard is gebleven. De Porta Giuliana was vernoemd naar de Venetiaanse vestingarchitect Giulio Savorgnano. Het is een 45 m lange gewelfde gang die uitkomt onder een hartvormig bastion aan de ringmuur. Door een koepel valt licht naar binnen en er zijn verschillende halvormige zijvertrekken die nu als tentoonstellingsruimte dienstdoen.

Vrijheidsmonument op het Podocatarobastion [3]
Zie Op ontdekkingsreis blz. 210

Aartsbisschoppelijk Paleis [4]
Plateia Archiepiskopou Kyprianou
Tegenover het **Vrijheidsmonument** leidt een brede straat rechtstreeks naar het Aartsbisschoppelijk Paleis, een monumentaal gebouw van geel kalksteen en met Byzantijnse arcades. Met de bouw werd begonnen in 1956, dus nog in de koloniale tijd. Na de voltooiing in 1961 diende het paleis als kerkelijke zetel voor de pas geïnstalleerde presi-

dent van de republiek, aartsbisschop Makários III.

In de façade zitten nog de kogelgaten van de couppoging op 15 juli 1974. Die dag beschoten onderdelen van de Cypriotische Nationale Garde onder leiding van juntagetrouwe Griekse officieren het paleis. Makários kon door een achteruitgang vluchten en slaagde erin over het Tróodosgebergte Páfos te bereiken, waar hij via de radio een eerste teken van leven gaf. Toen de coup mislukt was, aanvaardde hij zijn oude ambt weer.

Ágios Ioánniskathedraal 5

Plateia Archiepiskopou Kyprianou, Ma.-vr. 8-12, 14-16, za. 8-12 uur en tijdens de mis, toegang gratis

Aan het kerkje op de noordzijde van het paleis is niet te zien dat het tegenwoordig als de orthodoxe kathedraal van de hoofdstad in gebruik is. Oorspronkelijk hoorde het bij een 15e-eeuws benedictijnenklooster. De Turken droegen dit katholieke klooster in 1570 over aan de orthodoxen. De kerk, die waarschijnlijk tijdens de verovering van Nicosia in 1570 beschadigd raakte, werd volgens een inscriptie boven de toegangsdeur in 1662 herbouwd. Pas in 1858 werd de klokkentoren toegevoegd, tot die tijd stonden de Turken geen concurrentie met hun minaretten toe. De bijna geheel behouden, weelderig kleurrijke muurschilderingen (1736-1756) getuigen van een tijd dat de orthodoxe aartsbisschop als *ethnarch*, heerser van de Griekse bevolkingsgroep, erkend werd en macht en rijkdom verwierf.

Opvallend is de vaste opstelling van de stoelen voor de vergulde iconostase. Rechts zit op de hoogste en meest rijkversierde troon de aartsbisschop, naast hem de ambassadeur van Griekenland als vertegenwoordiger van de beschermende mogendheid, links de staatspresident en diens echtgenote.

Boven de ereplaats van de ambassadeur is een episode in laat-19e-eeuwse stijl afgebeeld die bevestigt dat de Cypriotische Kerk kan claimen autocefaal te zijn. In 488 vond bisschop Anthemios op Cyprus het gebeente van de apostel Barnabas, een vriend van Paulus, en een handgeschreven evangelie. Hij toonde het geschrift aan de Byzantijnse keizer Zeno om te bewijzen dat de Cypriotische Kerk apostolisch van oorsprong is en, omdat zij zonder steun van Constantinopel was ontstaan, een onafhankelijke status zou verdienen. Op grond hiervan kreeg Anthemios de privileges die de Cypriotische aartsbisschop nog steeds geniet: net als de keizer heeft hij het recht om te ondertekenen met rode inkt en mag hij een scepter met een wereldbol en een kruis op de punt hebben.

Op de afbeelding van het Laatste Oordeel boven de toegangsdeur zijn links de goede zielen in het paradijs te zien, die gelukkig zijn in de schoot van Abraham. Rechts zien we de slechte zielen, die verschrikkelijk lijden in de hel. De afbeelding maande de gelovigen bij het verlaten van de kerk om de regels van Kerk en Staat te eerbiedigen.

Etnografisch Museum 6

Plateia Archiepiskopou Kyprianou, Di.-vr. 9.30-16, za. 9-13 uur, € 2

In de gebouwen van het benedictijnenconvent naast de Johanneskerk resideerde de aartsbisschop van 1720 tot de voltooiing van het nieuwe paleis in 1961. Tegenwoordig is hier het belangrijkste volkenkundige museum van Cyprus gevestigd.

Buiten voor de ingang staan enkele opvallende, reusachtige **houten raderen**, die als waterrad bij watermolens werden gebruikt. In de **gotische hallen** is een tentoonstelling ingericht van werktuigen en voorts zijn er muziekinstrumenten, meubels, textiel en enkele huisiconen te zien. ▷ blz. 213

Op ontdekkingsreis

Een wandeling door politiek Nicosia

VN-soldaten bewaken ook nu nog de Green Line in de verdeelde hoofdstad van Cyprus. Deze wandeling naar plaatsen en musea in Nicosia met een politieke betekenis illustreert dat de recente geschiedenis van het land zeer uiteenlopend wordt geïnterpreteerd, al naargelang het standpunt en het perspectief – het Griekse of het Turkse.

Kaart: zie blz. 206

Monument en musea: **Vrijheidsmonument** op het **Podocatarobastion**; **National Struggle Museum**, Plateia Archiepiskopou Kyprianou, ma.-vr. 8-14, sept.-juni do. ook 15-17.30 uur; **Museum of National Struggle,** op het terrein van het hoofdkwartier van het Noord-Cypriotische leger in het **Barbarobastion**, ma.-za. 8-15.30 uur; **Museum of Barbarism**, hoek Osman Pascha Cad./Kazmanaoglou Sok., dag. 8-15.30 uur, overal toegang gratis.

Deze stadswandeling begint bij het **Podocatarobastion** in Zuid-Nicosia en voert naar het bijna aan de overzijde van de Venetiaanse ringmuur gelegen **Barbarobastion** in Noord-Nicosia. Meteen in het begin springt het **Vrij-**

heidsmonument 3 in het oog dat in 1970 uit stralend wit marmer en donkerkleurig brons werd opgetrokken. Het stelt twee soldaten voor van de bevrijdingsbeweging EOKA die het valhek van een kerker openen. De kerker staat symbool voor de Britse koloniale overheersing. Twaalf representanten van de bevolking stappen naar buiten: onder hen een arbeider, een visser, een priester, een ambtenaar en een moeder met kind. Een triomferende vrijheidsgodin waakt over hen.

Een van de soldaten heeft onmiskenbaar de gezichtstrekken van Geórgios Grívas, de aanvoerder van de EOKA. Deze ultrarechtse nationalist leidde tijdens de Griekse burgeroorlog de organisatie X ('Chi' in het Grieks), die met terroristische methoden de 'communisten' bestreed. Zijn strijd richtte zich tegen de Turkse minderheid die de nagestreefde vereniging van Cyprus met Griekenland, de *énosis*, in de weg stond en de voorkeur gaf aan de verdeling van het eiland, *taksim*. Generaal Grívas had van 1955 tot 1959 tegen de Cypriotische communisten gestreden die toen al bijna net zoveel macht hadden als nu en het gebruik van geweld afkeurden.

De Grieks-Cypriotische weg naar de onafhankelijkheid

De eerstvolgende halte is het **National Struggle Museum** 8 in Zuid-Nicosia, waar de periode van de antikoloniale strijd tegen de Engelse heerschappij tussen 1955 en 1959 centraal staat. Het ging al in 1962, twee jaar voor de onafhankelijkheid, open en werd tussen 1996 en 2001 volledig gerenoveerd.

Hier is een reproductie te zien van een Griekse postzegel van 7,5 drachme met een portret van aartsbisschop Makários III, de eerste president van het onafhankelijke eiland. Een krantenknipsel uit *The New York Times* van 1956 illustreert bovendien dat er in die periode ook sprake was van een mogelijke 'dubbele énosis' met behoud van de Britse aanwezigheid op Cyprus. In het artikel wordt het probleem geschetst van de vereiste gedwongen verhuizingen om de twee delen van Cyprus 'etnisch te zuiveren'.

Levensgrote figuren van papier-maché tonen hoe Britse soldaten Grieks-Cyprioten in elkaar sloegen. Een van de Cyprioten houdt stiekem een steen vast om naar een Britse agent te gooien. In de vitrines illustreren geheime bergplaatsen in een schaaf, de hoed van een priester en een hamer, en ook zelfgemaakte bommen, handgranaten en andere wapens, hoe de partizanenstrijd deels met inventieve middelen gestreden werd.

Tentoongesteld zijn ook twee gigantische slagersmessen van de Turkse hulpagenten die door de Britten tegen de EOKA werden ingezet. De bezettingsmacht probeerde de bevolkingsgroepen doelgericht tegen elkaar op te zetten. In het heetst van de onderlinge strijd werden in 1985 in het Turkse dorp Konelli dertig gevangen Cyprioten eerst door de Britse bezetters 'vrijgelaten' om meteen daarna door Turks-Cyprioten gedood te worden.

Documentatie over het akkoord van Londen en Zürich, waardoor Cyprus in 1960 een onafhankelijke staat werd met behoud van de Britse aanwezigheid, en een monument voor de gevallenen markeren het eindpunt van de Griekse weg naar de onafhankelijkheid.

De Green Line passeren

Bij **Checkpoint Lidras Street** passeert u de Green Line en arriveert u in het noordelijke, Turkse deel van de Oude Stad. Eerst kunt u nog binnenwippen bij het **Berlin Wall No 2** Kebab House 7, dat circa 50 m ten oosten van het checkpoint bij een Griekse wachtpost aan de Green Line ligt. De benaming

Green Line stamt uit de tijd van de burgeroorlog. Bij de wapenstilstandsonderhandelingen in 1963 markeerde de Britse generaal Peter Young op een kaart van Cyprus met groene inkt de grenzen tussen de vijandige bevolkingsgroepen. Toen werd ook Nicosia al in twee helften verdeeld en werd de grens door blauwhelmen van de VN bewaakt. Sinds de invasie van het Turkse leger in 1974 is de term Green Line in gebruik en wordt daarmee niet alleen de demarcatielijn door Nicosia, maar die door heel Cyprus aangeduid.

De Turks-Cypriotische strijd

Het eerste stuk van de route door het noorden van Nicosia voert naar het **Museum of National Struggle** 32 in het Barbarobastion. Anders dan in het Griekse zuiden wordt in het officiële Noord-Cyprus met dit begrip de strijd tegen de andere bevolkingsgroep bedoeld. Het museum opende in 1990 zijn deuren. De nationale strijd wordt hier in drie periodes onderverdeeld: van de komst van de Engelsen tot het begin van de bevrijdingsbeweging, van 1955 tot de invasie van de Turkse troepen in 1974 en de daaropvolgende periode tot de oprichting van het museum.

In Zaal 1 van de expositie maakt de bezoeker kennis met de TMT, de Turkse Verzetsorganisatie die in 1958 in Ankara werd opgericht. Het doel was de aansluiting van een deel van Cyprus bij Turkije te bewerkstelligen, het embleem van de organisatie was een grijze wolf. Bij de TMT gaat het net als bij de Griekse EOKA om een nationalistische terreurorganisatie die er niet voor terugdeinsde om 'verraders' in de eigen gelederen te executeren. Net als in het Grieks-Cypriotische EOKA-museum zijn er voorwerpen te zien die in de partizanenstrijd gebruikt werden, zoals uit waterbuizen gefabriceerde geweren en explosieven.

Zaal 2 is gewijd aan de onderlinge gevechten van 1963/64 en de periode tot 1974. Turks-Cyprioten hadden zich als gevolg van de vervolging door de nationalisten, maar ook onder druk van de TMT, in enclaves moeten terugtrekken, waar ze in elk opzicht in het nadeel waren. De schuld van de gruweldaden wordt in dit museum grofweg aan 'de Grieken' en hun streven naar *énosis* toegeschreven. Dit ondanks het feit dat de meerderheid van de Cyprioten en president Makários III vanaf 1967, toen de militaire junta zich in Athene had geïnstalleerd, geen voorstanders meer waren van *énosis*.

De tentoonstelling eindigt met de tevreden gezichten van Turks-Cyprioten in de nieuwe staat die in 1983 als Turkse Republiek Noord-Cyprus onder auspiciën van Turkije werd geproclameerd. Bij de uitgang staan op een wand de namen van allen die in de onafhankelijkheidsstrijd gevallen zijn, 539 Turken en 1317 Turks-Cyprioten.

Op de weg terug naar Zuid-Nicosia kunt u niet ver van de controlepost voor automobilisten, Checkpoint Ágios Dométios/Metehan, nog een volgend museum bezoeken. Voetgangers kunnen beter een taxi nemen bij de **Kyreniapoort** 33 (te voet circa drie kwartier).

Museum of Barbarism 34

De extreme gewelddadigheid die met de burgeroorlog gepaard ging, wordt bijzonder indringend weergegeven in het laatste museum op deze wandeling. Dit was het woonhuis van een Turks-Cypriotische militaire arts wiens gezin op kerstavond 1963 door Griekse nationalisten in de badkamer en het toilet werd afgeslacht. Op de tentoonstelling zijn de originele, bebloede handdoeken en kleren van de kinderen geëxposeerd. De kogelgaten als gevolg van de geweersalvo's zijn nog in de pleisterlaag op de wanden te zien.

De Oude Stad van Zuid-Nicosia

Museum voor Byzantijnse Kunst [7]

Plateia Archiepiskopou Kyprianou, tel. 22 43 00 08 ,www.cs.ucy.ac.cy, ma.-vr. 9-16.30, juli-sep. ook za. 9-13 uur, € 4

Op het plein voor het Aartsbisschoppelijk Paleis is het Museum voor Byzantijnse Kunst van groot belang. Hier worden de waardevolste en kostbaarste iconen van Cyprus bewaard en het museum staat ook internationaal in hoog aanzien.

Enkele belangrijke voorbeelden: als u na binnenkomst in de expositieruimte meteen naar rechts gaat, bent u maar enkele stappen verwijderd van de 13e-eeuwse iconen nr. 6 en nr. 7. Beide zijn Frankische schenkingen. Onder in de afbeelding van Maria met het Christuskind zijn tien kleine schenkersfiguren in karmelietenpij te zien. De beeldstroken aan de rand met de wonderen van Maria zijn voorzien van commentaar in het Latijn. Op de icoon met de heilige Nikólaos zijn kruisvaarders met een zwaard afgebeeld.

Op de icoon nr. 128 uit 1540, eveneens een afbeelding van St.-Nicolaas, komt een belangrijke stijlvariant voor. De heilige zelf is frontaal, tweedimensionaal en lineair afgebeeld, terwijl de schenkersfiguren aan de randen driedimensionaal en naturalistisch geschilderd zijn. Beide mannen dragen een Vlaamse hoed naar de mode en handelsbetrekkingen in de betreffende periode. Deze stijldiscrepantie valt nog sterker op bij icoon nr. 127 ernaast die ook van de 16e eeuw dateert.

In de belendende zaal vallen fragmenten van twee kunstwerken op die ooit aanleiding gaven tot een politieke beslissing. Halverwege de jaren 90 haalden kunstrovers een afbeelding van de Boom van Jesse uit de 15e eeuw van de muur van de Antiphonítiskerk in het door de Turken bezette Pentadáktylosgebergte. Delen van het fresco doken niet lang daarna in de Duitse kunsthandel op. De illegale herkomst kwam snel aan het licht. De Duitse regering gaf ze dan ook terug aan de rechtmatige eigenaar – en naar het oordeel van de VN was dat niet het door de Turken bezette noorden, maar de Orthodoxe Kerk in Nicosia.

Het tweede belangwekkende kunstwerk in deze zaal is een mozaïek uit de Kanakariákerk in Lythrangómi op het schiereiland Karpasía. Het is een voorstelling van Maria met het Kind Jezus tussen medaillons met de apostelen. Deze fragmenten horen evenals het apsismozaïek van Kíti bij de zeldzaamste voorbeelden van vroegchristelijke mozaïekkunst en zijn stilistisch verwant aan de mozaïeken van Ravenna. Ook dit mozaïek werd geroofd en kwam in de Amerikaanse kunsthandel terecht. Conform het besluit van een rechtbank in Indianapolis moest het in 1989 aan Cyprus worden teruggegeven.

Op de eerste etage van het museum is een schilderijententoonstelling te zien en op de tweede een expositie over de Griekse onafhankelijkheidsstrijd van 1821-1829. Op de begane grond is een openbare bibliotheek met een collectie literatuur over Cyprus van na de antieke tijd.

National Struggle Museum [8]

Zie Op ontdekkingsreis blz. 210

Tentoonstellingen in het Pancypriotisch Gymnasium [9]

Ingang: hoek Agiou Ioannou/Theseos; ma./di., do./vr. 9-15.30, wo. 9-17, za. 9-13 uur, toegang gratis

Tegenover het Aartsbisschoppelijk Paleis staat het in de classicistische stijl van de koloniale tijd gebouwde elitegymnasium van Nicosia. De Britse reisboekenauteur Lawrence Durrell schrijft in zijn boek *Bitter Lemons* geestig en levendig over zijn werk als leraar Engels op het Pancypriotisch Gymnasium. Alle meisjes in de eindexamenklas waren tot over hun oren verliefd op hem.

Deze school werd opgericht in 1812 en heeft nu een museum met een collectie over zijn geschiedenis, een natuurhistorische, een archeologische en een cartografische collectie en een verzameling oude wapens.

Naar de Páfospoort

Via een overwelfde steeg tussen het Etnografisch Museum en het National Struggle Museum komt u bij de **markthal** in de vroegere Turkse wijk Omeriye. Hier zijn veel kleine, voordelige cafés en eetgelegenheden te vinden – een goed en volks alternatief voor de dure Laikí Geitoniá.

Omeriye Hamam [10]
Plateia Tillyrias, tijdelijk gesloten
Dit kleine Turkse badhuis werd in 1570-1571 gebouwd, meteen na de verovering van Nicosia door de Turken. Na de restauratie in 2006 kreeg het de Europa Nostra Award voor het geslaagde behoud van architectonisch erfgoed. De therme heeft twee ruimtes, een met lauwwarm en een met zeer warm water.

Omeriyemoskee [11]
Plateia Tillyrias, overdag open
De Omeriyemoskee heeft een fraaie minaret en een kleine voortuin met een drinkwaterfontein. De gebedsruimte lijkt op een gotische hal – tot 1570 was dit een augustijnenkerk. Onmiddellijk na de verovering door de Turken werd van de kerk een moskee gemaakt. Tegenwoordig komen hier Arabische zakenlieden en toeristen. Bij de ingang van de moskee kunt u bij een eetstalletje met tuin onder schaduwrijke bomen prettig zitten en lekker eten.

Chatzigeorgákis Kornesioshuis [12]
Patriarchou Grigoriou 20, ma. 8.30-14, di., vr. 8.30-15.30, do. 8.30-17 uur, € 1,70
Deze stadsvilla van het einde van de 18e eeuw illustreert de levensstijl van de Griekse elite die in het Osmaanse meervolkenrijk overheidstaken op zich nam. Kornesios, die dit herenhuis liet bouwen, was een *dragoman*, letterlijk een vertaler. Als bemiddelaar tussen de Grieken en de Turkse sultan bekleedde hij het lucratieve ambt van hoogste belastinginspecteur. Uit de plaquette boven de entree met de Venetiaanse Leeuw van Sint-Marcus blijkt dat Kornesios ook verplichtingen aanging met de 'westerse' machten die in Lárnaka consulaten hadden.

Het gebouw heeft een kenmerkende houten erker en een intieme binnentuin met een marmeren fontein waar gepicknickt kan worden. In het interieur kunt u de met houten lambriseringen beklede salon (*diwan*) bewonderen met zijn comfortabele omlopende zachte bank en ander meubilair.

Laikí Geitoniáwijk

De Laikí Geitoniá (spreek uit: *la-ikí yitonyá*) is een chique gerestaureerde wijk in de Oude Stad met veel restaurants en souvenirwinkels.

Leventis Museum [13]
Ippokratous 15-17, tel. 22 66 14 75, www.leventismuseum.org.cy, di.-zo. 10-16.30 uur, toegang gratis
Dit in een classicistisch paleis gehuisveste museum over de stadsgeschiedenis van Nicosia is niet alleen voor volwassenen, maar ook voor kinderen interessant. Er is gebruikgemaakt van de modernste educatieve middelen. Veel informatie biedt ook de tentoon-

De Oude Stad van Zuid-Nicosia

stelling over de *Anglokratia* (Britse tijd) op de bovenverdieping.

Lidras Street 14

Lidras Street is de belangrijkste winkelstraat in de Oude Stad. Aan het einde ligt een in 2008 opengestelde voetgangersgrenspost naar Noord-Cyprus. Wie de stad en zijn omgeving vanuit de hoogte wil overzien, kan met de lift in het **warenhuis Debenhams** naar de elfde verdieping gaan. Er is ook een kleine expositie, de toegangsprijs is circa € 1. Maar voor de prijs van een kop koffie kunt u ook in het dakcafé van het warenhuis of van het **Holiday Inn** in de Rigaínis Street van het panoramische uitzicht genieten.

Faneroménikerk 15

Onasagorou, overdag geopend

De grootste kerk van Zuid-Nicosia dateert van 1872 en is in het bezit van de nog altijd rijkste parochie van de stad. Achter de apsis rijst een in 1930 gebouwd baldakijnachtig mausoleum op met daarin de graftomben van de orthodoxe bisschoppen die in 1821 door de Turken om het leven werden gebracht om te voorkomen dat de Griekse vrijheidsstrijd zou overslaan naar Cyprus.

Maronietenwijk bij de Páfospoort 16

Onderweg naar het Cyprusmuseum komt u bij de kleine, enigszins verwaarloosd ogende maronietenwijk voor de

Ideaal om te flaneren: Lidras Street

Páfospoort. Hier staat de **kathedraal Onze Lieve Vrouw der Genade** (Ágios Márona 8) in het niemandsland van de Green Line, de apsis ervan ligt al op Turks-Cypriotisch gebied. In een eenvoudig *kafeníon* tegenover de kathedraal hangt een foto van de paus aan de muur, want de maronieten zijn aan Rome gelieerd.

Cyprusmuseum 17

Mouseiou 1, tel. 22 86 58 64, www.mcw.gov.cy, di./wo., vr. 8-16, do. 8-17, za. 9-16, zo. 10-13 uur, € 3,40

De belangwekkendste en kostbaarste stukken die bij opgravingen op Cyprus gevonden zijn, worden in de veertien zalen van het Nationaal Museum voor Archeologie geëxposeerd. In een à twee uur krijgt u een gedegen overzicht over de gehele cultuur van de Cypriotische oudheid.

In de nieuw ingerichte Zaal 1 van het museum wordt met moderne educatieve middelen een volledig beeld geschetst van het alledaagse leven op Cyprus in de steen-, koper- en bronstijd. In de andere zalen zijn de museumstukken helaas nog steeds op soort gerangschikt, waardoor het moeilijker is zich een complete indruk van een periode te vormen.

Niet zomaar aan voorbijlopen!

In Zaal 5 van het Cyprusmuseum is op een grafzuil naast Aphrodite van Sóloi de kop van de wijngod Dionysos te zien. Veel reisleiders loodsen hun groepen er liever aan voorbij. Dionysos was namelijk ook de god van de seksuele voldoening. Op de achterkant van de grafzuil is een stel te zien in een lichaamshouding die menig bezoeker doet blozen.

Zaal 1

Uiterst interessant zijn de **idolen of afgodsbeeldjes van kalk en vulkanische diabaas** in vitrine 3. Zij zijn afkomstig uit Choirokoitía, een nederzetting uit de steentijd die op de UNESCO-Werelderfgoedlijst staat. Hier komen ook de met primitieve beitels adequaat bewerkte stenen kruiken vandaan. Een van de kruiken van diabaas heeft een barst die door een vaardige vakman is gerepareerd. Hij boorde links en rechts van de barst een gat en vlocht er een bies door.

Let u in **vitrine 11** vooral op de **kruisvormige idolen** van groenachtig speksteen, waarvan niet precies bekend is waartoe ze eigenlijk gediend hebben. Bij een van de figuurtjes is in plaats van de armen een vrouwenfiguur overdwars gelegd, andere dragen een klein kruisvormig idool als amulet aan een bandje om de nek. De unieke en typisch Cypriotische kruisvormige idolen staan als embleem op de 1- en de 2-euromunt van Cyprus.

In **vitrine 12** springen de vele **vrouwenbeeldjes** met extreem breed bekken en expliciet gebeitelde geslachtsdelen in het oog.

Zaal 2

In het midden van de zaal staat prachtig, roodglanzend, fantasierijk vormgegeven **aardewerk** afkomstig uit graven uit de vroege bronstijd rond 2000 v.Chr. Heel interessant zijn de **vier terracottamodellen** in het midden van de zaal van onder meer ploegende boeren en offerscènes aan de binnenkant van twee schalen. Aan de **schalenwand** tegenover de toegangsdeur staan op een laag podium **drie figuren met stierenkoppen**. Aan hun armen bungelen slangen. Een menselijke figuur is langs de buitenwand van de schaal omhoog geklommen om een steelse blik op de heilige handeling te werpen.

De Oude Stad van Zuid-Nicosia

Zaal 3

Hier krijgt u een indruk van de vazenproductie op Cyprus. In **vitrine B**, op de derde **Myceense vaas** van rechts, is een mythologische scène afgebeeld die Homerus eeuwen later in de *Ilias* heeft beschreven: bij het vertrek van een strijder naar de veldslag heft Zeus de weegschaal op die diens lot zal bepalen. In de middelste vitrine aan de rechterkant staat een **faiencekruik voor plengoffers** uit Kítion, waarop in emaillen inlegwerk mooie naturalistische scènes zijn afgebeeld. Authentiek Cypriotisch zijn ook de **vazen** in de zogeheten *freefield*-stijl.

Zaal 4

Deze zaal is uitsluitend gewijd aan de beroemde **votiefbeeldjes van Agía Iríni**. Meer dan tweeduizend kleine en grotere beeldjes, over het algemeen mannenfiguren, zijn als offergeschenken rond een altaar verzameld. De heilige plaats floreerde vooral in de archaïsche periode van Cyprus.

Zaal 5

Hier is Cypriotisch beeldhouwwerk te zien. In het begin, zo rond 650 v.Chr., zijn de strak gestileerde **beelden** nog volledig gebaseerd op het Egyptisch vormschema. Vanaf het einde van de 5e eeuw v.Chr. wordt hun vormgeving steeds naturalistischer en zinnelijker. Godinnen dragen aanvankelijk gewaden, vanaf de 4e eeuw v.Chr. zijn ze ook vaak naakt.

Blikvanger zijn de pas in 1997 ontdekte **sfinxen en waakleeuwen** uit de koningsgraven van Tamassós. Mogelijk stonden ze ooit tegenover elkaar links en rechts naast een koningsgraf.

Zaal 6

Het middelpunt van de zaal is een meer dan levensgroot **bronzen beeld** van de Romeinse keizer Septimius Severus in de houding van een atleet, een uiting van de keizerscultus en de propaganda van het Romeinse Rijk.

Zaal 7

Deze zaal is thematisch in tweeën verdeeld: voorin staan de bronzen beelden, achterin vooral kleine kunstvoorwerpen en sieraden. In de voorste helft ziet u links in de vitrine bij de wand de **gehoornde god van Enkomi** en de **barengod**, beide waren beschermgoden van de koperproductie. De met speren bewapende barengod staat inderdaad op een baar koper. Destijds was een baar de gebruikelijke vorm waarin koper werd verscheept. Net als het Latijnse vee (*pecus*, waarvan afgeleid *pecunia*, geld) en het Spartaanse spit (*obolos*) werd een baar als munteenheid gehanteerd.

In de achterste helft van Zaal 7 worden **kostbare sieraden** en twee pronkstukken bewaard. Het eerste is de **zilveren schaal van Enkomi** met een fries van stierenkoppen tussen lotusbloemen van versmolten goud en niëllo, het tweede de **gouden scepter uit Koúrion** met twee lammergieren op de punt.

Zaal 8

Zie Op ontdekkingsreis
blz. 218   ▷ blz. 221

Voor museumliefhebbers met specifieke belangstelling

Nicosia heeft nog een aantal andere musea, enkele over zeer specifieke onderwerpen. Er is een politiemuseum, een museum voor klassieke motorfietsen en een postmuseum. Een overzicht is te vinden op de website www.cyprus.com van de CTO. Om de lijst te vinden is het wel nodig om ver door te klikken, maar er staat veel entertainment en cultuur op, net als musea en galeries in Lefkosia (= Nicosia).

Op ontdekkingsreis

Cyprusmuseum – de koningsgraven van Sálamis

Wie wil niet een keer de betovering van een eeuwenoud koningsgraf ondergaan? De unieke grafcomplexen van de koningen van Sálamis (zie blz. 267) maken vanouds grote indruk op de bezoeker en zijn ware archeologische schatkamers. Hier krijgt u een goede indruk van de maatschappelijke verhoudingen ten tijde van de stadkoningen en de toenmalige begrafenisriten.

Vertrekpunt: Cyprusmuseum 17, Zaal 8/Sálamiszaal

Om even uit te rusten: op het museumterrein is bij een eenvoudig houten stalletje koffie en frisdrank verkrijgbaar. Tuinstoelen en tafeltjes staan in de schaduw. Een duurder alternatief is het parkcafé aan de overkant.

In de luisterrijke grafheuvels van Sálamis werden monarchen bijgezet. Hun grafgiften zijn in de zogenoemde Sálamiszaal bijeengebracht. Van de paleizen en woonhuizen van het stadskoninkrijk Sálamis is tot op heden helaas niets teruggevonden.

Een multiculturele samenleving

Van het begin van de 1e eeuw v.Chr. tot de overname van het eiland door Alexander de Grote bestonden er op Cyprus, anders dan in Griekenland, geen republikeinse en democratische stadstaten (*poleis*), maar alleen door monarchen geregeerde staatjes die stadskoninkrijken werden genoemd. Cyprus telde tien tot twintig van zulke stadskoninkrijken. De belangrijkste waren Sálamis, een soort hoofdstad, Páfos, het religieuze centrum van het eiland met het Aphroditeheiligdom, Kítion, het Fenicische religieuze centrum met de Astartetempel en verder Sóli/Sóloi en Tamassós met hun kopermijnen. De stichters van Sálamis waren afkomstig van het eiland Sálamis voor Athene – vandaar de naam.

De bevolking van Cyprus bestond bijgevolg ook in die periode al uit verschillende groepen: als eersten waren de Grieken gearriveerd, die als bezetters uit het moederland waren vertrokken en die in de meeste stadskoninkrijken de heersende macht vormden. Verder was er de vanouds ingezeten bevolkingsgroep van de Eteocyprioten die vermoedelijk een eigen stad had, Amathoús, en tot slot waren er de Feniciërs, die als handelslieden en kolonisten uit Palestina waren gekomen en zich vooral in Kítion hadden gevestigd. Deze samenstelling leidde ertoe dat de bewoners van Cyprus al heel vroeg in een afhankelijke positie geraakten. De na elkaar opkomende grootmachten in de buurlanden Assyrië, Egypte en Perzië hadden uiteraard belangstelling voor dit grondstoffenrijke en strategisch belangrijke eiland en riepen zichzelf uit tot heersers aan wie de Cyprioten leges dienden te betalen.

Het koningsgraf

Een klassiek koningsgraf bestond uit een rechthoekige, in de vloer ingezonken grafkamer die van boven werd afgesloten met platen. Het had verder een betegeld voorportaal met zuilen, *propylaion*, waar meestal een paar traptreden naartoe leidden.

Een brede toegangsweg, de *dromos*, voerde omlaag naar de grafkamer en was links en rechts door muren omgeven. Hier werden bij crematies de brandstapels opgetast en werden de dieren die de lijkwagen hadden getrokken gedood en verbrand. Met zo'n zes trekdieren zal het er nogal hardhandig en bloederig aan toegegaan zijn!

Boven het graf en de *dromos* rees tot slot een wel 10 m hoge grafheuvel op. Grafschenners en -dieven konden de graven dankzij deze heuvels gemakkelijk vinden.

De begrafenisriten

Het stoffelijk overschot van een stadkoning werd op een **praalwagen** naar de *dromos* gereden. Onderdelen van zo'n wagen zijn in het museum gereconstrueerd. Vervolgens werd het lichaam op de brandstapel gelegd en verbrand. De strijdwagen werd als grafgift in de grafkamer achtergelaten, waar als laatste rustplaats ook de as van de overledene werd bijgezet.

Andere grafgiften werden in de *dromos* naast de brandstapel gevonden: het **bed** en de twee **tronen** van de koning; deze waren van hout en ingelegd met stukjes ivoor. Verder vond men er ook de enorme **bronzen ketel** met de handgrepen die in de vitrine ertegenover staat.

Ter afronding nog een kleine anekdote die dierenvrienden erg tegen de borst zal stuiten: in graf 2 van Sálamis is bij de opgravingen een lijkwagen gevonden die door twee ezels was getrokken. Een van de ezels was, vlak voordat hij neergestoken werd, erin geslaagd zich uit het tuig te bevrijden en naar de hoek tussen de grafkamer en de *dromos* te ontsnappen. Hier werd het dier geraakt door de stenen die de begrafenisgangers ernaar gooiden, waarna het vermoedelijk nog levend werd begraven.

Zijn en schijn is twee – het 'graf' van Nikokreon

Het is beslist de moeite waard om de foto's in de vitrine rechts naast de toegangsdeur van de bibliotheek van dichtbij te bekijken. Een leerzame foto toont de plaats van de opgravingen: voor de opgraving rees een 10 m hoge *tumulus* op van een platform van 52 m doorsnede. Grafschenners die in de 19e eeuw bijna alle graven van Sálamis leegplunderden, hadden ook deze grafheuvel onder handen genomen en van de top van de heuvel een schacht loodrecht naar beneden gegraven in de hoop de grafkamer te vinden. Maar die bleek er niet te zijn!

Bij latere wetenschappelijke opgravingen werd de heuvel tot de helft laag voor laag afgegraven. Toen pas werd een zijdelings aangebrachte verhoging met een hellende toegangsweg ontdekt. Zowel de verhoging als de toegangsweg waren bekleed met een laag witte pleister, zodat het oppervlak van marmer leek. Op de verhoging rees een piramide van stenen op met daaronder een brandstapel met zaden, graankorrels en vruchten. Ook werden er circa honderd kleine aardewerken flacons voor cosmetica gevonden.

Nog veel bijzonderder waren echter de scherven van **aardewerken sculpturen van gezichten**, die in het vuur van de brandstapel waren gebakken. Deze sculpturen werden met spijkers aan houten palen bevestigd en rond de brandstapel opgesteld. De gezichten waren wit beschilderd, de haren en de lippen rood. In de brandstapel werd overigens ook een geboetseerd paardenhoofd gevonden.

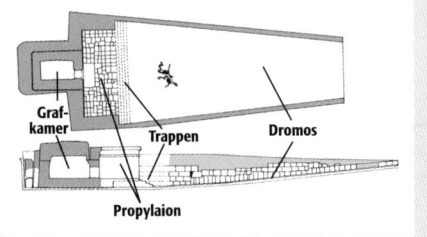

De archeologen in de groep rond Vassos Karageorgis hadden verwacht op deze eigenaardige begraafplaats een amfoor of een soort urn met de as van een dode of een grafkamer te vinden. Van iets dergelijks of van botten ontbrak echter ieder spoor. 'Er is geen andere conclusie mogelijk,' aldus Karageorgis, 'dan dat de hele grafheuvel en de brandstapel binnenin weliswaar op de een of andere manier te maken hadden met een begrafenisplechtigheid, maar dat er desondanks nooit een feitelijke bijzetting heeft plaats gevonden ..., dat het hele monument was opgericht als een *cenotaaf* (leeg graf of schijngraf)'.

Een wanhoopsdaad

Wat was het verhaal bij deze eigenaardige constructie? In de literatuur uit de oudheid bestaat een passage van Diodoros met daarin een aanwijzing. Diodoros schrijft over de zelfmoord van de laatste koning van Sálamis, Nikokreon. Toen Alexander de Grote in 323 v.Chr. overleed, verdeelden zijn officieren, de diadochen, zijn reusachtige rijk onder elkaar. Ptolemaios I, aan wie Egypte ten deel was gevallen, probeerde ook Cyprus in zijn rijk in te lijven. Hij stuurde troepen naar Sálamis om het paleis van de koning te belegeren. Nikokreon beroofde zich vervolgens van het leven. Dit leidde tot een dramatisch bloedbad. Zijn vrouw Axiothea doodde haar ongehuwde dochters en sloeg daarna de hand aan zichzelf, samen met de vrouwen van de broers van de overleden koning. De broers ten slotte staken het paleis in brand en benamen zich als laatsten het leven. Het graf had voor een symbolische bijzetting van de koning en zijn familie gediend.

Zaal 14

In deze laatste zaal van de ronde zijn kleine **terracottafiguren** te zien. De interessantste staan links naast de uitgang. Het zijn minifiguurtjes van barende vrouwen, vroedvrouwen en helpsters, waarschijnlijk **offerandes** voor de beschermgodin van de geboorte.

Athalássa National Park

18 ▶ H 5

Routebeschrijving bij de Tourist Information, zie blz. 203; ma.-vr. 8-14.30, do. 7.30-14, 15-18 uur, € 1

Wie genoeg heeft van de benenwagen kan per huurauto naar een **recreatiegebied** van 863 ha rijden aan de oostelijke stadsrand bij de Green Line (borden vanaf de hoofdverkeersweg naar Lárnaka). In dit National Forest Park staan eucalyptussen en struikgewas. Sinds 1991 is er ook een Park of the Nations, waar de regeringshoofden van bevriende landen bij staatsbezoeken een boom uit hun land planten.

Overnachten

Voor een hoofdstad zijn er vrij weinig hotels en ze zijn ook nogal duur.

Nieuw in het centrum – **Royiatiko 1**: Apollonos 27, tel. 22 44 54 45, www.royiatikohotel.com.cy, 2 pk circa € 120. Elegant, rustig gelegen middenklassehotel met 32 kamers, fitnessruimte en zwembad bij Lidras Street.

Bij de ringmuur – **Classic 2**: Rigenis 94, tel. 22 66 40 06, www.classic.com.cy, 2 pk € 100-120. Modern hotel met 57 kamers in de labyrintische Oude Stad bij de Venetiaanse ringmuur. Op de begane grond een stijlvol luxerestaurant met steaks als specialiteit.

In de rustige voorstad – **Averof 3**: Averof 19, tel. 22 77 34 47, www.averof.com.cy, 2 pk circa € 65. Origineel, met hout ingericht hotel met 25 kamers en rustige ligging in een groene buitenwijk. Hier worden ook diplomaten van lagere rang ondergebracht die bij de ambassades in de buurt moeten zijn. Twintig minuten te voet naar het centrum. Al met al de beste prijs-kwaliteitverhouding in Nicosia.

Eenvoudig hotel in de Oude Stad – **Sky 4**: Solonos 77, tel. 22 66 68 80, www.skyhotel.ws, 2 pk circa € 60; 23 eenvoudig maar met smaak ingerichte kamers in Laikí Geitoniá. Libanees restaurant op de begane grond.

Eten en drinken

Gourmettempel – **No Reservations 1**: Stasinou 16, tel. 22 37 65 84, ma.-za., alleen 's avonds. Cross-over, op de Italiaanse keuken geïnspireerd, voordelig voor de geboden kwaliteit. Cypriotische gourmet-*mezédes* voor circa € 30, maar ook terrine van paté met pistachenoten en kersen. Reserveren aanbevolen.

Alleen mezé – **Zanettos 2**: Trikoupi 65, tel. 22 76 55 01, www.zanettos.com, di.-zo. vanaf 18 uur. Deze aloude taverna uit 1938 biedt slechts één *mezé* (circa € 17) en het is er altijd druk. Beslist reserveren!

Naar de Griek bij Checkpoint Ledra Street – **Kath' odon 3**: dag. van 's morgens tot 's avonds geopend, tel. 22 66 16 56. Typisch Grieks *mezedopoleío*, dit zou ook in Saloniki of Athene kunnen zijn. Goed idee om de *mezédes* oplopend naar prijs in een voordelig, gemiddeld en een compleet menu op de kaart te zetten, € 8-16. Hier ook bier van de tap, goede sfeer.

Eetstalletje met terras – **Froso 4**: Trikoupi 53b (ingang van de Omeriyemoskee), tel. 22 75 29 18, dag. 6-18 uur. Voordelig, wisselend dagmenu, ook vegetarisch – ideaal voor de lunch. Bij

In het straatcafé bij de Faneroménikerk kunt u bijkomen van de sightseeing

warme gerechten krijgt u gratis garnituur, zoals rode uien, groene en zwarte olijven en tafelzuur van selderij en paprika. Hier komen veel moslims. Vegetarische schotel circa € 6, vleesgerecht circa € 8.

Klassiek *estiatoríon* – **Matthaios** 5 : tussen Faneroménikerk en Arablarmoskee, tel. 22 75 58 46, ma.-za. 8-16 uur. Eenvoudige en voordelige, dagelijks wisselende gerechten. Uitstekend gaarkeukenrestaurant, hoofdgerecht € 6-10.

Prima grillbar – **Christakis** 6 : Kostakis Pantelidis 28, dag. vanaf 11 uur tot 's avonds. Zeer voordelige grillbar met witte plastic tafels, niet geschikt voor een sfeervol diner. Alleen *souvláki, sieftaliá* en gegrilde *challoúmi,* ook *pittage*rechten. Lunchrestaurant voor arbeiders. Hoofdgerecht circa € 6.

Bij de Green Line – **Berlin Wall No 2 Kebab House** 7 : Fanerómenis 39, tel. 22 67 49 35, vanaf circa € 5; zie Op ontdekkingsreis blz. 210.

Winkelen

Fruit en groente – **Boerenmarkt** 1 : wo. op de Ochi Square op de top van het Constanzabastion, za. op de Old Municipal Square naast de markthal in de Oude Stad.
Appels, noten en amandelen – **Markthal** 2 : sfeervoller en gevarieerder dan de kleine overdekte markt in de Oude Stad is de grotere en drukkere markt in de nieuwe stad (hoek Digeni Akrita/Theodotou). Goed adres om lekkernijen zoals noten, *soutzioúko, zivanía, glikó* en souvenirs zoals manden te kopen.
Cypriotische kunst – **Chrysaliniótissa Craft Center** 1 : ateliers van verschillende kunstenaars en een gezellig *kafeníon*.
Boeken – **MAM** 3 : Palaiologou 19, bij de stadsmuur. De bestgesorteerde boekhandel van heel Cyprus voor Engels- en Duitstalige literatuur over het eiland.
Wijn – **Kava Dionysiou** 4 : Korais 33, bij het Vrijheidsmonument. Uitgelezen Cypriotische wijnen die desgewenst ook als cadeau worden ingepakt.

Actief

Lezingen over archeologie – **University of Cyprus** 1 organiseert van oktober tot december en van februari tot mei laagdrempelige lezingen over archeologie en geschiedenis. Informatie bij het CTO-kantoor of bij de Archaeological Research Unit, Gladstonos 12, tel. 22 67 46 58, fax 22 67 41 01. De bibliotheek van dit instituut is voor iedereen toegankelijk (ma.-vr. 7.30-14.30, do. tot 17.30 uur).

Naar het noorden – **Love Bus:** mobiel 97 76 17 61 (voorjaar tot herfst). Uitstapjes naar het Turks-Cypriotische noorden. Ook 's avonds, en dan liefst naar een casino, want die zijn in het zuiden verboden.
Stadswandelingen – De **stad Nicosia** biedt ma., do. en vr. gratis drie verschillende stadswandelingen van circa 2,5 km aan. Een echte aanrader is de rondwandeling door de oude buitenwijk Kaimakli in het noordoosten van de Oude Stad, vanwege de huizen met prachtige gevels. Start 10 uur bij het **CTO-kantoor** 2 , zie Info blz.203.

Uitgaan

Liefhebbers van niet-toeristische cafés in de Oude Stad zullen gelijkgezinden van middelbare leeftijd aantreffen tussen de **Famagustapoort** 2 en de Green Line.
Dansgelegenheden – Enorme danszalen waar bouzoukimuziek wordt gespeeld en die in het weekend afgeladen vol zijn, liggen aan de rand van de stad en zijn het gemakkelijkst per taxi te bereiken. Deze danszalen hebben uiteenlopende openingstijden, daarom is het verstandig om in het hotel of bij het toeristenbureau navraag te doen. Geheel authentiek en vrij voordelig is de **muziektaverna Konte Dimokritos** 1 : Leof. Makedonitissas 8, in de buitenwijk Stróvolos. Eten met muziek circa € 15.
Clubs – Als gevolg van de economische crisis verandert de club- en discoscene voortdurend. Actuele adressen kunt u opzoeken op bijvoorbeeld de website www.activecyprus.com.
Theater – **Municipal Theatre** 2 : schuin tegenover het Cyprusmuseum. Op het programma van de stadsschouwburg staan naast toneelvoorstellingen ook concerten en liederenrecitals.

IN EEN OOGOPSLAG

Noord-Nicosia en het westen van Noord-Cyprus

Hoogtepunten ✹

Nicosia: het zuidelijke (zie Zuid-Nicosia blz. 182) en noordelijke deel van de Oude Stad van Nicosia vormen samen een fascinerend ensemble. Zie blz. 226.

St.-Hilarion: een sprookjesachtige kruisvaardersvesting hoog in de bergen. Zie blz. 233.

Kyrenia/Girne: de mooiste stad van Cyprus imponeert door zijn Venetiaanse haven en machtige burcht. Zie blz. 234.

Bellapaís: deze zeer goed bewaard gebleven gotische kloosterruïne maakt een bijna onwerkelijke indruk. Het complex staat bij een mooi dorp, dat op de noordhelling van het Pentadáktylos-gebergte genesteld ligt. Zie blz. 241.

Op ontdekkingsreis

In de vesting van Kyrenia: middeleeuwse folterkamers, koninklijke vertrekken, duizelingwekkende geschutstellingen en een heel interessant scheepswrakmuseum – hier komt de geschiedenis tot leven. Zie blz. 236.

Wandeling naar het Armeense klooster Sourp Magar: dit klooster ligt, omringd door dennenbossen, in een dal op de noordhelling van het Pentadáktylos-gebergte. Zie blz. 248.

Bezienswaardigheden

Noord-Nicosia: dé bezienswaardigheid van Zuid-Nicosia, de Oude Stad, ligt ook ten noorden van de Green Line. Zie blz. 226.

Buffavento: op de 'gotische bergketen' troont behalve St.-Hilarion nog een burcht. Zie blz. 250.

Romeinse ruïnes van Sóli/Sóloi en Perzisch paleis van Vouní: een interessant uitstapje naar het westen van Noord-Cyprus. Zie blz. 253.

Wandelen

Wandeling in het Pentadáktylosgebergte: in het Alevkaya Forest liggen verschillende gemarkeerde wandelroutes. Zie blz. 244.

Sfeervol genieten

Uitzicht: het gotische Venster van de Koningin in de bovenburcht van St.-Hilarion biedt een fantastisch uitzicht. Zie blz. 234.

Boom der Luiheid: een voor literatuurliefhebbers interessante plek om een rustpauze in te lassen ligt bij de premonstratenzer abdij in Bellapaís. Zie blz. 244.

Uitgaan

Zonder haast: voor de bewoners van Kyrenia betekent uitgaan flaneren langs de haven met daarna een bezoek aan een bar of restaurant om uitgebreid van gedachten te wisselen. Zie blz. 240.

Noord-Nicosia ✴

De Oude Stad van Nicosia (Lefkoşa), gebouwd door kruisvaarders en Turken, zet zich voort in het noorden van de stad. Gotische kathedralen rijzen er op naar de mediterrane hemel. Wie de stad vanaf de heuvels in de omgeving nadert of in Zuid-Nicosia plaatsneemt op het dakterras van de Holiday Inn of van warenhuis Debenhams aan Lidras Street, ziet op de helling van het Pentadáktylosgebergte een enorme, uit stenen opgebouwde Turks-Cypriotische vlag ter grootte van een voetbalveld. Als propaganda staat er met witgeschilderde stenen in het Turks geschreven: 'Gelukkig is, wie zich Turk kan noemen' – woorden uit de eed die Turkse scholieren elke schooldag bij het hijsen van de vlag moeten uitspreken. 's Nachts wordt dit symbool van de Turkse bezetting van Noord-Cyprus met schijnwerpers verlicht.

De Oude Stad van Noord-Nicosia ▶ G/H 5

Stadsplattegrond: zie blz. 206
Drie overgangen voeren van Zuid- naar Noord-Nicosia: Ledra Palace Hotel, Lidras Street en Ágios Dométios (voor grensformaliteiten bij de overgangen zie blz. 203).

Voetgangers kunnen het best de overgang Lidras Street in de Oude Stad nemen, en fietsers de voetgangersovergang bij het Ledra Palace Hotel aan de westzijde van de Venetiaanse ringmuur. Dit vroegere luxehotel staat midden op de Green Line en dient als onderkomen van VN-soldaten. Bij beide overgangen verspreidt een informatiebureau van het Noord-Cypriotische verkeersbureau brochures en propagandamateriaal over de kwestie-Cyprus.

Automobilisten moeten de overgang Ágios Dométios/Metehan gebruiken: verlaat Nicosia vanaf de Platía Eleftheria over de Evagórou, die na het stadion uitkomt op de Dimostheni Severi. Neem na de regeringsgebouwen de uitvalsweg Georgiou Griva Digeni naar rechts. Dan steeds rechtdoor tot een rotonde in het stadsdeel Ágios Dométios. De derde afslag voert naar de grensovergang, aangegeven met 'Kyrenia'.

Van Lidras Street naar de Sofiakathedraal

Het is maar een paar minuten van Checkpoint Lidras Street naar de **Atatürk Square** 19, het centrum van de Oude Stad. Blikvangers zijn hier hotel **Saray** 5, het enige betere hotel in de Oude Stad, een afbeelding van Kemal Atatürk op het dak van een huis, en de Venetiaanse triomfzuil midden op de rotonde. De Osmaanse overwinnaars verwijderden na 1571 de Romeinse granietzuil uit Sálamis die met de Venetiaanse leeuw was bekroond. Pas in 1917 werd de zuil door de Britten teruggezet, maar nu met een koperen wereldbol,

Blauwe lijn

In de straten van de Oude Stad van Noord- en Zuid-Nicosia is een blauwe lijn op het plaveisel aangebracht. Die wijst voetgangers de weg naar alle belangrijke bezienswaardigheden van de Oude Stad. Wie de lijn volgt heeft echter veel meer dan een dag nodig om alles te zien. Ook zijn er wegwijzers en informatieborden neergezet. Alles bij elkaar een teken van eenheid in het kader van het Nicosia Master Plan.

De Oude Stad van Noord-Nicosia

als symbool van het Britse Rijk. Aan de voet van de zuil staat onder de wapens van Venetiaanse adellijke families in het Latijn: 'Een burger moet niet streven naar schoonheid en rijkdom, maar naar trouw en onkreukbaarheid'.

Arabahmetwijk

Een korte omweg naar het westelijk deel van de Oude Stad voert naar het huis van de eerste uitgever van een Turks-Cypriotische krant, de **Derviş Paşa Konak** [20], waarin een klein volkskundig museum is gevestigd (Efendi Sok., ma.-za. 8-15.30 uur, ca. € 3). Op de begane grond ziet u de voorraadkamers en de keuken. Met poppen is de het dagelijks leven aan het eind van de 19e eeuw nagebootst. Op de bovenverdieping ligt de *onda,* de representatieve ontvangstruimte met een rondlopende zitbank. De sfeervolle binnenplaats nodigt uit om er even te pauzeren.

Vlakbij staat de (gesloten) **Arab Achmedmoskee** [21] met een slanke minaret. Ze kreeg in 1845 haar huidige vorm.

INFO

Informatie

Kyrenia Gate Tourist Information Office: in de Kyreniapoort [33], ma.-za. 9-17 uur, tel. 0090 39 22 27 29 94 (uit het buitenland en uit Zuid-Cyprus), 227 29 94 (in Noord-Cyprus). Brochures zijn ook verkrijgbaar bij de checkpoints Ledra Palace en Lidras Street. Informatie over **Zuid-Nicosia**: zie blz. 203.

Heenreis

Van de luchthaven **Ercan**, die door Turkse en Turks-Cypriotische maatschappijen vanaf Istanbul wordt aangedaan, rijdt u met bus, taxi of huurauto naar Nicosia. De **luchthavenbus** van Kibhas (www.kibhas.org, tel. 0090 53 38 70 46/kantoor in Kyrenia) rijdt naar Nicosia, Kyrenia (€ 4), Lefke en Famagusta. **Huurauto:** Sun Rent a Car, Abdi Ipekçi Cad. 10, Nicosia, tel. 0090 39 22 27 23 03, www.sunrentacar.com, heeft een balie op de luchthaven.

Vervoer

Informeer in het toeristenbureau ter plaatse naar de recentste stand van zaken en de vertrekpunten van de **verzameltaxi's en lijnbussen**. Famagusta (Gazimağusa, Ammóchostos), Kyrenia (Girne) en Mórfou (Güzelyurt) zijn goed bereikbaar per lijnbus of verzameltaxi.
Bus: het centrale busstation ligt circa 2 km ten noorden van de ringmuur aan de weg naar Famagusta. De bussen rijden zeer frequent, maar zonder vaste dienstregeling. Er vertrekken ook bussen naar Kyrenia vanaf een instappunt even ten oosten van de Kyreniapoort, bij het park aan de ringmuur. Ten westen van de Kyreniapoort staan bussen naar Mórfou. **Busmaatschappij Itimat,** Famagusta: station circa 100 m ten noordoosten van het Barbarobastion, tel. 227 16 17. Zowel bussen als verzameltaxi's.
Verzameltaxi: naar Kyrenia ongeveer om het halfuur vanaf taxikantoor Kombos achter de Mevlevi Tekke. De rit duurt niet langer dan een halfuur. Verzameltaxi's naar Mórfou vertrekken net als de bussen direct ten westen van de Kyreniapoort in de Oude Stad.
Gratis parkeren: wie met een huurauto komt, kan het best buiten de stadsmuur in de zijstraten bij het Loredanobastion parkeren, of anders in het oosten van de Oude Stad.

De Sofiakathedraal met zijn toegevoegde minaretten: symbool van de Turkse overheersing

Kumarcılar Han en Büyük Han

Wandelend door de smalle winkelstraat Asmaaltı Sokak passeert u de **Kumarcılar Han** 22, de Kleine Han, die in 2009 instortte; bij het ter perse gaan van deze gids was de herbouw nog niet voltooid.

Daarentegen is de **Büyük Han** 23 (Grote Han, Arasta Sok., ma. 8-21, di.-vr. 8-24, za. 8-16 uur, zo. gesloten, toegang gratis), een paar meter verderop, gerestaureerd en geopend. Beide bouwwerken dienden als karavanserai, dus als herberg voor handelaars en hun rij- en lastdieren, en stammen uit de eerste decennia van de Osmaanse overheersing. De dieren en de handelswaar kregen een plek op de begane grond, terwijl kleine vertrekken op de bovenverdieping, waarvan sommige met open haard, door de handelaars werden gebruikt om te overnachten. Midden op de binnenplaats van de Grote Han verrijst een achthoekige koepelmoskee op pilaren. Rond de binnenplaats liggen souvenirwinkels en restaurants.

Büyük Hamam 24

Irfan Bey Sok. 9/hoek Iplikci Pazari Sok., overdag, tegenwoordig opnieuw als badhuis in gebruik, TL 40
Dit grote Osmaanse badhuis bezit als ingang nog altijd het portaal van zijn voorganger, de gotische kerk van St.-Joris van de Latijnen. Door de ophoging van het straatniveau lijkt het of het badhuis in de bodem verzonken is.

De Oude Stad van Noord-Nicosia

vel – afgezien van enkele sculpturen boven de hoofdingang – kapotgeslagen en zijn de wandschilderingen witgekalkt.

De pilaren in de kerk leverden echter een probleem op: de mihrab, de gebedsnis, die afwijkend van de oost-westoriëntatie van de kathedraal naar het zuidoosten, op Mekka gericht was, bleek niet voor iedereen zichtbaar. Daarom bouwde men nog twee gebedsnissen in de zuidwand: een in de apsis en een in een kapel die aan Thomas van Aquino was gewijd.

Van de kathedraal naar de Kyreniapoort

Bedesten en markthal [26]

Selimiye Sok., Bedesten ma.-za. 9-15.30 uur, markthal overdag

Direct ten zuiden van de Sofiakathedraal verrijst een architectonisch ongewoon gebouw, de **Bedesten**. In de 12e eeuw stond hier een Byzantijnse kerk, op de ruïnes waarvan in de 14e eeuw de aan St.-Nicolaas gewijde kerk van de Orde van St.-Thomas van Akko werd gebouwd. Onder de Osmanen werd de kerk als markthal in gebruik genomen. Enkele wapens van Venetiaanse families, een heiligenbeeld op de latei van de linkerdeur en een reliëf van de dood van Maria op de middelste latei zijn ontsnapt aan de Osmaanse beeldenstormers.

Tussen Bedesten en de Green Line nodigt de nieuwe **markthal** uit om er een ontspannen rondwandeling te maken. Tot het aanbod behoren onder meer vlees, groente, fruit, noten en huisraad, maar ook souvenirs.

Osmaanse bibliotheek [27]

Selimiye Meydanı, di., do. 9-12 uur, circa € 1

Achter het koor van de Sofiakathedraal ligt de Sultan Mahmutbibliotheek, een

Sofiakathedraal [25]

Selimiye Sok., overdag, behalve rond gebedstijden, toegang gratis, schoenen voor het betreden uittrekken

De Sofiakathedraal, tegenwoordig de **Selimiyemoskee**, was ooit de kroningskerk van de Lusignans. De Franse dynastie liet de gotische kerk in de eerste helft van de 13e eeuw bouwen, tegelijk met de hooggotische kathedralen van Reims, Amiens en Chartres. Na de overwinning op de Venetianen in 1571 namen de Turken de Sofiakathedraal in gebruik als hoofdmoskee, die ze naar de veroveraar, sultan Selim II, noemden. Bij de verbouwing tot moskee werden de torens vervangen door twee minaretten. Bovendien werden de beelden in het interieur en tegen de ge-

> ## Tip
>
> ### Salep
>
> Wie in de koudere maanden op Cyprus verblijft, moet uitkijken naar het warme, witte drankje *salep,* dat dan in veel cafés te krijgen is. Het bestaat uit melk waaraan fijngemalen gedroogde wortelknollen van orchideeën, mastiek, kaneel en suiker zijn toegevoegd. Het drankje helpt ook tegen hoesten en bij darmproblemen.

koepelgebouw uit 1829, dat de toenmalige gouverneur van Cyprus liet bouwen ter ere van sultan Mahmut II. Een expositie toont waardevolle handschriften en gedrukte werken, deels in Arabische kalligrafie.

Lapidary Museum 28

Hoek Kirlizade/Zühtüzade Sok., ma.-za. 8-15.30 uur, circa € 3

In dit 'Stenenmuseum' in een Venetiaanse pelgrimsherberg uit de 15e eeuw worden familiewapens, bouwfragmenten, kanonskogels en grafstenen uit de Frankische tijd tentoongesteld. Opvallend zijn een Venetiaanse Marcusleeuw en een prachtig gotisch venster in de laatgotische flamboyante stijl van de 14e eeuw. Flamboyant wil zeggen dat de vensterbogen vlamvormige spitsen hebben. Het venster werd hier in 1905 geplaatst door de Britten. Het was misschien een onderdeel van het verloren gegane paleis van de Lusignans.

Catharinakerk 29

Kirlizade Sok., onregelmatig geopend

De **Haydar Paşamoskee** (de voormalige Catharinakerk), even naar het noorden, is eveneens in flamboyante stijl gebouwd. De moskee is overdag steeds geopend, tenzij er een tentoonstelling plaatsvindt.

Lusignan House 30

Kirlizade Sok., ma.-za. 8-15.30 uur, circa € 3

Een paar passen verder naar het noorden staat het in 1997 opengestelde Lusignan House. Deze residentie uit de 15e eeuw bezit een mooie binnenplaats met een waterbekken. Een klein volkskundig museum op de eerste verdieping toont vooral meubilair uit de Frankische en Osmaanse tijd.

Mevlevi Tekke (Volkskundig Museum) 31

Girne Cad., ma.-za 8-15.30 uur, circa € 3

Door de smalle, kronkelige straatjes van de Oude Stad komt u ten slotte bij de **Mevlevi Tekke**, het klooster van de Dansende Derwisjen. De orde, die in het Turkse Konya zijn hoofdzetel heeft, werd in de 13e eeuw gesticht door de mysticus en dichter Mevlana. De leden van de orde, de soefi's, waren arm (het Perzische woord *derwisj* betekent arm; het Arabische woord is *faqir*). Ze verzaakten de wereld en probeerden door te dansen een toestand van religieuze extase te bereiken. De orde werd in 1925 bij de hervormingen van Kemal Atatürk in Turkije verboden. Op Cyprus, onder Brits gezag, bleef de orde echter voortbestaan tot de laatste sjeik van de derwisjen in 1954 was gestorven.

In de *tekke,* het klooster, ziet u levensgrote poppen van dansende en musicerende derwisjen, documenten die hun dagelijks leven belichten en, in een lange gang, sarcofagen van soefisjeiks, elk voorzien van een kleine zuil met een stenen imitatie van een derwisjtulband.

Uitvoeringen van de draaiende dansen van de Mevlanaorde vinden afhankelijk van de belangstelling meermalen per dag plaats, circa 100 m ten noorden van de Sofiakathedraal.

Museum of National Struggle 32

Zie Op ontdekkingsreis blz. 210

Kyreniapoort 33
De Kyreniapoort (Girnepoort) vlak bij de *tekke* staat tegenwoordig los tussen twee muurdoorbraken voor het autoverkeer. Het met een koepel bekroonde torentje op het dak is een toevoeging uit de Osmaanse tijd. In de doorgang zetelt het toeristenbureau van Noord-Nicosia.

Overnachten

Stadsplattegrond: zie blz. 206
Momenteel voldoen maar weinig hotels in Noord-Nicosia aan de gebruikelijke West-Europese standaarden.
In de Oude Stad – **Saray** 5: in het centrum, bij de Venetiaanse zuil, tel. 228 31 15, www.saray-hotel.com, 2 pk het hele jaar circa € 90. Traditierijk Turks-Cypriotisch hotel, 63 kamers, met een mooi dakrestaurant en een prachtig uitzicht over de daken van Nicosia.
Bij het busstation – **City Royal** 6: Kemal Asik Cad. 19, tel. 228 76 21, www.city-royal.com, 2 pk het hele jaar circa € 60. In 2004 geopend, alweer wat sleets geworden, maar comfortabel hotel met veertig kamers aan de weg van de Oude Stad naar het busstation. Aan de achterkant liggen rustige kamers. Duits management, casino.
Relatief nieuw – **Golden Tulip Nicosia** 7: Dereboyu Str., tel. 392 610 50 50, www.goldentulipnicosia.com, het voordeligst via internet. Groot businesshotel van een internationale keten, in een buitenwijk.

Eten en drinken

Stadsplattegrond: zie blz. 206
Tussen Checkpoint Lidras Street en de Sofiakathedraal en tussen de Atatürk Square en de Kyreniapoort ligt een groot aantal eenvoudige eethuisjes en snackbars. Ideaal voor een snelle maaltijd tussendoor.
Turks-Cypriotisch – **Anibal** 8: tussen het Barbaro- en Loredanobastion aan de ringmuur, tel. 227 48 35. Goed restaurant voor wie wat meer tijd heeft. Alle gebruikelijk kebapspecialiteiten en *mezeler*. Hoofdgerecht circa € 10.
Spaans en Italiaans – **El Sabor Latino** 9: tegenover de noordkant van de Sofiakathedraal. Een van de weinige buitenlandse restaurants in Nicosia. Westmediterrane gerechten, zoals *bistecca con pomodori secchi* € 10, pastagerechten circa €7, ook Spaanse tapas.
Bij de kathedraal – **Müze Dostlari Restaurant** 10: tel. 228 93 45. De gasten zitten hier romantisch in de openlucht, bijna naast de kathedraal. Goede, snelle keuken met wisselende dagschotels en hartig Turks gebak, zoals *börek*.

Winkelen

Stadsplattegrond: zie blz. 206
De belangrijkste winkelstraat is de **Arasta** tussen Checkpoint Lidras Street en de Sofiakathedraal.
Mooie Cypriotische souvenirs – **Folk Arts Institute** 5: Idadi Cad. (noordzijde van de Sofiakathedraal), tel. 228 90 20. Verkooptentoonstelling, geweven stoffen en gevlochten manden.

Uitgaan

In de buitenwijken, vooral aan de snelweg naar Mórfou, liggen enkele enorme nightclubs. Dat zijn echter verkapte bordelen. Serieuzer is muziekrestaurant **Seli** 3 in de Oude Stad (tel. 228 14 39 90). In elk geval in het weekend is daar livemuziek te horen. In het algemeen geldt: betere uitgaansmogelijkheden zijn te vinden in het Griekse zuiden van de stad, zie blz. 223.

Het westen van Noord-Cyprus

Noord-Cyprus wordt over zijn gehele lengte door het Pentadáktylosgebergte doorsneden. Met zijn spitse pieken, glooiende toppen, steile rotswanden en dennenbossen verdeelt het gebergte Noord-Cyprus in een smalle noordelijke en een brede zuidelijke zone. In het noorden lopen de beboste hellingen steil af naar de vruchtbare kustvlakte, in het zuiden gaan de kale heuvels en dalen ongemerkt over in de droge vlakte van de Mesaória. Over de grote delen van de kam van de Pentadáktylos voert een smalle, hier en daar verharde weg: een van de mooiste routes van het hele eiland, die steeds weer een fantastisch uitzicht biedt.

Kyrenia wordt als de mooiste stad van heel Cyprus beschouwd. Dat klopt in elk geval voor de Oude Stad met zijn kronkelige straatjes, Venetiaanse haven en machtige burcht. Voor de kustvlakte ten oosten en westen van Kyrenia moet echter een voorbehoud gemaakt worden. Daar ligt het toeristische centrum van Noord-Cyprus. Meer dan 80% van alle vakantiegangers neemt er zijn intrek. Langs de kust zijn grote hotels en talrijke appartementencomplexen verrezen. Het landschap komt daardoor nogal ongeordend over. Hoe verder u in oostelijke of westelijke richting van Kyrenia vandaan bent, hoe minder bebouwing er is.

INFO

Informatie

In het westen van Noord-Cyprus liggen de volgende **toeristenbureaus** (voorkiesnummer uit het buitenland en Zuid-Cyprus: 0090 392):
... in Nicosia: zie blz. 227.
... in Kyrenia: Kyrenia Marina Tourist Information Office, in het oude douanegebouw aan de westelijke havenrand, tel. 815 21 45, fax 815 60 79, ma.-za. 9-17 uur.
Ercan Airport Tourist Information Office: tel. 231 40 03, fax 231 41 46.

Uitstapjes naar Noord-Cyprus

Bij Checkpoint Ledra Palace, op de Atatürk Square en bij de Kyreniapoort in Nicosia staan **taxi's** met in dagexcursies gespecialiseerde chauffeurs. Een rondrit naar Famagusta, Sálamis, Bellapaís en Kyrenia kost circa € 90 per taxi. Met de **lijnbus** of **verzameltaxi** moet u zich beperken tot Kyrenia of Famagusta. St.-Hilarion en Bellapaís respectievelijk Enkomi en Sálamis kunt u in dat geval met een taxi vanuit Kyrenia of Famagusta bezoeken.

Met een huurauto

Om tijd te sparen kunt u in Zuid-Cyprus een auto huren. U bent dan echter verplicht om aan de grens een WA-verzekering af te sluiten. U kunt kiezen tussen een polis van € 20 voor drie dagen of van € 35 voor een maand. Een verzekering van een dag is niet verkrijgbaar. Wie in Noord-Cyprus een auto wil huren, kan zich het best vóór vertrek wenden tot Sun Rent a Car, Abdi Ipekçi Av. 10, Nicosia, tel. 00 90 39 22 27 23 03 (men spreekt Engels), www.sunrentacar.com. Op afspraak wordt u bij Checkpoint Ledra Palace afgehaald. Het bedrijf biedt ook een taxitransferservice vanaf de luchthaven van Lárnaka naar het kantoor in Nicosia

Het westelijk deel van de Mesaória-vlakte is daarentegen een van de minst bezochte streken van Noord-Cyprus. Het landschap is er vlak en de stranden zijn matig. Toeristen komen hier meestal alleen om de ruïnes van Sóli/Sóloi, het paleis van Vouní of het aantrekkelijke Turks-Cypriotische stadje Lefke te bezoeken.

Noord-Cyprus is rijk bedeeld met bezienswaardigheden, en dat geldt in het bijzonder voor het westelijk deel. Gotische gebouwen zijn echter ook in het gebergte te vinden. Met de vesting St.-Hilarion en het klooster Bellapaís voor ogen beschreef de bekende Britse auteur Lawrence Durrell in zijn autobiografische roman *Bitter Lemons* het Pentadáktylosgebergte treffend als 'gotische bergketen'.

St.-Hilarion ✹ ▶ G 4

Dag. mei-sept. 8-18.30, okt.-apr. 8-15.30 uur, circa € 3

Deze oude kruisvaardersvesting ligt tussen door de wind gehavende cipressen op een steile top van het Pentadáktylosgebergte. Hiervandaan gezien toont Cyprus zijn lieflijkste kant. Uitgestrekte plantages met altijdgroene citrus-, olijf- en johannesbroodbomen strekken zich vanaf de kustvlakte tot halverwege de helling uit. Veel plaatsnamen weerspiegelen dat het land en zijn bewoners in het bezit van Frankische feodale grootgrondbezitters zijn geweest. Kármi (Turks: Karaman) is afgeleid van karmelieten, Templos (Turks: Zeytinlik) van de tempeliers, en Agridi (Turks: Agirdağ) van het Franse adelsgeslacht La Gride. Bellapaís en omgeving waren in het bezit van de premonstratenzers, en het gebied boven Kyrenia heette Regiatiko (van het Latijnse woord *rex*, koning) – het behoorde toe aan de Lusignans.

De vesting St.-Hilarion is genoemd naar een verder niet bekende kluizenaar, voor wie in de 10e of 11e eeuw een op een vesting lijkend klooster werd gebouwd. St.-Hilarion behoorde met de burchten Buffavento en Kantára tot een keten van vestingen, die onderling en met de steden Kyrenia, Nicosia en Famagusta in visueel contact stonden en eventuele aanvallen snel konden melden met rook- en spiegelsignalen.

De huidige aanblik van St.-Hilarion, een sprookjesachtige, half vervallen vesting met gekanteelde muren en verdedigingswerken, gaat terug op de Frankische periode. De vesting diende als zomerresidentie van de Lusignans, die zich hier in de hete maanden vermaakten met de jacht en riddertoernooien. Voor de Venetianen was de romantische bucht slechts een nutteloos overblijfsel uit vervlogen feodale tijden, toen er nog zonder vuurwapens gestreden werd. De kanonnen die na de militaire revolutie van de 16e eeuw werden geïntroduceerd, maakten schuin geplaatste, zware muren noodzakelijk, van een heel andere soort dan die van St.-Hilarion. De Venetianen ontmantelden alle bergvestingen en concentreerden zich op de versterking van de steden Nicosia en Famagusta en de citadel van Kyrenia.

Bezoekers betreden eerst de **voorburcht** en komen dan na een klim van een paar minuten via een ophaalbrug en een poort in de **benedenburcht**. Daar staan de aanzienlijke resten van de Byzantijnse **burchtkerk** uit de 11e eeuw, met mooi gestreepte bakstenen muren. Het beste uitzicht op de kustvlakte hebt u vanuit de **belvédère**, een gewelfde loggia.

Tijdens de klim naar de **bovenburcht** loont een korte omweg naar de **Toren van Prins Jan** (aangeduid als 'Prince John's Tower'), die boven een rotswand kleeft. Daar wierp Jan van

Kyrenia/Girne

Bezienswaardigheden
1. Haven
2. Volkskundig Museum
3. Ağa Cafer Paşamoskee
4. Aartsengel Michaëlkerk
5. Vesting

Overnachten
1. The Savoy Ottoman Palace and Casino
2. Dome Hotel
3. Grand Center
4. Pia Bella
5. British Hotel
6. Club Z

Eten en drinken
1. Canli Balik
2. Archway
3. Ferman

Winkelen
1. Holiday Turkish Delights

Actief
1. Highline Tandem Paragliding
2. Çatalköy Riding Club

Uitgaan
1. Tango to Buddha

Antiochië, broer en potentiële opvolger van koning Peter I, zijn Bulgaarse lijfwachten man voor man in de diepte. Hij dacht dat ze hem naar het leven stonden. De in voortdurende grensgevechten gestaalde Bulgaren golden als bijzonder dapper en werden daarom vaak als huursoldaat in dienst genomen.

Als u eenmaal boven bent, kunt u vanaf het **Venster van de Koningin** met zijn sierlijke gotische maaswerk genieten van het schitterende uitzicht.

Kyrenia/Girne ✻ ▶ G 4

Vooral vanwege de schilderachtige **haven** 1 geldt Kyrenia (Grieks: Karýneia, Turks: Girne) als mooiste stad van Cyprus. In de pittoreske pakhuizen langs de kade, waarin tegenwoordig restaurants en cafés zijn gevestigd, werd ooit johannesbrood opgeslagen tot het met zeilboten naar Anatolië werd verscheept.

Het **Volkskundig Museum** 2 (Carob Stores and Cyprus House, ma.-za. 8-15.30 uur, circa € 3) is gevestigd in een Venetiaans woonhuis direct aan de haven. Het kleine museum toont getuigenissen van het dagelijks leven van de stads- en plattelandsbewoners.

Boven de wirwar van daken in de Oude Stad verrijzen de minaret van de **Ağa Cafer Paşamoskee** 3 (Ağa Cafer Paşa Sok., ma.-za. 8-15.30 uur, € 3) en de klokkentoren van de **Aartsengel Michaëlkerk** 4, als een bewijs dat de Grieken en Turken hier voor 1974 samenleefden. De kerk doet dienst als iconenmuseum.

De bezienswaardigheden zijn al snel bekeken, waarna u in een café aan de haven van de gezellige sfeer kunt gaan genieten.

Veel meer tijd moet u inruimen voor de machtige vesting 5 (zie Op ontdekkingsreis blz. 236). Kyrenia was in de oudheid een onafhankelijke stadstaat en sinds Constantijn de Grote zetel van een bisschop. Na de verdrijving van de Arabieren versterkten de Byzantijnen de stad en bouwden er een burcht. De Franken en Venetianen gaven later het werk aan de stadsmuur op en concentreerden zich op de uitbreiding van de burcht, die daardoor in een machtige vesting veranderde. De geschiedenis van de stad komt in wezen overeen met die van de vesting.

Overnachten

Meer dan 80% van alle Noord-Cypriotische hotels staat in Kyrenia of de omgeving. Desondanks maakt de stad geen overvolle indruk en hangt er een gezellige sfeer van bedrijvige drukte.

Absolute luxe – The Savoy Ottoman Palace and Casino [1]: Sehit Fehmi Ercan Sok. 5, tel. 444 30 00, www.savoyhotel.com.tr, 2 pk vanaf € 150. Een in 2008 geopend paleis midden in Kyrenia; 111 kamers, die met stijlmeubels en echt bladgoud zijn ingericht. Enkele 'Paşa-suites'. Beautyvoorzieningen, hamam, zwembad.

Voortreffelijke ligging aan zee – Dome Hotel [2]: nauwelijks te verbeteren ligging, circa 300 m ten westen van de oude haven, Kordon Boyu, tel. 815 24 53, www.domehotelcyprus.com, 2 pk € 80, halfpension € 10 extra. Dit grondig gerenoveerde koloniale hotel bezit een eigen schiereiland met een zwembad en zwemgelegenheid aan de rotskust.

In de winkelbuurt – Grand Center [3]: Ziya Rizki Cad. 94, tel. 816 01 82, www.grandcenterhotel.com, 2 pk circa € 80. Nieuw, comfortabel boetiekhotel met achttien kamers. In het centrum.

Groot en voordelig – Pia Bella [4]: Iskenderun Cad. 14, tel. 650 50 00, www.piabella.com, 2 pk circa € 55. Groot hotel in een buitenwijk. Goede beoordelingen.

Uitstekende ligging aan de oude haven – British Hotel [5]: tel. 815 22 40, www.britishhotelcyprus.com, 2 pk € 40-60. Klein, gerenoveerd hotel met achttien kamers, veelal met balkon of terras, aan de westzijde van de oude haven.

Rustig in de nieuwe stad – Club Z [6]: Mustafa Cagatay Cad., tel. 815 15 49, www.hotelclubz.com, 2 pk € 45. Vakantiedorp met tuin en zwembad.

Eten en drinken

De schilderachtige haven en de aangrenzende vesting vormen de mooiste achtergrond voor een maaltijd of een kop koffie. Voordeliger en authentieker eet u echter in de kleine **restaurants** in de steegjes achter de havenpromenade. Wie haast heeft, kan voor een snelle hap terecht in een van de **eethuisjes** met een Turkse keuken bij het busstation (bij de rotonde) en langs de winkelstraat Hürriyet Cad. Verder vindt u in Kyrenia veel restaurants met een Oost-Aziatische keuken: ▷ blz. 240

Op ontdekkingsreis

De geschiedenis komt tot leven – in de vesting van Kyrenia

Didactisch ingestelde Noord-Cypriotische museummedewerkers proberen in de vesting de vaak verwarrende geschiedenis van Cyprus inzichtelijk te maken. In enkele vertrekken wordt het verleden met levensgrote poppen en andere reconstructies tot leven gebracht. Het onbetwiste hoogtepunt is het Scheepswrakmuseum, waar de restanten van een antiek Grieks vrachtschip te zien zijn.

Praktisch: vesting van Kyrenia 5, Küpdemir Sok., dag. mrt.-nov. 8-19, dec.-febr. 8-15.30 uur, laatste toegang een uur voor sluitingstijd, € 5; zie ook blz. 234

De bezoeker van tegenwoordig betreedt de vesting zonder moeite via een **brug** (1) over de vestinggracht. De schuine Venetiaanse muur rijst hier tot zo'n 30 m omhoog. Vroeger was de toegangspoort alleen via een hangbrug te bereiken; de sporen van die brug zijn nog zichtbaar in de muur. U loopt vervolgens in de vesting door een brede gang omhoog in de richting van de binnenplaats. Rechts voert een donker pad bergafwaarts naar een **uitvalspoort** (2) bij de gracht. Dat het complex zo ongelofelijk goed bewaard is gebleven, is te danken aan de Venetianen, die de vesting na de val van Nicosia in 1570 zonder slag of stoot overgaven aan de Osmanen.

Er ontstaat een onneembare citadel

Na de verdrijving van de Arabieren gingen de Byzantijnen er vanaf 965 toe over de stad met een ringmuur en een citadel als een soort vesting in een vesting te versterken.

Onder de Venetianen werd de Byzantijnse stadsmuur echter opgegeven. Tijdens een wandeling door de Oude Stad kunt u er hier en daar nog restanten van zien. Vanaf 1544 besteedden de Venetiaanse machthebbers al hun krachten en middelen aan de versterking van de citadel. Hij is nooit ingenomen!

Na de val van Nicosia gaven de Venetianen de vesting op en trokken zich terug naar Famagusta.

Met of zonder Gods hulp

Na de uitvalspoort gaat u rechtdoor en dan naar links, in de richting van de Ágios Geórgioskerk (3). Deze midden-Byzantijnse kruiskoepelkerk stond ooit buiten de muren. Pas onder de Venetianen werd de situatie anders: hun enorme versterkingen aan de stadzijde omsloten de kerk, waardoor hij er van bovenaf gezien uitziet alsof hij in een holte verdwijnt.

Zo krijgt u het best een eerste overzicht

In een eerste kleine **tentoonstellingsruimte**, rechts naast de poort die naar de binnencitadel voert, zijn prenten en plattegronden van de vesting te zien. Boven de poort is een **wapenschild van de Lusignans** aangebracht. Links van de poort ziet u de oude **Byzantijnse vestingmuur** en rechts de nieuwere **Venetiaanse uitbreiding**.

Hier staat ook de **graftombe van Sadik Pasa** (4), een Turkse admiraal die in 1570 bij de verovering van Cyprus om het leven was gekomen. Wanneer u de binnenplaats hebt bereikt, klimt u links omhoog naar de weergang. Eenmaal boven kunt u de resten van de oudere **Byzantijnse weertoren** (5) goed onderscheiden. Een blik op de plattegrond helpt om de kleinere, oudere vesting binnen de enorme Venetiaanse uitbreidingen te herkennen.

Aan te raden is om nu eerst een wandeling over de weergang te maken – hierboven kunt u van een schitterend uitzicht over de stad en de haven, de bergen en de zee genieten.

Na een rustpauze in het aangename **burchtcafé**, dat onder schaduwrijke bomen op de binnenplaats is gelegen, kunt u vervolgens met hernieuwde krachten een bezoek brengen aan het **Scheepswrakmuseum (6)**.

Archeologische sensatie – een antiek scheepswrak

Toen Amerikaanse onderwaterarcheologen van het gerenommeerde University Museum of Pensylvania in 1968/1969 voor de kust van Kyrenia een **antiek vrachtschip** hadden geborgen, leidde de vondst tot een kleine archeologische sensatie. Het was het tot dan toe oudste ooit gevonden Griekse handelsschip. Met een lengte van 14,3 m en een breedte van 4,4 m was de boot ongeveer net zo groot als een modern zeiljacht. Onderzoekingen met de C-14-methode – waarbij de vervaltijd van radioactief koolstof in organische stoffen wordt gemeten – leverden als resultaat op dat het schip in 389 v.Chr. (plus of min 44 jaar) was gebouwd en ongeveer tachtig jaar lang de zeeën bevoer.

Door een onbekende oorzaak zonk het schip tussen 300 en 280 v.Chr. op een afstand van 1,5 zeemijl van de haven van Kyrenia. De uit de originele planken opnieuw opgebouwde scheepsromp wordt in een speciaal daarvoor gebouwde, van een eigen klimaatregeling voorziene hal tentoongesteld.

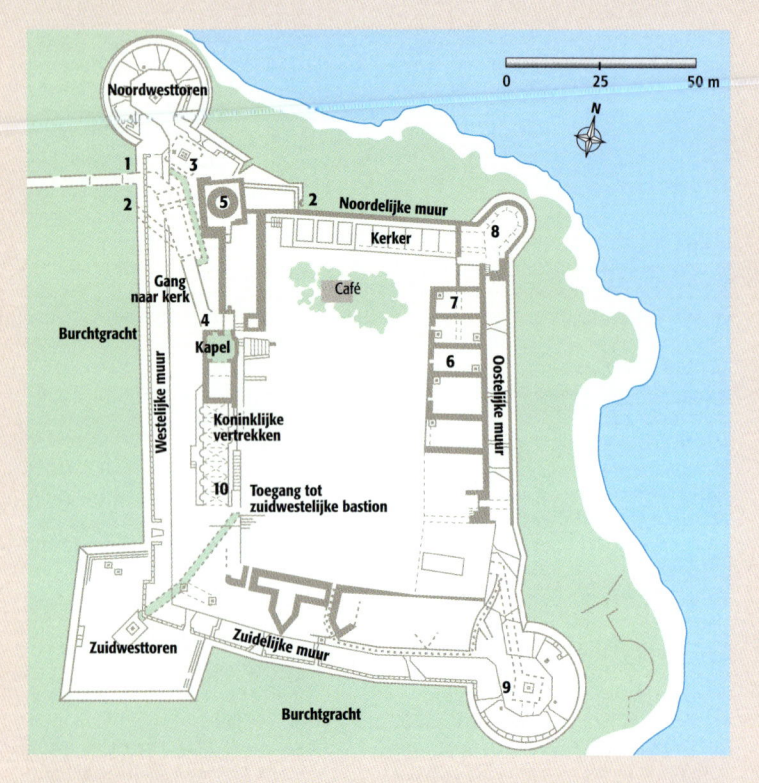

Lading en uitrusting

Het zeilschip was beladen met ongeveer vierhonderd amfora's, waarin wijn, olijfolie en negenduizend amandelen werden vervoerd. Het vaatwerk omvatte talrijke wijnamfora's uit Rhodos, waaruit kan worden opgemaakt dat de boot van het Griekse eiland Rhodos onderweg was naar Cyprus. De reconstructie van een deel van de romp laat heel precies zien hoe de amfora's werden gestapeld, namelijk op zo'n manier dat ze bij zware zeegang niet konden wegglijden en breken. Tot de lading behoorden daarnaast 29 maalstenen voor graan, die als ballast helemaal onder in het laadruim waren gestapeld. Van de tuigage waren nog loden ringen, korvijnagels en houten scheepsblokken voor de touwen bewaard gebleven. De totale uitrusting onderscheidde zich eigenlijk maar weinig van de tuigage van moderne zeilschepen.

Het eetgerei aan boord was blijkbaar precies afgepast: het bestond uit vier houten lepels, vier oliekannetjes, vier zoutvaatjes en vier drinkbekers, waaruit valt op te maken dat het schip een bemanning van maximaal vier koppen had. Er werd in een bronzen pot boven open vuur gekookt, en de voedselvoorraad werd aangevuld met vers gevangen vis: aan boord zijn loden gewichten voor netten en enkele vishaken aangetroffen.

De omgeving van Kyrenia in de oudheid

In een **tweede expositieruimte** (7), ten noorden van het museum, staat het vasteland centraal. Museummedewerkers reconstrueerden hier een **hellenistisch dorpsgraf** en de bescheiden **resten van het neolithische dorp Ágios** Epíktetos, inclusief levensgrote poppen, waardoor de bezoeker zich het geheel beter kan voorstellen. De ronde hutten lagen een eindje in de bodem verzonken. Er zijn nog sporen van de originele nederzetting te zien aan de oostzijde van het hotelcomplex Acapulco bij **Catalköy**, direct aan de kust (▶ H 4).

Cyprus en zijn overheersers

Daarna loopt u omhoog naar het oudste deel van de vesting van Kyrenia, de **noordoosttoren** (8) uit de 13e eeuw. Onder een streng gotisch ribgewelf wordt, opnieuw met behulp van poppen, een beeld gegeven van de **kleding** en **uniformen** van de buitenlandse grootmachten die Cyprus in de loop van zijn wisselvallige geschiedenis steeds weer bezet hielden en daardoor ook de Cypriotische cultuur beïnvloedden.

Bij de **zuidoosttoren** (9) kunt u afdalen naar de **kelderverdieping**. Beneden tonen weer andere poppen het **dagelijks leven bij een belegering**. Een eenvoudige Venetiaanse soldaat is oververmoeid in slaap gevallen, een tweede soldaat drinkt, een derde is druk in de weer met een kanon.

De donkere kant van de macht

Daarna duikt u onder in de onderwereld en bezoekt u de **kerkers** (10). In de voorhal zit een pop die een cipier voorstelt, in een afgestompte, onverschillige houding. In het **rechter vertrek** ziet u een gat in de vloer. Dit was een zogeheten vergeetput of **oubliëtte** (afgeleid van het Franse woord *oublier*, 'vergeten'). Hierin ligt, fel verlicht, een naakte pop. Die stelt Joanna d'Aleman voor, een van de talrijke maîtresses van Peter I. Deze koning uit de Lusignandynastie regeerde tien jaar, van 1359 tot 1369. Toen hij tussen 1365 en 1368 in verband met een kruistocht afwezig was, sloot zijn echtgenote, koningin Eleonore van Aragon, haar mededingster op in de oubliëtte – in de hoop dat Peter haar na zijn terugkeer zou hebben vergeten.

Koning Peter I kwam gruwelijk aan zijn eind. Vroeg in de ochtend van 13 januari 1369 werd hij in zijn slaapkamer met een andere minnares, Échive de Scandelion, verrast en door Cypriotische baronnen beestachtig vermoord. Zijn afgehakte hoofd werd druipend van het bloed aan het volk getoond.

In het **linker vertrek** gaat het er niet minder gruwelijk aan toe. Een Egyptische Mamelukkensoldaat (natuurlijk weer in de vorm van een pop) is op een folterrad gelegd, terwijl een katholieke priester deze pijnlijke behandeling zijn zegen geeft. In een tweede **oubliëtte** in de grond zit een gevangene uit de Italiaanse adellijke familie Visconti, die aan de kruistochten had deelgenomen en landerijen in het oosten van Cyprus bezat. De Lusignankoningen Peter II (reg. 1362-1382) en Janus (reg. 1398-1432) waren elk met een Visconti gehuwd. Het koninkrijk Cyprus had het in zijn eindfase enerzijds aan de stok met de inheemse adel en anderzijds met de opkomende handelsmachten Venetië en Genua, niet in de laatste plaats omdat sommige leden van de Viscontifamilie tegen het koninklijk gezag in opstand waren gekomen.

Informatieborden ter plaatse geven meer details.

Klassieker aan de oude haven – **Canli Balik** [1]: oude haven, tel. 815 21 82, dag. geopend. Dit visrestaurant met de wonderlijke naam 'Levende Vis' staat uitstekend bekend. Vis-*mezeler* komen voor circa € 20 en hoofdgerechten voor circa € 15 op tafel.

Loont de tocht erheen – **Archway** [2]: in het buurplaatsje Zeytinlik, tel. 816 03 53, alleen 's avonds, ma. gesloten. Voortreffelijke Cypriotische gerechten. Het restaurant wordt altijd druk bezocht, het is dus aan te raden om tijdig te reserveren. Vleesgerecht circa € 10, *full kebap* € 15.

Indisch-Pakistaans – **Ferman** [3]: restaurant van het Nostalgia Hotel, tel. 815 37 17, dag. vanaf 12 uur. Hoofdgerecht circa € 10.

Winkelen

Winkelstraten zijn de **Ziya Rizki Cad.** en de **Atatürk Cad.** Hier ligt een aaneenrijging van kleine winkels, ook voor souvenirs, afgewisseld met kappers en cafés. Grote winkelcentra zult u er echter tevergeefs zoeken.

Oriëntaals – **Holiday Turkish Delights** [1]: Ziya Rizki Cad. 107, tel. 815 65 17. Kleine, smalle winkel, waarin bijna alles te koop wordt aangeboden wat er maar aan geurige oriëntaalse en Cypriotische zoetwaren en gedroogde vruchten te proeven valt. De hier onder de naam *Turkish delight* verkochte *soutzioúko* wordt met poedersuiker extra op smaak gebracht. Er wordt ook granaatappelazijn verkocht.

Actief

Zwemmen – Kyrenia heeft geen eigen strand. Wie wil zwemmen, rijdt naar de zandstranden ten oosten en westen van de stad.

Parapente – **Highline Tandem Paragliding** [1]: Gönyeli, tel. 054 28 55 56 72, www.highlineparagliding.com. Parapente onder begeleiding in de thermiek van het Pentadáktylosgebergte.

Paardrijden in de bergen – **Çatalköy Riding Club** [2]: circa 5 km ten oosten van Kyrenia in het buurplaatsje Çatalköy, tel. 053 38 45 47 41, www.catalkoyridingclub.com, met foto's en beschrijvingen van de paarden. Paardrijtochten, ritten met paard-en-wagen, lessen. De deskundige Britse leiding kan ook mooie accommodatie regelen.

Uitgaan

Net als in de andere Noord-Cypriotische steden stelt het uitgaansleven niet veel voor. Het toeristenbureau weet welke clubs populair zijn.

Lokale bewoners flaneren 's avonds langs de haven en nemen op zeker moment plaats in een etablissement aan de haven of in de Oude Stad. Veel gelegenheden zijn tot na middernacht geopend. Populair is **Tango to Buddha** [1] (Iskenderun Cad. 19, 's avonds geopend), een bar-restaurant niet ver van de havenrotonde.

Info

Kyrenia Marina Tourist Information Office: zie blz. 232.

Vervoer

Bus en verzameltaxi: bij de rotonde circa 200 m ten zuidwesten van de vesting vertrekken de **bussen naar Famagusta**, de **Kibhasluchthavenbus** en **verzameltaxi's**. Iets verder naar het oosten, aan Mustafa Cagatay Cad., vertrekken de **bussen naar Nicosia en Mórfou**.
Parkeren: ten zuiden van de vesting ligt een groot, voordelig parkeerterrein,

dat 's avonds kosteloos is. Overdag gratis parkeren is mogelijk op de Municipal Car Park aan het westelijk eind van de doorgangsweg Ziya Rizki.

Bellapaís ✱ ▶ G 4

Dag. mei-sept. 8-19, okt.-apr. 8-15.30 uur, circa € 4,50

Deze gotische kloosterruïne, met een binnenplaats waar vier cipressen naar de hemel oprijzen, ligt als op een romantisch schilderij omringd door een waterrijk, paradijselijk landschap bij het dorp **Beylerbeyi** (Bellapaís).

De *Abbaye de la Paix* (Vredesabdij) behoorde toe aan de orde der premonstratenzers, ook wel norbertijnen genoemd. De in het wit geklede monniken hadden een vertegenwoordiger aan het hof in Nicosia en verschenen buiten hun klooster te paard, uitgerust met gouden sporen en een verguld zwaard. Dat privilege was hun verleend door Hugo III (reg. 1267-1284). Koning Hugo stichtte ook de kloosterkerk, die daardoor tot de vroege fase van de gotische architectuur op Cyprus behoort. De overige gebouwen van het klooster vertonen de kenmerken van de late Cypriotische gotiek (vanaf 1300); opnieuw was het een Lusignan, Hugo IV (reg. 1324-1359), die de benodigde middelen verschafte.

Bellapaís is gebouwd volgens de strenge regels van de West-Europese kloosterarchitectuur, waarbij de kruisgang ten zuiden of soms ten noorden van de kloosterkerk ligt. In Bellapaís ligt de kruisgang ten noorden van kerk. De refter is, eveneens volgens de regels, tegenover de kerk te vinden. In het oosten liggen de slaapzaal en kapittelzaal, in het westen de voorraadkamers. Deze bouwwijze weerspiegelt het strenge monnikendom uit de kruisvaarderstijd en contrasteert met de architectuur van de orthodoxe kloosters.

Voor de ingang van de voortreffelijk bewaard gebleven refter staat een prachtige Romeinse **sarcofaag met festoenen** uit de keizertijd, die de monniken als waterbekken gebruikten. Hij is aan de hoeken gesierd met stierenschedels in halfreliëf met daartussen festoenen die door een naakte menselijke figuur worden vastgehouden. Een tweede, eenvoudiger sarcofaag eronder diende als wasbekken.

In de **refter** voert een trap in het midden tegen de muur naar een kansel, waarvanaf tijdens de maaltijden werd voorgelezen.

Aan de oostzijde van het klooster zijn de plafonds van de kapittelzaal en de slaapzaal erboven ingestort. De door zitbanken omgeven marmeren zuil droeg ooit de ribben van een gotisch paraplugewelf. In de slaapzaal boven bezat elke monnik aan het hoofdeind van zijn bed een kleine muurnis voor persoonlijke spullen.

De **kloosterkerk** is rond 1270 gebouwd in de eenvoudige, zware stijl van de vroege Cypriotische gotiek. De iconostase werd in 1884 geplaatst.

Overnachten

In en rond Bellapaís ligt een aantal chique, kleine appartementencomplexen, voor een deel in oude dorpshuizen. Meer informatie is te vinden op www.bellapaishotels.com en www.bellaview.net.

Uniek – **Unique Hotel Bellapaís Gardens**: Crusader Road, tel. 815 60 66, www.bellapaisgardens.com, 2 pk € 85-140. Tuinhotel links en rechts van de oude kruisvaardersweg vlak onder de abdij. Zeventien smaakvol ingerichte kamers in aparte huizen, even onder het voortreffelijke hotel-restaurant (zie Favoriet blz. 243). Het hotel behoort tot de hotelgroep Most ▷ blz. 244

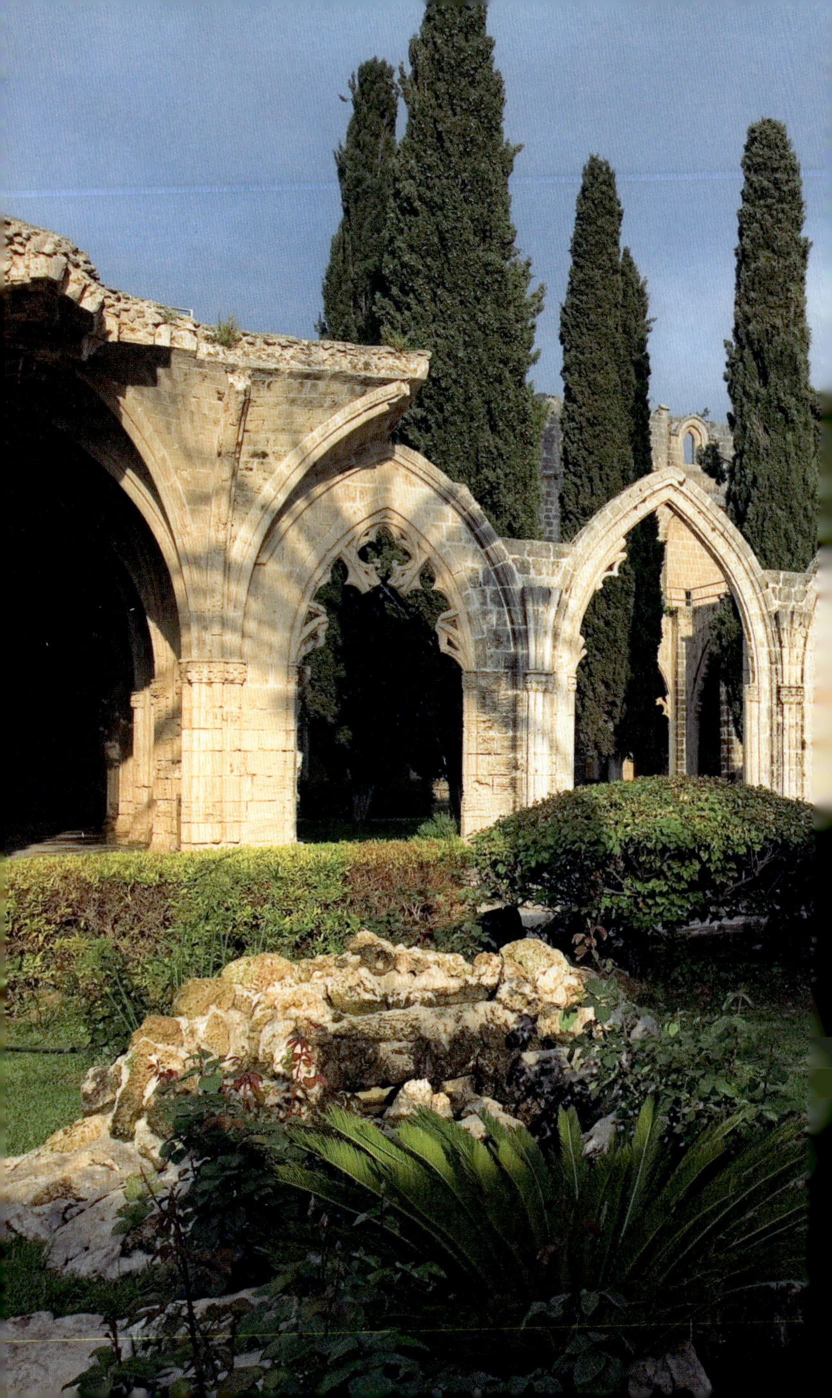

Favoriet

Bellapaís Garden Restaurant – slow food in de buurt van het klooster ▶ G 4

Luttele meters van het klooster Bellapaís ligt hotel Bellapaís Gardens, met een bijbehorend restaurant. Hoteldirecteur Sabri Steve Abbit en zijn chef-kok Selim Yesilpinar zijn aanhanger van de slow-foodprincipes, met lokale, seizoensgebonden en liefst ook ecologische producten. Een van de opvallendste specialiteiten is de 'Sultanvis': zeebaars gevuld met een mousse van garnalen en gerookte zalm. Aanrader op de wijnkaart: de enige Noord-Cypriotische kwaliteitswijn, Chateau St.-Hilarion.
Bellapaís Garden Restaurant: dag. vanaf 18 uur, tel. 815 60 66, www.bellapaisgardens.com.

Beautiful Boutique Hotels of the World en draagt als enige hotel op het eiland het predicaat Unique Hotel. Eigenaar Sabri Steve Abbit diende in het Britse leger in Osnabrück en leerde daar niet alleen goed Duits, maar is ook Duits staatsburger geworden. In het hotel zijn fietsen te huur en men organiseert er wandelingen met gids.

Degelijk – **Bellapaís Monastery Village**: langs de weg aangegeven, tel. 815 91 71, www.bellapaismonasteryvillage.com, 2 pk circa € 75. Mooi complex met veel natuursteen en degelijk meubilair, circa 2 km onder het dorp. Te voet is het twintig minuten naar het dorp. 63 kamers, waaronder 45 'Mini Villa's'. Er komen vooral Britse, rustzoekende gasten, daarom zijn kinderen onder de 12 jaar niet welkom. Het ontbijt wordt aan uw tafeltje geserveerd, u hoeft dus niet bij een buffet in de rij te staan. Gratis pendelbus naar Kyrenia.

Eten en drinken

Heel romantisch – **Wine House Kybele**: in de keukenvleugel van het klooster, tel. 815 75 31, www.kybele.biz, ook 's avonds geopend. Chic restaurant in een historische ambiance. Hoofdgerecht € 10-15.

Info

Trouwen: wilt u in een romantische sfeer trouwen op Cyprus? Dan vormt het klooster van Bellapaís een mooie achtergrond. Huwelijksfeesten worden georganiseerd door reisbureau Bellapaistravel in Bellapaís, tel. 815 60 66, www.bellapais-travel.com.

Muziekfestival Bellapaís: eind mei-juni, www.bellapaisabbeymusicfestival.com. Festival met klassieke muziek in het klooster.

Pentadáktylos-gebergte

Alevkaya Forest en Sourp Magar ▶ H/J 4

Een uitstapje naar de bergen voert van Kyrenia via Bellapaís omhoog naar een pas bij de Pentadáktylos (740 m, Bešparmak in het Turks, 'Vijfvingers' in het Nederlands). Van wegrestaurant Buffavento bij de pas loopt een smalle weg in oostelijke richting naar een picknickplaats met een parkeerterrein aan de overkant. Links ziet u een voor privévoertuigen verboden weg en een wandelpad van circa 2 km dat bergaf loopt

---

Rustpauze bij het klooster – de Boom van de Luiheid

Hebt u al opgemerkt dat Cypriotische mannen vaak urenlang zomaar wat zitten te niksen terwijl ze met een kralenkettinkje, een *koboloi,* spelen? De Engelse romanschrijver Lawrence Durrell woonde van 1953 tot 1956 in het toenmaals door Grieken bewoonde dorp Bellapaís en zet in zijn roman *Bitter Lemons* een fantastisch monument voor de Cypriotische bevolking neer. Zijn lievelingsplekje was de Boom van de Luiheid op de *platía,* die later geveld werd.

'Als u van plan bent hier te werken, moet u niet onder de Boom van de Luiheid gaan zitten,' zo kreeg Durrell van de burgemeester van Bellapaís te horen. 'Zijn schaduw maakt de mensen ongeschikt om nog serieus te werken. De bewoners van Bellapaís zijn de luiste mensen van het eiland. Het zijn allemaal grootgrondbezitters, die koffie drinken en kaartspelen. Daarom worden ze ook zo oud.'

Pentadáktylosgebergte

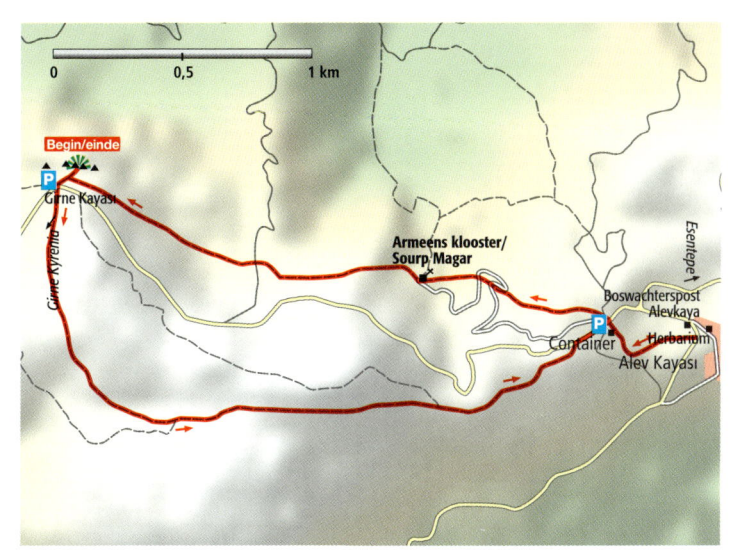

Wandelingen in het Alevkaya Forest, waaronder een excursie naar het Armeense klooster Sourp Magar (zie Op ontdekkingsreis blz. 248)

naar het klooster Sourp Magar (zie ook Op ontdekkingsreis blz. 248).

Wie in plaats daarvan de verharde weg verder volgt, arriveert bij een volgende parkeer- en picknickplaats. Hier kunt u de auto laten staan. U neemt het pad rechtsaf tussen een rots en een container van de boswachterij en komt binnen enkele minuten bij de **boswachterspost van Alevkaya** met een klein **restaurant** (zie Favoriet blz. 247).

Als alternatief voor het parkeerterrein Girne Kayasi kunt u de wandeling naar het Armeense klooster Sourp Magar ook beginnen bij de boswachterspost – als tocht heen en terug naar het klooster of als rondwandeling aansluitend op de 'ontdekkingsreis'.

Op het terrein van de boswachterspost Alevkaya is ook een klein **Herbarium** (overdag geopend, toegang gratis) ingericht in een gebouw uit de koloniale tijd. Dit is vooral interessant voor mensen met belangstelling voor plantkunde. In het Herbarium zijn gedroogde planten uit de streek geconserveerd en zijn onder meer foto's te zien van de 35 soorten orchideeën die op Cyprus voorkomen en van de schors van bomen waaraan de boomsoorten te herkennen zijn. Er liggen ook Engelstalige boeken voor de determinatie van de hele flora van Cyprus ter inzage.

Antifonitísklooster ▶ J 4

Mei-sept. 8-17, okt.-apr. 8-15.30 uur, circa € 3

Zo'n 10 km ten oosten van de boswachterspost staat op een helling naast de bosweg de kerk van het al voor 1974 verlaten **Antifonitísklooster** met zijn kostbare fresco's uit de midden-Byzantijnse periode en uit de Venetiaans beïnvloede 15e eeuw. In het ▷ blz. 250

ALGIDA
ALGIDA
ALGIDA
ALGIDA
ALGIDA
ALGIDA
ALGIDA
ALGIDA
ALGIDA
ALGIDA

Favoriet

Picknick onder pijnbomen ▶ J 4

De boswachterspost Alevkaya is een heerlijke plek, met name op zon- en feestdagen, wanneer de bewoners van Cyprus met hun gezinnen hier neerstrijken om onder de pijnbomen te picknicken. Naast de post is een authentiek restaurant met een terras gevestigd. Zwerfhonden en -katten scharrelen tussen de tafeltjes, er wordt gebarbecued in de openlucht of in de sober ingerichte keuken achter de bar. De porties zijn groot, de friet is hier nog niet afkomstig uit de fabriek en de salade wordt met verse koriander bereid (tel. 053 385 98 61).

Op ontdekkingsreis

Wandeling naar het Armeense klooster Sourp Magar

Omgeven door pijnboombossen ligt dit klooster in het bergdal tegen de noordhelling van het Pentadáktylosgebergte. Een rondwandeling van twee tot drie uur (6 km) voert over een bospad langs het klooster – een tocht die u eigenlijk niet mag missen. Onderweg nodigen picknickplaatsen uit tot een rustpauze.

Kaart: ▶ H 4
Wandelkaart: zie blz. 245

Planning: u hebt een huurauto nodig! Heenrit over de smalle verharde weg die van de pas op de Pentadáktylos richting Alevkaya Forest en Herbarium voert. Splitsing bij restaurant Buffavento aan de pas, daarna 7 km doorrijden tot parkeerterrein Girne Kayası (herkenbaar aan een bord waarop wandelroutes staan aangegeven). De paden zijn bewegwijzerd of gemarkeerd met kleuren of steenmannetjes. Wandelkaarten zijn te koop op www.kyreniamountaintrail.org.
Er zijn **nog meer rondwandelingen** in deze streek mogelijk. Gedetailleerde informatie op borden ter plaatse.

Tip: voordat u aan de eigenlijke wandeling begint, is een omweg naar een 100 m verderop gelegen uitkijkpost de moeite waard. Hierna kunt u over een pad rechts de berg opklimmen en keert u met een boog terug naar het parkeerterrein.

Tegenover het parkeerterrein, links naast de aardverschuiving, neemt u een pad dat begint met een paar traptreden naar boven en dat zich al na 15 m splitst. Er zijn drie routes naar het klooster – de middelste, groen-wit gemarkeerde gaat rechtdoor en is ook qua lengte de middelste. Het eerste stuk is licht klimmend, later wordt het pad iets steiler.

Mediterrane vegetatie

Naast pijnbomen van de soort *Pinus brutia* groeien hier aardbeibomen, die gemakkelijk te herkennen zijn aan hun roodachtige schors, verder ook terpentijnpistache- en mastiekbomen en cistusplanten. Al deze gewassen behoren tot de mediterrane vegetatie. Een halfuur later komt u, bijna helemaal boven, bij een splitsing waar u linksaf gaat (hier kruist het rechter pad dat u 15 m na het begin niet hebt genomen het pad waarover u nu wandelt).

Let op de hoop stenen!

Al snel hebt u schitterend uitzicht naar het zuiden op de Mesaóriavlakte en het Tróodosgebergte in de verte. Het pad buigt nu naar het oosten, wordt breder en later een met terreinwagens begaanbare weg door het bos. Na 45 minuten gaat het pad bergaf. Hier dient u goed op te letten: van de splitsing naar rechts met een bosweg loopt u circa 100 m rechtdoor en ziet u links een hoop stenen. Hier begint een dalend **bospad** dat terugvoert naar de verharde weg waar u bent vertrokken (1 uur 15 min.).

U houdt rechts aan en na slechts 200 m bereikt u de bewegwijzerde splitsing met een doodlopende weg naar het klooster. Hier treft u ook een **parkeerterrein en picknickplaats** aan met tafels en een waterkraan waar eersteklas bronwater uitkomt. De doodlopende weg is versperd met een slagboom. Direct na de slagboom begint rechts een pad bergaf dat in een klein halfuur naar het klooster voert (1 uur 45 min.).

Armeens klooster

Sourp Magar werd in de midden-Byzantijnse periode gesticht door koptische christenen uit Egypte. Dezen wijdden het klooster aan de kluizenaar Makários (in het Armeens: Magar) die leefde van 309-404 n.Chr. In 1425 kwam het complex in handen van Armeense christenen. In de vroege 19e eeuw werden de gebouwen door een aardbeving verwoest en in 1811-1814 zijn ze rond een ruime binnenplaats herbouwd in de vorm die ze nu nog hebben.

Toch staat het klooster al sinds ruim een eeuw leeg. Toen Armeense christenen rond de wisseling van de 19e naar de 20e eeuw door nationalistische Turken systematisch werden vervolgd en vermoord, kwamen vluchtelingen naar het door de Britten geregeerde Cyprus die het klooster als vakantieverblijf bij een Armeens weeshuis in Nicosia in gebruik namen. Na de deling van Cyprus in 1974 werd het klooster jarenlang aan het verval prijsgegeven; tegenwoordig verblijft er een suppoost die er een klein **koffiehuis** exploiteert.

De weg terug

Het vervolg van de route begint tegenover de toegangspoort van het klooster. Volg circa 50 m de elektriciteitskabel. Daarna begint het blauw gemarkeerde pad terug naar het parkeerterrein. Het voert langs de noordhellingen van het gebergte. Na een halfuur komt u op een bergrug waar u moet uitkijken naar een steenmannetje dat omgevallen kan zijn. Bij de volgende splitsing gaat u rechts bergaf. Na circa 100 m steekt u een veldweg over die het wandelpad kruist. Een halfuur later komt u weer uit bij het **parkeerterrein** (2 uur 45 min.).

Tip

Wandelen om de Pentadáktylosrots

Deze gemakkelijk te vinden rondwandeling om de Pentadáktylosrots kunt u zonder gids en zonder wandelkaart maken. Het begin is bij het dierenasiel circa 1,2 km van restaurant Buffavento richting Kyrenia. U loopt over veld- en boswegen, waarbij de rots altijd aan uw rechterhand blijft. De wandeling duurt zo'n twee uur en voert door overzichtelijk landschap met mediterrane vegetatie en enkele dennenbosjes. Steeds weer hebt u prachtig uitzicht op de bergen en de zee.

vroegere kloostergebouw exploiteert de suppoost een klein café.

Buffavento ▶ H 4

Ten westen van de pas komt u na 7 km over een onverharde weg bij een parkeerterrein bij de Venetiaanse burcht Buffavento, letterlijk 'waar de wind giert'. Een steil voetpad voert naar boven. Alleen van de benedenburcht zijn noemenswaardige resten bewaard gebleven. Vooral het prachtige uitzicht maakt de charme van deze omweg uit.

Eten en drinken

Blokhutsfeer met uitzicht – **Restaurant Buffavento**: bij de splitsing van de pasweg naar de burcht Buffavento, tel. 864 53 88, *mezeler* circa € 13, hoofdgerecht circa € 8. Deze uitspanning is bijna geheel uit dikke balken opgetrokken. In het koude jaargetijde brandt de open haard, in het warme seizoen zit u op een terras in de schaduw. Hier kunt u het hele jaar rond genieten van een fantastisch uitzicht op de Pentadáktylos. Buiten staan de indrukwekkende traditionele kleiovens voor de *kléftiko*.

De kust ten oosten van Kyrenia

De nieuwe autosnelweg langs de kust maakt de route via **Kantára** (zie blz. 271) naar het uiterste oosten van het **Karpaz-/Karpasíaschiereiland** (zie blz. 270) een stuk korter. Ondanks enkele lelijke plaatsjes is dit een aantrekkelijke kust, omdat er twee beschermde natuurgebieden liggen: **Alagadi** (▶ H 4) heeft fantastische zandstranden, waar ook schildpadden hun eieren leggen. Het natuurgebied **Tatlısou/Akantoú** (▶ K 3/4) is minder fraai.

De kust ten westen van Kyrenia

Ten westen van Kyrenia is de kust erg dichtbevolkt en niet echt aantrekkelijk. Wel de moeite waard is een uitstapje naar het verlaten en kale Kormakítischiereiland met zijn stille baaien en stranden. Landschapsvervuilende stadjes komen hier maar met mate voor.

Op de heenweg ziet u circa 7 km achter Kyrenia direct aan de kust een **Militair Museum bij het Invasiemonument**. Dit monument houdt, weliswaar op een enigszins eenzijdige en kritiekloze manier, de herinnering levend aan de Turkse invasie van 1974. In de openlucht staan enkele militaire voertuigen weg te roesten.

Kormakítisschiereiland

De beste route gaat via Ágios Geórgios richting kaap (▶ E 3) en vervolgens via het **maronietendorp Koruçam/Kormakítis** (▶ E 4) terug naar **Çamlıbel/Mýrtou** (▶ F 4). Omdat de maronieten lid zijn van de rooms-katholieke kerk, vertoont een deel van de huizen nissen met Mariabeelden. Bij **Akdeniz/Agía Eiríni** (▶ E 4) is het schiereiland beschermd natuurgebied met goed gemarkeerde wandelroutes.

Overnachten

Aan de kust ten oosten van het schiereiland staan de hotelcomplexen dicht naast elkaar. De historische dorpen liggen tegen de hellingen van het Pentadáktylosgebergte. Van oost naar west: **Karaman/Kármi** (▶ G 4), **Alsancak/Karavás** (▶ F 4), **Lâpta/Lápithos** (▶ F 4), **Karsiyaka/Vasíleia** (▶ F 4). Veel huizen van verdreven Grieken zijn tegenwoordig als vakantiewoning in gebruik. Sommige worden verhuurd.
Voordelig en ideaal voor duikers – **Sempati**: Ali Ocak Sok. 24, tussen de hoofdverkeersweg en de zee bij Lâpta, circa 18 km ten westen van Kyrenia aan de drukbevolkte kust, tel. 821 27 70, www.hotelsempati.com, 2 pk vanaf € 35. Dit hotel in de vorm van een halve cirkel ligt rond een zwembad en heeft een rustige locatie in de tweede rij achter de kust. Op het hotelterrein is ook een duikbasis gevestigd, waar alle gebruikelijke PADI-cursussen worden gegeven en duikmateriaal te huur is.

Eten en drinken

Specialiteit vis – **Altinkaya**: Yavuz Cikartma Plaji, Alsancak, 8 km ten westen van Kyrenia bij het Invasiemonument, tel. 821 83 41, wo. gesloten. Wordt als een van de beste en chicste visrestaurants van Noord-Cyprus beschouwd, maar is desondanks overdreven duur. Vis-*mezeler* voor twee personen € 45, eenpersoonsportie delicate vis circa € 18. Aangenaam terras boven de zee, waar u heerlijk kunt dineren.

Aan de Baai van Mórfou

Het westen van Noord-Cyprus trekt tot nu toe weinig toerisme. Er zijn maar enkele kleine hotels waar een langer verblijf mogelijk is. De meeste gasten komen voor een dagtripje. Het landschap in het westelijk deel van de aangeslibde Mesaóriavlakte wordt zo ver het oog reikt bepaald door citrusplantages. De boeren verbruiken voor de irrigatie meer grond- en bronwater dan alle huishoudens en fabrieken van Noord-Cyprus bij elkaar. Daardoor zijn zij medeverantwoordelijk voor de huidige waterschaarste. Voor 1974 werd deze streek vooral door Grieken bewoond. Het enige louter Turks-Cypriotische dorp was Lefke.

Güzelyurt/Mórfou ▶ E 5

De provinciehoofdstad van dit sinaasappelgebied is een kleine landelijke plaats met veel winkels en enkele eenvoudige restaurants. Een verroeste locomotief in het stadspark verwijst naar de koloniale tijd, toen het fruit per spoor naar Famagusta werd vervoerd.

Kerk Ágios Mámas
Ecevit Cad., dag. mei-sep. 8-18, okt.-apr. 8-15.30 uur, circa € 4 inclusief onderstaand museum
In het centrum van Mórfou staat de overkoepelde driebeukige kerk Ágios Mámas uit de 18e eeuw, die tegenwoordig als **iconenmuseum** in gebruik is. Enkele architectonische elementen in gotische flamboyantstijl zijn overgeble-

Geurige werkomgeving: tussen de sinaasappelbomen op de Mesaóriavlakte

ven van een ouder gebouw dat door de familie Lusignan was geschonken. Reliëfs met zorgvuldig gesneden vijgen, druiven, eikeltjes en enkele vlakken met wapens zijn eersteklas voorbeelden van Venetiaanse kunstnijverheid uit de 16e eeuw. Volgens de overlevering vloeit uit de twee openingen in de sarcofaag van de Cypriotische 'nationale heilige' Mámas een balsem die oog- en oorkwalen kan genezen en ook zou helpen bij nood op zee.

Natuurhistorisch en Archeologisch Museum
Zie de kerk hiervoor

Naast de kerk is in de vroegere zetel van de orthodoxe bisschop een klein Natuurhistorisch en Archeologisch Museum ondergebracht. Hoogtepunten van de archeologische collectie zijn een in 1980 gevonden **Romeins beeldje** van hetzelfde type als de Artemis van Efeze en recentere goudvondsten uit een prinsessengraf van circa 700 v.Chr. Typerend voor het type van de Artemis van Efeze zijn de vele borsten die sommigen aanzien voor stierenballen – het zijn hoe dan ook vruchtbaarheidssymbolen.

Overigens: in het uiterste oosten van het eiland, bij **Bafra** (▶ M 4, zie blz. 272), staat een kopie van de Artemistempel van Efeze, een van de zeven wereldwonderen – maar op deze plaats in de vorm van een hotel met 745 bedden.

Informatie

Yeşilyurt Tourist Information: ▶ D 5, Yeşilyurt, tussen Mórfou en Sóloi), tel. 727 84 91.

Lefke/Lefká ▶ D 6

In dit stadje klatert ook in de zomer water uit de bergen van de Tróodos en zorgt voor een weelderige vegetatie. Tussen authentieke huizen uit de Os-

Aan de Baai van Mórfou

maanse en de Engelse tijd groeien dadelpalmen. Omdat Lefke een grote universiteit huisvest, bepalen jongeren het straatbeeld. Door groene boomgaarden en palmplantages kunt u naar een stuwmeer wandelen.

Tot 1974 werkten veel inwoners van Lefke bij de Cyprus Mining Company. In het park staat een diesellocomotief ter herinnering aan de pyrietwinning die door de deling tot stilstand kwam.

Overnachten

Rustig en centraal – **Lefke Gardens Hotel:** tel. 728 82 23, www.northcyprus.net, 2 pk circa € 40. Stijlvol gerestaureerd gebouw van twee verdiepingen met een binnenplaats met planten.

Sóli/Sóloi ▶ D 5

Bij Sóli ligt het belangrijkste pyrietwinningsgebied van Cyprus. Uit dit lichtgele tot koperkleurige, glinsterende erts werden sinds de oudheid en tot de sluiting van de mijnen in 1974 ijzererts en zwavel gewonnen.

Opgravingen van Sóli/Sóloi

Dag. mei-sep. 8-18, okt.-apr. 8-15.30 uur, circa € 4

De Romeinse en vroegchristelijke **ruïnes** van de antieke stad liggen tegen de helling boven de wegroestende scheepsladdplaats van de ertsmijnen van Karavostási/Gemikonaği (toegankelijk bij daglicht).

In de vroegchristelijke **basilica** uit de 4e-6e eeuw kunt u onder een afdak goed bewaard gebleven mozaïeken van dieren bewonderen – een hond met een halsband, een dolfijn en een zwaan. Ook bezienswaardig in Sóloi is het **theater** uit de 2e eeuw n.Chr. met circa vierduizend (gereconstrueerde) zitplaatsen.

Vouní ▶ D 5

Mei-sep. 8-18, okt.-apr. 8-15.30, circa € 4

6 km verderop kronkelt de weg tegen een 255 m hoge heuvel op die in westelijke richting mooi uitzicht biedt op de wilde kust. Op de top liggen de **ruïnes van een paleis** uit de tijd van de Perzische Oorlogen. Het paleis werd tot de verwoesting rond 380 v.Chr. ten minste vier keer verbouwd.

De fundamenten doen denken aan die van Perzische gebouwen; om die reden werd bij het archeologisch onderzoek uitgegaan van de interpretatie dat dit de zetel was van een Perzische gouverneur die vanuit Vouní tot de succesvolle vlootexpeditie van de Athener Kimon in 449 v.Chr. de opperheerschappij over Cyprus uitoefende.

Yeşilırmak/Limnítis ▶ D 5

De uiterste westpunt van het Turkse Cyprus bij Yeşilırmak (▶ D 5, Limnítis in het Grieks) is een van de ongereptste streken van Noord-Cyprus. Pas sinds de opening van Checkpoint Limnítis in 2010 hebben toeristen toegang tot het gebied. Bij Limnítis wordt mineraalwater uit een bron gebotteld. Dit uitstekende water komt hier ook uit de waterleiding.

Overnachten en eten

Nieuw bij het strand – **Vouni King:** Şehit Günfer Hasan Sok., Yeşilırmak, tel. 726 21 11, www.vounikinghotelcom, 2 pk € 45-55. Achttien stijlvol ingerichte kamers rond een klein zwembad, met plafonds bekleed met boomschors. Vis- en *kleftikó*-restaurant nabij het strand en geleid door de familie van de eigenaar: **Aspava**, tel. 727 76 21.

IN EEN OOGOPSLAG

Famagusta, Sálamis en Karpasía

Hoogtepunten ✳

Famagusta/Gazimağusa: deze middeleeuwse handelsstad aan zee kan bogen op een bijna volledig bewaard gebleven Venetiaanse ringmuur met een citadel. Talrijke gotische kerken getuigen van de rijkdom van de kooplieden. Zie blz. 257.

Sálamis: deze Romeinse provinciestad heeft imposante ruïnes en veel mozaïeken te bieden. Twee reusachtige hallenkerken stammen uit de vroegchristelijke tijd. Zie blz. 267.

Golden Sands Beach: een breed zandstrand met duinen, vermoedelijk het mooiste van Cyprus. Op het strand staan enkele taverna's, waarvan de eigenaars ook hutachtige bungalows verhuren. Zie blz. 278.

Bezienswaardigheden

Kantára: naast St.-Hilarion en Buffavento de derde vesting van de 'gotische bergketen', het Pentadaktylosgebergte. Zie blz. 271.

Vroegchristelijke kerken op het Karpaz-/Karpasíaschiereiland: oorden als Agía Triás (zie blz. 273), Ágios Fílon (zie blz. 278) en Panagía Aféndrika (zie blz. 278) zijn pas voor een deel geëxploreerd, maar tonen aan dat de 'pannensteel' van Cyprus in de vroege middeleeuwen een belangrijk kolonisatiegebied was.

Te voet onderweg

Naar de bergvesting Kantára: een mooie wandeling voert naar de top van de vesting, waar u wordt beloond met een schitterend uitzicht. Zie blz. 271.

Om de oostpunt van Cyprus: het klooster Ágios Andréas is het beginpunt van een rondwandeling om de kaap Apóstolos Andréas. Zie blz. 279.

Sfeervol genieten

De eenzaamheid van het Karpaz-/Karpasíaschiereiland: op de noordoostpunt van Cyprus zijn veel ongerepte kuststroken te vinden. Hier grazen wilde ezels, die u van een afstand kunt observeren. Veel ezels zijn gewend geraakt aan de toeristen en komen nieuwsgierig op de fotografen af. Zie blz. 278.

Uitgaan

Uitgaansleven van Famagusta: De grote hotels exploiteren casino's en nachtclubs, de lokale bevolking flaneert 's avonds langs de zee tussen de Oude Stad en de verlaten hotelstad Varósia. Na deze *voltá* gaan ze naar een restaurant of een andere gelegenheid. In de studentenwijk wordt gedanst. Zie blz. 265.

Cultuur en natuur op de 'pannensteel' van Cyprus

In tegenstelling tot het westelijk deel is het oostelijk deel van de verder zo vruchtbare Mesaóriavlakte in landschappelijk opzicht weinig spectaculair. Aan de landkant van de hoofdweg die van Famagusta naar het Karpasíaschiereiland voert, volgt de ene urbanisatie op de andere. De zeekant van de weg laat daarentegen een bouwplanning voor langere tijd zien. Hier staan enkele grote hotels op grote afstand van elkaar, zoals Sálamis Bay Conti, maar ook kleinere tussen mimosabosjes. De stranden zijn vlak en goed. Twee andere plaatsen compenseren de ontbrekende landschappelijke hoogtepunten: Famagusta en Sálamis. Zonder deze plaatsen is een bezoek aan Cyprus niet volledig.

De geschiedenis van Famagusta gaat terug op die van Sálamis, die van Sálamis op die van **Enkomi**. Enkomi was van de 16e tot de 11e eeuw v.Chr. de hoofdstad van de eerste Cypriotische staat. Hiervandaan werden de koperwinning, de verdere verwerking en de export van het kostbare metaal georganiseerd.

Na de verwoesting van de stad rond 1050 v.Chr. vestigden de inwoners zich dichter bij de kust en stichtten een stad waarvan nu niets meer te zien is. Alleen de necropolis met de koningsgraven getuigt van de economische en culturele bloei. De stad kreeg de naam **Sálamis** naar de geboorteplaats van de legendarische stichter Teukros, het eiland voor Athene dat door de overwinning van Themistocles op de Perzen in 480 v.Chr. beroemd geworden is.

In de hellenistische tijd stond Sálamis zijn leidende rol af aan Páfos. Toch verrezen hier na de inlijving van Cyprus door de Romeinen in 58 v.Chr. belangrijke monumentale gebouwen als het gymnasion met bijbehorende therme en palaestra en het theater. Nadat in 391 het christendom de staatsreligie was geworden, maakten twee enorme basilieken de grote hoeveelheid antieke ruïnes compleet. In de eeuwen van de late oud-

INFO

Informatie
Famagusta Tourist Information: aan de binnenkant van de Landpoort, tel. 366 28 64, ma.-za. 9-17 uur.
Yeni Erenköy Tourist Information: Karpasía: bij de afslag naar Agía Triás, ma.-za. 9-17 uur, tel. 374 49 84.

Vervoer
Vanuit Famagusta zijn **uitstapjes met de dolmuş** naar Sálamis en Iskele mogelijk. Naar Nicosia gaan veel lijndiensten van de bus en de verzameltaxi. Voor verdere bestemmingen hebt u een huurauto nodig.

Parkeren
Het is geen probleem om in Famagusta een gratis parkeerplaats te vinden. Achter hotel Portofino staat de automobilist een groot parkeerterrein ter beschikking. Ook in de Oude Stad is aan de Cengiz Topel, die parallel aan de kustversterkingen loopt, meestal wel een parkeerplaatsje te vinden.

heid droeg Sálamis de naam Constantia (naar keizer Constantius II). In deze tijd was de stad nog voor Páfos en Koúrion de belangrijkste bisschopszetel van het eiland.

In 3e eeuw v.Chr. ontwikkelde zich enkele kilometers ten zuiden van Sálamis aan het strand het dorp Arsinoe, gesticht door Ptolemaeus II en genoemd naar zijn zuster en echtgenote Arsinoe. In de late oudheid raakte het dorp ontvolkt – de huizen zijn letterlijk 'in het zand weggezakt', in het Grieks Ammóchostos. Zo werd het huidige Famagusta daarna – door de Grieken nog steeds – genoemd. De invallen van de Arabieren vanaf 647 n.Chr. betekenden het einde voor het naburige Sálamis/Constantia, maar bezorgden Ammóchostos een onverwachte toestroom van vluchtelingen.

De grote tijd van de stad kwam met de Franken. Na de val van Akko in 1291 ging de laatste kruisridderstad in het Heilige Land verloren. Adellijke territoriale heersers, ridders en kooplieden moesten vluchten en vestigden zich in de Lusignanstaat op Cyprus, die toen al ongeveer een eeuw bestond en stabiliteit beloofde. De stad heet tegenwoordig **Famagusta**, van het Latijnse *fama*, tijding, en *augusta*, verheven.

De daaropvolgende decennia klom Famagusta op tot een monopolistische tussenhandelsstad. Zowel westerse als islamitische handelaars verscheepten hun waren hiernaartoe en lieten ze door tussenpersonen verkopen. Fortuinzoekers en serieuze kooplieden uit de Nederlanden, Frankrijk, Catalonië, Byzantium en Armenië verwierven snel rijkdom en besteedden delen van hun winst aan de bouw van kerken. Famagusta zou volgens een zegswijze uit die tijd meer kerken hebben geteld dan er dagen in een jaar gaan.

In 1372, met het uitbreken van de handelsoorlog tussen Genua en Venetië, begon het verval. De kooplieden gaven nu de voorkeur aan betrouwbare overslaghavens in Egypte en Syrië. Met de Osmaanse verovering in 1571 was het gedaan met de legendarische rijkdom van Famagusta. In de Oude Stad gingen Turkse immigranten wonen. Grieken mochten zich voortaan na zonsondergang niet meer ophouden in de Oude Stad, zij moesten verhuizen naar de zuidelijke voorstad Varósia. Deze stad groeide in de jaren voor 1974 uit tot de belangrijkste badplaats van Cyprus.

Famagusta/ Gazimağusa ✸ ▶ L 5/6

De wandeling door de Oude Stad begint bij de Landpoort en eindigt bij de Othellotoren. De smalle brug over de stadsgracht voert naar een pas door de Britten gemaakte bres in de muur. Links daarvan is de oorspronkelijke Landpoort te herkennen.

Van Land- naar Zeepoort

Landpoort en vesting 1

De Landpoort, in het Turks **Akkule**, Wit Bastion, genaamd, is de eerste van de twee historische toegangen tot de Oude Stad. Hij staat op halve hoogte in een halfronde voorburcht, die de Venetiaanse ringmuur op deze plaats versterkte. Van het talud ertegenover, dat nog door een andere, nu volledig vervallen voorburcht versterkt was, voerden een brug en kort voor de poort een hangbrug over de gracht naar de stad. Famagusta was na Valletta op Malta de best versterkte stad van het Middellandse Zeegebied. De vestingmuur met vijftien bastions, 15 m hoge en 8 m brede wallen is zeer goed bewaard gebleven. Diepe schachten met openingen op de wal en de scheef geplaatste muren dienden voor de opheffing van de drukverschillen bij treffers door kanonskogels.

St.-Petrus-en-Pauluskerk [2]

28 Mehmet Çelebi Sok.

Deze laatgotische, in 1360 gebouwde kerk is naast de kathedraal de best bewaard gebleven kerk in Famagusta. Een koopman zou hem volgens een kroniekschrijver van een derde van de winst van één enkele handelsonderneming gesticht hebben. De stijl van de kerk is archaïsch: eenvoudige, zware vormen zonder veel maaswerkversiering. De Osmanen verbouwden de nu gesloten kerk tot de Sinan Paşamoskee, de Britten tot een aardappelpakhuis.

Chimney House Mansion [3]

Hükümet Sok., ma.-za. 8-17 uur, 's winters 8-15.30 uur, circa € 3

Een kort uitstapje in noordelijke richting voert naar een interessante archeologische verzameling in een herenhuis uit de Lusignantijd, dat naar zijn imposante schouw **Chimneyed Mansion** werd genoemd. Het in 2004 geopende **museum** toont goede voorbeelden van de Cypriotische *free field*-stijl en enkele archaïsche beelden. Op de eerste verdieping is in de vitrine rechts bij de achterste smalle zijde van de expositieruimte een ongewone lamp in de vorm van een penis te zien. Ook een 'intercom' naast een van de twee buitendeuren, waarmee de laatmiddeleeuwse eigenaars van het huis contact konden maken met bezoekers voor ze de deur openden, is verder zelden te vinden.

Palazzo del Provveditore en Namık Kemalmuseum [4]

Namık Kemal Sok., museum dag. 8-15.30 uur, circa € 3

De in hoge mate verwoeste buitenmuren van het palazzo omsluiten nu een plein en een plantsoen, dat met kanonskogels van ijzer en steen en ook met antieke en Frankische architectuurfragmenten verfraaid is. Tot 1489 diende het gebouw als paleis van de Lusignans, daarna als het Venetiaanse paleis van de stadhouder van Famagusta. Alleen de oostgevel is nog tot het begin van het dak bewaard gebleven: vier Dorische granieten zuilen uit Sálamis zijn voor het portaal gebouwd en dragen een kroonlijst. Op een sluitsteen van dit renaissanceportaal met drie poorten is het wapen van een van de *Capitani del regno di Cipro* aangebracht: Giovanni Renier, 1552.

Achter het portaal informeert in een voormalige gevangenistoren het kleine **Namık Kemalmuseum** over de nationale schrijver van de Turken. Namık Kemal, een bekende dichter en stichter van het liberale tijdschrift *Hürriyet* ('Vrijheid'), zat van 1873 tot 1876 in Famagusta 38 maanden opgesloten vanwege zijn kritische dichtregels over het sultanaat. Hij geldt als wegbereider van de Jong-Turken en de hervormingen van Kemal Atatürk. Zijn bekendste werk heet *Vatan*, 'Vaderland'. Naar hem is het plein voor de kathedraal genoemd, zijn buste staat op een sokkel voor de voormalige Koranschool dicht bij de ingang van de kathedraal.

Kathedraal/Lala Mustafa Paşamoskee [5]

Mahmut Celaleddin Sok., overdag, buiten gebedstijden, toegang gratis, schoenen uittrekken voor binnenkomst

Tegenover het Palazzo del Provveditore ziet u de prachtige voorgevel van de voormalige St.-Nicolaaskathedraal, de huidige Lala Mustafa Paşamoskee. De eerste steen werd in 1298 gelegd, al in 1326 was de kathedraal voltooid en kon hij gewijd worden. Vergeleken met de Sofiakathedraal in Nicosia is dit gebouw verfijnder en weelderiger ver-

Famagusta/Gazimağusa

Bezienswaardig
1. Landpoort en vesting
2. St.-Petrus-en-Pauluskerk
3. Chimney House Mansion
4. Palazzo del Provveditore, Namık Kemalmuseum
5. Kathedraal/Lala Mustafa Paşamoskee
6. Ágios Geórgios
7. Othellotoren
8. Zeepoort
9. Arsenaalbastion met Canbulat Museum

Overnachten
1. Dee European Hotel
2. Arkin Palm Beach
3. Portofino

Eten en drinken
1. Desdemona
2. Agora
3. Nar Mutfağı
4. Café Zisan
5. Petek Pastanesi
6. Cyprus House

Uitgaan
1. Voormalige hamam aan het Namık Kemalplein
2. Flaneerboulevard
3. Lions Garden

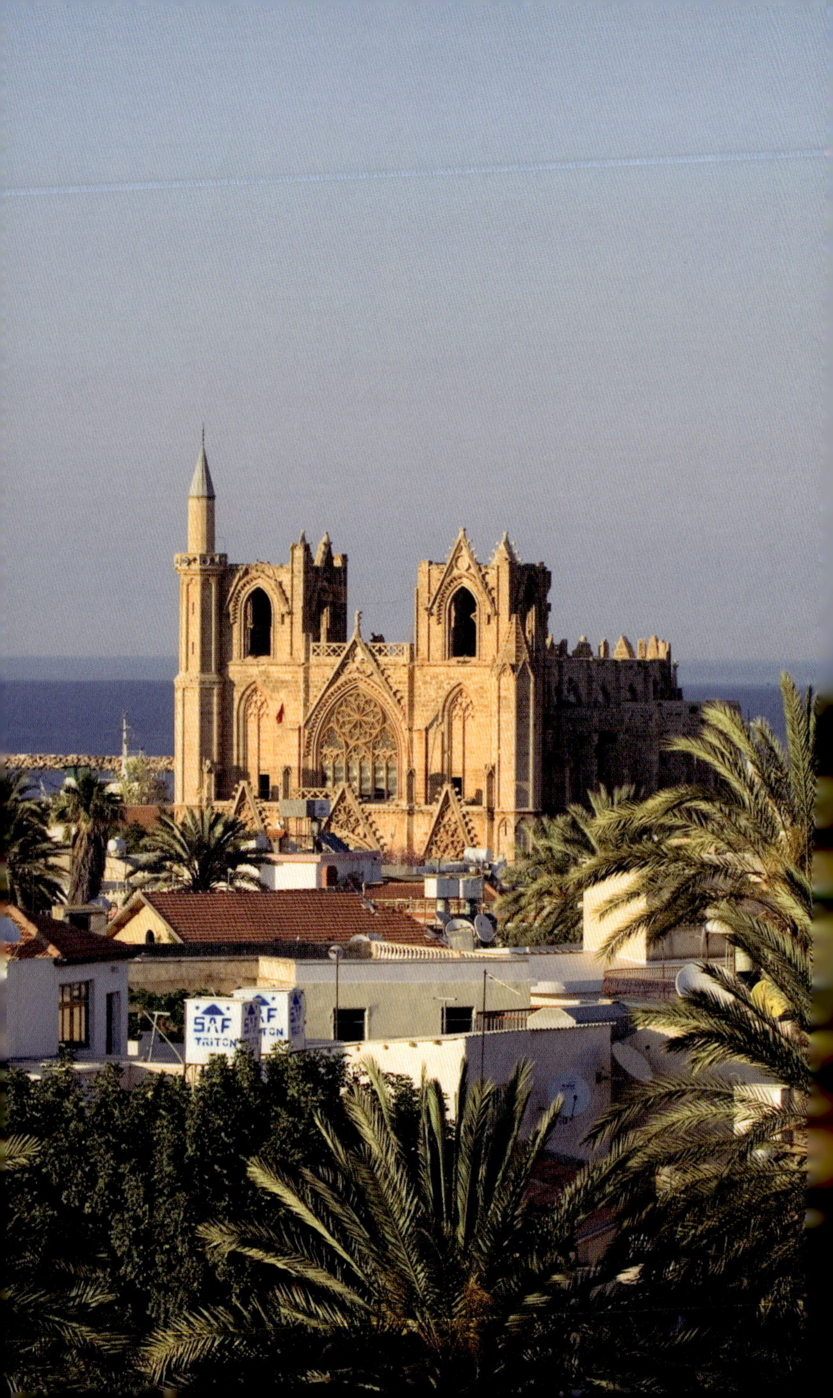
SAF
TRITON

sierd. De Osmaanse minaret rijst boven de linkertoren uit. Boven de toegangspoort ziet u een smalle galerij, vanwaar de edelen de feestelijkheden voor de kerk konden aanschouwen. Wanneer een nieuwe koning zijn heerschappij over Cyprus aanvaardde, werd hij na zijn kroning in de kathedraal van Nicosia ook nog in die van Famagusta tot koning van Jeruzalem gekroond. De eerste Cypriotische koning, Guy de Lusignan, was namelijk door zijn huwelijk met Sibylla van Jeruzalem erfgenaam van een titel geworden waarbij sinds de verovering van Jeruzalem door Saladin in 1187 geen land meer hoorde.

Het interieur van de kathedraal is net zo sober ingericht als dat van de kathedraal van Nicosia, en de muren zijn witgekalkt.

Ágios Geórgios

Lala Mustafa Paşa Sok., toegang gratis

Ten noorden van de kathedraal staat de **markthal**, aan de zuidkant verrijst nog een kathedraal, **Ágios Geórgios** [6], die van de Grieks-orthodoxen was. De kathedraal werd tussen 1372 en 1571 gebouwd en moest in schoonheid met de destijds nog katholieke kathedraal concurreren. Alleen de muren en delen van het koor bleven verschoond van de verwoestingen door aardbevingen. De kathedraal was naar Byzantijnse bouwstijl overkoepeld en toont zo een mengeling van oosterse en westerse kerkbouw. In het koor zijn met moeite nog enkele zwaar beschadigde fresco's te herkennen.

Othellotoren [7]

Dag. mei-sept. 8-19, okt.-apr. 8-15.30 uur, circa € 3

Gotische kathedraal met minaret: de Lala Mustafa Paşamoskee

Vanaf deze zeefortificatie hebt u een mooi uitzicht op de Oude Stad en de omgeving. De ronde toren hoort bij een citadel, die de stadsmuren tot aan de haven versterkte en in noodgevallen als wijkplaats moest dienen. Een marmeren leeuw van St.-Marcus bewaakt de ingang. De inscriptie daaronder zegt dat de gouverneur van Famagusta, Nicolo Foscarini, de Venetiaanse havenburcht in 1492 had laten verbouwen. In de vesting kunt u de kazematten bezoeken en op de omloop klimmen.

Het complexe jaloeziedrama *Othello* van Shakespeare speelde zich af op Cyprus en ook in Famagusta, dat de *seaport of Cyprus* wordt genoemd, maar een connectie met deze citadel is niet aangetoond. In het toneelstuk wordt veldheer Othello van Venetië naar Cyprus gestuurd om tegen de Turken te vechten. Pas hier kan hij met Desdemona de huwelijksnacht doorbrengen. Twee dagen later is Desdemona dood, vermoord door haar geliefde, een 'oprecht en vrij gemoed'. De intrigant Jago had bij Othello en furieuze jaloezie opgewekt.

Zeepoort [8]

Tegenover **patisserie Petek** [6] staat de tweede historische toegang tot de stad, de **Zeepoort**. De poort is nu gesloten. Naast de poort voert een trap omhoog naar een bastion, vanwaar u net als op de Othellotoren kunt uitkijken over de omgeving - en dat is nog gratis ook.

Arsenaalbastion met Canbulat Museum [9]

Dag. 8-15.30 uur, circa € 3

Bezoekers die tijd over hebben, kunnen ook het Arsenaalbastion bezoeken, dat nu Canbulatbastion heet. Canbulat was een Turkse cavalerieofficier, die zich in 1571 bij de verovering van Famagusta in een enorm mes ▷ blz. 264

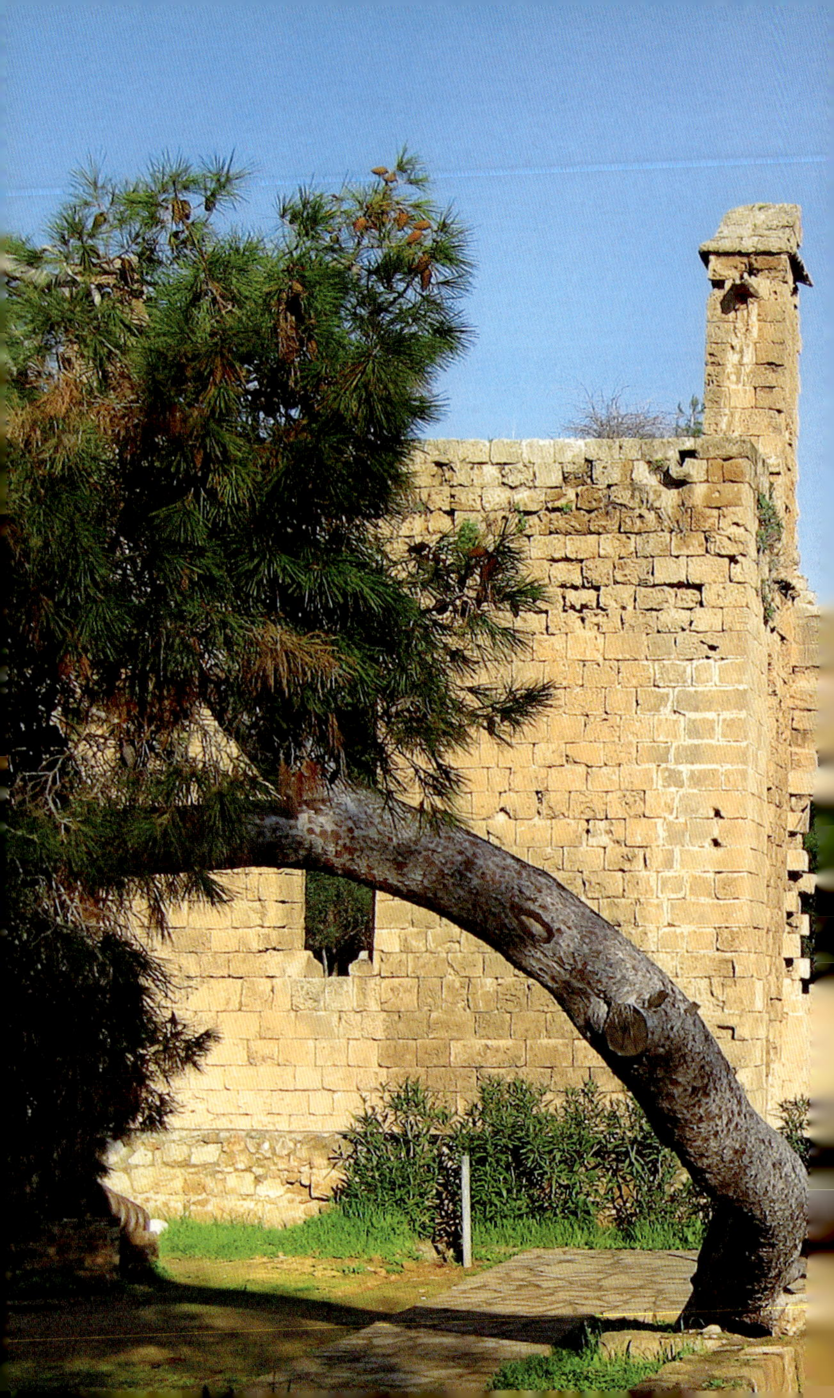

Favoriet

Rustpauze in de ruïne

Wanneer u uw rondwandeling door Famagusta beëindigd hebt, kunt u naar het kleine, geïmproviseerd overkomende **café Zisan** 4 onder het Namık Kemalmuseum gaan. In de schaduw van eucalyptusbomen en een dennenboom staan een paar rieten en plastic stoelen en een eenvoudige tafel. Rondslingerende kanonskogels van steen en brons, een Romeinse sarcofaag, een beeld van een vrouw en kapitelen uit Sálamis zorgen voor een historische ambiance. Traptreden in de grond voeren naar een cisterne met daarnaast een waterreservoir. U ziet ook een Turkse hamam, die gebouwd is in de ruïne van een gotische franciscanenkerk, en verder de bijna volledig bewaard gebleven, eveneens gotische St.-Petrus-en-Pauluskerk.

had gestort waarmee de Venetianen een smalle ingang van het bastion versperden. Zo kon Canbulat dit moorddadige instrument blokkeren en was de toegang tot de vesting vrij. Zijn resten werden op het bastion begraven; zijn graf is een geliefde bestemming voor schoolreisjes van de Turks-Cyprioten.

In het bastion is een klein **museum** ondergebracht dat de belegering behandelt uit Turks-nationalistisch gezichtspunt en ook folkloristische objecten herbergt. Onder het museum wapperen vlaggen boven een **monument** dat gewijd is aan de moedjahedien van de TMT, de terroristische organisatie van Turkse nationalisten (zie Op ontdekkingsreis blz. 210).

Voor het bastion hadden de Venetianen een grote, langwerpige hal gebouwd, een **arsenaal**, om schepen door een poort in de stadsmuur direct uit het water voor een reparatie het land op te trekken.

Varósia ▶ L 6

Ver naar het zuiden rijzen de hotels van de spookstad Varósia (Varosha, Turks Maraş) de mediterrane lucht in, de stad die voor 1974 als het Rimini van Cyprus gold. Meer dan de helft van de toeristen stroomde toen hiernaartoe en nam in totaal tienduizend hotelbedden in beslag. De nieuwe stad van Famagusta telde ongeveer 37.000 inwoners; in de vervallen Oude Stad woonden drieduizend mensen, vrijwel uitsluitend Turken. De Turkse invasie betekende het einde van de badplaats. De bewoners en de Griekse hoteleigenaars werden verdreven en Varósia werd tot verboden gebied uitgeroepen. De spookstad presenteert sindsdien met zijn verlaten hoogbouw een beklemmend beeld van de Cypruskwestie.

Overnachten

Famagusta bezit één enkel acceptabel hotel in de hogere middenklasse, het Dee European. Binnen de ringmuur zijn alleen enkele zeer eenvoudige en minder schone *guest houses* te vinden.
Beste mogelijkheid in de middenklasse – Dee European Hotel 1: Gazi Mustafa Kemal Bv., tel. 366 10 10, www.thedeeeuropeanhotel.com, 2 pk circa € 50. Onaantrekkelijk gelegen aan de uitvalsweg naar Nicosia, maar bij gebrek aan andere hotels het beste adres in de middenklasse.
Aan het strand – Arkin Palm Beach 2: Deve Limani, aan het noordelijke einde van het beroemde vlakke strand van Varósia met zijn fijne zand, tel. 366 20 00, www.arkinpalmbeach.com, 2 pk vanaf circa € 100, voordeliger te boeken via een touroperator. Gerenommeerd, in 2011 volledig gerenoveerd luxehotel met wellness en een spa. Treurig is de aanblik van de omheinde, kapotgeschoten Griekse hotelstad naast het hotel.
Voor de doorreis – Portofino 3: Fevzi Çakmak Bl. 9, tel. 366 43 92, www.portofinohotel-cyprus.com, 2 pk circa € 40. Tweesterrenhotel in de blokkendoosstijl van de jaren 70. Veel kamers zijn gerenoveerd. Op de ringweg in de Oude Stad waaraan het hotel ligt, wordt 's nachts niet veel gereden.

Eten & drinken

De meeste mensen komen naar Famagusta in het kader van een dagtochtje. Derhalve worden de restaurants en cafés in de Oude Stad hoofdzakelijk overdag bezocht, maar weinig 's avonds. Bij een wandeling door de straatjes van de Oude Stad ziet u ook enkele cafétaria's met de Turkse keuken en dönergerechten, maar het straatbeeld wordt bepaald door de etalages en uitstallingen van de souvenirwinkels, juweliers en kledingwinkels. In de nieuwe stad gaat het er levendiger aan toe, vooral in de studentenwijk aan het begin van de weg naar Sálamis.

Historische ambiance – Desdemona 1: in een Frankische kerk uit de 13e eeuw bij het Arsenaalbastion, tel. 054 28 89 11 71, hele dag, ook 's avonds, geopend. *Mezé* circa € 14, hoofdgerecht € 8-10. Eigenaar Halil Güvener heeft de kerk in een gezellig kelderrestaurant met een rustiek tintje veranderd. Rechts aan de muur hangt een foto van de jonge John Lennon als soldaat in Duitsland in de film *How I won the war*.

Authentiek en goed – Agora 2: Iskender Paşa Sok., in de Oude Stad tegenover het Santa Napabastion, tel. 366 53 64, kebab met bijgerechten ca. € 10. Specialiteit *firin kebab = kléftiko*. Voor de ingang kun je een imposante leemoven bewonderen.

Granaatappelkeuken – Nar Mutfağı 3: Altın Tabya Yolu, in de Oude Stad bij de Landpoort, hoofdgerecht circa € 7. Voordelige cafetaria, die veel van zijn gerechten met granaatappelsiroop verfijnt.

Koffiepauze – Café Zisan 4: zie Favoriet blz. 263.

Beste adres voor zoetigheid in Noord-Cyprus – Petek Pastanesi 5: bij de voormalige Zeepoort, dag. 8-24 uur. Grote patisserie met open haard en fontein. De bekende Turkse keuken, van hoge kwaliteit.

Degelijk – Cyprus House 6: Fazil Polat Paşa Bv., 400 m buiten de Oude Stad in de richting Varósia/Maraş, tel. 366 37 92, hoofdgerecht incl. drankjes circa € 15. Vooral bij Europeanen geliefd restaurant, tevens galerie. Binnen is het restaurant folkloristisch ingericht met boerengereedschap. Buiten beschikt het over een klein tuinterras met vele potplanten.

Winkelen

Kleine souvenirs – In de **voetgangerszone** tussen **Landpoort 1** en **kathedraal 5** worden de gebruikelijke namaakmerkartikelen en souvenirs verkocht. Donderdags wordt bij de busterminals een grote markt gehouden – ramsj, maar ook groente en fruit.

Actief

Wandeling op de muren – De machtige vestingmuren om Famagusta zijn bijna helemaal te bewandelen. Wanneer u niet verder kunt, kunt u er gemakkelijk af en later weer op. Ook in de **stadsgracht** kunt u om Famagusta heen lopen op een ongeasfalteerde rijweg.

Uitgaan

Hamambar – In de Oude Stad is 's avonds weinig te doen. Voor een drankje gaat men hier naar de **voormalige hamam aan het Namık Kemalplein 1**, een bar met af en toe disco.

Voor flaneurs – De **flaneerboulevard 2** van Famagusta loopt langs de zee tussen de Oude Stad en de omheining van Varósia. Daar vindt u ook enkele bars en restaurant.

Hippe muziek in een kitscherige ambiance – Aan de noordrand van de stad bij de universiteit (aan de weg naar Sálamis) staan grote discotheken, zoals **Lions Garden 3**: hele jaar, informeer, in ieder geval vr./za., circa € 10. Zowel binnen als buiten gedecoreerd met kitscherige monumentale beelden.

Info

Informatie

www.magusa.org: website van Fama-

Picknick op de vestingmuur van Famagusta

gusta met veel toeristische informatie.
Famagusta Tourist Information:
in de Landpoort, tel. 366 28 64, gazi
magusa@ekonomiturizm.org, ma.-za
9-17 uur.

Vervoer

De **busterminals** voor de bestemmingen Nicosia, Kyrenia en Iskele liggen bij het Overwinningsmonument, Gazi Mustafa Kemal Bv., verbindingen ongeveer elk uur.

Enkomi ▶ L 5

Dag. mei-sept. 8-19, okt.-apr. 8-15.30 uur, circa € 3, kaart op het bord bij de ingang

Enkomi is de hoofdstad van Cyprus uit de bronstijd, die als Alasia al in de archieven van de Hettieten voorkomt. De sterk overwoekerde ruïnes uit de 12e eeuw v.Chr. strekken zich uit in een dal achter een natuurlijke kalksteendam. Een net van elkaar loodrecht snijdende straten scheidde woonblokken van heiligdommen, werkplaatsen en het koninklijk paleis. Een stadsmuur met vier poorten, een naar elke windrichting, omgaf een terrein van 130.000 m².

Vanuit het wachthuisje komt u in de stad door de noordpoort met een rechthoekige observatietoren. Op de noordzuidas bereikt u dan, voorbij het **Heiligdom van de Gehoornde God** rechts en bij de koperwerkplaatsen links het centrale plein. Ten westen daarvan ligt het **koninklijk paleis**, ten oosten het **Heiligdom van de Baargod** en ten zuiden een ander, niet te benoemen heiligdom.

De Gehoornde God van Enkomi was vermoedelijk de Myceense Apollo Kereates, de gehoornde Apollo. Bij de Baargod betreft het een beschermgod voor de de grondstof nummer één van Cyprus, koper. Beide godenbeelden zijn nu te vinden in het Cyprusmuseum in Zuid-Nicosia (zie blz. 216).

Barnabasklooster ▶ L 5

Dag. mei-sept. 9-20, okt.-apr. 9-12.30 en 13.30-16.45 uur, circa € 3

Op deze plaats, in het Grieks **Ágios Várnavas**, werden volgens de legende in 488 de resten van de Cypriotische kerkgrondlegger en apostel Barnabas gevonden, wat hielp om de aanspraak van de Cypriotische Kerk op onafhankelijkheid tegenover Constantinopel te staven. Hier dichtbij vindt u het graf van de heilige.

Boven de resten van een vroegchristelijke basiliek werd in de 10e eeuw een voor deze tijd karakteristieke kerk met verscheidene koepels gebouwd. Deze dient nu als **iconenmuseum**. Ook interessant is het kleine **archeologisch museum** in de voormalige vleugel voor de monniken. De belangrijkste archeologische collectie van Noord-Cyprus omvat vooral antieke vazen, die Griekse eigenaars bij hun vlucht naar de Republiek moesten achterlaten.

Sálamis *

Koningsgraven van Sálamis ▶ L 5

Dag. mei-sept. 8-19, okt.-apr. 8-15.30 uur, tentoonstellingsruimte en omheinde graven (nr. 79, 47, 50) circa € 3, de andere gratis, plattegrond bij de ingang

Enkele van de spectaculairste vondsten op Cyprus zijn afkomstig uit de necropolis van Sálamis. De meeste grafkamers zelf waren leeggeroofd, maar in de gangen erheen hebben archeologen prachtige meubels, enorme bronzen ketels en skeletten van ezels en paarden gevonden. In Sálamis werden ook mensen geofferd, die vermoedelijk de doden in het hiernamaals moesten dienen. Voor informatie over het schijngraf van Nikokreon, de geschiedenis en het begrafenisritueel zie Op ontdekkingsreis blz. 218.

Graf 79
Zie Op ontdekkingsreis blz. 218

Graf 47
De geofferde paarden zijn onder een laag dak te zien. Een van de paarden had geprobeerd te vluchten, aan het juk van het tuig zijn hals uitgerekt en bij het vallen zijn nek gebroken. Zijn schedel is in een onnatuurlijke houding gevonden. In de grafheuvel hebben de opgravers ook het skelet van een mens ontdekt, die misschien geboeid was. Vermoedelijk een vijand, die hier het leven liet.

Graf 50
Dit graf heet op Cyprus 'Gevangenis van de Heilige Catharina'. Het werd in de Romeinse tijd overwelfd en veranderd in een *heroön*, een klein heiligdom. Tijdens de christenvervolgingen diende het bouwwerk als kerker. Volgens een latere legende werd de heilige Catharina hier gevangengehouden.

Tentoonstellingsruimte
In de tentoonstellingsruimte moet u zich tevredenstellen met foto's en modellen, die echter wel voldoende informatie bieden. De praalwagen van de koning uit graf 79 is gereconstrueerd. Alle oorspronkelijke vondsten worden in het Cyprusmuseum in Nicosia tentoongesteld.

Graf 2
Zie Op ontdekkingsreis blz. 218

Cellarcagebied
Een korte wandeling voert naar een terrein waar de armere bevolking van Sálamis werd begraven. Samengeperst op een oppervlakte van 1092 m² liggen

hier ten minste 114 rotsgraven. Bijna alle zijn geplunderd. Ze waren dicht onder de oppervlakte uit de rots gehouwen en waren alleen voorzien van korte, getrapte *dromoi* (gangen).

Ze zijn eeuwenlang gebruikt als familiegraven. Doordat de ruimte op de begraafplaats steeds krapper werd, moest bij latere graven de *dromos* steeds kleiner worden en werd hij ten slotte weggelaten. Het grafterrein was bovengronds door kleine muren afgebakend.

Romeins en vroeg-christelijk Sálamis ▶ L 5

Dag. mei-sept. 8-19, okt.-apr. 8-15.30 uur, circa € 4, plattegrond bij de ingang

Deze ruïnestad ligt welhaast idyllisch pal aan zee te midden van mimosa's, eucalyptusbomen en hele velden reuzenvenkel. U kunt een bezoek het best combineren met een uitgebreide wandeling en eindigen met een duik bij het voortreffelijke zandstrand of met een maaltijd in het strandrestaurant bij de ingang.

Gymnasion

De opgraving toont een sportcentrum (*gymnasion*) uit halverwege de 4e eeuw n.Chr. Zware aardbevingen hadden in 332 en 342 het eerdere bouwwerk verwoest. Om de 52 x 39 m grote palaestra staan opnieuw gebouwde Korinthische zuilen. Hier oefenden Romeinse atleten in boksen en worstelen. Na de training konden ze zich verfrissen bij de twee waterbassins of meteen naar de aangrenzende thermen gaan. Aan de rand van het noordelijke bassin hebben de archeologen weer beelden opgesteld waarvan de vroege christenen na het verbod op heidense cultussen door keizer Theodosius in 391 de koppen hadden afgeslagen.

Direct naast de palaestra ligt een sudatorium (zweetbad) met een hypocaustum. De hete lucht stroomde niet alleen onder de vloer (hypocaustum), maar door veel buizen, waarvan de resten goed te herkennen zijn, ook omhoog langs de muren. Boven de zuidelijke deur van het sudatorium ziet u een goed bewaard fresco uit de 3e eeuw. Hylas, de favoriet van Heracles, wordt daarop vanwege zijn schoonheid door een bronnimf in het water getrokken (onder aan de fresco met 'water' in zijn rechterhand).

In de gemeenschappelijk latrine konden tot 44 *consessores* ('samenzitten') hun kleine of grote boodschap doen. Daarbij hadden ze uitzicht op de palaestra en konden ze zich na gedane zaken wassen met water dat in een klein kanaal voor de in een halve cirkel opgestelde latrines voorbijstroomde. De christenen voelden zich niet gemakkelijk met het vrije zicht op het toilet. Ze zetten daarom een muur voor de latrines.

Theater en resten van de agora

Het theater uit de tijd van Augustus had zeventienduizend zitplaatsen en was daarmee een van de grootste gebouwen in zijn soort. Links van het podium staat nog één van de in totaal negen muzenbeelden die het theater opsierden: Melpomene, de muze van de tragedie. Tegenover haar op de andere kant van het podium staat Apollo in zijn functie als aanvoerder van de muzen. In de 3e eeuw werd om de *orchestra* (waar de senatoren zaten) een circa 1 m hoge balustrade gebouwd ter afscheiding van de toeschouwersruimte. Zo ontstond een waterbekken, waarin de Romeinen tot vermaak van de massa's naumachieën (gevechten tussen schepen) organiseerden. Zo was het oorspronkelijke tragedietheater een plaats van de Romeinse amusementsindustrie geworden.

Getuigen van het belangrijkste stadskoninkrijk van Cyprus: de zuilen van de palaestra

Circa 200 m ten westen van het theater ziet u stenen verkoopkramen voor vis; het zijn resten van de agora, die Noord-Cypriotische archeologen hebben opgegraven.

Kampanopetra, Epiphaniosbasiliek, stenen Forum

Van het theater voert een landweg langs een Romeinse villa in de richting van de zee naar het eerste van de twee vroegchristelijke monumentale gebouwen van Sálamis/Constantia. Beide kerken stammen uit het eind van de 4e eeuw, beide bezitten goed bewaarde rijen als die van een theater in de apsis van de altaarruimte. Op deze zogeheten *synthronon* troonden bij de liturgieën de bisschop en de hogere geestelijken.

De imposante Kampanopetra is uitgebreid met drie atria, twee voor de kerk en een achter de altaarruimte. In de atria verbleven indertijd de catechumenen, de mensen die nog niet gedoopt waren. Ze waren blijkbaar bereid om massaal toe te treden tot de nieuwe openbaringsreligie. De Epiphaniosbasiliek bereikt u door terug te keren op de weg naar de Kampanopetra en bij de eerste afslag linksaf te gaan. De basiliek was met 58 x 24 m de grootste kerk van Cyprus. Epiphanios uit Judea was in 368-403 bisschop van Sálamis en wordt als de Cypriotische kerkvader beschouwd. Hij was een fanatieke en hardnekkige vertegenwoordiger van de orthodoxie. Het graf van de bisschop ligt rechts naast de apsis. Vanhier verlengde nog een andere, kleinere kerk de basiliek naar het oosten, een kerk met meervoudige koepels uit de 8e of 9e eeuw.

Van het stenen Forum uit de tijd van Augustus is weinig bewaard gebleven. Het smalle, door zuilenrijen en winkels omgeven Forum strekte zich uit over 228 m. Een podiumtempel van Zeus met colonnade voltooide het geheel in het zuiden. Ertegenover groeven de Byzantijnen in de 6e of 7e eeuw een enorme cisterne, die de watervoorziening binnen een kleine ringmuur moest waarborgen.

Overnachten

Op grote afstand van elkaar staan topklasse- en middenklassehotels tussen mimosabosjes aan de brede baai. Alle leven van het all-intoerisme en zijn het voordeligst inclusief lucht via een touroperator te boeken.

Comfortabel nieuw hotel – **Venus Beach:** tel. 444 80 00, www.skyvenusbeach.com: 97 kamers, fitness- en saunavoorzieningen, goede kinderopvang, tennisbanen.

Minibar Beach Restaurant aan de baai van Sálamis

Wanneer u van Sálamis naar het noorden rijdt, let dan na het Koçareis Holiday Resort op een bewegwijzerde onverharde weg die naar dit eenvoudige restaurant en café direct aan het strand voert. In de onmiddellijke nabijheid ligt alleen een kampeerterrein. Mobiele telefoon eigenaar Mustafa Ali 053 38 64 66 25. Hij houdt van rebellen, gezien de Che Guevarafoto's die aan de muur hangen. De specialiteit is vers gevangen vis, die inclusief alle bijgerechten niet meer dan circa € 13 kost.

Luxehotel vol traditie – **Salamis Bay Conti Resort Hotel:** tel. 378 82 00, www.salamisbay-conti.com, 2 pk ca. € 130. Compleet gerenoveerd hotel met alle voor deze klasse gebruikelijke voorzieningen, zelfs met eigen hotelarts; 392 kamers in het hoofdgebouw, twintig bungalows.

Karpaz-/Karpasíaschiereiland

In het oostelijk deel van Noord-Cyprus steekt de lange 'pannensteel' van het Karpasíaschiereiland ver de zee in. Op de punt staat het orthodoxe Andreasklooster, een belangrijke bedevaart- en excursiebestemming voor Grieks-Cyprioten uit het zuiden.

Het Pentadáktylosgebergte gaat hier over in zacht golvend heuvelland, dat tot de ongereptste en mooiste landschappen van Cyprus behoort. De bossen van het gebergte strekken zich uit tot het Kantárabos, verder naar het oosten wordt het landschap door boeren gebruikt. Hier groeien tarwe en gerst, olijf- en johannesbroodbomen, en er grazen schapen en geiten. Geheel in het oosten van het schiereiland leven in de halfhoge maquis nog steeds wilde ezels.

Het Karpasíaschiereiland, dat van 1974 tot 1986 militair verboden gebied was, is inmiddels uit zijn slaap ontwaakt. Nu zetten bouwmaatschappijen gestandaardiseerde huizen neer om aan vermogende buitenlanders te verkopen, grote hotels verrijzen aan tot nu toe onbebouwde stranden bij Boğaz en Bafra, in mindere mate ook bij Yeni Erenköy. Op de plaatsen waar geen asfaltwegen, maar alleen landwegen naartoe voeren, zijn op het schiereiland toch nog maagdelijke stranden te vinden.

Een van de mooiste stranden van Cyprus ligt bij het Andreasklooster, dat vanwege zijn duinen en verwaaide zand ook Golden Sands Beach of Big Sands Beach wordt genoemd. Het is maar matig ontsloten voor het toerisme. Het strand behoort tot het beschermde natuurgebied Karpasía.

Iskele/Tríkomo ▶ I 4

In de geboorteplaats van de EOKA-leider en latere terrorist Geórgios Grívas is de kerk van de **Panagía Theotókos** uit de 11e eeuw met fresco's in de stijl van de hoofdstad Constantinopel (ma.-za. 8-15.30 uur, circa € 3) een bezoek waard. Deze fresco's zijn net zo belangrijk als de ongeveer tegelijk geschilderde fresco's van de kerk van Asínou, die op de Werelderfgoedlijst van de UNESCO staat.

Boğaz/Bogázi ▶ L 4

Deze vissersplaats is ingesloten door nieuwe stadsuitbreidingen. Hij bezit een kleine haven met restaurants en cafés en ook een redelijk goed strand. Aan de oostrand landinwaarts is in 2009 een hoogbouwhotel gebouwd. Bij de toegang tot de plaats staat een supermarkt van de keten Lemur, waar u een voorraad kunt inslaan voor een picknick.

Overnachten

Voor de doorreis – **Exotic:** vanuit Famagusta aan de toegang tot Boğaz, tel. 371 28 85, exoticmirillo@superonline.com, 2 pk circa € 60. Modern driesterrenhotel met zwembad. Goed voor een overnachting tussendoor.

Eten en drinken

Visspecialist – **Kemal'in Yeri:** aan de haven, tel. 371 25 15, dag. lunch en diner. Vis-*mezeler* circa € 20. Dit in heel Noord-Cyprus bekende visrestaurant betrekt zijn vis direct van de vissers, die voor de deur aan land komen.

Kantára ▶ L 3

Dag. mei-sept. 8-17, okt.-apr. 8-15.30 uur, circa € 3

Deze afgelegen Frankische vesting ligt net als de St.-Hilarionburcht romantisch op een 630 m hoge top van het Pentadáktylosgebergte, maar is minder goed bewaard gebleven. Twee wachttorens flankeren de ingang. Op de bergtop stond vroeger nog een wachttoren. De rit erheen is lang, maar loont de moeite door het schitterende uitzicht dat u hebt op het land en de zee.

De vesting behoorde tot een netwerk van middeleeuwse communicatie. Overdag met behulp van spiegels of met rooksignalen, 's nachts met het licht van vuur stonden de wachtposten van Kantára in contact met de naburige vestingen Buffavento en Famagusta, bijvoorbeeld om de komst van een vijandelijke vloot te melden. Van Buffavento werden de signalen naar Nicosia en St.-Hilarion doorgegeven, van St.-Hilarion naar Kyrenia enzovoort, tot heel Cyprus op de hoogte was.

Wandeling naar de bergvesting Kantára

8,1 km, heen en terug bijna 3 uur zonder grote hoogteverschillen. Gedeelte T37 en T35 van het Noord-Cypriotische wandelpadennet, groen-witte markeringen

Deze tocht loopt zonder veel klimmen en dalen door een dennenbos op de rug van het Pentadáktylosgebergte, dat vanaf hier zacht glooiend eindigt bij het Karpasíaschiereiland. In **Kantára-dorp** vertrekt u op de **parkeerplaats** voor het

Famagusta, Sálamis en Karpasía

Wandeling naar de bergvesting Kantára

Van Boğaz naar Kaleburnu ▶ L 4 - N 2

Wie zin en tijd heeft om naar de **zuidkust bij Bafra/Vokolída** (▶ M 4) te rijden en bovendien wil weten hoe het daar staat met de toeristische ontsluiting, moet de borden naar het **Kaya Artemis Resort** volgen. Dit gigantische hotel met 745 kamers is een kopie van de Artemistempel van Efeze, een van de zeven wereldwonderen. De naakte Grieken op het zuilenreliëf van het origineel hebben echter vijgenbladeren aangemeten gekregen. Ook de hoteltuin ziet er quasiklassiek kitscherig uit. Let bijvoorbeeld op een kopie van de Bibliotheek van Celsus uit Efeze bij de tuin. Naast het hotel is een ander wereldwonder gepland: **de Hangende Tuinen van Babylon** als groot hotel. Enkele kilometers verder zal hotel **Noah's Ark** volgen in de vorm van een reusachtige stoomboot.

Bij **Ziyamet/Leonárisso** vertakt de hoofdweg. De noordelijke route loopt via Yeni Erenköy en direct langs de kust, de zuidelijke route door het binnenland en langs eenzame dorpen. Hier groeten de weinige automobilisten elkaar nog. Sporadisch voeren onverharde wegen naar de onbebouwde kust.

In **Lythragkomi** is een stop bij de **Panagía Kanakariá** aan te raden. Deze kloosterkerk met zijn twee koepels boven het langschip stamt uit de 12e-14e eeuw en is gebouwd op de resten van een vroegchristelijke basiliek uit de 6e eeuw. Uit deze basiliek is in 1974 de Turkse invasie een mozaïek gestolen, dat later opdook in de Verenigde Staten en voor 20 miljoen dollar werd aangeboden aan het Getty Museum. Na een rechterlijke uitspraak is het mozaïek teruggegeven aan de rechtmatige eigenaar, de Republiek Cyprus. Tegenwoordig is het mozaïek in het Iconenmuseum in Zuid-Nicosia te zien. De

restaurant en neemt dan de weg die met borden Kantara Castle is bewegwijzerd. Verlaat de weg al na circa 15 m en sla links de **Ormanaian Yolu Sokak** in. Loop nadat u het dorp verlaten hebt op de rug van het gebergte over een **bospad** door een dennenbos in de richting van de vesting. Passeer deze eerst, om dan over een ander **bospad** dat u tegenkomt, rechts omhoog naar de **parkeerplaats** voor de **vesting** te lopen. Traptreden voeren circa 120 m steil omhoog. Vanboven, op 630 m hoogte, hebt u een prachtig uitzicht op de oostpunt van het eiland en op de brede baai van Famagusta.

Volg terug op een **bospad** de markeringen van gedeelte T35 tot aan een **picknickplaats**. Loop vanaf daar over de **asfaltweg** terug naar het **dorp Kantára**.

Tip

Verbonden met de natuur – Eco Village Büyükkonuk en Nitovikla Garden Hotel

Het dorp Büyükkonuk/Komi (▶ L 3) is door de bewoners tot Eco Village uitgeroepen. Enkele dorpshuizen fungeren als klein pension. Kinderen en volwassenen kunnen er op een ezel rijden of meedoen aan het broodbakken, www.ecotourismcyprus.org. In het dorp Kumyalı/Kóma tou Gialoú (M 3) is in 2008 het Nitovikla Garden Hotel geopend in de buurt van de orthodoxe kerk (tel. 375 59 80, www.thenitoviklagardenhotel.com, ook via een touroperator te boeken, 2 pk € 30-35).
De eigenaar, Zekai Altan Hcima, is tevens schrijver en heeft boeken over de folklore van Noord-Cyprus geschreven. Het restaurant wordt geleid vanuit een ecologisch gezichtspunt. Olie, brood, groente, wijn en droesembrandewijn worden zelf geproduceerd. De eenvoudige, schone kamers liggen in een tuin, het restaurant ertegenover biedt fijnproeverskwaliteit. In een bij het hotel behorende grot wordt nog een restaurant gerund. Indien gewenst mogen de gasten meedoen aan de boers-ecologische landbouw. Ze kunnen bijvoorbeeld meehelpen bij de verzorging en de oogst van de gewassen. Ten noordoosten van het hotel ligt een **natuurpark met wandelpaden,** die door het ministerie voor Economie en Toerisme in een brochure, die bij de hotelreceptie ter inzage ligt, kort zijn beschreven. Eén wandeling voert naar de grot van de Agía Solomoni. Fietsen zijn gratis te gebruiken op aanvraag, om bijvoorbeeld mee naar het strand te rijden.

---

kerk wordt nu bewaakt en is overdag geopend.

In **Kaleburnu/Galinóporni,** een welvarend Turks dorp, kunt u naar het noorden afslaan en de hoofdweg van de noordkust bereiken. In het dorp zijn enkele cafés en een restaurant (tel. 054 28 54 27 99) gevestigd.

Yeni Erenköy/ Aigiálousa ▶ N 2

Dit forse dorp met circa 2500 inwoners is gunstig gelegen voor de oostelijke goede stranden bij **Ágios Thýrsos.** De bewoners zijn afkomstig uit Erenköy/Kókkina, de kleine Turkse enclave tussen Káto Pýrgos en Pólis in het noordwesten van het eiland. Vandaar de naam Yeni, 'nieuw', Erenköy, als vervanging voor de Griekse naam Aigiálousa.

De plaats met enkele nieuwe villawijken eromheen is verder niet van belang. Ten oosten van het dorp is in 2009 een nieuwe haven aangelegd, die het toerisme in de nabije toekomst nieuwe impulsen zou kunnen geven. Veel mensen in het zuiden rijden om het dorp heen, om te pauzeren bij de mozaïeken van de vroegchristelijke basiliek van Agía Triás.

Sipahi/basiliek van Agía Triás

Mei-sept. 8-17 uur, okt.-apr. 8-15.30 uur, circa € 3

In dit kleine dorp wonen verscheidene Griekse families, waarvan de vrouwen gemakkelijk zijn te herkennen aan de zwarte kleding. Links van de weg als u het dorp uit rijdt, zijn interessante ruïnes van een vroegchristelijke basiliek met een in de vloer aangebrachte doopvont en goed bewaard gebleven mozaïeken te zien. Op één mozaïek is een paar sandalen te zien, een oud pelgrimssymbool.

Overnachten

Eenzaam gelegen – **Balcı Plaza:** 2,2 km ten oosten van Ágios Thýrsos aan het duinenstrand, tel. 374 50 75, www.balciplaza.com, 2 pk € 50-90. Appartementenhotel op een enorme lap grond aan zee. Op 200 m afstand staat een taverna, die bij het complex hoort.

Het hotel is ook via touroperators te boeken. Een huurauto wordt aanbevolen voor de mobiliteit.

Dipkarpaz/ Rizokárpaso ▶ O 2

Dit grote dorp bestaat uit vele kleine, over een vlakte verspreide boerderijen. Hier vindt u winkels, koffiehuizen, eenvoudige restaurants en ook een benzinestation. Hier woont het grootste deel van de Griekse minderheid van Karpasía. De Grieken treffen elkaar in het *kafeníon* aan de hoofdstraat bij de kerk Ágios Synesios uit de 18e eeuw.

Karpasíaschiereiland: ook de schapen zoeken verfrissing in het koele water

Zij wonen op hun geërfde stuk grond en hebben een *papás* als leider. De ouderen ontvangen hun inkomsten in euro's uit de Republiek. De weinige kinderen gaan naar de basisschool en het gymnasium, maar daarna meestal voor een vervolgopleiding en voor betere beroepsperspectieven naar het zuiden.

Overnachten

Dipkarpaz is een goede bestemming, ook voor een langer verblijf. Het is 3 km over de weg naar het strand bij Ágios Fílon. Deze afstand is ook te voet of met de fiets binnen niet al te lange tijd af te leggen.

Vakantie in het dorp I – **Karpaz Arch Houses:** Dipkarpaz, weg naar Ágios Fílon, aan de rand van Dipkarpaz, tel. 372 20 09, www.archhouses.com, 2 pk € 35-45. Bungalows met rustiek ingerichte kamers, eigendom van de staat. In 2009 zijn er vijf nieuwe kamers bijgekomen. Het complex hoorde vroeger bij een 19e-eeuwse boerderij. Met tegelvloer, ijskast en keukenblok. Ook fietsverhuur.

Chic klein boetiekhotel – **Villa Carparis:** dicht bij Karpaz Arch Houses, tel. 053 38 64 44 31, www.villacarparis.com, 2 pk € 50-55. Zes grote bungalows in de tuin; dit is het beste hotel in de omgeving.

Vakantie in het dorp II – **Villa Lembos:** tel. 372 20 28, www.villalembos.com, negen bungalows, naargelang het seizoen en de bezettingsgraad € 30-60. In 2009 geopend, klein bungalowpark aan de noordrand van het dorp. Zeer modern en smaakvol ingericht in een voormalig meloenenveld.

Pension bij het klooster – **Elausa Manastir:** circa 5 km ten westen van Dipkarpaz, volg op de weg naar Yeni Erenköy een bewegwijzerde weg die 1,5 km naar links in de beboste heuvels naar een verlaten klooster en een picknickplaats voert, tel. 054 28 83 33 43. Bovenaan ligt een afgelegen restaurant met een pension. Sinds 2013 heeft het tien nieuwe kamers.

Eten en drinken

Voordelig en goed – **Manolyam:** naast Karpaz Arch Houses, tel. 372 22 09, dag. lunch en diner. De goed Engels sprekende restauranthouder Şükrü Göndermez was onderofficier in het Noord-Cypriotische leger en heeft hier een nieuw bestaan opge- ▷ blz. 278

Favoriet

Pure romantiek ▶ E 10

Circa 1 km voorbij het klooster Ágios Andréas in de richting van de kaap staan op een landtong enkele houten bungalows te huur en een paar oudere natuurstenen huizen. Ze hoorden bij een kustwachtstation van de Britten. Beneden de landtong strekt zich een halfrond strand uit. Het glasheldere water is turquoise van kleur wanneer de zee rustig is. Bij deze romantische plek zou u eens kunnen zwemmen in plaats van bij Golden Sands Beach. Wilt u overnachten, ga dan naar het **Sea Bird Restaurant,** dat de houten bungalows voor circa € 30 verhuurt. De eigenaar spreekt goed Engels. Sea Bird is ook heel geschikt voor een vismaaltijd, hoofdgerecht vanaf € 8. Het restaurant koopt zijn vis direct van de vissers, die hier beschut door de kaap voor anker gaan. **Sea Bird Restaurant:** tel. 372 20 12, mobiel 053 38 63 29 73, in de koudere maanden gesloten.

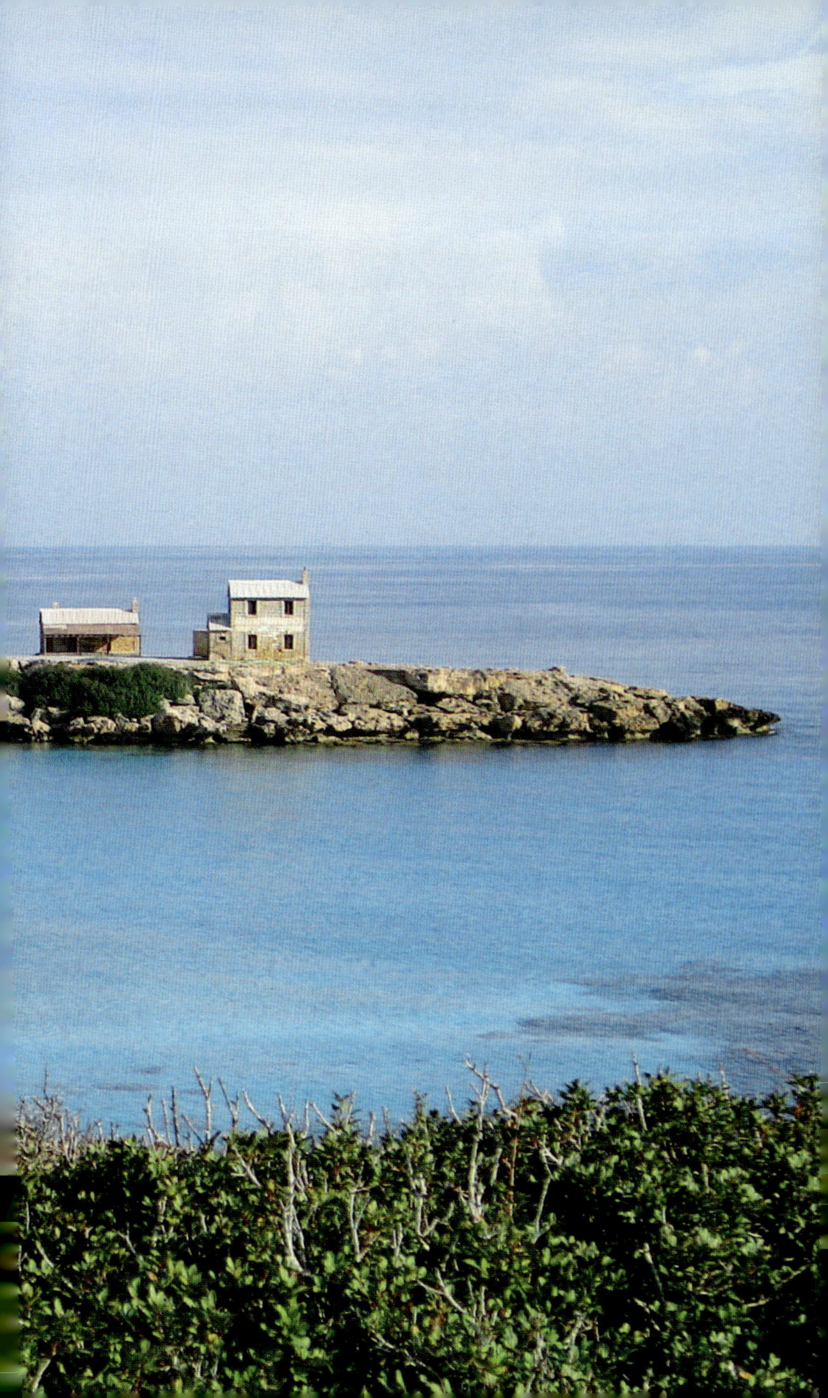

bouwd. Gezellig ingericht restaurant, hoofdgerecht € 6-8.

Actief

Wandelen in de maquis – Tussen Yeni Erenköy en Dipkarpaz. Let hier op grote borden langs de weg die enkele wandelpaden beschrijven, bijvoorbeeld bij de kerk van Ágios Thýrsos. Hier kunt u een leuke wandeling maken.

Ágios Fílon ▶ O 2

Een uitstapje voert van Dipkarpaz noordwaarts naar de vroegchristelijke **basiliek van de heilige Fílon** aan zee. Op de ruïnes daarvan is in de 10e of 11e eeuw een kruiskoepelkerk gebouwd. De muren zijn tot aan het begin van het gewelf bewaard gebleven. In de omgeving wacht de antieke stad Karpasía tussen velden en maquis op een opgraving. De aan de bisschop van Karpasía gewijde basiliek uit de 5e eeuw is in het bezit van twee atria en een monumentaal baptisterium met een doopvont.

U kunt in westelijke richting over paden en landwegen langs de kust lopen en genieten van het mooie uitzicht.

Zo'n 4 km verder naar het oosten bereikt u over een smalle asfaltweg een ander vroegchristelijk geheel, de onuitgegraven en door stenen en maquis bedekte **Panagía Aféndrika** direct aan de kust.

Overnachten

Eenzaam gelegen – **Oasis:** naast de ruïnes van de basiliek van Fílon, tel. 824 49 52, www.oasishotelkarpas.com, 2 pk € 25. Klein, eenvoudig pension aan zee. Pension Oasis is vooral aan te raden voor een verblijf in de warmere maanden.

Golden Sands Beach ✹ ▶ P 2

Dit uitgestrekte, wit-goudgele duinenlandschap geldt als een wonder van de natuur. Het Golden of ook Big Sands genoemde strand is meer dan 3 km lang en reikt tot 200 m het land in. Van juni tot augustus moet u het strand met schildpadden delen, die daar hun eieren leggen. Natuurbeschermers letten erop dat de uit de eieren gekropen jongen ongehinderd de weg naar de zee vinden.

Van de hoofdweg voeren doodlopende wegen naar de zandverstuivingen en naar enkele provisorische taverna's. Sommige bieden zeer eenvoudige houten hutten aan om te overnachten. Hier kunt u ver van alle hectiek genieten van de eenzaamheid. Houd in ieder geval wel rekening met de schildpadden.

Het beste uitzicht op het strand hebt u vanaf de hoofdweg kort voor het Andreasklooster op een heuvel. Hier begint een zone waarin de hier levende wilde ezels worden beschermd. Al bij de rit erheen zult u ze regelmatig hebben kunnen waarnemen.

Overnachten

Op het strand – **Teko's Place:** tel. 372 21 90, www.tekosplace.com, 2 pk circa € 40. Kleine, eenvoudige appartementen in de buurt van een strandtaverna aan Golden Sands Beach. Met meer comfort dan de houten hutten die de andere taverna's aanbieden. 's Winters gesloten.

Eten en drinken

Bij de Griek – **Nikos:** aan een kleine baai tussen Dipkarpaz en Golden Sands Beach, tel. 053 38 44 13 92. Nikos Ktistis, een Griek uit Dipkarpaz, is hier voor zichzelf begonnen. Zijn broer bezit schapen en geiten, zijn vader het Griekse *kafenion* in Dipkarpaz. Visgerechten zijn de specialiteit van het huis.

Ágios Andréas ▶ P 1

Dag. geopend, toegang gratis
Op 23 km ten oosten van Dipkarpaz hebt u eindelijk het **klooster Apóstolos Andréas** (of klooster Ágios Andréas) bereikt, dat voor 1974 de belangrijkste bedevaartbestemming van de orthodoxe Grieks-Cyprioten was. Sinds 2003 staan de Turks-Cypriotische autoriteiten weer een bezoek toe.

Op de naamdag van de apostel Andreas, 30 november, stromen duizenden Grieken hiernaartoe. Velen van hen willen bij een bron met heilig water genezen worden. Volgens de legende was de apostel op een missiereis aan boord van een schip dat net om de kaap voer en om water verlegen zat. De apostel bracht hulp. Hij ging met de bemanning aan land en vond de bron. Vooral een gotische kapel uit de 15e eeuw met een paraplugewelf is interessant. Voor het klooster ziet u een markt, waar pelgrims en toeristen geneeskrachtig water, de gebruikelijke souvenirs en snoepgoed kunnen kopen.

Vijf kilometer verder eindigt de weg bij de eenzame **kaap Apóstolos Andréas**, waarvoor enkele klippen liggen. Hier bevindt zich een basis van het Turkse leger.

Wandeling om de oostpunt van Cyprus

Begin klooster Ágios Andréas, 15,9 km, 4-5 uur, zonder grote hoogteverschillen, gedeelten T137 en T138 van het Noord-Cypriotische wandelpadennet, groen-witte markeringen

Om de oostpunt van Cyprus

De wandeling gaat in het begin 1 km over asfalt, daarna 10 km over onverharde wegen langs de kust om de oostpunt van Cyprus.

Neem bij het **klooster Ágios Andréas** de geasfalteerde rijweg die naar het **Sea Bird Restaurant** voert. Loop dan over een onverharde weg naar de **tafelberg** op de kaap, waarop een Turkse militaire basis gevestigd is. Laat dit verboden militaire gebied rechts liggen en loop steeds langs de kust naar het westen tot de wegsplitsing bij de **piramide P25**. Nu volgt een niet zo zware klim van circa 100 m, om via het schiereiland naar het beginpunt terug te keren.

Overnachten

Eenzaam, uitzicht op zee – Karpaz View Hotel: zakelijk betonnen gebouw van de staat op een heuvel niet ver voor het klooster, tel. 372 22 34, fax 372 22 90, 2 pk met halfpension en een welkomstcocktail circa € 65.

Toeristische woordenlijst

Grieks

De transcriptie van het Grieks veroorzaakt enkele moeilijkheden. Van belang is de juiste klemtoon, namelijk op de lettergreep met het accent erop. Klinkers worden altijd kort en open uitgesproken.

Α/α	a
Β/β	v (b)
Γ/γ	j voor i en e, verder g als in 'goal'
Δ/δ	d, als het Engelse th in 'the'
Ε/ε	e
Ζ/ζ	z als in 'roze'
Η/η	i
Θ/θ	als het Engelse th in 'thanks'
Ι/ι	i, voor een klinker als een j
Κ/κ	k
Λ/λ	l
Μ/μ	m
Ν/ν	n
Ξ/ξ	x (ks)
Ο/ο	o als in 'bos'
Π/π	p
Ρ/ρ	rollende r
Σ/σ	s als in 'tas'
Τ/τ	t
Υ/υ	i , v als in 'viool', na a en e als f
Φ/φ	f (ph)
Χ/χ	voor e/i als het Duitse 'ich', voor a/o/u als in 'lachen'
Ψ/ψ	ps
Ω/ω	o als in 'bos'

Lettercombinaties

ΑΙ/αι	e/ee
ΓΓ/γγ	ng als in 'lang'
ΕΙ/ει	ie als in 'lief' /i
ΜΠ/μπ	b in het begin, mb in een woord
ΝΤ/ντ	d in het begin, nd in een woord
ΟΙ/οι	ie als in 'lief'/oi
ΟΥ/ου	oe als in 'boef'
ΤΖ/τζ	dz

Turks

Meestal ligt de klemtoon op de eerste lettergreep. Ook zijn enkele letters in het Nederlands onbekend of worden anders uitgesproken:

c	dzj
	cami (moskee) – dzjami
ç	tsj
	kaç (hoeveel) – katsj
e	korte, open e
	evet (echt, inderdaad) – evvet
ğ	– als verlenging na a, ı, o, u
	dağ (berg) – daa
	– als j na e, i, ö, ü
	değil (niet) – dejil
h	– als in 'haas' tussen klinkers
	postahane (postkantoor) – posta'hane
	– als in 'nacht' na een lage klinker aan het eind van een lettergreep
	bahçe (tuin) – bachtsje
	– als in het Duitse 'ich' na een hoge klinker aan het eind van een lettergreep
	salih (vroom) – zaliech
ı	als de stomme e in 'dalen'
	halı (tapijt) – challe
j	stemhebbend als in 'jus'
	plaj (strand) – plaazj
s	stemloze scherpe s als in 'wassen'
	su (water) – su
ş	als in 'sjaal'
	şelale (waterval) – sjelale
v	w
	ve (en) – wee
	na a als au
	pilav (rijst) – pilau
y	als in 'jagen'
	yol (weg) – jol
z	z als in 'zon'
	güzel (mooi) – guzel

Nederlands	Grieks	Turks

Begroeting

Goede(n)dag/-avond/-nacht	Kali méra/spéra/níchta	Iyi günler/akļamlar/geceler
Hallo/Dag (jij-vorm/u-vorm)	Jássu/Jássas	Merhaba/Güle, Güle
proost!	jámmas!	şerefe!
Hoe gaat het met jou?/u?	Ti kánis/Ti kánete?	Nasılsın/Nasılsınız?
Tot ziens	Adío (adíosas)	Allaha ısmarladık/Güle, güle

Algemeen

alstublieft/dank u	parakaló/efcharistó	lütfen/teşekkürler
ja/nee	nè/óchi	evet/hayır
goed/slecht	kalós/kakós	güzel/kötü
groot/klein	megálos/mikrós	büyük/küçük
nieuw/oud	néos/paljós	yeni/eski
duur/goedkoop	akriwó/ftinó	pahalı/ucuz
heet/koud	zestós/kríos	sıcak/soğuk
geeft niet	den pirási	bir şey değil
sorry	signómi	pardon
oké	endáxi	tamam
Ik heb het niet verstaan	Den katálawa	Anlamıyorum.
Waar is …?	Pú íne …?	… nerede bulunur?
Ik zoek een …	Thélo na wró ena …	En yakin … nerede?

Onderweg

bus/halte	leoforío/stásis	otobüs/durağı
busstation/luchthaven	stási/aerodrómio	otogar (garaj)/havalimanı
schip/haven	plío/limáni	gemi/liman
kaartje	issitírio	bilet
auto/motorfiets	aftokínito/motosiklétta	araba/motosiklet
Is dit de weg naar …?	Íne aftós o drómos ja …?	… nerede bulunur?
rechts/links/rechtdoor	deksjá/aristerá/efthían	sağda/solda/dosdoğru
ver/dichtbij	makría/kondá	uzak/yakın
ingang/uitgang	ísodos/éxodos	giriş/çıkış
geopend/gesloten	aniktos/klistos	açık/kapalı
kerk/museum/plein	eklesía/musío/platía	kilise/müze/meydan
strand	paralia	plaj (plaazj)

Bank, post, arts, noodgeval

bank/geldautomaat	trápeza/ATM	banka/bankamatik
postkantoor/postzegels	tachidromío/grammatóssima	postane/pulu
telefoon/informatie	tiléfono/pliroforíes	telefon/danışma
bonnetje	apódixi	fatura
arts/praktijk/tandarts	jatrós/jatrío/odontiatros	doktor/diş doktoru
ziekenhuis/apotheek	nossokomío/farmakío	hastane/eczane

Help!/politie	Voíthia!/astinomía	Imdat!/polis
ongeval/pech	atíchima/pánna	kaza/ariza

Winkelen/eten

winkel/kiosk	magasí/períptero	dükkân/mini market
vlees/vis	kréas/psári	et/balık
kaas/eieren/melk	tirí/awgá/gála	peynir/yumurta/süt
brood	psomí	ekmek
fruit/groente	frúta/lachaniká	meyve/sebze
Hebt u ...?	Échi ...?	... varmı?
Wat wilt u?	Ti thélete?	Buyurunuz?
Ik wil graag ...	Parakaló thélo ...	... istiyorum
Wat kost dat?	Pósso káni aftó?	Bu ne kadar?
menukaart	katálogos	yemek listesi
De rekening, alstublieft!	To logarjasmó parakaló!	Hesap lütfen!

Tijd

maandag/dinsdag/woensdag	deftéra/tríti/tetárti	pazartesi/salı/çar|amba
donderdag/vrijdag	pémpti/paraskewí	perşembe/cuma
zaterdag/zondag	sáwato/kiriakí	cumartesi/pazar
ochtend/twaalf uur	to proí/mesiméri	öğleden/öğle
de middag	to apójewma	öğleden sonra
de avond/nacht	to wrádi/i níchta	akşam/gece
uur/dag	óra/mera	saat/gün
week/maand/jaar	ewdhomádha/minas/chrónos	hafta/ay/yıl
gisteren/vandaag/morgen	ekthés/simera/avrio	dün/bugün/yarın
Hoe laat is het?	Ti óra íne?	Saat kaç?

Getallen

	Grieks	Turks		Grieks	Turks
1	énna, mía (w.)	bir	16	dekkaéxi	on altı
2	dío	iki	17	dekkaeftá	on yedi
3	trís, tría	üç	18	dekkaoktó	on sekiz
4	tésseris, téssera	dört	19	dekkaennéa	on dokuz
5	pénde	be|	20	íkossi	yirmi
6	éxi	altı	21	íkossi énna	yirmi bir
7	eftá	yedi	25	íkossi pénde	yirmi be|
8	októ	sekiz	30	triánda	otuz
9	ennéa	dokuz	40	saránda	kırk
10	dékka	on	50	pennínda	elli
11	éndekka	on bir	60	exínda	altmıp
12	dódekka	on iki	70	evdomínda	yetmi|
13	dekkatría	on üç	80	októnda	seksen
14	dekkatéssera	on dört	90	ennenínda	doksan
15	dekkapénde	on beş	100	ekkató	yüz

Culinaire woordenlijst

Nederlands	Grieks	Turks

Algemeen

Eet smakelijk!	Kali órexi	Afiyet olsun!
Waar is het toilet?	Pou íne i toaléta?	Tuvalet nerede?
mes/vork/lepel	machéri/piroúni/koutáli	bicak/çatal/kaşik
glas/kopje	potíri/flindzáni	kadeh/fincan
bord/servet	piátto/petsétta	tabak/peçete
zout/peper	aláti/pipéri	tuz/kara biber

Dranken

water/mineraalwater	neró/sóda	su/madensuyu
sap/limonade	chimós/lemonáda	özsu/limonata
bier/wijn	bíra (mv. bíres)/krassí	bira/şarap
koffie/thee	kafés/tsái	kahve/çay
melk	gála	süt

Fruit

appel/peer	mílo/achládi	elma/armut
aardbei/kers	fráules/kerássja	çilek/kiraz
olijven	eljés	zeytin (-ler)
water-/honingmeloen	karpoúsi/peppóni	karpuz/kavun
sinaasappels/banaan	portokáli/banána	portakal/muz
perzik/abrikoos	rodákino/veríkoko	peftali/kayısı
vijg/wijndruiven	síka/staffílja	incir/üzümhiroméri

De Griekse menukaart

Salades en puree

choriátiki saláta	gemengde salade met schapenkaas
chórta saláta	snijbietsalade
maroúli saláta	bindsla, Romeinse sla
melindsáno saláta	auberginepuree
hoúmous	puree van kekererwten en knoflook
taramá	viskuitpuree
tachíni	dikke saus met sesamzaad of pinda
tomáto saláta	tomatensalade
tónno saláta	tonijnsalade
tzatzíki/tallatoúri	yoghurt met komkommer en knoflook

Vleesgerechten

afilja	varkensgoulash met rode wijn en koriander
arnáki, arní	lamsvlees
biftéki	gehaktbal
brizóla	varkens- of kalfskotelet
chirinó	varkensvlees
koupépia	warme dolmádes in een eiercitroensaus
dolmádes	met rijst en gehakt gevulde wijnbladeren
gourounópoulo	speenvarken
gouvarlákja	gehaktballetjes in citroensaus

jemistés	met rijst en gehakt gevulde tomaten en/of paprika's	**Vis en zeevruchten**	
katsíki	geitje	astakós	kreeft
kefaláki	gegrilde lamskop	bakaljáros	kabeljauw (of stokvis)
keftédes	gehaktballetjes	barboúnja	rode mul
kléftiko	lam/geitje uit de leemoven	garídes	scampi
		kalamarákja	gefrituurde of gebraden inktvis
kotópoulo	kip	kolljós	makreel
kounélli	konijn	ksifías	zwaardvis
kreatópitta	bladerdeegkussentje met vleesvulling	lavráki	baars
		mídja	mosselen
láchano dolmádes	dolmádes met koolbladeren	oktapódi	octopus (als salade, gegrild of gekookt)
		péstrofa	forel
loukaniká	worstjes	solomós	zalm
makarónja me kimá	spaghetti met gehaktsaus	soupjés	sepia, in zijn geheel of gevuld geserveerd
moschári	rundvlees		
moussaká	ovenschotel met aubergine en gehakt	**Groente**	
		angoúri	komkommer
païdákja	lamskoteletten	bámjes	okrascheuten
papoutsákja	gevulde aubergines	fassólja	sperziebonen
pastítsjo	ovenschotel met pasta en gehakt	gígantes	reuzenbonen
		kolokithákja	courgette
pastoúrma	pikante worstjes	melindsánes	aubergines
raviόles	met kaas of gehakt gevulde ravioli	spanáki	spinazie
		Desserts	
stifádo	rundvlees/konijn met ui in tomaten-kaneelsaus	risógalo	dunne rijstpudding
		yaoúrti	yoghurt
		... me karídia	... met walnoten
sheftaliá	braadworst	... me méli	... met honing
souvláki	vleesspies (rund- of varkensvlees)		

De Turkse menukaart

Voorgerechten

antep ezme	pikante puree van tomaten, peperoni, peterselie	çiğ köfte	scherp gekruide vleesballetjes van rauw gehakt en witbrood
		çoban salatası	gemengde salade met tomaat, komkommer, ui, paprika
arnavut ciğeri	gebraden stukjes lever met uien		
caçık	yoghurt met komkommer, dille en knoflook	haydari	puree van spinazie, schapenkaas en yoghurt
çerkes tavuğu	Tsjerkessische kip in saus met walnoten	humus	kekererwtenpuree

mantı	Turkse ravioli met koude yoghurtsaus	tandır	vlees uit een aardewerken pan
mücver	geraspte courgette, in olie gebakken	tas kebap	rundvlees met groente, als goulash
patlıcan salatası	auberginepuree		
patlıcan kızartması	gefrituurde aubergineschijven met knoflookyoghurt	**Vis**	
		ahtapot	octopus
		alabalık	forel
piyaz	wittebonensalade met azijn, olie en uien	barbunya	rode mul
		çupra	goudbrasem
sigara böreği	deegrolletjes met schapenkaas	dil balığı	zeetong
		istakoz	kreeft
su böreği	met gehakt of kaas gevulde pastei	karides	garnalen
		kefal	harder
tahin	sesampuree	kılıç balığı	zwaardvis
tarama	viskuitpuree	levrek	zeebaars
yaprak dolması	gevulde wijnbladeren	midye	mosselen
		mercan	zeebrasem
Grillgerechten		mürrekkep balığı	inktvis
adana kebap	pikant gekruid gehakt aan een spies	**Groente**	
biftek	biefstuk	bulgur pilavı	tarwegrutten
bonfile	filet	pilav	rijst
çöp şiş	kleine vleesspies van de grill	imam bayıldı	vegetarisch gevulde aubergines
döner kebap	vlees van een draaispies	kabak kızartması	gefrituurde courgetteschijven met yoghurt
iskender kebap	gegrild vlees op Turks brood met yoghurt	zeytinyağlı fasulye	kidneybonen in olijfolie
izgara köfte	gegrilde vleesballetjes		
pirzola	lamskotelet	**Desserts**	
şiş kebap	vlees aan een spies	aşure	droog fruit, noten, bonen in smeuïge suikersaus
tavuk kebabı	kip van de grill		
Stoofschotels		baklava	met walnoten of pistachenoten gevuld bladerdeeg
güveç türlü	gestoofd vlees met groente		
kabak dolması	met gehakt gevulde courgette	dilber dudağı	met siroop doordrenkt soezendeeg
kuzu tandır	lamsvlees in aardewerken pan	dondurma	ijs
		helva	Turkse honing
saç kavurma	op de bakplaat gegaard lamsvlees	lokum	gearomatiseerde gelei

Register

accommodatie 27
Achilles 151
Adonis 159
Adonis Trail 177
Aféndrika 278
Afxentíou, Grigóris 185
Agía Eiríni (Iríni)/
　Akdeniz 251
Agía Nápa 99
Agía Nápaklooster 100
Agía Triás,
　basiliek van 273
Ágios Andréas, klooster 270,
　278, 279
Ágios Fílon, basiliek van 278
Ágios Geórgios 164
Ágios Geórgios Pégeias 166
Ágios Minásklooster 109
Ágios Neófytosklooster 169
Ágios Nikólaos tis Stégis,
　kerk 192
Ágios Nikólaos ton Gatón,
　Kattenklooster 123
Ágios Sozómenos, kerk 192
Ágios Theódoros 192
Ágios Várnavas/Barnabas-
　klooster 267
Ágios Varnavas tis Ilaris,
　koepelkerk 186
Agrós 127
Aigiálousa/Yeni Erenköy 273
Aion 148, 152
Akámasschiereiland 171
Akdeniz/Agía Eiríni
　(Iríni) 251
Akme 147
Akoursós 178
Alagadi, natuurgebied 250
alarmnummers 39
Alevkaya Forest 244, 248
Alexander de Grote 220
Alexios Komnenos, keizer 197
Alsancak/Karavás 251
Amathoús 123
ambassades 39
Ambrosia 151
Amíandos 197
Ammóchostos 107
Ammoúdi Beach 169
Amphitrite 149
Amymone 147
Androlíkou 177
Antifonitísklooster 245
Aphrodite 146, 159, 163, 175

Aphroditeheiligdom 61, 143,
　159, 160, 162
Aphrodite Trail 177
Apollo 138, 147
apotheken 39
Ariadne 147, 151
Artemis, rondwandeling 135
Asínou en de kerk Panagía
　Forviótissa 188, 191,
　194, 195
Askás 186
Astarte 159, 219
Atalante, rondwandeling 135
Atatürk, Kemal 226, 258
Atropos 151
Auxentes, Leon 187
Avgórou 107
Bad van Adonis 170
Bad van Aphrodite/Loutrá tís
　Afrodítis 175
Bafra/Vokolída 252, 270, 272
Barnabas, apostel 267
Barnabasklooster/Ágios
　Várnavas 267
Bellapaís, klooster 233,
　241, 244
Berengaria van Navarra 116
Beylerbeyi/Bellapaís,
　dorp 241
Big Sands Beach 271
Boğaz/Bogázi 271
Britten 55, 116
Buffavento 244, 250, 271
Çamlıbel/Mýrtou 251
Castor 162
Catherina, kapel van de
　H. 111
Cedar Valley (Koilada ton
　Kedrou) 198
Chala/Hala Sultan Tekke,
　moskee 96
Charybdis 146
Chlórakas 164
Choirokoitía 48, 62, 109
Chrysaliniótissa Crafts
　Center 208
Chrysorrogiátissaklooster
　171
Coral Bay 169
Cornaro, Caterina 50
Coron, Demetre 195
Covocle, vesting 159
Cyprus Wine Museum 125
Daphne 147

Daszewski, Victor 148
Dekéleia 98
Derýneia 107
Digenis Akritas 163
Diomedes 163
Dionysos 146, 151
Dipkarpaz/Rizokárpaso
　73, 274
douane 21
dranken 31
Droúseia 178, 179
duiken 33
Durrell, Lawrence 19, 213
Echo 146
elektriciteit 39
Eliádes, familie 154
Enkomi 63, 256, 266
EOKA 55, 136, 211
Episkopí 136
Erenköy/Kókkina 181
Erími 125
Eros 147
eten 29, 90
Etnografisch Museum 107
Evríchou 193
Famagusta/Gazimağusa 46,
　50, 257, 259
– Ágios Geórgios 261
– Arsenaalbastion 261
– Chimney House
　Mansion 258
– kathedraal 65, 205, 209,
　226, 229, 231, 258, 265
– Lala Mustafa Paşamoskee
　258
– Landpoort 257
– Namık Kemalmuseum 258
– Othellotoren 261
– Palazzo del
　Provveditore 258
– Sinan-Paşamoskee 258
– St.-Petrus-en-Paulus-
　kerk 258
– Varósia/Maraş (Varosha)
　264
feesten 37
fietsen 26, 33
Fikárdou 186
Foiní 136
Fontana Amorosa 175
fooien 39
Foscarini, Nicolo 261
fotograferen en filmen 40
Galáta 192, 194, 195

Register

Galinóporni/Kaleburnu 273
Ganymedes 147
Gazimağusa 257
geld 40
geschiedenis 48
Girne 234
Golden Sands Beach 271, 278
golf 33
Goul, Philip 187
Governor's Beach 111
Grívas, Geórgios 51, 211, 271
Guy de Lusignan 261
Güzelyurt/Mórfou 181, 251
Hala/Chala Sultan Tekke, moskee 96
handicap, reizen met een 42
Haydar Pasamoskee 230
Helena 162
Hephaistos 175
Herakles 163, 268
Herodotus 162
Híppolytos 147
Homerus 146
Hugo III 241
Hugo IV 241
huurauto's 25
Hylates 138
Ignatius, heilige 170
Ikarios, koning 147
Ineía 178, 179
Invasiemonument 250
Irakleídios, nonnenklooster 184
Isaäk Komnenos 116
Iskele/Tríkomo 256, 271
jeugdherbergen 28
Kaap Gréko (Kávo Gkréko) 105
kaarten 19
Kakopetriá 192
Kalavasós 48, 62, 110
Kalavasós-Tenta 110
Kaleburnu/Galinóporni 273
Kalopanagiótis 200
Kámpos tou Livadioú 135
Kámpos tou Livadioú, rondwandeling 135
Kantárabos 270
Kantára, vesting 271
Karageorgis, Vassos 220
Karaman/Kármi 233, 251
Karavás/Alsancak 251
Kármi/Karaman 251

Karpaz-/Karpasíaschiereiland 36, 256, 270
Karsiyaka/Vasíleia 251
Kassiopeía 151
Kataklysmós 75
Káthikas 178
Káto Akourdáleia 178, 179
Káto Aródes 178
Káto Drys 108
Káto Pýrgos 181
Kávo Gkréko/ Kaap Gréko 105
Kiónia, picknickplaats 109, 185
Kissónerga 166
Kíti 98
Kítion 219
Klotho 151
Koilada ton Kedrou/Cedar Valley 198
Koiláni 126
Kókkina 181, 273
Kolóssi, johannietervesting 123, 125
Kóma tou Gialoú/ Kumyalı 273
Kormakítis/Koruçam, maronietendorp 250
Kormakítisschiereiland 250
Koúklia/Oud-Páfos 49, 159, 219
Kourdáli 197
Koúrion 137
kranten 40
Krítou Téra 178
Kumyalı/Kóma tou Gialoú 273
Kýkkklooster 197
Kyrenia/Girne 28, 46, 232, 234, 271
– Ağa Cafer Paşamoskee 234
– Carob Stores and Cyprus House 234
– Scheepswrakmuseum 236
– vesting 208
– Volkskundig Museum 234
Lachesis 151
Lagouderá 187
Lakkí/Latchi/Latsí 36, 174
Laóna 178
Lápithos/Lâpta 251
Lâpta/Lápithos 251
Lára Beach 169

Lára, schiereiland 168
Lára Turtle Station 168
Lárnaka 46, 82
– Ágios Lázaros/Lazaruskerk 86, 95
– Archeologisch Museum 89
– Armeniërsmonument 85
– buste van de veldheer Kimon 85
– Centrale Markt 94
– Djami Kebir 85
– Kítion 83, 89
– luchthaven 82
– Natuurhistorisch Museum s89
– Pierídesmuseum 88
– strandboulevard 85
– Turks aquaduct 93
– Turks fort 85
Latchi/Latsí/Lakkí 36, 174
Laurentia, heilige 170
Leda 151
Leda met de zwaan 162
Léfkara (Páno Léfkara) 108
Lefke/Lefká 251, 252
Lefkoşa (Nikosia) 226
Lefkosía (Nikosia) 203
Lémba 164
Lemesós (Limassol) 115
Leonardo da Vinci 108
Leonárisso/Ziyamet 272
Limassol (Lemesós) 46, 114, 115
– Archeologisch Museum 118
– Burcht 117
– Carob Mill Museum/ voormalige johannesbroodfabriek 118
– centrum 118
– Germasógeia 116, 119
– Kebirmoskee 118
– Lady's Mile Beach 119
– markthal 119
– stadspark 118
– wijnroutes 114
Limnítis/Yeşilırmak 253
Liopétri 103
Loutrá tís Afrodítis/Bad van Aphrodite 175
Lucas, evangelist 198
Lusignan, heersersgeslacht 50, 159, 233
Lykomedes, koning 138
Lythragkomi 272

Register

Máa, kaap 166
maateenheden 40
Machairás, Bos van 109, 184
Machairásklooster/Panagía tou Machairá 185
Muier, Franz Georg 162
Makários III, aartsbisschop 209
Makenzie Beach 94
Makroníssosgraven 104
Manuel Komnenos, keizer 185
Marathása Valley 200
Marcelloheuvel 160
Marion 172
Marsyas 152
Mazotós 94
medische zorg 40
Mesaóriavlakte 203, 249
Metamórfosis tou Sotíros, kerk 186
Mevlana 230
Militair Museum 250
Miltiades 85
Minotaurus 151
moeflons 179
Mórfou Bay 203
Mórfou/Güzelyurt 181, 251
Moutoullás 202
Mýrtou/Çamlıbel 251
Narcissus 146
Nea Páfos 144, 159
Nektar 151
Néo Chorío 177
Nicosia/Lefkosía/Lefkoşa 50
– blauwe lijn 226
– Green Line 204, 211, 226
– Nicosia Master Plan 226
Nicosia, Noord- (Lefkoşa) 46, 226
– Arab Achmedmoskee 227
– Arabahmetwijk 227
– Atatürk Square 226
– Barbaro-Bastion 210
– Bedesten 229
– Büyük Han 228
– Catharinakerk 230
– Dervis Paşa Konak 227
– Hotel Saray 226
– Kumarcılar Han 228
– Kyreniapoort 231
– Lapidary Museum (Lapidarium) 230
– Lusignan House 230
– markthal 229
– Mevlevi Tekke 230

– Museum of Barbarism 210, 212
– Museum of National Struggle 210, 212
– Osmaanse bibliotheek 229
– Selimiyemoskee 205, 229
– Sofiakathedraal 205, 229
Nicosia, Zuid- (Lefkosía) 46, 203
– Aartsbisschoppelijk Paleis 208
– Ágios Ioánniskathedraal 209
– Athalássa National Park 221
– Chatzigeorgákis Kornesioshuis 214
– Chrysaliniótissa Crafts Center 208, 223
– Chrysaliniótissawijk 208
– Cyprusmuseum 216
– Debenhams, warenhuis 215
– Etnografisch Museum 209
– Famagustapoort 208
– Faneroménikerk 215
– Holiday Inn 215
– Laikí Geitoniáwijk 214
– Leventis Museum 214
– Lidras Street 211, 215
– markthal 214
– maronietenwijk 215
– Museum voor Byzantijnse Kunst 213
– National Struggle Museum 210, 211
– Omeriye Hamam 214
– Omeriyemoskee 214
– Podocatarobastion 210
– Vrijheidsmonument 208, 210
Nikephoros Phokas, keizer 205
Noord-Cyprus 224
Odysseus 138, 146, 163
Ólympos 130
Ómodos 126, 136
openingstijden 41
Orpheus 149
Oud-Páfos/Koúklia 49, 159, 219
paardrijden 33
Pachyámmos 180
Páfos 46, 142
– Agía Kyriakí 153
– Archeologisch Museum 154

– Archeologisch Park 146, 150
– badhuis 153
– baldakijn 155
– Byzantijns Museum 154
– Etnografische Collectie Eliádes 154
– Geroskípou 155
– Grot van de heilige Solomoni 153
– gymnasium 155
– Káto Páfos 143
– Koningsgraven 153
– Ktíma 142, 154
– markt 157
– Osmaanse Hamam 154
– Pafiotisch neoclassicisme 155
– Páno Páfos 142
– Pauluszuil 153
– Saránda Kolónnes, vesting 149
– Turks fort 149
– Volkskundig Museum Geroskípou 155
Palaichóri 186
Panagía 171
Panagía Aféndrika, kerk 278
Panagía Arakiótissa, kerk 187
Panagía Forviótissa, kerk (Asínou) 188, 194, 195
Panagía Kanakariá, kerk 272
Panagía Theotókos Archángelos, kerk 192, 195
Panagía tis Podíthou, kerk 192, 195
Pancypriotisch Gymnasium 213
Páno Aródes 178
Páno Léfkara (Léfkara) 108
Páno Plátres 20, 26, 114, 127, 128
Paralímni 106
Paraskos, Stass 164
Pedoulás 202
Peléndri 128
Peleus 151
Pentadáktylosgebergte 46, 54, 133, 203, 232, 248, 270
Peristeróna 180, 186
Peter I 234
Petounta 95
Pétra toú Romioú 58, 163

Register

Phaedra 147
Phokas, Nikephoros 49
Pilavákis, Fanos 136
Pissoúri 139
Pissoúri Beach 139
Pissouromoutti Trail 177
Plan-Annan 57
Platanistása 187
Plátres 128
Pólis 172
Politikó 184
Pollux 162
Polyphemus 163
Pomós 180
Poseidon 147, 149
post 42
Potamós tou Liopetríou 103
Profítis Iliás, klooster 185
Protarás 106
Psilo Dendro 130
Ptolemaeus I 49
Pýla 99
Pyramos 146
Pyrgá 111
Pýrgos tis Rígenas,
 kloosterruïne 177
radio 42
Rafaíl, heilige 180
reiskosten 42
reisseizoen 20
reizen met een handicap 42
Rhesos 163
Richard Leeuwenhart 49
Rizokárpaso/Dipkarpaz
 73, 274
Rogia, berg 171

Sálamis 256, 267
– koningsgraven 218
Salina 83
Salines 83
schuurdakkerken 65, 186
Scylla 146
Selim II, sultan 229
Sibylla van Jeruzalem 261
Sipahi 273
Skarínou 110
skiën 34
Smigiés, picknickplaats 176
Smigies Trail 177
Soléa Valley 192, 195
Sóli/Sóloi 60, 133, 175, 219,
 233, 253
Solomoni, heilige 153
Sourp Magar, klooster
 244, 248
souvenirs 43
Spília 197
stadskoninkrijk 218
Stavrós tis Psókas 54, 180
Stavrós tou Agiasmáti,
 kerk 187
Stavrovoúni, kloosterberg
 111
St.-Hilarion, vesting 233, 271
Talat, Mehmet Ali 51
Tamassós 184, 219
Tatlısou/Akantoú,
 natuurgebied 250
taxi's 24
telefoneren 43
Thalassamuseum 101
Theodoros Apseudes 170

Theodosius 151
Theogonia 151
Theseus 147, 150, 151, 175
Thetis 138, 151
Thomas van Aquino 229
Tóchni 110
Tríkomo/İskele 256, 271
Tróodos 131
Tróodosgebergte 46, 53, 65
– noordelijk 182, 184
– Tróodos National Forest
 Park 130
– Tróodos Visitor Centre
 131, 132
– zuidelijk 127
Tropheus 151
Vasíleia/Karsiyaka 251
Vávla 110
veiligheid 43
verkeersbureau 18
vissen 34
Vokolída/Bafra 252, 270, 272
Vouní 233, 253
wandelen 34
watersport 34
websites 18
weer, het 20
Yeni Erenköy/Aigiálousa 273
Yeşilırmak/Limnítis 253
Zacharia, Polos 195
Zacharia, Stephanos 195
Zeevaartmuseum 101
Zeno, keizer 209
Zeno van Kítion 83
Zeus 162
Ziyamet/Leonárisso 272

Notities

Notities

Notities

Notities

Notities

Notities

Fotoverantwoording en colofon

Omslag: Brievenbus op betegelde muur in Kyrenia, Noord-Cyprus (Getty Images, München)
Binnenzijde voor: Kapel in Kami, Noord-Cyprus (Look, München)
Andrea Christofi-Huntzlker, Agia Marina Chrisochous: blz. 32
DuMont Bildarchiv, Ostfildern: blz. 8, 12 lb, 12 rb, 13 rb, 16/17, 62/63, 76/77, 78/79, 90, 102/103, 129, 140 (2x), 141 l, 148/149, 150, 156, 165, 168, 175, 182 l, 182/183, 190/191, 198/199, 200/201, 204/205, 215, 222, 224 l, 242/243, 252, 254 (2x), 255 l, 260, 269, 274/275 (Richter)
Getty Images, München: omslag, blz. 7 (Runkel)
Rainer Hackenberg, Köln: blz. 30, 194
Bildagentur Huber, Garmisch-Partenkirchen: blz. 28, 35, 84, 89 (Schmid); 96/97 (Spila); laif, Köln: blz. 52, 59, 113 l, 138 (hemis.fr); 132 (Heuer); 70, 112 l, 115 (IML/Kouri); 80/81, 100/101 (Müller); 22/23 (Polaris/ Ekberzade); 74 (Raach); 73 (Reporters/ Scagnetti); 36, 112 r, 124 (Standl); 210 (Steets); 55 (VU)
Look, München: binnenzijde voor
Mauritius Images, Mittenwald: blz. 143, 224/225, 228/229 (Beuthan); 109 (Nägele)
picture-alliance, Frankfurt a. M.: blz. 12 lo, 120/121 (dpa/Christodoulou); 44/45, 60, 67, 68, 266 (Hackenberg); 236 (Huber); 248 (Huber/Schmid)
Andreas Schneider, Marburg: blz. 12 ro, 13 lb, 13 lo, 13 ro, 160, 176, 218, 246/247, 262/263, 276/277, 290

Hulp gevraagd!

De informatie in deze reisgids is aan verandering onderhevig. Het kan dus wel eens gebeuren dat u ter plaatse een andere situatie aantreft dan de auteur. Is de tekst niet meer helemaal correct, laat ons dat dan even weten. Ons adres is:

ANWB Media
Uitgeverij reisboeken
Postbus 93200
2509 BA Den Haag
anwbmedia@anwb.nl

Productie: ANWB Media
Uitgever: Caroline Wetselaar
Coördinatie: Els Andriesse
Tekst: Andreas Schneider
Redactie: S. Nörling, L. Rojas, S. Schleußer, B. Rath
Boekverzorging: *de Redactie,* Amsterdam
Vertaling: Johan de Bakker, Jaap Deinema, Annette Förster, Ron de Heer
Bewerking: Gerard M.L. Harmans
Eindredactie: Geert Renting, Dieren
Opmaak: Hubert Bredt, Amsterdam
Ontwerp binnenwerk: Jan Brand, Diemen
Ontwerp omslag: Yu Zhao Design, Den Haag
Concept: DuMont Reiseverlag, Ostfildern
Grafisch concept: Groschwitz/Blachnierek, Hamburg

Cartografie: DuMont Reisekartografie, Fürstenfeldbruck

© 2014 DuMont Reiseverlag, Ostfildern
© 2015 ANWB bv, Den Haag

Eerste druk
ISBN: 978-90-18-03823-6

Alle rechten voorbehouden
Deze uitgave werd met de meeste zorg samengesteld. De juistheid van de gegevens is mede afhankelijk van informatie die ons werd verstrekt door derden. Indien die informatie onjuistheden blijkt te bevatten, kan de ANWB daarvoor geen aansprakelijkheid aanvaarden.